Horst Möller
Regionalbanken im Dritten Reich

Horst Möller

Regionalbanken im Dritten Reich

Bayerische Hypotheken- und Wechsel-Bank,
Bayerische Vereinsbank, Vereinsbank in Hamburg,
Bayerische Staatsbank
1933 bis 1945

DE GRUYTER
OLDENBOURG

ISBN 978-3-11-043161-2
e-ISBN (PDF) 978-3-11-042496-6
e-ISBN (EPUB) 978-3-11-042753-0

Library of Congress Cataloging-in-Publication Data
A CIP catalog record for this book has been applied for at the Library of Congress.

Bibliografische Information der Deutschen Nationalbibliothek
Die Deutsche Nationalbibliothek verzeichnet diese Publikation in der
Deutschen Nationalbibliografie; detaillierte bibliografische Daten
sind im Internet über http://dnb.dnb.de abrufbar.

Titelbild: Depositen-Buchhaltung der Bayerischen Hypotheken- und Wechsel-Bank,
München ca. 1945. (D-Hypo-BAU-AB-179).
Soweit nicht anders angegeben, stammen die Quellen und Fotos aus dem Historischen Archiv
der HypoVereinsbank, München.
Satz: Dr. Rainer Ostermann, München
Druck und Bindung: Hubert & Co. GmbH & Co. KG, Göttingen
♾ Gedruckt auf säurefreiem Papier
Printed in Germany

www.degruyter.com

Vorwort

Diese Studie steht im Kontext der neueren unternehmens- und bankhistorischen Forschungen, auf die in der Einleitung näher eingegangen wird. Ich danke dem Vorstand und den zuständigen Mitarbeitern der HypoVereinsbank für die nachhaltige Unterstützung dieser Untersuchung und den unbeschränkten Zugang zu den Archiven. Anregungen und Hilfe erhielt ich zunächst von deren ehemaliger Leiterin, Dr. Franziska Jungmann-Stadler, sowie ihrer Nachfolgerin, Dipl.-Hist. (Univ.) Elke Pfnür und den Mitarbeitern Felix Holderer M.A. und Luisa Schürmann M.A., die mit großem Engagement für die Bereitstellung der Unterlagen, Anfertigung von Kopien und Grafiken gesorgt haben. Für ihre entgegenkommende Unterstützung danke ich auch den Mitarbeitern der anderen Archive, insbesondere im Bayerischen Wirtschaftsarchiv. Ohne den fortwährenden Einsatz meiner Frau, Dr. Hildegard Möller, die mich bei den Archivrecherchen und der Druckvorbereitung des Manuskripts unterstützt hat, wäre die Fertigstellung der Untersuchung nicht möglich gewesen. Für die verlegerische und redaktionelle Betreuung danke ich Gabriele Jaroschka vom Oldenbourg Verlag sowie der Lektorin Cordula Hubert.

Besondere Schwierigkeiten für die Durchführung dieser Studie ergaben sich daraus, dass während der Angriffe auf München, Nürnberg und Hamburg Akten zerstört wurden und das Historische Archiv der HypoVereinsbank zu Beginn der Recherchen noch im Aufbau war. Findbücher mussten erst erstellt werden. Überdies handelte es sich für den hier behandelten Zeitraum um vier, seinerzeit selbstständige Banken. Die Quellenbasis ist allerdings sehr unterschiedlich, hieraus resultiert die abweichende Dichte der Darstellung. Aus diesem Grund werden deren Geschäfts- und Personalentwicklung getrennt behandelt, der jeweilige historische Kontext aber konkret auf die Bankgeschichte selbst bezogen. Die Geschichte der hier untersuchten vier Regionalbanken, die heute nicht mehr existieren und zu unterschiedlichen Zeitpunkten Teil der heutigen HypoVereinsbank wurden, prägten nach 1933 nicht allein die ökonomischen und finanzpolitischen Faktoren, sondern immer stärker die nationalsozialistische Diktatur, die die Autonomie der Banken zunehmend einschränkte. Doch ist es gerade die Entwicklung dieses Spannungsverhältnisses, die sie charakterisierte.

München, im April 2015
Horst Möller

Inhalt

I Einführung: Banken während der nationalsozialistischen Diktatur

Die Geschichte von Unternehmen, Unternehmern und Banken zur Zeit der nationalsozialistischen Diktatur hat Konjunktur. Dies ist insofern nicht überraschend, als während der letzten eineinhalb Jahrzehnte nach und nach fast alle Berufsgruppen und Wirtschaftssektoren ins Blickfeld der Geschichtsschreibung geraten sind. Hierbei handelte es sich einerseits um wissenschaftsimmanente Entwicklungen, die aus einer sich mehr und mehr differenzierenden Forschung erwachsen[1], andererseits um die in der deutschen Öffentlichkeit seit vielen Jahrzehnten immer wieder diskutierte Frage nach der Verantwortlichkeit für die und in der nationalsozialistischen Diktatur. Unabhängig von dieser Ausgangsbasis hat die Unternehmensgeschichte in den letzten Jahrzehnten einen großen Aufschwung erlebt, nachdem die Bedeutung dieser Disziplin nicht allein von Wirtschafts-, sondern auch von Allgemeinhistorikern erkannt worden ist und die Voraussetzungen solcher Studien geschaffen wurden: Der Aufbau professionell geführter Unternehmensarchive und ihre vorbehaltlose Öffnung für die Forschung ist inzwischen weit vorangeschritten, mehr und mehr Unternehmen haben die Bedeutung solcher Archive und ihrer geschichtswissenschaftlichen Nutzung erkannt und betrachten sie als wesentlichen Teil der Unternehmenskultur. Das Interesse der Unternehmen und die Erforschung ihrer Geschichte beschränkt sich sinnvollerweise nicht auf die nationalsozialistische Diktatur, wenngleich diese in der öffentlichen Diskussion eine Schlüsselrolle einnimmt. Die Unternehmenskultur erstreckt sich auf die in einem Unternehmen herrschenden Normen, Wertorientierungen, den Verhaltenskodex der Mitarbeiter, seine Traditionen, kurz den „Geist" des Unternehmens, zugleich aber auf das öffentliche Erscheinungsbild im Wandel der Zeit. Epochenbrüche wie die nationalsozialistische Revolution von 1933 und ihre Folgen werfen in verstärktem Maße Kernfragen auf: Wie frei war ein Unternehmen in der traditionsgeleiteten Weiterentwicklung seiner Unternehmenskultur und seinen geschäftlichen Aktivitäten, wie außengeleitet oder fremdbestimmt war es unter den spezifischen politischen Bedingungen des nationalsozialistischen Regimes? Wie tief waren Unternehmen in das NS-Regime verstrickt? Welchen Nutzen hatten sie gegebenenfalls davon? Gibt es Besonderheiten bei den hier dargestellten Regionalbanken?

In der Forschung spielte zunächst die Frage: „Wer verhalf Hitler zur Macht?" eine wesentliche Rolle, obwohl sie in Bezug auf die Unternehmen eindeutig ideo-

---

[1] Den besten Forschungsüberblick bietet Klaus Hildebrand, Das Dritte Reich, 6. neubearb. Aufl. München 2003 (Oldenbourg Grundriss der Geschichte, Bd. 17).

logiebestimmt war und zum Teil weniger einer geschichtswissenschaftlichen als einer politischen Fragestellung entsprang, die die Geschichte von Unternehmen in der politischen Auseinandersetzung der kommunistischen DDR mit der kapitalistischen Bundesrepublik instrumentalisieren wollte. Auf diese Weise gerieten führende Persönlichkeiten wie der während der Ära Adenauer – auch politisch – einflussreichste Bankier der Bundesrepublik, Hermann J. Abs, Sprecher des Vorstands der Deutschen Bank von 1957 bis 1967, ins Visier inquisitorischer Polemik. Ein Beispiel bildet das diffamierende Buch des Journalisten Eberhard Czichon.[2] Inzwischen ist solchen Pamphleten durch die seriöse quellengestützte Forschung die Basis entzogen, zu nennen ist hier vor allem das Werk von Lothar Gall.[3]

Allerdings bezweckte die DDR-Geschichtswissenschaft bzw. die marxistisch inspirierte Wirtschaftsgeschichte nicht bloß Polemik, ging sie doch mehr oder weniger explizit von der Faschismus-Definition der in den 1920er und 1930er Jahren von Josef Stalin abhängigen Kommunistischen Internationale (Komintern) aus, der zufolge der Faschismus das höchste Stadium des Kapitalismus sei, diesem also für die nationalsozialistische Machtergreifung und für das Funktionieren des Systems eine entscheidende Verantwortung zukomme. Zwar hatte diese These den Schönheitsfehler, dass die damals kapitalistischsten Staaten der Welt, die USA und Großbritannien, von bedeutungslosen Splittergruppen abgesehen, keinen nennenswerten Faschismus (oder gar Nationalsozialismus kannten), doch hielt solch empirisch unbezweifelbares Hindernis ideologisch gefärbte Interpretationen nicht ab. Auch wenn sie zum Beispiel über die deutsche Kriegswirtschaft interessantes Material lieferten, wurden derartige Untersuchungen oft durch die ideologische Zielrichtung entwertet, die unternehmensgeschichtliche Kriterien bewusst ausblendete.

Zur politischen Instrumentalisierung und geschichtstheoretisch begründeter ideologischer Verengung trat ein drittes geschichtswissenschaftlich relevantes Motiv: In den Nürnberger Nachfolgeprozessen, z.B. beim IG-Farben-Prozess, spielte die Rolle von Unternehmen im Nationalsozialismus, in diesem Fall bei der systematischen Ermordung der Juden mithilfe von Giftgas, oder die Bedeutung der Schwerindustrie für die Rüstung und Kriegführung des NS-Regimes, eine wichtige Rolle. So führten Anklagen gegen Ruhrindustrielle wie Alfried Krupp von Bohlen und Halbach (anstelle seines nicht verhandlungsfähigen Vaters Gustav) und Friedrich Flick zu Verurteilungen, wofür neben dem Anklagepunkt der Beteiligung an der Vorbereitung eines Angriffskriegs die sog. „Arisierung"

---

2 Eberhard Czichon, Der Bankier und die Macht. Hermann Josef Abs in der deutschen Politik, Köln 1970.
3 Lothar Gall, Der Bankier Hermann Josef Abs, München 2004.

des Vermögens jüdischer Eigentümer sowie die Beschäftigung von Zwangsarbeitern gehörte.[4]

Die nach 1945 verfolgte Anti-Kartellpolitik der alliierten Besatzungsmächte, aber auch der späteren Bundesrepublik Deutschland seit 1949 war durch das Urteil beeinflusst, die Konzerne der Schwerindustrie hätten zur Funktionstüchtigkeit des nationalsozialistischen Regimes und damit direkt oder indirekt zu seinen Verbrechen beigetragen. Schließlich gab es 1946/47 auch Ermittlungen der amerikanischen Militärregierung u.a. gegen die Deutsche Bank.[5] Die Frage ist also berechtigt, welche Rolle Banken bei der nationalsozialistischen Machteroberung, Machtausübung und den Massenverbrechen gespielt hatten. Doch handelt es sich hier nicht um Fragen, die auf einzelne Sektoren oder Sozialgruppen wie die Bankiers beschränkt werden dürfen, denn schließlich verhalfen nicht zuletzt die Wähler dem Nationalsozialismus bzw. Adolf Hitler zur Macht: Unter ihnen fanden sich alle sozialen Klassen und Schichten, vor allem auch junge Wähler und quantitativ (nicht in Relation zum Bevölkerungsanteil) als größte Klasse die Arbeiter. Die zeitweilig vertretene These, es sei vor allem der selbstständige Mittelstand gewesen, der Hitler zur Macht verholfen habe, hielt der empirischen Wahlforschung nicht stand.[6]

Vor allem durch die Studien von Henry A. Turner wurde definitiv auch eine andere These widerlegt, die Behauptung nämlich, dass die Unternehmen bzw. Unternehmer für die Machtergreifung und die Finanzierung der NSDAP eine besondere Bedeutung besessen hätten: Der amerikanische Historiker konnte nachweisen, dass sich die NSDAP im Wesentlichen selbst finanziert hat. Natürlich gab es auch Unternehmer, die Hitler zeitweilig unterstützt hatten, Industrielle wie Fritz Thyssen oder Bankiers wie Kurt Freiherr von Schröder, der am 4. Januar 1933 in seinem Kölner Haus das berüchtigte Treffen Hitlers mit Franz von Papen organisiert hatte. Doch wurde Schröders Bedeutung bei dieser Besprechung weit überschätzt, besaß er doch kaum Kontakte zu Großindustriellen und spielte vor 1933 auch in der Bankenwelt als Teilhaber einer nicht sehr großen Provinzbank, des Kölner Bankhauses J. H. Stein (von 1921 bis 1945), keine wichtige Rolle. Nach seinem Eintritt in die NSDAP im Februar 1933 übernahm er allerdings eine Reihe

---

4 Vgl. das Projekt des Instituts für Zeitgeschichte: Johannes Bähr u.a., Der Flick-Konzern im Dritten Reich, München 2008, sowie Lothar Gall (Hg.), Krupp im 20. Jahrhundert. Die Geschichte des Unternehmens vom Ersten Weltkrieg bis zur Gründung der Stiftung, Berlin 2002, darin v.a. der Beitrag von Werner Abelshauser, Rüstungsschmiede der Nation?, S. 267–472.
5 Vgl. OMGUS, Ermittlungen gegen die Deutsche Bank. Übers. und bearb. von der Dokumentationsstelle NS-Politik Hamburg, Nördlingen 1985.
6 Vgl. etwa Jürgen Falter, Hitlers Wähler, München 1991; Horst Möller, Parlamentarismus in Preußen 1919–1932, Düsseldorf 1985.

von „Ehrenämtern", z.B. wurde er 1934 Leiter der Fachgruppe Privatbanken in der „Reichsgruppe Banken".[7]

Solche Einzelfälle bedeuten keineswegs, dass ein großer oder gar der größere Teil der deutschen Wirtschaft vor der Machtergreifung für Hitler Partei ergriffen oder ihm geholfen hätte. Das Gegenteil war der Fall.[8] Die Distanz oder die Ablehnung, mit der die Mehrzahl – keineswegs alle – der Wirtschaftsführer der Weimarer Republik aufgrund ihrer Sozialpolitik gegenüberstanden, hieß nicht Zustimmung zum Nationalsozialismus, den die große Mehrheit dieser Berufsgruppe mit Skepsis, zum Teil auch mit deutlicher Ablehnung betrachtete.

Tatsächlich ist die heutige unternehmensgeschichtliche und bankgeschichtliche Forschung sehr viel differenzierter sowohl hinsichtlich der Fragestellungen als auch der Ergebnisse.[9] Dabei konzentrieren sich die bisherigen Untersuchungen auf die Großbanken, über die in den letzten Jahren außerordentlich ertragreiche Studien erarbeitet wurden, so über die Deutsche Bank, die Dresdner Bank und die Commerzbank.[10] Hinzu kommen zahlreiche Jubiläumsschriften zu Banken, die auch Kapitel zum Dritten Reich enthalten, welche allerdings zum größeren Teil nicht sonderlich ergiebig sind.[11]

---

7 Zu von Schröder s.u. Kap. VI Die Vereinsbank in Hamburg.

8 Vgl. Henry A. Turner, Faschismus und Kapitalismus in Deutschland. Studien zum Verhältnis zwischen Nationalsozialismus und Wirtschaft, Göttingen 1972; ders., Die Großunternehmer und der Aufstieg Hitlers, Berlin 1985.

9 Vgl. den Überblick von Eckhard Wandel, Banken und Versicherungen im 19. und 20. Jahrhundert, München 1998 (Enzyklopädie deutscher Geschichte, Bd. 45).

10 Lothar Gall u.a., Die Deutsche Bank 1870–1995, München 1995; Harold James, Goldtransaktionen der Deutschen Bank während des Zweiten Weltkrieges, München 1999; ders., Die Deutsche Bank im Dritten Reich, München 2003; ders., Die Deutsche Bank und die „Arisierung", München 2001; Klaus-Dietmar Henke (Hg.), Die Dresdner Bank im Dritten Reich, 4 Bde., München 2006: Die Bände enthalten Beiträge von Johannes Bähr, Dieter Ziegler, Harald Wixforth und Klaus-Dietmar Henke; Dieter Ziegler, Die Verdrängung der Juden aus der Dresdner Bank 1933–1938, in: Vierteljahrshefte für Zeitgeschichte 47 (1999), S. 187–218; Ludolf Herbst/Thomas Weihe (Hg.), Die Commerzbank und die Juden 1933, München 2004; Gerald D. Feldman u.a., Österreichische Banken und Sparkassen im Nationalsozialismus und in der Nachkriegszeit, 2 Bde., München 2007; Ingo Loose, Kredite für NS-Verbrechen. Die deutschen Kreditinstitute in Polen und die Ausraubung der polnischen und jüdischen Bevölkerung 1939–1945, München 2007 (Studien zur Zeitgeschichte, Bd. 75); Johannes Bähr/Axel Drecoll/Bernhard Gotto, Die Geschichte der Bayern LB, hg. vom Institut für Zeitgeschichte München i.A. der Bayern LB, München–Zürich 2009.

11 Vgl. zu dem hier behandelten Thema die Jubiläumsschriften der Bayerischen Vereinsbank, der Hypo-Bank, der Bayerischen Staatsbank, der Vereinsbank in Hamburg und der Bayern LB usw. s. Literaturverzeichnis.

Ertragreich, zum Teil auch für die Bankengeschichte, ist die unternehmensgeschichtliche Forschung, die auch zu Zwischenbilanzen geführt hat.[12] Intensive Untersuchungen liegen zur „Arisierung" und zur Beschäftigung von Zwangsarbeitern vor[13], wobei für die Erforschung der Bankgeschichte normalerweise nicht die Zwangsarbeit, an der die Banken eher indirekt oder in geringem Maße beteiligt waren, sondern die „Arisierung" eine zentrale Thematik bildet.[14]

Die heutige bankhistorische Forschung ist sich, ungeachtet weitgehender Desiderate in Bezug auf die mittleren und kleineren Banken, weitgehend über einige grundlegende Einschätzungen einig: Es ist notwendig, das Agieren der Unternehmen und Banken im Kontext der Zeit und unter den Bedingungen der nationalsozialistischen Diktatur zu analysieren und zu bewerten, ihr Handlungsspielraum kann nicht aufgrund der Regeln der heutigen liberalen wirtschaftlichen und rechtsstaatlichen Ordnung definiert werden. Die Unternehmen waren nicht autonome Akteure, vielmehr waren sie von der Politik des nationalsozialistischen Regimes abhängig, es herrschte „ein weitgehender Primat der Politik" gegenüber der Wirtschaft, das „Unternehmertum (hatte) keine Stimme in der Zielsetzung des NS-Regimes. Alle grundsätzlichen Entscheidungen wurden von einer politischen Führung gefällt, die die Wirtschaft als bloßes Werkzeug für die Verwirklichung von weitgesteckten ideologisch bestimmten Zielen betrachtete, deren volle Radikalität nur langsam aufgedeckt wurde". Doch haben „die deutschen Unternehmer sich schnell mit dem Dritten Reich abgefunden"[15], zum Widerstand gehörte kaum ein Wirtschaftsführer, von Ausnahmen wie Robert Bosch abgesehen.[16]

Jedoch ist eine zeitliche Differenzierung notwendig, machte sich doch ab 1936/37 ein gewisses Unbehagen in den Unternehmensleitungen breit, da das Dritte Reich auch Nachteile für die Betriebe brachte. Ausschlaggebend dafür waren nicht nur die durchaus arbeitnehmerfreundliche Sozialpolitik, sondern vor allem politisch motivierte Restriktionen für die Wirtschaft: „Obwohl mit Aus-

---

12 Die Literatur wird hier im Einzelnen nicht aufgeführt, sondern am jeweiligen Ort herangezogen. Vgl. Lothar Gall/Manfred Pohl (Hg.), Unternehmen im Nationalsozialismus, München 1998 (Schriftenreihe der Zeitschrift für Unternehmensgeschichte, Bd. 1); Jürgen Lillteicher (Hg.), Profiteure des NS-Systems? Deutsche Unternehmen und das „Dritte Reich", Stiftung Denkmal für die ermordeten Juden Europas, Berlin 2006.
13 Zur „Arisierung" s.u., Kap. VIII; Ulrich Herbert, Geschichte der Ausländerpolitik in Deutschland. Saisonarbeiter, Zwangsarbeiter, Flüchtlinge, München 2001, S. 124–189.
14 S.u., Kap. VIII.
15 Henry A. Turner, Unternehmen unter dem Hakenkreuz, in: Gall/Pohl (Hg.), Unternehmen, S. 15–23, hier S. 16f.
16 Vgl. Joachim Scholtyseck, Robert Bosch und der liberale Widerstand gegen Hitler 1933–1945, München 1999.

nahme von jüdischem Vermögen das Prinzip des Privateigentums erhalten blieb, wurde die Verfügungsautorität der Unternehmer zunehmend eingeschränkt"[17]; für die Banken galt dies beispielsweise in Bezug auf Devisenbewirtschaftung und Profite.

Die Rolle der Banken in der nationalsozialistischen Diktatur wurde insofern durch spezifische Voraussetzungen bestimmt, als sie in der nationalsozialistischen Ideologie von Beginn an eine schlechte Presse besaßen: So hatte der spätere Parteiideologe der NSDAP Gottfried Feder bereits 1919 sein „Manifest zur Brechung der Zinsknechtschaft" veröffentlicht, 1919 den „Deutschen Kampfbund zur Brechung der Zinsknechtschaft" gegründet und 1933 weitere einschlägige antisemitische Schriften publiziert: „Die Juden" und „Kampf gegen die Hochfinanz".

Joseph Goebbels, 1923 für kurze Zeit Bankangestellter bei der Dresdner Bank in Köln, verband schon bevor er Nationalsozialist wurde Antikapitalismus und Antisemitismus.[18] Beide Ressentiments finden sich in der nationalsozialistischen Ideologie, obwohl diese Tendenz nach 1933 für die tatsächliche Bankenpolitik des Regimes keine ausschlaggebende Rolle mehr spielte. Dafür war die Entscheidung Hitlers wesentlich, den früheren Reichsbankpräsidenten Hjalmar Schacht 1933 erneut zum Reichsbankpräsidenten zu berufen und ihn als Generalbevollmächtigten zur Neuordnung des Kreditwesens einzusetzen.[19] Die antikapitalistische Bankenkritik der NS-Ideologie spielte nun keine wesentliche Rolle mehr. Die diffamierende Unterscheidung von „schaffender" und „raffender" Tätigkeit verschwand zwar nicht aus der öffentlichen Propaganda, doch bis Schacht 1937 als Reichswirtschaftsminister und Generalbevollmächtigter sowie 1939 auch als Reichsbankpräsident zurücktrat, besaßen die Banken einen professionellen Protektor.

Ein wesentlicher Grund für die Schwächung der deutschen Banken lag aber bereits in den Konsequenzen der Weltwirtschaftskrise, die 1931 zum Zusammenbruch mehrerer deutscher Banken, u.a. der Darmstädter- und Nationalbank (Danat-Bank), und damit zu einer Bankenkrise insgesamt, geführt hatte[20]: Das

---

17 Turner, Unternehmen, S. 18f.

18 In seinem Tagebuch sprach Goebbels von „jüdischem Kapitalismus" (8. April 1924); Goebbels Tagebücher, hg. i.A. des Instituts für Zeitgeschichte München von Elke Fröhlich, Teil I, B. 1/I, Oktober 1923–November 1925, München 2004, S. 119.

19 Vgl. Christopher Kopper, ‚Effizienz' der ideologischen Postulate in der Ökonomie, in: Gall/Pohl (Hg.), Unternehmen, S. 41; Christopher Kopper, Hjalmar Schacht, München 2006.

20 Vgl. Horst Möller, Die Weimarer Republik. Eine unvollendete Demokratie, 10. Aufl. München 2012, S. 259; Harold James, Deutschland in der Weltwirtschaftskrise 1924–1936, Stuttgart 1988, S. 275ff.; Werner Plumpe, Wirtschaftskrisen. Geschichte und Gegenwart, München 2010; Johannes Bähr/Bernd Rudolph, 1931 Finanzkrisen 2008, München 2011.

Kreditgeschäft der Banken wurde so nachhaltig geschwächt, dass es mit der wirtschaftlichen Erholung der übrigen Sektoren im Verlauf der mittleren 1930er Jahre nicht Schritt halten konnte: „Es bedurfte also keiner dem Finanzkapitalismus ablehnend gegenüberstehenden nationalsozialistischen Regierung, um dem deutschen Kapitalmarkt seine Bedeutung zu nehmen".[21] Auch Harold James gelangt – wie Henry A. Turner für die Industriellen – zu dem Ergebnis, dass unter den führenden Bankiers 1933 Nationalsozialisten die Ausnahme waren und diese wenigen „auch nicht gesellschaftlich zur Bankelite"[22] gezählt wurden. Doch passten sich auch die Banken, die im Prinzip gegen die Einmischung von Staat und Partei in ihren Sektor waren, unter dem Druck des Regimes an; Konkurrenz im Bankgeschäft spielte dafür ebenso eine wesentliche Rolle wie die Politisierung des Wirtschaftshandelns durch das NS-Regime. Allerdings gab es nach einem Memorandum der Reichsbank 1938 über das Scheitern der Reichsanleihe öffentlich eine kritische Ursachenanalyse durch das Konsortium der Geschäftsbanken.

Die „Arisierungen", an denen die Banken oftmals als Vermittler beteiligt waren, zeigten erneut ihre ambivalente Rolle während der Diktatur: Wurden einige wenige Großbanken, wie z.b. die Dresdner Bank oder die Commerzbank[23], damit zu Profiteuren eines durchaus einträglichen, mit den bürgerlichen Rechten und dem Prinzip des Privateigentums nicht zu vereinbarenden verwerflichen Geschäfts, so ermöglichten es ihre Aktivitäten andererseits vielen jüdischen Eigentümern, ihre Flucht aus Deutschland (natürlich aus den ihnen rechtmäßig zustehenden eigenen Mitteln) zu finanzieren. Unterschiede aber sind zu beachten: „Die Arisierung im besetzten Europa verlief ganz anders als die Übernahme von jüdischen Banken und Betrieben in Deutschland. In Deutschland waren die Großbanken oft bemüht, den rechtlichen Inhabern behilflich zu sein, im besetzten Europa dagegen herrschte Barbarei und Räuberei".[24]

Die Banken selbst waren aber durch ihre Beteiligung an den Unrechtshandlungen und Verbrechen des Regimes in Besatzungsgebieten vor Angriffen des Regimes und ständiger Ausweitung seines Einflusses – sei es in der Personalpolitik, sei es in Bezug auf den geschäftlichen Handlungsspielraum – nicht frei. Seit 1942 kritisierte die Partei vermeintlich übertriebene Bankgewinne unter Kriegsbedingungen; eine regelrechte „Offensive der Partei gegen die Banken" folgte.[25]

---

21 Harold James, Die Rolle der Banken im Nationalsozialismus, in: Gall/Pohl (Hg.), Unternehmen, S. 25–36, hier S. 29.
22 Ebd., S. 26.
23 S.u., S. 269.
24 Vgl. James, Die Rolle der Banken, S. 30ff., das Zitat S. 32.
25 Ebd., S. 33.

Viele Banken hatten bereits in den 1930er Jahren, ja auch schon zu Beginn der NS-Herrschaft, manchmal in vorauseilendem Gehorsam, jüdische Vorstandsmitglieder und Angestellte entlassen. Sie waren teilweise einem wachsenden Druck von innen ausgesetzt, wenn eine große Zahl von Angestellten die nationalsozialistische Ideologie teilte und gegen den „Finanzkapitalismus" oder jüdische Bankiers und Manager polemisierte. Die Situation der Banken im Nationalsozialismus war also durch innere Schwächung im Gefolge der Weltwirtschaftskrise, ideologische Diffamierung durch den Nationalsozialismus, sich verstärkende Repressionsmaßnahmen des Regimes, Skepsis und Selbstanpassung an die äußeren Bedingungen und ambivalentes Handeln – gelegentlich zugunsten der Verfolgten – charakterisiert. In der Ära Schacht dominierte zwar die Unterstützung für den eigentlichen Auftrag der Banken, doch galt insgesamt auch für das Bankwesen der Vorrang der Politik vor der Ökonomie.

Die Konzentration der geschichtswissenschaftlichen Forschung auf wenige Großbanken hat dazu geführt, dass in der Regel über die Geschichte kleinerer oder mittlerer Institute wenig bekannt ist: Dies gilt auch für die hier behandelten Regionalbanken. Allerdings handelte es sich während des NS-Regimes bei ihnen nicht um Banken, die überall im Reich präsent waren, schon gar nicht um solche, die eine Rolle für die deutsche Besatzungspolitik gespielt haben. Neben den klassischen Themen der Bankgeschichte, wie zum Beispiel die Geschäftsentwicklung, die mal stärker, mal weniger stark durch die politischen und wirtschaftlichen Rahmenbedingungen der nationalsozialistischen Diktatur bestimmt war, konzentrieren sich die für das Regime spezifischen Aktivitäten auf zwei Sektoren, die Entlassung jüdischer Vorstandsmitglieder oder Mitarbeiter sowie die Beteiligung an „Arisierungen".

II Entstehung und Entwicklung der Regionalbanken bis 1933

Die Bayerische Hypotheken- und Wechsel-Bank

Die Bayerische Hypotheken- und Wechsel-Bank und die Bayerische Vereinsbank, die 1998 zur HypoVereinsbank fusionierten, hatten schon zu Beginn der nationalsozialistischen Herrschaft eine lange, jeweils eigene Tradition als bayernweit und in weiteren deutschen Ländern agierende Institute. Sie sind sogenannte „gemischte Institute" und betrieben sowohl das klassische Bankgeschäft (Filialbank) als auch das Hypothekenbankgeschäft. Unter den ersten Aktionären befanden sich bekannte Persönlichkeiten, beispielsweise Joel Jacob von Hirsch, Freiherr von Rothschild, Joseph Anton von Maffei, Freiherr von Süsskind, die Familie Schätzler und Carl von Lotzbeck.[1] Die Bayerische Staatsbank wurde bereits 1780, die Hypo-Bank wurde 1835 gegründet, die Vereinsbank in Hamburg 1856, die Bayerische Vereinsbank 1869 – alle vier Banken entstanden also noch vor der Gründung des Deutschen Reiches durch Otto von Bismarck 1871. Die Initiative zur Gründung der Bayerischen Hypotheken- und Wechsel-Bank ging von König Ludwig I. aus, doch entstand sie rechtlich und materiell nicht als Staatsbank, sondern als Gesellschaft auf Aktienbasis mit einem Grundkapital von 10 Millionen Gulden, 1852 wurde ein Grundkapital von 20 Millionen Gulden erreicht. Auch der König selbst erwarb Aktien im Wert von 400 000 Gulden, wurde damit aber keineswegs der größte Aktionär. Dies war die Familie von Eichthal. Die Bayerische Hypotheken- und Wechsel-Bank wurde als Instrument der bayerischen Wirtschafts- und Sozialpolitik in der Epoche der frühen Industrialisierung gegründet und sollte sowohl den nach der Bauernbefreiung eintretenden Kapitalmangel in der Landwirtschaft als auch den der gewerblichen Wirtschaft beheben. Das Grundprinzip der Hypothekenbanken stammte aus der zweiten Hälfte des 18. Jahrhunderts: Grundbesitz wurde durch Hypotheken belastet und somit beliehen, die erforderlichen finanziellen Mittel wurden seit 1864 in Bayern durch Pfandbriefe aufgebracht, deren Schuldverschreibung nicht am beliehenen Objekt selbst haftete.[2] Bis zu ihrer Fusion im Jahr 1998 galt die Hypo-Bank als älteste große private Bank auf Aktienbasis in Deutschland. Die Bank betrieb laut königlichem

---

1 Hypo-Bank (Hg.), Die Anfänge der Bayerischen Hypotheken- und Wechsel-Bank aus den Protokollen der Administration 1835–1850, München 1985, S. 8ff.
2 Vgl. Elke Pfnür, Die Einführung des Pfandbriefsystems in Bayern 1864. Ein Produkt wird kapitalmarktfähig, in: Schlüsselereignisse der deutschen Bankengeschichte, hg. von Dieter Lindenlaub u.a., Stuttgart 2013, S. 136–154.

Abb. 1: Schalterhalle der
Bayerischen Hypotheken-
und Wechsel-Bank,
Theatinerstraße 11 in
München ca. 1920.
(D-Hypo-BAU-AB-173)

Gründungsstatut ein Vier-Sparten-Geschäft: 60 Prozent ihrer Mittel musste
sie demzufolge für Hypothekendarlehen einsetzen, 40 Prozent für kurzfristige
Kredite. Daneben erhielt sie eine Zulassung für das Notenbankgeschäft und das
Versicherungsgewerbe – ein Geschäftzweig, der bis Ende des Jahres 1905 betrieben
und danach in eine Tochtergesellschaft, die Bayerische Versicherungsbank – 1923
an die Allianz & Münchner Rück verkauft – ausgelagert wurde.[3] Zu Beginn des
Kaiserreichs war die Hypo-Bank das größte deutsche Pfandbriefinstitut.[4]

---

3 Vgl. insges. die instruktive Broschüre: Geschichte der HYPO-BANK im Spiegel ihrer Geschäftsberichte (1835–1990). Hg. von der Bayerischen Hypotheken- und Wechsel-Bank Aktiengesellschaft, 2. erw. Aufl. München 1991; die Texte stammen von Margareta Edlin-Thieme, Franziska Jungmann-Stadler und Walter Unglaub.
4 Vgl. Rainer Gömmel, Gewerbe, Handel und Verkehr, in: Handbuch der Bayerischen Geschichte,
Bd. IV, 2, München 2007, S. 216–299, hier S. 235.

Aus dem Ersten Weltkrieg ging auch die Hypo-Bank geschwächt hervor, die Nachkriegsentwicklung der frühen 1920er Jahre gestaltete sich aufgrund der Hyperinflation in Deutschland und der wuchernden Spekulation ebenfalls äußerst schwierig. Die Inflation wurde erst mit der Währungsreform am 16. November 1923 beendet. Nach der kurzfristigen Konsolidierung der deutschen Wirtschaft zwischen 1924 und 1929, die auch die Bayerische Hypotheken- und Wechsel-Bank nutzte, folgte der nächste Schock auf dem Fuße: Seit der am ‚Schwarzen Freitag‘, dem 25. Oktober 1929, durch den New Yorker Börsenkrach ausgelösten Weltwirtschaftskrise geriet die deutsche Wirtschaft in eine tiefe Depression. Die extreme Arbeitslosigkeit erreichte im Februar 1932 mit 6,128 Millionen Arbeitslosen den Höchststand; im Jahresdurchschnitt betrug die Arbeitslosenquote 29,9 Prozent. Der Anteil der betroffenen Familienangehörigen lag wesentlich höher, durch den Kaufkraftschwund waren aber auch Unternehmen und selbstständige Gewerbetreibende nachhaltig betroffen. Während der Bankenkrise 1931 brachen zudem mehrere deutsche Großbanken zusammen.[5]

Auf der anderen Seite traf die Bankenkrise, die aufgrund des Publikumssturms auf die Schalter am 14. Juli 1931 zur Schließung der Banken, Sparkassen und Börsen führte, die Hypo-Bank nicht in jedem Geschäftsbereich. Bei ihr erhöhte sich sogar im Jahr 1931 die Bilanzsumme um 15 Millionen RM. Das Bankgeschäft der Einlagen verminderte sich in geringerem Maße als im Bankwesen insgesamt. Das Wechselgeschäft und die Anlage in unverzinsliche Schatzbriefe gingen zurück, die Kreditausfälle stiegen und damit auch die Abschreibungen, so dass die Bank einen Rückgang der verfügbaren Kapitaleinlagen in Kauf nehmen musste. Von der Weltwirtschaftskrise wurde zunächst das Bankgeschäft, danach das Hypothekengeschäft der Bank heimgesucht, nachdem die Hypo-Bank noch 1930 ein Wachstum verzeichnen konnte. In diesem Jahr stieg der Pfandbriefumlauf stark auf 120 Millionen Goldmark an, der Hypothekenbestand erreichte 680 Millionen Goldmark und betraf etwa 74 000 von der Hypo-Bank gegebene Darlehen. Als die Bankenkrise ihr volles Ausmaß erreichte, griff die Reichsregierung massiv in den Immobilienmarkt ein: Die Regierung Brüning senkte mit einer reichspräsidentiellen Notverordnung vom 8. Dezember 1931 die Zinsen für Pfandbriefe und Hypothekendarlehen sowie die Hauszinssteuer, zugleich wurde die Verringerung der Mieten selbst bei laufenden Verträgen ermöglicht. Diese Maßnahmen trugen dazu bei, dass sich die Zinsrückstände rapide vergrößerten und sich bis Ende des Jahres 1931 auf 11 Prozent verdoppelten.[6]

---

5 Vgl. insges. Karl Erich Born, Die deutsche Bankenkrise 1931, München 1967; Charles P. Kindleberger, Die Weltwirtschaftskrise 1929–1939, München 1973; Fritz Blaich, Der Schwarze Freitag. Inflation und Wirtschaftskrise, 3. Aufl. München 1994.
6 Geschichte der HYPO-BANK, S. 55.

Am Ende der Krise war folglich auch die Hypo-Bank geschwächt, jedoch in wesentlich geringerem Maße als viele andere Institute: Sie hatte weder eine Kapitalhilfe benötigt, noch musste sie eine Liquiditätsspritze in Anspruch nehmen, obwohl sich auch ihre Liquidität verringert hatte. Allerdings zwang die insgesamt schlechte Ertragslage 1933/34 zunächst zur Reduzierung der Dividende von zehn Prozent auf die Hälfte und dann zu einer nochmaligen Absenkung auf vier Prozent,[7] 1938 stieg dann die Dividende wieder um einen Prozentpunkt und blieb bis 1944 in dieser Höhe.[8]

Trotz der insgesamt sehr problematischen finanzpolitischen und wirtschaftlichen Entwicklung der Inflationsjahre 1922/23 und der Wirtschaftskrise 1930 bis 1933/34 gelang es der Hypo-Bank, den schon im Ersten Weltkrieg begonnenen Ausbau des Filialnetzes in Bayern (einschließlich der bayerischen Provinz Pfalz) und des Zweigstellennetzes in München fortzusetzen. Dies war auch deswegen nötig, weil sie nur so der Expansion der Großbanken Ende des 19. Jahrhunderts in Bayern und der Konzentration im Kreditgewerbe seit den frühen 1930er Jahren entgegenwirken konnte. Die generelle Schwächung der deutschen Banken im Gefolge der Bankenkrise von 1931 hatte also die Hypo-Bank in deutlich geringerem Maße heimgesucht als die national und international agierenden Großbanken.

Im Unterschied zur Zeit nach der Einführung der Niederlassungsfreiheit im Jahr 1957, als die Bank immer stärker über die Grenzen Bayerns hinaus expandierte, war sie noch während der nationalsozialistischen Diktatur eine bayerische Filialbank und in geringerem Maße deutsche Hypothekenbank geblieben: Neben der Zentrale in der Theatinerstraße in München bestanden im Jahr 1935 eine Hauptniederlassung in Nürnberg und eine in Augsburg. In München unterhielt sie 18 Zweigstellen, in Nürnberg sieben, in Augsburg eine. Die 161 Zweigniederlassungen lagen ausschließlich in Bayern, neun davon in der Pfalz (Mannheim, Kusel, Frankenthal mit Grünstadt, Landau in der Pfalz mit Annweiler, Kaiserslautern, Neustadt an der Haardt (heute an der Weinstraße) und Ludwigshafen).[9] Während der dreißiger Jahre und während des Zweiten Weltkriegs veränderte sich die Größe des Filialnetzes nicht wesentlich, es blieb insgesamt bei etwa 160 Filialen, der Höchststand von 164 Filialen wurde im Jahre 1932 erreicht. Aufgrund staatlich verordneter Rationalisierungsmaßnahmen wurde die Zahl gegen Kriegsende verkleinert und betrug bei Jahresende 1944 außerhalb Münchens 108, in München zwölf, in Nürnberg fünf und in Augsburg eine – insgesamt also 126.[10]

---

7 Vgl. ebd., S. 58f.
8 Ebd., S. 53.
9 Vgl. die Auflistung der Orte, ebd., S. 59.
10 109. GB der Hypo-Bank Geschäftsjahr 1944, ohne Seitenangabe. D-Hypo-KOM-PUB-112.

Abb. 2: Karte mit den Filialen der Bayerischen Hypotheken- und Wechsel-Bank, München 1937, aus: Werbebroschüre „Familienaufzeichnung", S. 37. (D-Hypo-WERB-A-7449)

Abb. 3: Geschmückte Zahlstelle der Bayerischen Hypotheken- und Wechsel-Bank anlässlich des 100-jährigen Jubiläums der Bank, Scheinfeld bei Neustadt an der Aisch, Scheinfeld 1935. (D-Hypo-FIL-A-3611)

Seit den 1920er Jahren bestanden allerdings Zweigbüros der Hypotheken-Abteilung außer in Nürnberg noch in drei weiteren, in diesem Fall außerbayerischen Städten: Berlin, Düsseldorf und Leipzig. Im Geschäftsjahr 1938 kamen zwei Bankfilialen im Sudetenland, in Karlsbad und Eger, hinzu – wo allerdings eine vorwiegend deutschsprachige Bevölkerung lebte. Diese zwei Gründungen entwickelten, soweit erkennbar, keine besatzungsbezogenen Aktivitäten und änderten nichts an der eindeutig bayerischen Ausrichtung des Bankgeschäfts. Von 1941 bis 1944 unterhielt die Hypo-Bank auch eine Filiale in Straßburg, wo sie Liegenschaften im Wert von 400 000 RM kaufte.[11]

Aufgrund dieser Beschränkung des Bankgeschäfts auf Bayern war das Institut anders als die erwähnten Großbanken – bis auf die drei genannten Filialen – nicht in den vom nationalsozialistischen Deutschland besetzten Gebieten tätig, beteiligte sich also schon deshalb nicht an den dortigen Ausplünderungen bzw. „Arisierung". Die Aktivitäten der Hypo-Bank im Bereich des Hypothekengeschäfts erstreckten sich trotz der Konzentration des Banken-Filialnetzes auf Bayern auch

---

11 Vgl. u.a. Sitzung des Aufsichtsrats der Hypo-Bank vom 8. März 1941. D-Hypo-FIL-A-7098.

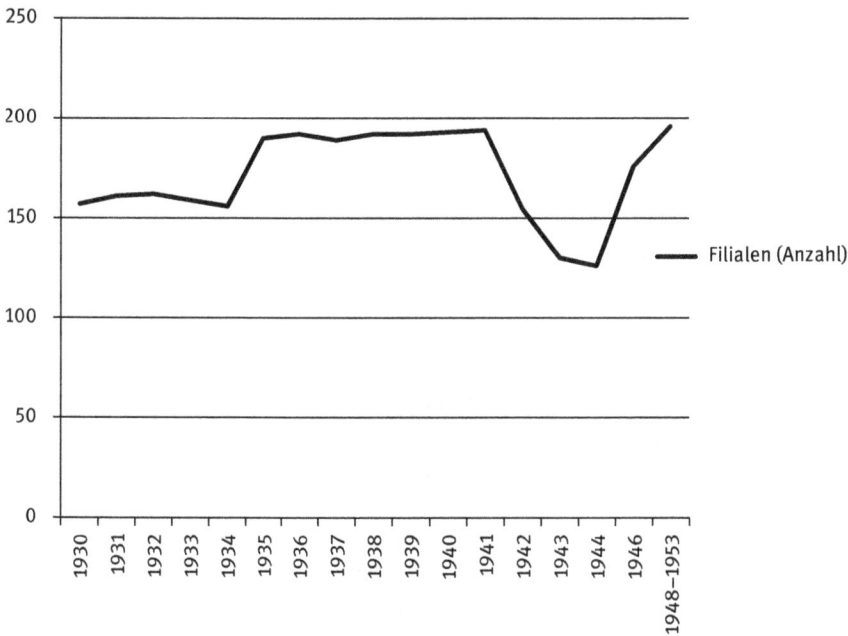

Abb. 4: Filialen der Bayerischen Hypotheken- und Wechsel-Bank 1930–1953, aus Geschäftsberichten 1930–1953 der Bayerischen Hypotheken- und Wechsel-Bank.

auf andere deutsche Länder, so u.a. auf Preußen (z.b. Agenturgeschäft in Königsberg/Ostpreußen sowie in Danzig) und Sachsen.[12]

Die Bank war durch Kooperationen und Beteiligungen jenseits der bayerischen Grenzen vertreten. Seit dem Anschluss Österreichs am 13. März 1938 verstärkten sich die dortigen Aktivitäten: Die Hypo-Bank unterhielt Tochterinstitute, die Bank für Kärnten AG in Klagenfurt (seit 1922), die Salzburger Kredit- und Wechsel-Bank AG in Salzburg (seit 1921) und das Hypotheken- und Credit-Institut AG in Wien (seit 1938).[13]

Das Hypothekengeschäft der Hypo-Bank dehnte sich um diejenigen Gebiete aus, die an das Deutsche Reich angeschlossen worden waren, offenbar aber nicht auf die unter Besatzungsherrschaft stehenden Gebiete. Hypotheken waren folglich bis zum Jahr 1945 außer in Regionen des „Altreichs" und in Österreich auch in Elsass-Lothringen und in das Gebiet der Tschechoslowakei, insbesondere im Sudetenland vergeben worden, allerdings machten sie nur einen kleinen Teil aus: Von der im Geschäftsjahr 1945 ausgewiesenen Hypothekensumme von insgesamt

---

12 Vgl. 100. GB der Hypo-Bank Geschäftsjahr 1935, S. 22. D-Hypo-KOM-PUB-103.
13 Vgl. 105. GB der Hypo-Bank Geschäftsjahr 1940, S. 13. D-Hypo-KOM-PUB-108.

786 094 615,97 RM entfielen auf die genannten Länder insgesamt nur ca. 13 Millionen RM, inklusive der in Polen ausgegebenen Hypotheken von insgesamt nur 46 778,76 RM. In der Hypothekensparte war die Hypo-Bank in den von Deutschland besetzten Gebieten also kaum aktiv.

Während der Inflationsjahre und der Weltwirtschaftskrise waren Entscheidungen notwendig geworden, die die spätere Aktionärsstruktur der 1930er Jahre bestimmten. Während der Hyper-Inflation 1922/23 erhöhte die Hypo-Bank das Aktienkapital fünf Mal.[14] Anlass für die Veränderung der Aktionärsstruktur seit 1921 wurde die neue Konkurrenz, die der Hypo-Bank durch die Zusammenlegung der kaufmännischen Abteilungen der Bayerischen Handelsbank (München), der Vereinsbank in Nürnberg und der Bayerischen Vereinsbank entstanden war. Außerdem nahm die Hypo-Bank durch Investitionen Kapitalerhöhungen der beiden Tochtergesellschaften (Bayerische Disconto- und Wechsel-Bank AG und Bayerische Versicherungsbank AG) vor, die im Aufsichtsrat der Hypo-Bank am 20. Januar 1921 diskutiert wurden. Größeren Aktienkäufen norddeutscher bzw. ausländischer Banken sollte ein Riegel vorgeschoben werden, deswegen führte man 1921 Vorzugsaktien mit 20-fachem Stimmrecht ein. Zusätzlich vereinbarte die Hypo-Bank „gebundene Aktien in Freundeshand" mit der Allgemeinen Deutschen Credit-Anstalt in Leipzig und dem Barmer Bank-Verein Hinsberg, Fischer & Comp. im „Austausch gegen einen gleich großen Posten von Aktien der Hypo-Bank mit Rücktauschmöglichkeit und Dividendenkompensation".[15] Zu diesen Sicherungen gegen „Fremdbestimmung" traten weitere Kooperationsverhältnisse, Beteiligungen und gemeinsam mit anderen Instituten vorgenommene Gründungen wie die erwähnte Verbindung mit der Salzburger Kredit- und Wechsel-Bank AG, so dass sich die Entwicklung der Beteiligungen und Aktienpakete etwas unübersichtlich gestaltete.

Während der frühen 1930er Jahre wurde dann das Grundkapital der Hypo-Bank um 11 Millionen RM vermindert: Betrug es zwischen 1930 und 1934 insgesamt 45 000 012,50 RM, verringerte es sich seit 1934 (bis 1945) durch Einziehung eigener Aktien auf 34 000 012,50 RM.

Die Bayerische Vereinsbank

Die Gründung der Bayerischen Vereinsbank im Jahre 1869 erfolgte teilweise aus ähnlichen Motiven wie eine Generation zuvor die der Bayerischen Hypotheken- und Wechsel-Bank, allerdings nicht mehr wie die der älteren „Schwester" am

---

14 Vgl. Dokumentation Franziska Jungmann-Stadler über die Hypo-Bank im 3. Reich (1999), S. 1 und Anlage 1 (S. 25). D-Hypo-KOM-A-7227.
15 Ebd., S. 1.

Beginn der Industrialisierung, sondern auf ihrem ersten Höhepunkt: Zu dieser Zeit wuchs der Kreditbedarf für die gewerbliche Wirtschaft derartig, dass die beiden neben den zahlreicheren Privatbanken schon bestehenden größeren Kreditbanken, wie eben die Hypo-Bank und die Königlich Baierische Banco (seit 1918 Bayerische Staatsbank), die in Bayern ihre Geschäftsbereiche geographisch aufgeteilt hatten, nicht mehr ausreichten. Die zahlreichen Privatbanken widmeten sich zwar weitgehend der Finanzierung der Industrialisierung, doch stieg der Kapitalbedarf weiter an, zwischen 1854 und 1870 entstanden in Bayern 111 neue Aktiengesellschaften. 1869 wurde in München die Börse reorganisiert, wodurch sich das Interesse außerbayerischer Anleger verstärkte. 1868 führte Bayern als einer der letzten Einzelstaaten des ehemaligen Deutschen Bundes (1815–1866) aufgrund der Gewerbegesetze des Norddeutschen Bundes prinzipiell die volle Gewerbefreiheit ein[16] und vollzog damit einen wesentlichen Schritt zu einer liberaleren Wirtschaftsordnung. Überdies sollte dem Wettbewerbsprinzip Rechnung getragen werden: Folgerichtig ließ König Ludwig II. in dieser Zeit gleich mehrere Banken zu, zunächst 1869 die Bayerische Vereinsbank, dann im gleichen Jahr die Bayerische Handelsbank und 1871 die Süddeutsche Bodencreditbank und die Vereinsbank in Nürnberg. Die Bankabteilungen der Handelsbank und der Vereinsbank in Nürnberg fusionierten 1920/21 mit der Bayerischen Vereinsbank.

Wie im Falle der Hypo-Bank gehörten auch dem Gründungskomitee der BV namhafte Persönlichkeiten an, darunter viele Privatbankiers, etwa Carl von Eichthal, Robert von Froelich, Emil von Hirsch, Moritz Guggenheimer und Friedrich von Feustel.

Die Geschäftssparten der Bank waren Kredite, Einlagen, Depots und bald darauf das Emissionsgeschäft, sogar mit Schuldnern aus Nordamerika und der Türkei. Darin zeigte sich gegenüber den Aktivitäten der Hypo-Bank bereits eine für die Gründerjahre des Deutschen Reiches charakteristische Internationalisierung des Kapitalmarkts. 1899 trat das Hypothekenbankgesetz in Kraft. Die Bayerische Vereinsbank – die bereits nach ihrer Satzung von 1869 das Kredit- und das Hypothekenbankgeschäft parallel betreiben durfte – erhielt ebenfalls wie die Hypo-Bank den Rechtsstatus einer ‚gemischten Bank'. Die Bayerische Vereinsbank hatte in den ersten Jahrzehnten nur einen Standort in München. Sie gründete dann aber – zum Teil durch Übernahme von Privatbanken – bis 1913 insgesamt zwölf Filialen und zwei Wechselstuben innerhalb des rechtsrheinischen Bayern. Dadurch wurde sie zu einer größeren bayerischen Regionalbank. Während der Krisenjahre der Weimarer Republik hatte sie wie die anderen Banken unter der Inflation und der Wirtschaftskrise der frühen 1930er Jahre zu leiden, doch überstand sie wie die Hypo-Bank die eineinhalb Jahrzehnte

---

16 Vgl. Gömmel, Gewerbe, Handel und Verkehr, S. 231–235.

Abb. 5: Zentrale der Bayerischen Vereinsbank, Promenadestraße 14, München vor 1891. (D-BV-BAU-A-1404)

seit dem Ersten Weltkrieg ohne einen wirklichen Substanzverlust, lediglich in den Jahren 1923 und 1924 konnten keine Dividenden gezahlt werden.

Auch die Bayerische Vereinsbank erlebte zu Beginn der 1920er Jahre Strukturveränderungen, weil sie sich wie die Hypo-Bank gegen die Expansion der außerbayerischen Großbanken wie der Deutschen Bank in Bayern zur Wehr setzen wollte. So kam es 1920/21 zur ersten großen bayerischen Bankenfusion, als sich die drei Gemischtbanken – die Bayerische Vereinsbank, die Bayerische Handelsbank und die Vereinsbank in Nürnberg – zu einer bis 1937 bestehenden Interessengemeinschaft zusammenschlossen. Allerdings handelte es sich insgesamt gesehen bei diesem Zusammenschluss nicht um eine sehr stringente und geglückte Operation, deren praktische Bedeutung ohnehin entfiel, nachdem sich zunächst 1937 die Interessengemeinschaft wieder auflöste, bevor später die beiden anderen als reine Hypothekenbanken zu 100 Prozent Tochterunternehmen der Bayerischen Vereinsbank wurden.[17]

---

[17] Vgl. zur Gründungsgeschichte und Entwicklung die Festschrift zum 100-jährigen Bestehen: Franz Steffan, Die Bayerische Vereinsbank 1869–1969. Eine Regionalbank im Wandel eines

Von größerer Bedeutung war das Freundschaftsverhältnis mit der Mendelssohn-Bank, das die Vereinsbank ebenfalls 1922 eingegangen war. Die Mendelssohn-Bank, die im 18. Jahrhundert von zwei Söhnen des Aufklärers Moses Mendelssohn gegründet worden war, hatte inzwischen erhebliches internationales Ansehen gewonnen: Das Berliner Bankhaus übernahm für 135 Millionen RM insgesamt 16 Prozent des auf 375 Millionen RM erhöhten Stammkapitals der Vereinsbank. Durch Mehrfachstimmrechte gesichert, übte die Leitung der Bayerischen Vereinsbank gemeinsam mit Mendelssohn über 50 Prozent der Stimmrechte aus.[18] Ziel der Bayerischen Vereinsbank war nicht allein der so erreichte Schutz gegen „Überfremdung", sondern ein Einstieg ins Auslandsgeschäft, insbesondere zur Kompensation der früheren Aktivitäten in der 1918 untergegangenen Habsburger Monarchie. Ende der 1920er Jahre gehörte ein Drittel des Grundkapitals dem Nürnberger Industriellen Fritz Neumeyer (Zündapp-Werke), dessen Insolvenz 1930 zu einer Dreiteilung seines Anteils führte. Je ein Drittel ging an den Konzern Gutehoffnungshütte, an den Kolbermoor-Konzern sowie an Fritz Neumeyer selbst.

Wie auch die Hypo-Bank baute die Vereinsbank während der 1920er Jahre ihr Filialnetz aus und brachte es bis Anfang 1923 mithilfe von Neugründungen bzw. der Umwandlung der Handelsbank- und Vereinsbank in Nürnberger-Filialen oder anderen Ankäufen auf insgesamt 143 Filialen. Allerdings wurde diese Zahl als zu kostentreibend eingeschätzt, so dass das Vorstandsmitglied Geheimrat Adolf Pöhlmann ohne Absprache eine drastische Reduzierung betrieb, was im Aufsichtsrat zu heftigen Kontroversen führte. Wenngleich Pöhlmann sein Ziel nicht völlig erreichte, blieben Ende 1923 doch nur 54 Filialen übrig, weniger als halb so viele wie bei der Hypo-Bank: Diese bis in die Zeit nach dem Zweiten Weltkrieg anhaltende Strategie rächte sich, erreichte die Vereinsbank 1938, verglichen mit der Hypo-Bank, doch nur 63 Prozent der Kundeneinlagen, allerdings schadete die starke Verminderung der Filialen dem Hypothekengeschäft nicht, das mit 737 Millionen RM im Jahr 1936 sogar geringfügig über dem der Hypo-Bank lag.[19] Das Hypothekenbank-Geschäft war reichsweit, das Bankgeschäft der Vereinsbank hingegen nur bayernweit (inklusive der Pfalz).

Das Grundkapital der Bayerischen Vereinsbank wurde 1925 und 1928 in zwei Schüben aufgestockt. Sie besaß während des NS-Regimes von 1933 bis 1945 nomi-

Jahrhunderts, München 1969, insbes. S. 199ff., 285; außerdem Heinrich VII. Reuss, Vereinsbank – Das Entstehen einer Bankengruppe. Hg. von der Bayerischen Vereinsbank, München 1994, hier u.a. S. 19ff., 30f.

18 Reuss, Vereinsbank, S. 34f.
19 Ebd., S. 37.

nell ein Aktienkapital von 31 050 000 RM, lag also ungefähr zehn Prozent unter dem der Hypo-Bank.[20]

Die Bayerische Staatsbank

Die Bayerische Staatsbank war eine der ältesten deutschen Staatsbanken überhaupt, ursprünglich aber keine bayerische. Sie wurde 1780 durch Markgraf Karl Alexander in Ansbach als „Hochfürstlich Brandenburg-Anspach-Bayreuthische Hof-Banco" gegründet. Als die Markgrafschaft durch Erbfall 1792 zu Brandenburg-Preußen kam, wurde die Bank bis 1806 preußische Staatsbank in Mittelfranken. 1806 fiel im Gefolge der von Napoleon I. durchgesetzten territorialen Neuordnung Deutschlands die Markgrafschaft an das neue Königreich Bayern, so dass aus der Bank schließlich die bayerische Hofbank wurde. Ihre Aufgabe bestand in der Förderung der heimischen Wirtschaft, zunächst also der Landwirtschaft, in zweiter Linie von Handwerk und Handel. Dieses Geschäftsfeld änderte sich durch den Eigentümerwechsel nicht. Die Bank sollte die genannten Wirtschaftszweige mit kurzfristigen Krediten unterstützen. Ihre Dienstanweisung von 1806 galt bis 1850. Die am 4. Oktober 1850 in Kraft tretende neue Bankverordnung erweiterte die regionale Zuständigkeit beträchtlich, die bisher auf Franken beschränkte Bank wurde jetzt im gesamten Königreich Bayern tätig. Die „Königlich Baierische Banco zu Nürnberg", wie ihr offizieller Name lautete, wurde tatsächlich zu einer Staatsbank, die sich nun stark vergrößerte, wobei die folgenden Bankverordnungen von 1878 und 1920 auf der Grundlage von 1850 erlassen wurden. Nach der Revolution 1918/19 trug das Institut schließlich den Namen Bayerische Staatsbank.[21] 1971 wurde sie privatisiert und mit der Bayerischen Vereinsbank fusioniert.

Seit 1850 vervielfachte die Königliche Bank – wie sie der Volksmund nannte – sowohl ihren Umsatz als auch das Betriebskapital, allein im ersten Jahrzehnt vermehrte sich der Umsatz um das Zehnfache. Der 1863 erreichte Höchststand betrug 446 Millionen Gulden und erhöhte sich bis 1875 nochmals auf mehr als das Doppelte. Die Bilanzsumme stieg zwischen 1851 und 1875 von gut 17,13 Millionen

---

20 Dokumentation Heinrich VII. Reuss, Die Bayerische Vereinsbank im Dritten Reich (1984), S. 5. Dieses Manuskript enthält Dokumente der Zeit zwischen 1933 und 1945 mit einer knappen Einleitung. D-BV-KOM-A-1585.
21 Vgl. zur Geschichte insges.: Franz Steffan/Walter Diehm, Die Bayerische Staatsbank von 1780 bis 1955. Geschichte und Geschäfte einer öffentlichen Bank, hg. vom Staatsbankdirektorium, München 1955. Die Angaben über Geschäftsergebnisse und Bilanzen der Zeit vor 1933 beruhen, soweit nichts anderes vermerkt, auf dieser Darstellung; vgl. im Übrigen auch Johannes Bähr/ Axel Drecoll/Bernhard Gotto, Die Geschichte der Bayern LB, hg. vom Institut für Zeitgeschichte München i.A. der Bayern LB, München–Zürich 2009.

Gulden auf über 57 Millionen Gulden. Während dieser zweieinhalb Jahrzehnte wurde 1863 mit 67,7 Millionen der Höchststand erreicht.[22] Die wichtigste Niederlassung befand sich in der Rheinpfalz, in dem erst im Jahre 1843 gegründeten Ludwigshafen: Diese Stadt erreichte die höchsten Zuwachsraten in Bayern, insbesondere in Industrie und Handel, und war deshalb sowohl für das Wachstum als auch die überregionale Ausdehnung der Bank von besonderem Interesse.

Während der Jahrzehnte des Kaiserreichs erhöhte sich die Bilanzsumme der Königlichen Bank weiter, zwischen 1875 bis zum Vorkriegsjahr 1913 von ca. 97,796 Millionen auf 338,693 Millionen RM. Ebenso stiegen die Gewinne stetig, was auch durch die Überweisungen an den Staat erkennbar wird: beliefen sich diese im Durchschnitt der Jahre 1876 bis 1900 auf 526 800 RM, so wurden zwischen 1900 und 1913 im Schnitt 2,135 Millionen RM erreicht. Von den 1870er Jahren bis zum Beginn des Ersten Weltkriegs weitete also die Königliche Bank ihre Geschäfte aus; dies war auch auf die Industrialisierungsschübe, die Land-Stadt-Wanderung sowie das Bevölkerungswachstum zurückzuführen, wenngleich konjunkturelle Wechsellagen den insgesamt kontinuierlichen Zuwachs kurzzeitig verzögerten oder unterbrachen. Insgesamt brachte die Bankverordnung von 1878, die der Entwicklung des Bankwesens im neuen Kaiserreich insgesamt Rechnung trug, für die Königliche Bank nicht allein kleine Veränderungen, sondern im Vergleich zu den Privatbanken eine überraschend präzise Auflistung der Geschäftsbereiche: So fehlten beispielsweise in dieser Aufgabenstellung die Übernahme von Aktien und die Begebung von Industrieanleihen; der An- und Verkauf von Wertpapieren war nur im Rahmen spezifischer Genehmigungen des Bayerischen Finanzministeriums möglich – der Charakter einer weisungsgebundenen Staatsbank kam also deutlich zum Ausdruck.

Der Personalbestand – der nach genauen Dienstanweisungen des Finanzministeriums arbeitete – wuchs mit den Geschäftsaufgaben von 1882 bis 1913 von 106 auf 561, zu diesem Zeitpunkt hatte die Münchner Filiale gegenüber der Hauptbank in Nürnberg bereits stark zugelegt, waren doch in München 155, in Nürnberg 116 Mitarbeiter beschäftigt. Seit 1902 wurden auch weibliche Mitarbeiter angestellt. Nach München und Augsburg gründete die Königliche Bank zwischen 1896 und 1913 weitere Niederlassungen: 1896 in Fürth, 1900 in Landshut, 1901 in Kempten, 1904 in Kaiserslautern und Aschaffenburg, 1905 in Rosenheim, 1908 in Ingolstadt, 1911 in Pirmasens und schließlich 1913 in Erlangen. Im Vorkriegsjahr 1913 besaß die Königlich Bayerische Bank insgesamt 22 auswärtige (d.h. außerhalb Nürnbergs) Niederlassungen, die sich schwerpunktmäßig auf alle bayerischen Regionen erstreckten. Für jede neue Niederlassung musste die Hauptbank in Nürnberg zwei Millionen RM Betriebsmittel aufbringen.

---

22 Vgl. Bilanzen in: Steffan/Diehm, Die Bayerische Staatsbank, S. 167.

Der Erste Weltkrieg erhöhte den Geldumlauf, seit 1915 nahm die Königliche Bank am Umtausch von Wertpapieren in Kriegsanleihen teil, im letzten Kriegsjahr 1918 kann von einer weiter erhitzten Kriegskonjunktur gesprochen werden, die auch die Bankgeschäfte belebte, so dass das Kriegsende zunächst die Bank in stabiler Lage sah. Seit dem Sturz der Monarchie durch die Revolution änderte sie aufgrund einer Anordnung der Räteregierung zunächst ihren Namen in Staatsbank der Räterepublik, nach deren Ende nannte sie sich schließlich Bayerische Staatsbank. 1920 folgte eine neue Bankverordnung, die die Rechtsgrundlage der Bank den neuen politischen und wirtschaftlichen Bedingungen anpasste, die alte Aufgabenstellung jedoch im Kern beibehielt. Die Nachkriegsjahre erlebten einen regelrechten Bankenboom, viele Großbanken des Reichs errichteten in zahlreichen Städten – auch in bayerischen – Niederlassungen; zwischen 1919 und 1923 wurden in Deutschland ungefähr 3000 Bankfilialen gegründet[23] und auch die großen bayerischen Privatbanken und die Staatsbank wurden von dieser Gründungseuphorie ergriffen.

Da die Weimarer Reichsverfassung von 1919 den bundesstaatlichen Charakter verstärkte, die bisherigen Einzelstaaten des Kaiserreichs also zu Bundesstaaten wurden, verlor der damalige Freistaat Bayern wichtige Zuständigkeiten, darunter die für Post, Eisenbahn, Heeres- und Steuerverwaltung: War bisher das Reich „Kostgänger der Länder", wie es Otto von Bismarck formuliert hatte, so wurden nun die Länder in größerem Maße Kostgänger des Reiches: Diese grundlegende Umgestaltung der föderativen Ordnung betraf die Aufgaben der Bayerischen Staatsbank unmittelbar und schränkte sie auf den genannten Gebieten deutlich ein. Ähnliches galt für die sich während des Krieges verstärkende Bindung an die Kommunen, die nun wieder gelockert wurde. Andererseits kamen neue Aufgaben hinzu, insbesondere die Kredite für den Ausbau der staatlichen Großwasserkraftwerke.

Bilanzsummen und Umsätze während der Inflationsjahre bis zur Währungsreform 1923 erwecken irreführende Assoziationen, da der Währungsverfall nicht allein eine „galoppierende" Form annahm, sondern auch in schwindelerregende Höhen führte. Aussagekräftiger ist die Beschäftigungsentwicklung dieser Jahre, die die gestiegene Aktivität der Bank dokumentiert: So wuchs die Zahl der Mitarbeiter der Staatsbank von 561 im Jahr 1913 auf insgesamt 2262 im Jahr 1923. Die Zahl der zu betreuenden Konten hatte sich in diesem Jahrzehnt von 42 000 auf 90 000 mehr als verdoppelt.

Im Zuge der wirtschaftlichen Erholung nach der Währungsreform, dem Dawes-Plan und der umfangreichen Kreditgewährung an das Deutsche Reich durch die USA seit 1924 erholten sich auch die Bankgeschäfte schnell. So stieg

---

23 Vgl. Steffan/Diehm, Die Bayerische Staatsbank, S. 247.

die Bilanzsumme der Bayerischen Staatsbank von 200 Millionen RM Ende 1924 auf 372 Millionen RM im Jahr 1925 und auf 424,556 Millionen RM im Jahr 1928, im Gefolge der Wirtschaftskrise sank sie dann 1931 wieder auf 361,380 Millionen RM ab.

Aufgrund der Verringerung des Zinssatzes verminderten sich allerdings schon vorher die Zinseinnahmen. Dadurch rutschte der Reingewinn, der 1924 noch bei 7,6 Millionen RM gelegen hatte, 1928 auf 5,4 Millionen RM ab. Die Liquidität der Staatsbank sank aufgrund der einsetzenden Wirtschafts- und Finanzkrise von 56,6 Prozent im Jahr 1928 auf nur noch 38,6 Prozent im September 1930; alle Versuche, neue Einlagen zu erreichen, blieben von begrenztem Erfolg, das Anleihegeschäft konnte nur in geringem Maße betrieben werden. Auf der anderen Seite überstieg der Reingewinn bereits 1930 mit 4,8 Millionen RM denjenigen des Jahres 1929. Drei Millionen RM wurden an die Staatsregierung abgeführt. Insgesamt lieferte die Bayerische Staatsbank zwischen 1924 und 1930 17,5 Millionen RM an den Staat ab.

Auch die Bayerische Staatsbank überstand die Bankenkrise 1931 in Deutschland sowie insgesamt die Weltwirtschaftkrise ebenso wie die beiden großen bayerischen Privatbanken und die Vereinsbank in Hamburg deutlich gefestigter als die deutschen Großbanken, weil sie in ungleich geringerem Maße kurzfristige ausländische Kredite aufgenommen hatte, die nach dem ‚Schwarzen Freitag‘ 1929 gekündigt wurden. So betrug Mitte 1930 das ausländische Fremdkapital aller deutschen Kreditbanken mehr als 34 Prozent, bei der Bayerischen Staatsbank aber nur sechs Prozent, wobei sich dieser Anteil bis Ende 1931 auf lediglich 4,2 Prozent verminderte. Zwar gab es bereits seit 1899 reichsweit Kommissare für das Bankwesen, doch verschärften die gesetzgeberischen Maßnahmen, beispielsweise die Notverordnung des Reichspräsidenten vom 19. September 1931, mit der erstmals ein Reichskommissar für das Bankgewerbe bestellt wurde, die Aufsicht. Für Bayern war dies insofern nicht so neu, weil – nach Vorläufern im 19. Jahrhundert – bereits seit 1924 Staatskommissare für die einzelnen Banken eingeführt worden waren und die Bayerische Staatsbank ohnehin gegenüber dem Bayerischen Finanzministerium weisungsgebunden war.

Probleme entstanden aus anderen Gründen, unter anderem aus dem extremen Rückgang der Steuereinnahmen und der finanziellen Abhängigkeit Bayerns von den Steuereinnahmen des Reiches. Die einschlägigen Überweisungen machten einen beträchtlichen Teil des bayerischen Staatshaushalts aus. Aufgrund der Finanzklemme konnte das Reichsfinanzministerium Ende Juli 1931 nicht die üblichen Zahlungen an die Länder leisten.[24] So erhielt Bayern nicht die

---

24 Vgl. Cuno Horkenbach (Hg.), Das Deutsche Reich von 1918 bis heute, Bd. 2, Jg. 1931, Berlin 1932, S. 256: „Kassenschwierigkeiten des Julitermins".

aufgrund des Finanzausgleichs vom Reich erwarteten 450 Millionen RM, sondern nur 375 Millionen. Der Staatshaushalt hatte sich 1925 auf etwa 650 Millionen RM belaufen, stieg aber aufgrund der hohen Sozialausgaben und wirtschaftlich notwendigen staatlichen Fördermaßnahmen für die einheimische Wirtschaft bis 1932 auf ungefähr 800 Millionen RM an. Die Staatsschuld Bayerns betrug 1929 schon 485 Millionen RM.[25]

Keine der Sitzungen des Reichskabinetts dieser Monate verging, ohne dass Wirtschafts- und Finanzprobleme den wichtigsten Teil der Tagesordnung ausgemacht hätten. Dabei wurde im Juli 1931 auch die Herabsetzung der Deckung bei den Notenbanken der Länder erörtert. Die Bayerische Staatsregierung machte es aber zur Bedingung, dass die Bayerische Staatsbank ihr an die Reichsbank verkauftes Gold zum gleichen Banknotenbetrag zurückkaufen könne, den sie von der Reichsbank erhalten habe.[26]

Die Konsequenzen der Wirtschaftskrise sowie der Finanzprobleme des Reichs und der Länder waren für die Bayerische Staatsbank gravierend: Der Staat zog seine Guthaben vorübergehend ab und musste überdies neue Kredite aufnehmen. Aber nicht nur das: Auch andere bedeutende öffentliche Kreditoren wie Versicherungen oder Post zogen ihre zum Teil großen Guthaben bei der Bayerischen Staatsbank ab.[27] Die Liquidität der Bank sank Ende Juli 1931 unter 27 Prozent und damit auf einen Tiefststand. Immerhin betrug selbst in diesem Jahr der Reingewinn der Staatsbank noch 3,07 Millionen RM, ihr Eigenkapital blieb unangetastet.

Nicht die Wirtschafts- und Finanzkrise im Allgemeinen, nicht die Bankenkrise im Besonderen, nicht die mithilfe reichspräsidentieller Notverordnungen durch die Regierung Heinrich Brüning 1931 in Gang gesetzte Neuordnung des Finanz- und Bankwesens einschließlich staatlicher Regulierungsmaßnahmen im Devisengeschäft veränderten die institutionelle Situation der Bayerischen Staatsbank. Vielmehr bewirkte erst die nationalsozialistische Machtergreifung 1933 den fundamentalen Einschnitt. Die nun durchgesetzten verfassungspolitischen Weichenstellungen beeinträchtigten zunächst die föderative Struktur des Reiches und beseitigten sie schließlich.

Allerdings begann dieser Zentralisierungsprozess bereits mit den erwähnten finanzpolitischen Maßnahmen der Regierung Brüning. Diese Tendenz wurde indes durch den Staatsstreich vom 20. Juli 1932 ungleich verstärkt, mit dem die

---

25 Vgl. Andreas Kraus, Geschichte Bayerns. Von den Anfängen bis zur Gegenwart, München 1983, S. 712.
26 Vgl. Akten der Reichskanzlei. Weimarer Republik. Die Kabinette Brüning I und II. Hg. für die Historische Kommission der Bayerischen Akademie der Wissenschaften von Karl Dietrich Erdmann und das Bundesarchiv von Hans Booms, Boppard am Rhein 1982, S. 1394.
27 Steffan/Diehm, Die Bayerische Staatsbank, S. 309ff.

Brüning folgende Minderheitsregierung des Reichskanzlers Franz von Papen die rechtmäßige Preußische Staatsregierung aus SPD, Zentrum und DDP/Staatspartei des sozialdemokratischen Ministerpräsidenten Otto Braun absetzte und durch einen Reichskommissar, Franz Bracht, ersetzte. Zwar machte der Staatsgerichtshof für das Deutsche Reich diesen Verfassungsbruch teilweise – mit Rücksicht auf die Verantwortung, die Reichspräsident von Hindenburg an der Notverordnung trug – am 25. Oktober 1932 wieder rückgängig, doch war der entscheidende Schlag gegen den deutschen Föderalismus geführt, weshalb unter anderem auch die Bayerische Staatsregierung unter Heinrich Held (BVP) gegen den „Preußenschlag" klagte. Der Staatsstreich der Reichsregierung gegen den Freistaat Preußen war deshalb umso gravierender, weil dieser das mit Abstand größte Land der Weimarer Republik war und Zweidrittel des Reichsterritoriums und Dreifünftel der Reichsbevölkerung umfasste. Wenn selbst Preußen, das über eine gut ausgebildete Polizei von hunderttausend Mann verfügte und den größten Teil der Auftragsverwaltung für das Reich schulterte, seine Eigenstaatlichkeit nicht mehr bewahren konnte, wie stand es dann um die kleineren deutschen Länder?[28]

Der „Preußenschlag" bildete tatsächlich nur den Auftakt zu der wenige Monate später Schritt für Schritt durchgeführten Beseitigung des Föderalismus in Deutschland. Dies zeigte sich bereits einige Tage nach der noch halbwegs freien Reichstagswahl vom 5. März 1933: Bei ihr erreichte die NSDAP zwar allein keine Mehrheit (43,9 Prozent), doch wurde die seit dem 30. Januar 1933 von ihr geführte bisherige Minderheitsregierung mit der DNVP (acht Prozent) nun mit absoluter Mehrheit bestätigt. Schon am 9. März wiederholte Reichsinnenminister Wilhelm Frick (NSDAP) in Bayern den Coup Papens in Preußen, setzte die legale Regierung Heinrich Held (BVP) ab und an ihrer Stelle den NSDAP-Reichstagsabgeordneten und späteren General Franz Ritter von Epp als Reichskommissar ein – und dieses Mal konnte kein Staatsgerichtshof den Gewaltakt rückgängig machen, der entscheidende Schritt zur Gleichschaltung Bayerns war erfolgt.[29]

Die nächsten Gleichschaltungsmaßnahmen folgten auf dem Fuße: Am 31. März 1933 das „Vorläufige Gesetz zur Gleichschaltung der Länder mit dem Reich", am 7. April 1933 das „Zweite Gesetz zur Gleichschaltung der Länder mit dem Reich", mit dem sogenannte Reichsstatthalter eingesetzt wurden, schließ-

28 Vgl. zum Ganzen Möller, Parlamentarismus in Preußen, S. 570ff.; ders., Preußen 1918 bis 1947: Weimarer Republik, Preußen und der Nationalsozialismus, in: Handbuch der Preußischen Geschichte, Bd. III. Hg. von Wolfgang Neugebauer, Berlin–New York 2000, S. 298ff. Zum Protest Bayerns: Kraus, Bayerische Geschichte, S. 720.
29 Vgl. ebd., S. 727, sowie Walter Ziegler, Bayern im NS-Staat 1933 bis 1945, in: Handbuch der Bayerischen Geschichte Bd. IV, 1, S. 500–634, hier S. 514ff.

lich am 30. Januar 1934 das „Gesetz über den Neuaufbau des Reiches".[30] Am
14. Februar 1934 hob die Regierung Hitler sogar den Reichsrat, die Vertretung
der Länder, auf, womit sie selbst gegen das von ihr entworfene und durchge-
setzte Ermächtigungsgesetz vom 24. März 1933 verstieß, in dem expressis verbis
die Unantastbarkeit der obersten Verfassungsorgane des Reichs, also auch des
Reichsrats, garantiert worden war.[31] Damit war klar, dass das NS-Regime auch
vor weiteren Verfassungsbrüchen nicht zurückschrecken würde. Trotz einer
gewissen, aber nur formellen Ausnahmeregelung für Preußen stufte das nationalsozialistische Regime die Länder faktisch auf den Status von Provinzen herab.

Was bedeutete dies für die Bayerische Staatsbank? Sie wurde zu einer „Staatsbank ohne Staat".[32] Zunächst galt, dass die Bank direkt den neuen Machthabern
ausgeliefert war, ohne dass es hierfür einer gesetzlichen Änderung bedurfte, da
sie als Staatsbank auch vorher dem Bayerischen Finanzministerium unterstellt
war. Am 18. Oktober 1935 wurde gleichwohl auf Reichsebene ein Gesetz über
Staatsbanken erlassen, das noch tiefer in die Entscheidungsbefugnisse der Bank
eingriff: Alle Staatsbanken und ähnliche Institute wurden in die Zuständigkeit
des Reichswirtschaftsministers überführt. Am Beispiel der Braunschweigischen
Staatsbank zeigten sich die Konsequenzen: „Diese Zentralisierung der Staats-
bankaufsicht stellte eine Organisationsänderung von größter Tragweite dar, denn
das Braunschweigische Staatsministerium und damit das Land Braunschweig
waren aus den Organen der Bank rundweg herauskatapultiert worden. Verwal-
tungs- und Aufsichtsrat verschwanden ganz, dafür erhielt die Bank einen Beirat,
der vom Reichswirtschaftsminister auf je drei Jahre ernannt wurde."[33] Auch
wurden die Direktoren der Staatsbanken vom Reichswirtschaftsminister berufen,
der damit direkte Eingriffsmöglichkeiten in die Personalpolitik erhielt. Schließlich übertrug 1937 die „Verordnung über die Prüfungspflicht der Wirtschafts-
betriebe der öffentlichen Hand" die Prüfung von der Landesaufsicht – im Falle
der Bayerischen Staatsbank vom Bayerischen Obersten Rechnungshof – auf den
Rechnungshof des Deutschen Reiches.

---

30 Alle Texte in Ursachen und Folgen. Vom deutschen Zusammenbruch 1918 und 1945 bis
zur staatlichen Neuordnung Deutschlands in der Gegenwart. Eine Urkunden- und Dokumentensammlung zur Zeitgeschichte. Hg. von Herbert Michaelis und Ernst Schraepler unter Mitwirkung von Günter Scheel, 26 Bde., Berlin o.J., Bd. IX, S. 107ff., 111, 118f., künftig zit. als UuF mit
Band u. Seitenzahl.
31 Vgl. Horst Möller, Die nationalsozialistische Machtergreifung – Revolution oder Konterrevolution, in: VfZ 31 (1983), S. 25–51.
32 Steffan/Diehme, Die Bayerische Staatsbank, S. 314.
33 Erich Achterberg, Braunschweigische Staatsbank. Zwei Jahrhunderte Zeitgeschichte, Braunschweig 1965, S. 184.

Unabhängig von der wirtschaftlichen Entwicklung der Bayerischen Staatsbank während der nationalsozialistischen Diktatur – die noch zu behandeln ist – gilt: Selbst die begrenzte Autonomie, die sich die beiden anderen großen bayerischen Regionalbanken und die Vereinsbank in Hamburg vor allem bis 1938 bei vorsichtigem Taktieren noch erhalten konnten, besaß die Bayerische Staatsbank seit dem Beginn des Regimes 1933 nicht. Als Staatsbank war sie rechtlich von vornherein eine Bank des Regimes, wenngleich es hier wie überall auch davon abhing, welche Personen an ihrer Spitze standen. Doch blieben deren Möglichkeiten – vorausgesetzt sie waren keine Anhänger des Regimes – begrenzt. Innerhalb der einzelnen Phasen der NS-Diktatur spielte es indes eine gewisse Rolle, wer Reichswirtschaftsminister war – der parteilose Hjalmar Schacht oder ein NS-Funktionär – und wer jeweils zuständig war – der Beauftragte für den Vierjahresplan, Hermann Göring – oder eben bis 1937 noch Schacht.

Die Vereinsbank in Hamburg

Eine Gruppe Hamburger Geschäftsleute gründete 1856 die Vereinsbank in Hamburg. 1974 erfolgte die Fusion mit der Westbank zur Vereins- und Westbank. Die Westbank war ihrerseits 1943 aus einer Zwangsfusionierung mehrerer kleiner lokaler Banken hervorgegangen, der Schleibank in Kappeln, der Westholsteinischen Bank in Heide und der Schleswig-Holsteinischen Bank in Husum. Seit 1955 war die Bayerische Vereinsbank an der Vereinsbank in Hamburg mit 25 Prozent beteiligt. 2005 ging die Vereins- und Westbank in der HypoVereinsbank auf.[34]

Die Vereinsbank in Hamburg agierte bald auch außerhalb der Hansestadt in den beiden preußischen Städten Altona und Kiel, wo sie 1865 Niederlassungen errichtete. Zu dieser Zeit existierte noch der Deutsche Bund – ein Staatenbund, kein Bundesstaat –, es handelte sich also um Standorte in einem anderen Staat, was die Einhaltung unterschiedlicher Rechtsordnungen voraussetzte, weswegen man die Form selbstständiger Aktiengesellschaften wählte. Der Name lautete denn auch im letzten Fall „Vereinsbank in Kiel".

Die Vereinsbank in Hamburg war eine reine Geschäftsbank, d.h. sie hatte keine Lizenz – anders als die beiden bayerischen Privatbanken – für das Hypothekenbankgeschäft. Im Reichsgründungsjahr 1871 wurde in Hamburg eine Hypothekenbank namens „Hypothekenbank in Hamburg" gegründet, von der

---

34 Vgl. insges. Hundert Jahre Vereinsbank in Hamburg 1856–1956, Hamburg 1956, sowie Walther Matthies, Vereinsbank in Hamburg. Biographien der Aufsichtsrats- und Vorstandsmitglieder seit der Gründung der Bank im Jahre 1856, Hamburg 1970. Soweit nicht anders vermerkt, beruhen die folgenden Zahlenangaben auf diesen beiden Werken.

die Vereinsbank in Hamburg aber ein größeres Aktienpaket übernahm, also mit ihr eng verbunden wurde. Den preußisch- bzw. deutsch-französischen Krieg 1870/71 sowie die Gründungskrisen des Deutschen Reiches, beispielsweise die von 1873, überstand die Vereinsbank in Hamburg ohne Probleme, ebenso eine auch die Wirtschaftsentwicklung der Hansestadt beeinträchtigende schwere Cholera-Epidemie 1892. Im Jahr 1897 wurde eine Zweigniederlassung in Cuxhaven eröffnet. Die Stadt gehörte zum Territorium der Hansestadt und war ihr vorgelagerter Seehafen. 1899 eröffnete die Vereinsbank in der Millionenstadt Hamburg eine Reihe von Zweigstellen in verschiedenen Stadtteilen, 1905 eine Filiale in Flensburg, die jedoch 1939 mit der Schleswig-Holsteinischen Bank gegen deren Filiale in Wandsbek eingetauscht wurde[35], als diese Stadt infolge eines Reichsgesetzes vom gleichen Jahr an Hamburg fiel. Schon 1918 war die Vereinsbank in Kiel direkt übernommen worden.

Die Vereinsbank in Hamburg pflegte nicht allein das kurzfristige Warengeschäft, sondern aufgrund der Stärkung Hamburgs als Industriestadt auch das sonstige Kreditgeschäft, zum Teil auch das Sparkassengeschäft. Vor dem Ersten Weltkrieg, im Jahr 1913, belief sich die Bilanzsumme der Bank auf 186 Millionen Mark. Das Eigenkapital betrug 25 Prozent des Bilanzvolumens. Während des Krieges erhöhte sich die Bilanzsumme weiter und erreichte Ende des Jahres 1917 276 Millionen Mark, im letzten Kriegsjahr 1918 sogar 330 Millionen. Statt der kurzfristigen Warenfinanzierung dominierten nun Kredite für die Kriegsindustrie.

Die Bank arbeitete, wie aus ihren Dividenden abzulesen ist, bald erfolgreich: Sie begann im Durchschnitt der Jahre 1858 bis 1867 mit einer Ausschüttung von 5,69 Prozent und steigerte sie von 1868 bis 1877 sogar auf 10,75 Prozent. Wenngleich sie in den folgenden Jahrzehnten diesen Höchststand nie mehr erreichte, zahlte sie doch in den letzten vier Jahren vor dem Ersten Weltkrieg, d.h. 1909 bis 1913, im Schnitt neun Prozent aus. 1917 wurde die Dividende wieder auf zehn Prozent erhöht, 1918 betrug sie immerhin neun Prozent.

Auch für die Vereinsbank in Hamburg sind die Zahlen der Inflationsjahre nicht wirklich aussagekräftig für das tatsächliche Geschäftsvolumen. Die Goldmarkeröffnungsbilanz nach der Währungsreform 1923 betrug zum 1. Januar 1924 31 Millionen GM und stieg bis Ende 1928 auf etwa 99 Millionen GM an. 1926 wurde eine Erhöhung des Stammkapitals von 10,5 Millionen Mark diskutiert, das schließlich 12 Millionen RM betrug. Ziel war es, die Selbstständigkeit der Bank zu sichern, hatte es doch immer wieder Übernahmegerüchte gegeben. Während der Krisenjahre beschäftigte die Vereinsbank in Hamburg ungefähr 400 Mitarbeiter – eine Zahl, die sich während des NS-Regimes deutlich erhöhte.

---

35 84. GB der VinHH Geschäftsjahr 1939, S. 10. D-VinHH-KOM-PUB-84.

Wie die anderen hier behandelten Regionalbanken überstand die Vereinsbank in Hamburg die Wirtschaftskrise besser als die deutschen Großbanken,
weil auch sie in der Aufnahme kurzfristiger ausländischer Kredite sehr zurückhaltend agiert hatte und im Jahr 1931 keine derartigen Auslandsverpflichtungen
mehr bestanden. Das „Reichsgesetz über das Kreditwesen" vom 5. Dezember 1934
führte zunächst nicht zu Eingriffen bei der Vereinsbank in Hamburg; die Veränderungen der wirtschaftlichen Rahmenbedingungen seit 1933 und die zunächst
versteckte Finanzierung der Kriegsvorbereitung mit Mefo-Wechseln wirkten sich
allerdings auch auf die Vereinsbank in Hamburg aus, zumal die neue Finanzpolitik
eine steigende Liquidität bewirkte.

Als Privatbank war ihre Situation im NS-Regime eher mit der Hypo-Bank und
der Bayerischen Vereinsbank vergleichbar als mit der Bayerischen Staatsbank,
allerdings müssen sowohl das Geschäftsmodell als ‚klassische Bank' und die
Größenunterschiede bedacht werden als auch spezifische lokale und personelle
Bedingungen.

III Die wirtschaftliche Ausgangslage 1933 und die bankpolitischen Regelungen des NS-Regimes

Im Gefolge des Dawes-Plans zur Regelung des Reparationsproblems nach 1924 waren umfangreiche amerikanische Finanzhilfen nach Deutschland geflossen, aus der sich die Wirtschaftsblüte der „Goldenen Zwanziger Jahre" entwickelte, doch handelte es sich um eine Blüte an einem kränkelnden Baum: Die amerikanischen Kredite waren kurzfristig gegeben, wurden aber in vielen deutschen Unternehmen, die an notorischem Liquiditätsmangel litten, investiv, also langfristig angelegt. Als diese Kredite aufgrund des Krachs an der New Yorker Börse und der dadurch ausgelösten Weltwirtschaftskrise seit dem „Schwarzen Freitag" am 25. Oktober 1929 kurzfristig zurückgezahlt werden mussten, kam es zur Katastrophe: Mehrere deutsche Großbanken wie die Danat-Bank, die Dresdner Bank, die Deutsche Bank und Disconto-Gesellschaft, die Commerzbank sowie einige Privatbanken wurden zahlungsunfähig, dazu kamen zahlreiche Unternehmenszusammenbrüche außerhalb des Bankensektors, die zu Zahlungsschwierigkeiten selbst bei Großkonzernen wie Karstadt oder Nordstern führten. Die deutsche Auslandsverschuldung betrug zu diesem Zeitpunkt 25 Milliarden RM, darunter waren kurzfristige Kredite in Höhe von zwölf Milliarden.[1]

Der internationale Vertrauensverlust war seit dem Jahr 1930 durch die politische Instabilität in Deutschland verstärkt worden: Am 27. März brach die letzte parlamentarisch gebildete Regierung, die Große Koalition unter dem sozialdemokratischen Reichskanzler Hermann Müller, aufgrund sozialpolitischer Divergenzen zwischen ihrem rechten Flügel, der Deutschen Volkspartei, und dem linken Flügel, der SPD, auseinander. Am 14. September 1930 erlitt die Präsidialregierung des Zentrumsreichskanzlers Heinrich Brüning, die als Minderheitsregierung überwiegend mit Tolerierung durch die oppositionellen Sozialdemokraten amtiert hatte, eine schwere Wahlniederlage. Aber nicht nur das: Diese Wahl wurde zum Menetekel für die Demokratie überhaupt, schnellte doch die NSDAP von zwölf auf 107 Sitze im Reichstag hoch. Aus einer Splittergruppe, die noch 1928 mit 2,6 Prozent der Stimmen trotz ihrer Lautstärke und Brutalität in der politischen Auseinandersetzung nur marginale Bedeutung besessen hatte, wurde die NSDAP zur zweitstärksten Massenpartei in Deutschland.

Was international starke Irritationen auslöste, bewirkte national Suggestion und Faszination. Von nun an wurde die NSDAP in fast jeder der schnell aufeinander folgenden Wahlen immer stärker. Selbst die demokratischen Parteien

---

1 Vgl. Möller, Weimarer Republik, S. 174; James, Deutschland in der Weltwirtschaftskrise.

begriffen nicht, dass es ein unkalkulierbares Risiko bedeutet, in Zeiten fundamentaler Krisen außerplanmäßig Wahlen anzusetzen, weil sie naturgemäß Protestwahlverhalten fördern. Die folgenden parlamentarisch nicht abgesicherten Regierungen (zunächst wieder Heinrich Brüning, dann ab 1. Juni 1932 Franz von Papen, schließlich vom 3. Dezember 1932 bis zum 29. Januar 1933 General Kurt von Schleicher), blieben allein auf das Wohlwollen des greisen Reichspräsidenten von Hindenburg angewiesen, der ohnehin als Anhänger der konstitutionellen Monarchie keinerlei Sinn und Kompetenz für das Amt des Präsidenten einer demokratisch-parlamentarischen Republik besaß. Mit seiner Billigung erließen die Reichsregierungen dann gemäß Artikel 48 der Reichsverfassung eine präsidiale Notverordnung nach der anderen, um rein administrativ mithilfe von Staatseingriffen die Krise zu meistern. Diese Maßnahmen waren – wie immer wieder deutlich geworden ist – in starkem Maße finanzpolitischer Natur und betrafen folglich das Bankwesen.

Nach Ausbruch der Bankenkrise 1931 versuchten die Reichsbank und die Golddiskontbank, möglichst langfristige Kredite zu erlangen, um der deutschen Wirtschaft aus der Krise zu helfen, wie die Reichsregierung am 13. Juli 1931 erklärte.[2] An diesem Tag übernahm die Reichsregierung auch eine Garantie für die zusammengebrochene Danat-Bank, um die Einlagen Hunderttausender Kunden zu retten; zugleich verkündete sie „Bankfeiertage“, um den nutzlosen Ansturm auf die Institute zu verhindern.[3]

Aufgrund der Erfahrung der Inflationsjahre, der Weltwirtschaftskrise mit der verheerenden Massenarbeitslosigkeit, der Bankenkrise von 1931, der politischen Fundamentalkrise der Weimarer Demokratie, die zum Versagen der demokratischen Verfassungsorgane geführt hatte, schließlich der tiefen Depression, die nahezu die gesamte deutsche Gesellschaft ergriff und zu einem sich ständig verstärkenden Protestwahlverhalten führte, betrachteten viele Unternehmer und Bankiers trotz der partiell antikapitalistischen und bankenkritischen nationalsozialistischen Ideologie die propagandistisch als nationalen Aufbruch dargestellte Machtergreifung 1933 als Hoffnungszeichen: Der Regierung Hitler waren ausgesprochen schwache und kurzlebige Regierungen vorangegangen, seit März 1930 hatten sich alle Präsidialregierungen von Heinrich Brüning über Franz von Papen bis zu Kurt von Schleicher auch in der Wirtschafts- und Finanzpolitik der Notverordnungen bedient, die Weimarer Republik schien am Ende.[4]

---

2 Text abgedr. in Dokumente zur Deutschen Verfassungsgeschichte, hg. von Ernst Rudolf Huber, Bd. 3, Stuttgart 1966, S. 442.
3 Beide Texte in: ebd., S. 443.
4 Vgl. zum Ganzen: Möller, Die Weimarer Republik.

Nach der Ernennung Hitlers zum Reichskanzler am 30. Januar 1933 setzte sich die Regierung der „nationalen Konzentration" überwiegend aus Deutsch-nationalen oder aus parteilosen Konservativen zusammen, die Nationalsozia-listen selbst stellten mit dem Regierungschef nur drei von elf Kabinettsmitglie-dern: Sie schienen also tatsächlich als Minderheit in die Regierung eingebunden und damit „entschärft" zu sein. Diese weit verbreitete Einschätzung erwies sich jedoch als Illusion, zumal die Nationalsozialisten mit dem Reichskanzleramt, dem Innenministerium und mit Hermann Göring, der als Reichsminister zwar ohne Portefeuille, aber seit Frühjahr 1933 als Preußischer Innenminister Chef der Preußischen Polizei war, entscheidende Machtpositionen besetzten.

Als schon im März 1933 der zu Beginn der 1920er Jahre noch linksliberale Wirtschaftswissenschaftler und erfahrene frühere Bankdirektor der Danat-Bank, Dr. Hjalmar Schacht[5] – ein ausgewiesener Bankexperte – von Hitler zum Reichsbankpräsidenten und im August 1934 zusätzlich zum Reichswirtschafts-minister ernannt wurde, stimmte dies die Bankwelt in der Regel hoffnungsfroh. Schacht hatte sich zwar vom liberalen ins deutschnationale politische Spekt-rum begeben und sich 1931 sogar der Harzburger Front aus Deutschnationalen, Stahlhelm und Nationalsozialisten angeschlossen, doch war er als wesentlich an der Währungsreform beteiligter Reichswährungskommissar vom Novem-ber 1923 und Reichsbankpräsident von Dezember 1923 bis 1930 der seinerzeit wohl angesehenste Währungsfachmann und Bankpolitiker in Deutschland: Er schien also wie der parteilose Finanzminister Lutz Graf Schwerin von Krosigk, der schon seit Juni 1932 im Kabinett von Papen amtiert hatte und zuvor ein erfahrener hoher Finanzbeamter und international renommierter Sachverstän-diger gewesen war, eine Garantie für eine vernünftige und kompetente Finanz-politik der Regierung Hitler zu bieten – eine Illusion, die freilich nicht nur im Bankwesen herrschte.

Entscheidend war die verheerende Diagnose der wirtschaftlichen und finan-ziellen Lage der Weimarer Republik während der Weltwirtschafts- und der Banken-krise. Hjalmar Schacht, der sich selbst zu Beginn seiner Rede bei der Harzburger Front am 11. Oktober 1931 als „ein Wirtschaftler ohne jede parteimäßige Bindung" bezeichnete, brachte die scharfe Kritik und die Erwartung auf den Punkt:

> In der Tat hat die deutsche Wirtschaft an dem Enderfolg der nationalen Bewegung das brennendste Interesse. (Was unter dem bisherigen Nachkriegssystem an wirtschaftlicher Substanz wie an wirtschaftlichen Möglichkeiten vergeudet worden ist, das lässt jetzt auch die produktiv gerichtete Wirtschaft verzweifelt nach Rettung von diesem System verlan-gen.) Ich brauche Sie nicht mit Zahlen aufzuhalten, die Sie täglich nachlesen können. Eine Schrumpfung der Produktion um rund ein Drittel, eine Arbeitslosigkeit, die mit ihren

---

5 Kopper, Hjalmar Schacht.

hohen Ziffern zur Dauererscheinung wird, eine Verschuldung im Inlande, die in täglich wachsenden Konkurszahlen zum Ausdruck kommt, eine Verschuldung an das Ausland, die eine Rückzahlung bei Fälligkeit ausschließt, (eine Währung, die nicht mehr dem regulären Warenverkehr dient, sondern nur noch dazu, die Illiquidität unserer Finanzinstitute und der öffentlichen Hand zu verbergen, das ist der Zustand Deutschlands). Dazu eine öffentliche Finanzwirtschaft, von der selbst der Finanzminister nicht zu sagen weiss, wovon sie die nächsten Monate, ja Wochen, weiterleben will. Es ist ein schweres Erbe, das die kommende Regierung anzutreten haben wird.[6]

Tab. 1: Arbeitslosigkeit in wichtigen Industrieländern in Prozent, aus Europäische Wirtschaftsgeschichte, hg. von C. M. Cipolla und K. Borchardt, Bd. 5, S. 440.

Jahr	Belgien	Deutschland * ab 1948 Westdeutschland	Großbritannien	Italien	Schweden
1930	5,4	15,3	14,6		12,2
1931	14,5	23,3	21,5		17,2
1932	23,5	30,1	22,5		22,8
1933	20,4	26,3	21,3		23,7
1934	23,4	14,9	17,7		18,9
1935	22,9	11,6	16,4		16,1
1936	16,8	8,3	14,3		13,6
1937	13,8	4,6	11,3	4,6	10,8
1938	18,4	2,1	13,3	4,3	10,9
1939	19,3		11,7	3,8	9,2
1940			6,0		11,8
1941			2,2		11,3
1942			0,8		7,5
1943			0,6		5,7
1944			0,5		4,9
1945			1,3		4,5
1946			2,5		3,2
1947			3,1	8,3	2,8
1948	4,0	4,2	1,5	8,9	2,8

Unabhängig von der ideologischen Gleichschaltung sowie den durch die politische Instrumentalisierung der Finanz- und Geldpolitik bedingten Rahmenbedingungen spielten auch in diesem Wirtschaftssektor die strukturellen Eigenheiten der nationalsozialistischen Herrschaft eine Rolle: Weder zogen alle Organisationen und Personen des Herrschaftsapparats an einem Strang, noch wollte die gesamte NS-Führung von Beginn an gesellschaftliche, ökonomische

---

6 In: UuF, Bd. VIII, S. 367.

und administrative Eliten generell verschrecken – Einschüchterung ja, aber in gewissen Grenzen umwarb sie sie auch. Der immer wieder beschworene nationale Aufbruch, die „nationale Erhebung", sollte das ganze Volk faszinieren und ergreifen, nicht allein die nationalsozialistischen Parteigänger. Die „nationale Erhebung" aus dem Elend und den sozialökonomischen Katastrophen, aus der gesellschaftlichen Mentalitätskrise, der offensichtlichen Unfähigkeit der Regierungen am Ende der Republik, eine Zukunftsaussichten eröffnende Krisenlösungskapazität zu beweisen, bildeten den für jedermann sichtbaren Kontrast – die Suggestion des Aufbruchs sollte ebenfalls die Banken ergreifen.

Die Doppelstaatlichkeit[7] des NS-Regimes, bei dem sich staatliche Instanzen und Parteibürokratien, traditionelle Institutionen und Sonderbehörden überlagerten, bildete die Grundlage der trotz allen „Führerabsolutismus" polykratischen Herrschaftsstruktur des NS-Regimes.[8] Aufgrund der Gleichschaltung der Länder 1933 und der Anfang 1934 erfolgten Beseitigung des Reichsrats als ihrer verfassungsgemäßen Vertretung kann von einem politischen Föderalismus während der nationalsozialistischen Diktatur nicht mehr die Rede sein. Den klassischen politischen Ämtern oder Verwaltungen, auch den formell fortbestehenden Ämtern von Ministerpräsidenten wurden – obwohl sie alle Nationalsozialisten waren – Gauleiter als Funktionäre der NSDAP[9], jedoch zugleich mit staatlichen Kompetenzen gegenübergestellt. Immer wieder wurden staatliche und Parteiinstanzen bzw. Ämter miteinander verbunden. Andererseits bestanden auf Länderebene traditionelle Verwaltungsstrukturen fort. Wirkliche politische Macht besaßen sie jenseits des nationalsozialistischen Regimes zwar nicht. Waren die Amtsträger aber nicht oder nur in geringerem Maße nationalsozialistisch orientiert, konnte das bei administrativen Akten, beispielsweise der Ausübung der Bankenaufsicht durch einen Reichskommissar wie Dr. Leonhard Meukel, durchaus – begrenzte – Spielräume schaffen. Wenngleich Hitler die zentrale politische Instanz blieb und in der Führerpyramide der Herrschaft die von ihm abhängigen

---

7 Grundlegend Ernst Fraenkel, Der Doppelstaat, Frankfurt am Main 1974 (amerik. 1941).

8 Der Begriff wurde ursprünglich von Gerhard Schulz eingeführt, nach Vorläufern wie Franz L. Neumann, Behemoth-Struktur und Praxis des Nationalsozialismus 1933–1944, Köln–Frankfurt am Main 1977 (zuerst amerik. 1942) und Ernst Fraenkel lieferte Martin Broszat, Der Staat Hitlers, München 1969 (seitdem zahlreiche unveränderte Neuauflagen) die grundlegende Strukturgeschichte.

9 Vgl. Peter Hüttenberger, Die Gauleiter. Studie zum Wandel des Machtgefüges in der NSDAP, Stuttgart 1969; Jürgen John/Horst Möller/Thomas Schaarschmidt (Hg.), Die NS-Gaue. Regionale Mittelinstanzen im zentralistischen „Führerstaat", München 2007, darin neben grundsätzlichen Beiträgen über Bayern: Walter Ziegler, Ein Land, sechs Gaue, S. 254–262; Hermann Rumschöttel/ Walter Ziegler (Hg.), Staat und Gaue in der NS-Zeit. Bayern 1933–1945, München 2004; dies. (Hg.), Staat und Partei in Bayern 1933–1945, München 2003.

Spitzenfunktionäre des Regimes ihrerseits die die Herrschaftsstruktur prägenden Machtträger waren, bewirkte doch die polykratische Herrschaftsstruktur der Führerdiktatur, die zu vielfältigen Konkurrenzen auch unter nationalsozialistischen Instanzen führte, ständige strukturell bedingte Kompetenzüberschneidungen. Bei geschickter Nutzung ließen sie es zu, Nischen zu bilden, da beispielsweise für die bayerischen Banken nicht allein Reichsinstanzen wie Reichswirtschaftsministerium, Reichsbank, Reichskommissare, Hermann Göring als Beauftragter für den Vierjahres-Plan, Deutsche Arbeitsfront, die NSBO oder die Betriebsführer im Unternehmen und andere sich für die Bank interessierten, sondern auch der in München ansässige Reichsschatzmeister der Partei, Schwarz, sein Stabsleiter Saupert, Gauleiter Paul Giesler, der Gaubeauftragte für das Bankwesen Dr. Buchner usw. Sie alle verfolgten keineswegs eine identische Bankenpolitik, oftmals sogar eine gegensätzliche. Wie auch für die Bayerische Vereinsbank noch zu zeigen ist, war ihr Verhalten gegenüber den Banken des öfteren von ihren persönlichen Interessen geleitet, beispielsweise Karrierezielen, materiellen Wünschen oder machtpolitischen Ambitionen.

Diese Konstellation eröffnete aufgrund partiell widersprüchlicher Aktionen der Herrschaftsträger zeitweilig begrenzte Spielräume auch für die Banken, soweit sie sich an die Rahmenbedingungen der Diktatur hielten. Jedenfalls konnten sie versuchen – oder es unterlassen – die Spezifik der Herrschaftsstruktur für autonome Einzelentscheidungen zu nutzen.

Für die bayerischen Banken und die Vereinsbank in Hamburg bildete die Dichotomie der Herrschaft ein spezifisches politisches Umfeld, was allerdings am grundsätzlich totalitären Herrschaftsanspruch der NS-Diktatur und seiner Machtinstrumente nichts änderte: Diese Machtmittel setzte das Regime bei Bedarf auf pseudolegaler Grundlage – also mithilfe von Gesetzen und Verordnungen – oder auch willkürlich ohne sie ein. Von Beginn an erlaubte es die Technik des „Maßnahmenstaates", in alle Sektoren staatlichen, wirtschaftlichen und gesellschaftlichen Lebens massiv einzugreifen.[10]

Hinzu kamen individuelle Differenzen: So verkörperten die in die Bankpolitik immer wieder eingreifenden Münchner NS-Funktionäre wie der sich selbst bereichernde brutale Emporkömmling, SS-Brigadeführer und Präsident des Münchner Stadtrates Christian Weber oder der Gauleiter von München und Oberbayern Adolf Wagner einen ganz anderen Typus als der Bayerische Ministerpräsident Ludwig Siebert. Der 1890 geborene Wagner, SA-Obergruppenführer, Altparteigenosse und schon am Hitler-Putsch 1923 beteiligt, war despotisch,

---

10 Grundlegend seinerzeit: Gerhard Schulz, Die Anfänge des totalitären Maßnahmenstaates, Frankfurt am Main 1974 (Karl Dietrich Bracher (Hg.), Die nationalsozialistische Machtergreifung, T. 2).

korrupt, brutal und einer der Akteure bei der Ermordung der SA-Führung um Ernst Röhm 1934[11]. Der sechzehn Jahre ältere Siebert hingegen, der als Verwaltungsjurist bereits seit 1897 in den bayerischen Staatsdienst eingetreten war, betätigte sich zeitweise als Staatsanwalt, danach als politischer Beamter, zuletzt seit 1924 als Oberbürgermeister von Lindau. Er trat erst 1931, auf dem Höhepunkt der Staats- und Wirtschaftskrise, in die NSDAP ein und wurde zunächst 1933 Bayerischer Finanzminister und im gleichen Jahr bis zu seinem Tod 1942 auch Ministerpräsident.[12] Wagner, Weber und Siebert personifizierten die Struktur der NS-Herrschaft in München, Karl Kaufmann in Hamburg, während die Herrschaft des Gauleiters in Franken, Julius Streicher, unter anderem Herausgeber des nationalsozialistischen Hetzblattes „Der Stürmer", für die fränkischen Filialen der bayerischen Banken Bedeutung gewann. Die noch lange eher administrative als ideologische Steuerung der Bayerischen Staatsbank, die noch zu schildern ist, ging nicht zuletzt auf den dort tätigen traditionellen Beamtentypus wie Siebert zurück, der zeitweilig eben auch Finanzminister war. Auch dieser Typus entzog sich zwar der Gleichschaltung nicht, bewahrte jedoch partiell administrative und verwaltungsjuristische Verfahren, wie sie den Vorstellungen der führenden Bankiers der Hypo-Bank und der Bayerischen Vereinsbank korrespondierten.

Allerdings blieben die politischen Entscheidungsbefugnisse der Ministerpräsidenten, der Minister der Länder oder der Bürgermeister nach der Machtergreifung beschränkt, wenn die Minister nicht zugleich wie Wagner als Innenminister auch Gauleiter waren oder andere Parteiämter wahrnahmen, was bei Ludwig Siebert nicht der Fall war. Eine Ausnahme unter den „Regierungschefs" der Länder bildete lediglich Hermann Göring als Preußischer Ministerpräsident (und Herr über die 100 000 Mann starke preußische Polizei) sowie durch seine schließlich erhebliche Ämterkumulation.

Tatsächlich wurde der Föderalismus in Deutschland systematisch ausgehöhlt und blieb schließlich nur noch formell bestehen. Das Amt des Bayerischen Ministerpräsidenten oder des Ersten Bürgermeisters von Hamburg war also eher ein administratives als ein politisches Spitzenamt und mit der parteipolitischen Machtbasis des Gauleiters, zumal des bei Hitler hoch im Kurs stehenden Wagner, nicht zu vergleichen.

Aufgrund dieser Ausgangslage überrascht es kaum, dass Ministerpräsident Siebert gemäßigtere Töne anschlug als Gauleiter Wagner. Als Siebert am 19. Juni

---

11 Vgl. prägnant Martin Broszat, Der Despot von München. Gauleiter Adolf Wagner – eine Zentralfigur der bayerischen NS-Geschichte, in: Süddeutsche Zeitung vom 30./31.3.1985.
12 Vgl. insgesamt zur Geschichte Bayerns nach 1933: Walter Ziegler, Bayern im NS-Staat 1933 bis 1945, sowie Bayern in der NS-Zeit. Hg. von Martin Broszat, Elke Fröhlich und Hartmut Mehringer, 6 Bde., München 1977–1983.

1933 die Vertreter der Bayerischen Bankenvereinigung – mit Ausnahme des Bankhauses Aufhäuser – empfing, bat er um das Vertrauen der Banken.[13] Er wünschte, dass die Banken „als ein Teil der Hauptträger der bayerischen Wirtschaft *vertrauensvoll* mit ihm und mit der bayerischen Regierung zusammen arbeiten in dem Bestreben, die bayerische Wirtschaft als einen Teil der deutschen Gesamtwirtschaft *stark zu machen* und damit den Volksgenossen wieder Brot und Arbeit zu geben."[14] Als wesentliche Aufgaben nannte Siebert eine Zinsermäßigung, die Umschuldung der Gemeinden und das bayerische Arbeitsbeschaffungsprogramm.

Soweit die Berichte über die Aussprache mit den Bankvertretern erkennen lassen, hielt sich Siebert mit nationalsozialistischen Äußerungen zurück, wenngleich natürlich schon die Nichteinladung des traditionsreichen Bankhauses Aufhäuser antisemitisch motiviert war. Auch die Antwort des Vorsitzenden der Bayerischen Bankvereinigung, Geheimrat Remshard, Direktoriumsmitglied der Hypo-Bank, ließ sich auf ideologische Äußerungen nicht ein, sondern betonte nur die Notwendigkeit, dass die Banken die Unterstützung der Regierung erhalten würden und eng mit ihr zusammenarbeiten müssten. Im Übrigen erklärte Remshard, die Banken „wollen gerne mitwirken an der schweren Arbeit, das bayerische und deutsche Volk wieder aus der Wirtschaftsnot hochzubringen".[15] Dieses Motiv prägte auch die einleitenden allgemeinen Aussagen der Geschäftsberichte der Banken seit Beginn der 1930er Jahre. Sie reagierten damit nicht in erster Linie auf das NS-Regime, sondern auf die schwere Wirtschaftskrise seit 1929/30.[16]

Wie verlief die wirtschaftliche Entwicklung, wie änderten sich die rechtlichen Rahmenbedingungen durch die Bankpolitik des NS-Regimes? Betrachtet man das Bankgeschäft während der zwölfjährigen Diktatur unter ausschließlich ökonomischen Gesichtspunkten, dann muss es als befriedigend bis gut betrachtet werden. Der Grund lag vor allem in der wirtschaftlichen Erholung während der ‚Friedensjahre' des Regimes 1933 bis 1939, deren Wurzeln bereits in den Monaten vor der nationalsozialistischen Machtergreifung lagen. Die Weltwirtschaftskrise hatte zu diesem Zeitpunkt ihren Höhepunkt überschritten: Wenngleich sie in einigen Staaten wie Frankreich später einsetzte, länger andauerte, insgesamt aber flacher verlief, ging es in den seit 1930 am stärksten betroffenen Staaten wie dem Deutschen Reich, Großbritannien und den Vereinigten Staaten von Amerika bereits wieder aufwärts: So lag der Index der Industrieproduktion (1937 = 100)

---

13 18. Sitzungsprotokoll der Direktion der Hypo-Bank vom 28. Juni 1933, TOP II. D-Hypo-LO-A-849.
14 Münchner Neueste Nachrichten Nr. 166 vom 20. Juni 1933, Hervorhebungen im Original.
15 S. FN 13.
16 Vgl. die Dokumentation: Inge Maurer/Udo Wengst (Hg.), Politik und Wirtschaft in der Krise 1929–1932. 2 Bde., Düsseldorf 1980.

in Deutschland im Jahr 1932 mit 48 auf seinem Tiefststand, 1933 hatte er sich auf 54, 1934 auf 67, 1935 auf 79 gesteigert, bis 1939 erreichte er 110. In Großbritannien lag er 1932 bei 69, 1933 bei 73, 1934 bei 80, 1935 bei 87, um 1937 100 zu erreichen.[17]

Tab. 2: Indices der Industrieproduktion (1937 = 100), aus Europäische Wirtschaftsgeschichte, hg. von C. M. Cipolla und K. Borchardt, Bd. 5, S. 452.

Jahr	Belgien	Bulgarien	Däne-mark	Deutsch-land	Deutschland Ost (1950 = 100)	Deutsch-land West	Finn-land	Frank-reich
1930	97		79	69			61	123
1931	88		74	56			54	105
1932	73		67	48			56	91
1933	76		77	54			64	99
1934	76		87	67			78	92
1935	83		92	79			84	88
1936	90	103	96	90			92	95
1937	100	100	100	100			100	100
1938	81	108	100	110			103	92
1939	86	115	107				99	
1940		128	87				73	
1941		136	83				75	
1942		131	87				79	56
1943		114	89				89	49
1944			88				83	35
1945			75				87	45
1946	73		102		38		105	76
1947	91		117		49		117	89
1948	100	230	128		64	63	133	103

Industrieproduktion 1937 = 100

Die Arbeitslosigkeit hatte in Deutschland mit einer Quote von 30,1 Prozent der Erwerbstätigen 1932 ihren Höhepunkt erreicht und sank seit 1933 kontinuierlich ab: zunächst auf 26,3 Prozent, dann 1934 auf 14,9 Prozent und schließlich im Vorkriegs- jahr 1938 auf 2,1 Prozent. In Großbritannien erreichte sie ebenfalls 1932 ihren höchs- ten Stand: 22,5 Prozent, 1933 verminderte sie sich geringfügig auf 21,3 Prozent, 1934 aber schon auf 17,7 Prozent; der niedrigste Vorkriegsstand betrug 11,3 Prozent im Jahr 1937.[18] Zwar sank die Arbeitslosigkeit in Deutschland stärker, doch zeigt die

---

17 Vgl. Tabelle im Statistischen Anhang in: Carlo M. Cipolla/Knut Borchardt (Hg.) Europäische Wirtschaftsgeschichte, Bd. 5: Die europäischen Volkswirtschaften im zwanzigsten Jahrhundert, Stuttgart–New York 1980, S. 452–454.
18 Ebd., Statist. Anhang, S. 440.

Kurve in den Krisenjahren und den ersten Jahren danach einen analogen Verlauf. Der stärkere Rückgang in Deutschland ist vor allem auf die extreme Ausweitung der Rüstungsproduktion seit Mitte der 1930er Jahre zurückzuführen.

Insgesamt sind zwei Schlussfolgerungen von Belang: Zum einen war die Besserung der wirtschaftlichen Lage nicht auf das nationalsozialistische Deutschland beschränkt und, worin heute weitgehende Einigkeit in der Forschung besteht, auch nicht primär Ergebnis nationalsozialistischer Wirtschaftspolitik; zum anderen wurde dies aber von der Bevölkerung geglaubt und durch die nationalsozialistische Propaganda verstärkt. Für die Wirtschafts- und Finanzwelt jedoch war die – aus welchen Gründen auch immer eintretende – Wirtschaftskonjunktur mit einer enormen Produktions- und Dienstleistungssteigerung bis zum Kriegsbeginn, der schließlich nach nur fünf, sechs Jahren erreichten Vollbeschäftigung sowie einer vermeintlichen Haushaltssanierung genau das, was man sich 1933 erhofft hatte: Der Kontrast zu der Situation, die Hjalmar Schacht 1931 in Harzburg diagnostiziert hatte, war unübersehbar. Dass die extremen Rüstungsausgaben finanziell keineswegs abgesicherte Investitionen in einen erst noch zu beginnenden und zu gewinnenden Krieg waren und auf dem Wege der Ausplünderung der besetzten Gebiete refinanziert werden sollten, war der Öffentlichkeit bis 1939 nicht klar: Die wirtschaftliche Lage war gut, ja besser denn je seit den Jahren vor dem Ersten Weltkrieg, also profitierte die Bevölkerung insgesamt, profitierten Unternehmen und Banken. So jedenfalls schien es.

So konnte der Staatssekretär im Preußischen Finanzministerium, Fritz Reinhardt, am 29. Januar 1935 in nüchternen Zahlen einen Bericht über den wirtschaftlichen Aufschwung erstellen, den die NSDAP-Parteizeitung „Völkischer Beobachter" am 31. Januar 1935 veröffentlichte – gleichsam als Demonstration der wirtschaftlichen und finanziellen Erfolge, die in nur zwei Jahren der Reichskanzlerschaft Hitlers erreicht worden waren. Darin hieß es, die Zahl der statistisch erfassten Arbeitslosen habe sich vom 31. Dezember 1932 bis zum 31. Dezember 1934 von 5 773 000 um 55 Prozent auf 2 064 000 verringert, die steuerpflichtigen Umsätze vom Rechnungsjahr 1932 bis zum Rechnungsjahr 1934 von 65 Milliarden RM auf 95–100 Milliarden RM erhöht, das Volkseinkommen (gerechnet in der Kaufkraft von 1934) von 45,4 auf 55 Milliarden RM, das Steueraufkommen des Reichs (einschl. der Zölle und anderer Abgaben) von 6 647 Millionen RM auf 7 900 Millionen RM.[19]

Die internen Informationen sahen freilich anders aus, und kaum zufällig war es der Reichsbankpräsident und Reichswirtschaftsminister Hjalmar Schacht, der nach der ersten Euphorie jedenfalls partiell ernüchtert in Übereinstimmung mit dem Reichsfinanzminister Schwerin von Krosigk in einer Denkschrift vom 3. Mai

---

19 Die Aufstellung ist abgedruckt in: UuF, Bd. IX, S. 703f.

1935 auf die Probleme der Rüstungsfinanzierung und dann auch die chaotisierte Entscheidungsbildung hinwies. Er konstatierte, es sei eine

> unendliche Menge von Aufgaben durch Staat und Partei in Angriff genommen und in der Durchführung begriffen [...] die sämtlich nicht aus dem Etat gedeckt werden, sondern aus Beiträgen und Krediten, die neben den ordentlichen Steuern von der Wirtschaft aufgebracht werden müssen. Dieses Nebeneinanderbestehen der verschiedenen Etats, die jedoch alle mehr oder minder öffentliche Zwecke zum Gegenstand haben, bietet das größte Hemmnis für die Gewinnung einer klaren Übersicht über die Finanzierungsmöglichkeiten der Rüstung [...] Genau so wie auf dem Gebiete der Politik die allzu weitreichende Delegation gesetzgeberischer Vollmachten auf Einzelpersonen in Deutschland den Zustand von lauter Staaten im Staate herbeigeführt hat, genau so wirkt sich dieser Zustand des Nebeneinanders und Gegeneinanders zahlloser Staats- und Parteistellen für die Finanzierungsmöglichkeiten der Rüstung geradezu verheerend aus.[20]

Man kann diese Denkschrift lesen, als sei ihr Hauptziel die Finanzierung der Aufrüstung gewesen, man kann sie aber – und das ist für Quellen in der NS-Diktatur angemessener – zugleich als eine scharfe Kritik am Verwaltungschaos und an der Finanzpolitik des NS-Regimes ansehen. Sogar für einen Schacht war es in der Diktatur schwer, offene Kritik zu üben – diese war erstaunlich offen und kam zu einem vergleichsweise frühen Zeitpunkt. Es kann deshalb nicht überraschen, dass Schacht relativ bald kaltgestellt wurde, nachdem er im November 1937 als Reichswirtschaftsminister und Generalbevollmächtigter für die Kriegswirtschaft (wozu er im Mai 1935 ernannt worden war) zurücktrat und schließlich 1939 auch sein Amt als Reichsbankpräsident abgab.

Natürlich gab es von Beginn an andere, die Wirtschaft beunruhigende Zeichen eines freilich rudimentären ‚Sozialismus' im nationalsozialistischen Regime: die Volksgemeinschaftsideologie, die Beseitigung eigenständiger Interessenverbände, die Formierung einer Deutschen Arbeitsfront (DAF) mit Arbeitnehmern und Arbeitgebern, die unübersehbaren Anstrengungen des Regimes, auch die ‚einfachen Leute' durch Vergünstigungen, ja eine umfassende Sozialpolitik für sich zu gewinnen, die Gleichschaltungsmaßnahmen auf allen politischen, gesellschaftlichen, kulturellen Ebenen, politische Repression und Terror – aber eben auch die wirtschaftliche Blüte, von der alle – die einen mehr, die anderen weniger – profitierten.

Überwachungsmaßnahmen in der Preispolitik, wie die Einsetzung eines Reichskommissars für Preisüberwachung am 15. Juli 1933 oder – speziell für die Banken von Interesse – das „Gesetz über die Gewinnverteilung bei Kapitalgesellschaften" (Anleihestockgesetz) vom 4. Dezember 1934 – schienen auf

---

20 Text in: UuF, Bd. X, S. 502–504, die Zitate S. 503f.

die am ‚Gemeinwohl' orientierte Volksgemeinschaftsideologie zurückzugehen. Diesem Gesetz zufolge durfte künftig der für ein Geschäftsjahr bar auszuschüttende Gewinn bei Kapitalgesellschaften – wie es die Hypo-Bank, die Bayerische Vereinsbank und die Vereinsbank in Hamburg waren – sechs Prozent des eingezahlten Kapitals nicht überschreiten.[21] Mit dieser Regelung schuf das Reichswirtschaftsministerium „ein gesetzliches Instrument zur Lenkung langfristiger Anlagemittel in die industrielle Selbstfinanzierung [...] Die Kapitalanlage in Aktien ermöglichte daher keine höhere Rendite als die Anlage in festverzinslichen staatlichen Wertpapieren, die mit sechs Prozent verzinst waren".

Einen wesentlichen Schritt zur Reglementierung der Banken bildete schließlich das „Reichsgesetz über das Kreditwesen" (KWG) vom 5. Dezember 1934.[22] Es war auf der Grundlage eines Entwurfs entstanden, den ein von der Reichsregierung Mitte 1933 eingesetzter „Untersuchungsausschuss für das Bankwesen" im Dezember 1933 vorgelegt hatte und der kaum nationalsozialistisch geprägt war. Aufgabe dieser Enquetekommission war es, Präventivmaßnahmen vorzuschlagen, die künftig eine Bankenkrise wie die von 1931 verhindern sollten. Zwar folgte das Reichsgesetz über das Kreditwesen weitgehend dem Entwurf, doch wurde die Bankenaufsicht erheblich verschärft. Bei der Reichsbank entstand zu diesem Zweck eine eigene Behörde, das „Aufsichtsamt über das Kreditwesen" (heutige BaFin), das mit den schon vorher eingerichteten Reichskommissaren die Bankenaufsicht ausübte. Das Problem bestand hier nicht im insgesamt durchaus begründbaren (und auch nach 1945 geltenden) Prinzip der Bankenaufsicht, sondern in der Möglichkeit zu ihrer Ideologisierung im Sinne des Regimes – weswegen Hypo-Bank und die beiden Vereinsbanken auch immer erklärten, es komme auf die Handhabung an. Christopher Kopper hat die Bankenpolitik im Dritten Reich während der 1930er Jahre „zwischen Marktwirtschaft und Dirigismus" angesiedelt, eine Charakterisierung, die insgesamt für die Privatwirtschaft im NS-Regime zutrifft. Eine Reihe weiterer gesetzlicher Vorgaben ließ nicht lange auf sich warten. Beispielsweise wurden aufgrund eines Vorschlags des Reichswirtschaftsministeriums vom 24. Januar 1935 die Zinsen von Pfandbriefen herabgesetzt, so dass bei allen nichtstaatlichen Schuldverschreibungen der Zinssatz auf 4,5 Prozent gesenkt wurde. Am 8. Februar 1935 folgte das „Gesetz über die Zinsermäßigung bei öffentlichen Anleihen": „Die erhebliche Zinssenkung am Kapitalmarkt sollte eine Zinssenkung am Geldmarkt vor-

---

21 § 3, vgl. den Text in: UuF, Bd. IX, S. 701–703.
22 Christopher Kopper, Zwischen Marktwirtschaft und Dirigismus. Bankenpolitik im „Dritten Reich" 1933–1939, Bonn 1995, das Zitat S. 151; Jens Jessen (Hg.), Reichsgesetz über das Kreditwesen vom 5. Dezember 1934, mit Begleittext, Erläuterungen und Begründung, Berlin 1934.

bereiten und damit die Voraussetzungen einer Kreditpolitik des ‚billigen Geldes‘ schaffen."[23]

Welche Vorstellungen die NSDAP über die Bankpolitik während des Krieges entwickelte, zeigt eine Verlautbarung der Parteikanzlei von 1941. Sie stand unter dem Motto eines Hitler-Zitats: „Die nationale Wirtschaft ist abhängig von der Kraft eines nationalen Staates, sie lebt nicht von den Phrasen der ‚Völkerversöhnung‘ und ‚Völkerfreiheit‘". Die Verlautbarung war ausdrücklich als „Mitteilungsblatt für die Wirtschaftsberater der Gauleiter und Kreisleiter" konzipiert, deren parteiliche Zuständigkeit für die Banken damit bekräftigt wurde. Neben Artikeln über die „Nationalsozialistische Wirtschaftspolitik", „Die Mission der Wirtschaft" und „Gesetzgebung" enthielt das Mitteilungsblatt auch einen Beitrag zur „Reorganisation der Banken" des Gauwirtschaftsberaters und Reichstagsmitglieds Paul Hoffmann, eines ehemaligen Handelsgerichtsrats am Landgericht Essen. Hoffmann sah durch die von Grund auf notwendige Reorganisation des deutschen Kreditwesens „den Beginn eines neuen Abschnittes in der Geschichte des deutschen Bankwesens". Er behauptete, wie anderere Bankpolitiker des Regimes auch, etwa der Vizepräsident der Deutschen Reichsbank Kurt Lange, die Rationalisierungsmaßnahmen im deutschen Bankgewerbe seien keineswegs ausreichend, das Bankgewerbe sei „stark übersetzt", die Folge davon sei unter anderem eine förmliche „Jagd nach dem Schuldner". Künftig aber müsse der Zins weiter sinken, die Arbeitskräfte würden an anderer Stelle gebraucht. Tatsächlich sei das Bankgewerbe nicht bloß „übersetzt", sondern auch *„falsch besetzt"*. Zwar sei eine ebenfalls öffentlich diskutierte „Verstaatlichung der Kreditunternehmungen [...] nicht beabsichtigt. Das bedeutet aber nicht, daß der Staat nun darauf verzichtet sich einzuschalten, wenn es notwendig ist, insbesondere wenn er erkennen muß, daß die Institute selbst oder die Selbstverwaltungsorgane der Kreditwirtschaft nicht den Willen oder die Kraft zur Lösung der gestellten Aufgabe aufbringen." Doch könne die private Organisation des Kreditwesens nicht mehr erhalten bleiben, „wenn die privaten Kreditunternehmungen oder ihre Männer nicht mehr die Fähigkeit in sich tragen, die ihnen gestellten Aufgaben im Gesamtrahmen der deutschen Wirtschaft ordnungsmäßig zu erfüllen. Die Meinungsäußerungen zu unserem Problem aus diesem Kreise erwecken bisher nicht den Eindruck, als wäre der volle Ernst vorhanden, den ergangenen Ruf zu hören und danach zu handeln". Da der Autor auch noch von „Disziplinlosigkeit" sprach, war die Drohung unüberhörbar und die nächste Gleichschaltungsaktion gegen die Banken, die später zu beschreiben ist, eingeläutet. Fürs erste forderte Hoffmann eine „Flurbereinigung", die das Nebeneinander mehrerer Banken und Filialen am gleichen Ort reduziere: „Für Städte mit einer Einwohnerzahl unter

---

23 Kopper, Zwischen Marktwirtschaft und Dirigismus, S. 157.

100 000 dürfte es normalerweise sicher genügen, wenn neben der Sparkasse und der genossenschaftlichen Volksbank eine Regionalbank die kreditgeschäftliche Arbeit ausführt."[24] Ganz offensichtlich ging es hier nicht allein um Rationalisierung, sondern um eine bessere Übersicht und Kontrolle über das Bankwesen, das der NSDAP noch nicht gefügig genug war. Wenngleich es so weit dann doch nicht kam, erfolgten auf dieser Grundlage Verordnungen, die die Banken zwangen, ihr Filialnetz zu verkleinern, was besonders für die Hypo-Bank und die Bayerische Vereinsbank galt.

Noch im letzten Kriegsjahr blieb es bei der Einflussnahme, wofür das Regime eigens eine Bankenkommission einsetzte, die nicht zuletzt auf den Chef der NSDAP-Parteikanzlei Martin Bormann zurückging und im engeren Sinne vom Vizepräsidenten der Reichsbank Kurt Lange und dem Ministerialdirektor im Reichswirtschaftsministerium Joachim Riehle geleitet wurde. Sie waren auch diejenigen, die bei den Gleichschaltungsaktionen gegen die Hypo-Bank und die Bayerische Vereinsbank 1942 eine Schlüsselrolle spielten.

So berief Lange die Vertreter einiger Banken am 14. April 1944 zu einer „Banktagung" ein, an der neben den Vertretern der Bormann-Kommission, der Reichsbank, dem Reichwirtschaftsministerium, der Reichsgruppe Banken und der Gauwirtschaftskammer Berlin Vorstandsmitglieder von elf Banken teilnahmen, darunter der Großbanken Deutsche Bank, Dresdner Bank, Commerzbank, aber auch der Regionalbanken Hypo-Bank, der Bayerischen Vereinsbank und der Vereinsbank in Hamburg. Laut Protokoll hielten sich jedoch die Direktoren Schumann und Schnägelberger (Hypo-Bank), Butzengeiger und Helmreich (Bayerische Vereinsbank) und Huth (Vereinsbank in Hamburg) zurück. Den Hauptteil der „Aussprache" bestritt, wie bei anderen einschlägigen Besprechungen mit den Banken üblich, Vizepräsident Lange selbst. Er konstatierte einleitend:

> Die Banken seien in Kreisen von Partei und Wirtschaft wie bei der Bevölkerung überhaupt des Öfteren einer scharfen Kritik unterzogen worden. Seit seinem Eingreifen und dank der wirksamen Mitarbeit der von Reichsleiter Bormann eingesetzten Bankenkommission habe sich die Stimmung dann allmählich gebessert, und er hoffe, daß die Banken, als kriegswichtige Institute, bald wieder die Stellung einnehmen würden, die ihnen im Interesse der Wirtschaft gebührt. An der Mißstimmung der Bevölkerung sei größtenteils die falsche Personalpolitik Schuld gewesen.[25]

---

24 Die Zitate in: Gauwirtschaftsberater Paul Hoffmann, M.d.R., Essen, Reorganisation der Banken, in: Partei-Kanzlei – III B –, Nationalsozialistische Wirtschaftspolitik, Jg. 1941, Folge 14, S. 221–223; Hervorhebungen im Original.

25 Bankentagung bei Vizepräsident der Reichsbank Kurt Lange, Berlin, 14. April 1944, S. 1f. D-BV-LO-A-789.

Lange erwähnte sodann die Rolle „der Juden" im Bankwesen und die „falsche Ausrichtung" der Banken. „Selbst die Reichsbank sei bis 1939 nicht richtig ausgerichtet gewesen, erst nach Übernahme des Präsidiums durch Reichswirtschaftsminister Walther Funk sei es damit aufwärts gegangen."[26] Die Kritik an Funks Vorgänger Hjalmar Schacht war nur allzu deutlich, galt er doch nicht als systemkonform.

---

26 Ebd., S. 2.

IV Die Bayerische Hypotheken- und Wechsel-Bank von 1931 bis 1945

Die Geschäftsentwicklung

Die schnelle Verbesserung der wirtschaftlichen Lage nach der Bankenkrise 1930/31 spiegelt sich auch in der Entwicklung der Hypo-Bank wider, wenngleich die Bank aufgrund ihrer vergleichsweise akzeptablen Ausgangsbasis in den Folgejahren keine spektakulären Veränderungen erlebte. Auch hier wird der Kontrast schon im Vergleich der Geschäftsjahre 1931 und 1932 spürbar. So wurde in der Direktoriumssitzung vom 28. Dezember 1931 festgestellt: „Das Darlehensgeschäft steht im allgemeinen nach wie vor still."[1] Ausführlich erörtert wurde, welche praktischen Auswirkungen die schon oben erwähnte 4. Notverordnung des Reichspräsidenten vom 8. Dezember 1931 über die Zinssenkung „auf die bayerischen Hypothekenbankinstitute und insbesondere auf unser Institut" habe. Die Banken erwarte eine

enorme Arbeitslast, weil sie von jeher in großem Ausmaße das Amortisationsdarlehensgeschäft gepflegt haben und nun die Tilgungspläne hierfür umarbeiten müssen. Angesichts der großen Anzahl der bei unserem Institut vorhandenen Hypothekendarlehensposten von rund 76 000 bei einem Darlehensbestand von RM 730 000 000,– (durchschnittlich beläuft sich das Einzeldarlehen noch nicht einmal auf RM 10 000.–) wird für unsere Bank die durch Zinssenkungsvorschriften hervorgerufene Arbeitslast besonders drückend, müssen wir doch allein 26 000 neue Tilgungspläne aufstellen.[2]

Da diese Tilgungspläne ohne Entgelt durchgeführt werden mussten und ein Teil des bisherigen Zinssatzes als Verwaltungskostenbeitrag gelten sollte, seien aufgrund der spezifischen bayerischen Verwaltungsvorschriften die bayerischen Banken besonders betroffen; es drohe ihnen „Erträgnislosigkeit". Deshalb verhandelten sie mit der Bayerischen Regierung und erreichten den Erlass eigener, für die im Land aktiven Banken mit Hypothekengeschäft erträglicherer Durchführungsverordnungen.

In anderen Geschäftssparten fiel das Ergebnis unterschiedlich aus, in der Bankabteilung „in letzter Zeit [...] nicht ungünstig", der Kurs der eigenen Aktien lag bei 60 Prozent, die reinen Kundeneinlagen waren seit Ende 1930 um 1,7 Millionen RM angewachsen, ein „sehr erfreuliches Ergebnis, wie es wohl bei

---

1 33. Sitzungsprotokoll der Direktion der Hypo-Bank vom 28. Dezember 1931, TOP 1. D-Hypo-LO-A-34.
2 Ebd., TOP 2.

keiner anderen deutschen Bank zu verzeichnen ist". Die Liquidität wurde mit 37,34 Prozent als sehr befriedigend angesehen. Der Status der Bank gebe zu keinerlei Sorgen Anlass. War diese Einschätzung auch positiv, so wurden doch mit Besorgnis die Verhandlungen über neue Regelungen für das Bankgewerbe im Reich diskutiert und mitgeteilt, dass eine 12-prozentige Gehaltsreduzierung der Vertragsangestellten beider Abteilungen der Hypo-Bank gemäß dem Schiedsspruch für das Bankgewerbe vom 23. Dezember 1931 grundsätzlich durchgeführt werden müsse.[3] Auch die Wochenberichte vom Dezember 1931, die den Protokollen der Direktionssitzungen beiliegen, zeigten für das Ende des Jahres eine negative Tendenz. So ergaben sich in fast allen Geschäftsbereichen Minderungen, Hypothekenbewilligungen wurden gar nicht ausgesprochen, lediglich im Hypothekenleihgeschäft gab es einige zum Teil noch unverbindliche Zusagen.[4]

Für die Beurteilung der wirtschaftlichen Lage der Banken war jedoch auch die Senkung der Gehälter bezeichnend, selbst wenn die Ergebnisse in einzelnen Geschäftsbereichen noch erträglich ausfielen. Für die Stimmung in den Banken nach 1933 spielte selbstverständlich die wirtschaftliche Situation ihrer Mitarbeiter eine wesentliche Rolle, handelte es sich doch bei denen, die eine so massive Gehaltseinbuße hinnehmen mussten, sogar um die Bessergestellten – also diejenigen, die noch eine Anstellung behalten hatten. Diese Situation ist auch angesichts der Tatsache zu berücksichtigen, dass generell die Hypo-Bank sowie die Bayerische Vereinsbank und die Vereinsbank in Hamburg die Inflationsjahre 1922/23 sowie die schwere Wirtschaftskrise 1930/32 zwar mit deutlichen Problemen, doch ohne Existenzgefährdung überstanden hatten.

Schon Ende des Jahres 1932 zeigten sich Hoffnungszeichen im Bankgeschäft. In der Sitzung des Direktoriums vom 29. Dezember 1932 wurde nicht allein auf die Kurssteigerung der Pfandbriefe der Hypo-Bank auf 88 Prozent hingewiesen, womit ein „lang von uns gehegter Wunsch in Erfüllung gegangen ist". Das hieß: Es wurde der gleiche Kurs erreicht, den die Pfandbriefe der Bayerischen Vereinsbank besaßen. Die Eifersüchtelei gegenüber der Bayerischen Vereinsbank kam allerdings noch in anderer Weise zum Ausdruck: Ein offenbar vom Vorstand dieser Bank inspirierter Artikel der „Berliner Börsen-Berichte" enthielt den Hinweis auf die erneute Kurssteigerung der Aktien der Bayerischen Vereinsbank auf 98,25 Prozent. Der Artikel sei zwar zum Teil auf norddeutsche Hypotheken-Banken gemünzt, aber auch auf die Hypo-Bank: Zwar heiße es dort, diese Kurssteigerung sei in erster Linie auf die Enge des Marktes zurückzuführen, aber auch, dass „das Institut von der Krise weniger betroffen wurde als Banken, die

---

3 Ebd., TOP 7.
4 Ebd., Anlage zur Sitzung Wochenberichte vom 7. Dezember bis zu Tagesberichten vom 28. Dezember 1931.

vornehmlich oder überwiegend den industriellen Realkredit bearbeiten; der Kundenkreis der Bayerischen Vereinsbank setze sich aus mittelständischen Gewerbetreibenden und Landwirten zusammen, bei denen Zinsrückstände in geringerem Umfange als anderwärts eingetreten seien".[5]

Am Ende des Jahres 1933 konstatierte das Direktorium jedoch, „dass von einem starken Anlauf der Wirtschaft in Bayern noch nicht viel zu bemerken ist"[6]: In genereller Einschätzung der Entwicklung hieß es: „Das *deutsche Bankgewerbe* im ganzen genommen zeigt auch im Jahre 1933 wieder eine Abnahme des Geschäftsvolumens, aber auch eine Erhöhung der Liquidität".[7] Anderseits gelangte die Leitung zu dem Schluss, „die grundsätzlich steigende Tendenz unserer Einlagen" scheine erfreulicherweise anzuhalten. Im Pfandbriefgeschäft konnten „ansehnliche Posten verkauft werden", der Kurs der Hypo-Pfandbriefe hielt sich auf gleicher Höhe (94,5 Prozent) und der Aktienkurs blieb mit geringen Schwankungen bei 69,25 Prozent. Wenn sich auch die Geschäfte der Hypo-Bank ab 1934 deutlich belebten, so können sie insgesamt für die dreißiger Jahre doch nicht als besonders gut bezeichnet werden, dafür wäre eine nachhaltige Nachfrage nach Krediten erforderlich gewesen.[8]

Erstmals gab es in dieser Sitzung des Direktoriums der Hypo-Bank eine Diskussion über spezifische nationalsozialistische Aktivitäten, die Frage nämlich, ob die Vorstandsmitglieder der Hypo-Bank neben dem am 13. Dezember 1933 verkündeten sog. „Deutschen Rechtsstand" – sofern sie Juristen waren – auch der Deutschen Arbeitsfront beitreten müssten. Die Vorstandsmitglieder sahen dazu in Auslegung entsprechender Äußerungen des Gauführers keinen Anlass. Ebenso lehnte es das Direktorium – unter Hinweis auf eine ablehnende Entscheidung des Vorstandes der Bayerischen Vereinsbank – ab, an einem „literarischen Wirtschaftswerk" mitzuarbeiten, in dem „führende Persönlichkeiten des politischen und Wirtschafts-Lebens mit einem Einleitungsteil vertreten sein werden".[9]

Sicher wäre es zuviel gesagt, aus solchen Entscheidungen eine Opposition gegen das neue nationalsozialistische System abzuleiten. Es wird dennoch deutlich, dass die Leitung der Hypo-Bank sich zurückhielt und von einem vorauseilenden Gehorsam nicht die Rede sein kann. Übrigens war der an den Vor-

---

5 34. Sitzungsprotokoll der Direktion der Bayerischen Hypotheken- und Wechsel-Bank vom 29. Dezember 1932, TOP 3. D-Hypo-LO-A-35.

6 28. Sitzungsprotokoll der Direktion der Bayerischen Hypotheken- und Wechsel-Bank vom 20. Dezember 1933, TOP 1. D-Hypo-LO-A-36.

7 98. GB der Hypo-Bank Geschäftsjahr 1933, S. 11. D-Hypo-KOM-PUB-101. Hervorhebung im Original.

8 Vgl. Geschichte der HYPO-BANK, S. 59.

9 28. Sitzungsprotokoll der Direktion der Bayerischen Hypotheken- und Wechsel-Bank vom 20. Dezember 1933, TOP 5. D-Hypo-LO-A-36.

standssitzungen teilnehmende Staatskommissar und Treuhänder, Ministerialrat Karl Mößmer, schon lange vor der nationalsozialistischen Machtergreifung mit dieser Funktion betraut: Seit 20. Mai 1925 nahm er die Aufgabe eines Kommissars der Bayerischen Staatsregierung, dann die eines Reichskommissars sowie des Treuhänders der Hypo-Bank wahr. Er verstarb am 28. Dezember 1935. Der außerordentlich ehrenvolle Nachruf schloss mit dem zum Zeitpunkt seiner Veröffentlichung am 30. März 1936 vielsagenden Satz, Mößmer sei „ein verständnisvoller Förderer einer im gesetzlichen Rahmen sich frei entfaltenden privaten Wirtschaft" gewesen.[10]

In den Geschäftsberichten für den Aufsichtsrat der Hypo-Bank bis einschließlich des Geschäftsjahres 1932, der am 31. März 1933, also zwei Monate nach der Ernennung Hitlers zum Reichskanzler und eine Woche nach dem Ermächtigungsgesetz vorgelegt wurde, finden sich noch keine längeren politischen Erklärungen. Auch die Protokolle des Direktoriums enthalten nur wenige, meist indirekte Aussagen zur politischen Lage. Im Gegensatz dazu weisen die Berichte für die Geschäftsjahre 1933 und 1934 verherrlichende Äußerungen gegenüber dem nationalsozialistischen Regime auf. So beginnt beispielsweise der Geschäftsbericht für das Jahr 1933 am 24. März 1934 unter der Überschrift „Hypothekenabteilung" mit dem Satz:

> Das unbegrenzte Vertrauen eines ganzen großen Volkes zu dem Führer, der ihm in schwerster Zeit erstand, hat diesem Volk auch den *Glauben* wiedergegeben *an einen wirtschaftlichen Aufstieg.* Das zeigt sich allenthalben im Land; von unserem nächsten Blickfeld aus gesehen liegt in dieser Linie das unter zielbewusster Leitung der Reichsbank gehobene Vertrauen des Sparers mit der Folge eines hochbeachtlichen *Anstieges der Kurse der festverzinslichen Werte,* darunter nicht zuletzt der Pfandbriefe.[11]

Ergebenheitsadressen wie diese sind in einem diktatorischen Regime die Regel. Allerdings spiegeln die zitierten Aussagen zunächst auch das Vertrauen in den wirtschaftlichen Aufschwung und interpretieren die zum Teil dirigistischen bankpolitischen Maßnahmen des Regimes als fortschrittliche Sozialpolitik: Sie komme allen Sozialgruppen, auch den Immobilienbesitzern, zugute. Allerdings darf nicht vergessen werden, dass bereits einschlägige Notverordnungen der Präsidialregierung Brüning, zum Beispiel die erwähnte Hauszinssteuer, dirigistischen Charakter trugen. Die gezielten Eingriffe des von Hjalmar Schacht geleiteten Wirtschaftsministeriums erschienen also weder ungewöhnlich noch ohne innere Kohärenz.

---

10 100. GB der Hypo-Bank Geschäftsjahr 1935, S. 17. D-Hypo-KOM-PUB-103.
11 98. GB der Hypo-Bank Geschäftsjahr 1933, S. 5. D-Hypo-KOM-PUB-101. Hervorhebungen im Original.

Auffällig ist jedoch, dass schon im Bericht für das Geschäftsjahr 1935 nur noch eine eher allgemeine Formulierung zu finden ist: Der Anlass bestand im 100-jährigen Jubiläum der Hypo-Bank, das mit einem Treuegelöbnis für Hitler verbunden wurde.

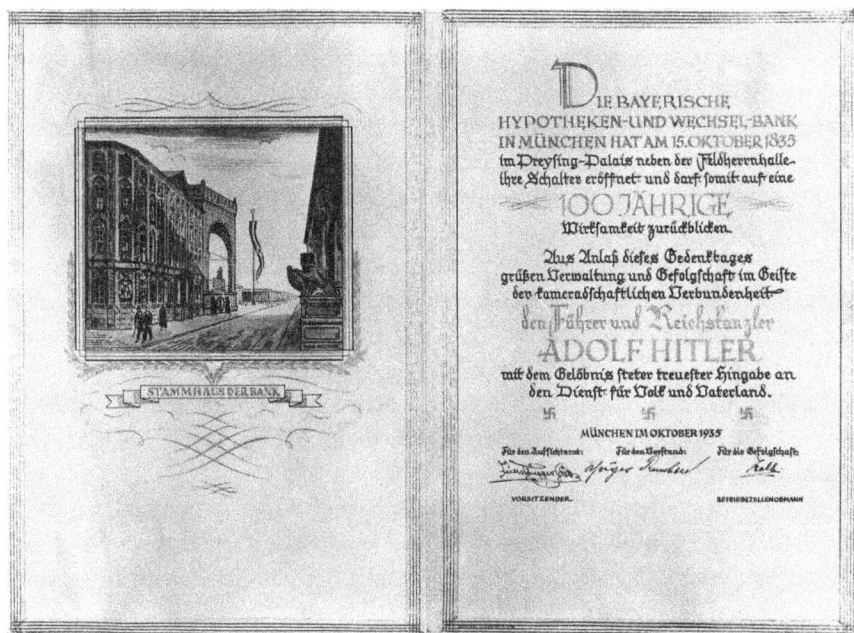

Abb. 6: Gruß an Adolf Hitler zum 100-jährigen Jubiläum der Bayerischen Hypotheken- und Wechsel-Bank mit einem Prospekt des Stammhauses der Bank (Preysing-Palais) und der Feldherrenhalle von dem Kunstmaler Max Eschle, München 1935. (D-Hypo-LO-A-1242)

In dem am 30. März 1936 vorgelegten Geschäftsbericht des Jahres 1935 finden sich jedoch keine längeren Elogen über die Politik des Regimes mehr, sondern nur noch die eher lakonische Bemerkung: „Ihre Krönung fand die Feier in einem Glückwunschschreiben, mit welchem der Führer und Reichskanzler Adolf Hitler das ihm übermittelte Treuegelöbnis beantwortete".[12] Ansonsten gibt es lediglich – beispielsweise im Bericht der Bankenabteilung – Aussagen wie diese: „Die *deutsche Wirtschaft* hat unter kluger und kraftvoller Staatsführung *neue Fortschritte* gemacht."[13]

---

12 100. GB der Hypo-Bank Geschäftsjahr 1935, S. 5. D-Hypo-KOM-PUB-103.
13 Ebd., S. 9. Hervorhebungen im Original.

Die späteren Geschäftsberichte enthalten einzelne ähnliche Formulierungen. Sie sind aber angesichts der herrschenden Repression, der ständigen Beobachtung durch nationalsozialistische Instanzen oder auch persönlich an einer Karriere in der Bank interessierten Nationalsozialisten und schließlich der Aufpasserrolle der NSBO, unter der die Bankgeschäfte durchgeführt werden mussten, als eher distanzierte denn als wirklich affirmative Einschätzungen des Regimes zu werten. Bis 1939 begegnen zwar immer wieder dezidiert nationalsozialistische Passagen, doch werden sie vom eigentlichen Geschäftsbericht getrennt: In ihm werden wiederholt in mehr oder weniger offener Form Aussagen zur Wirtschaftspolitik gemacht, die durchaus von der Wirtschafts- und Finanzpolitik des Regimes abweichen. Nach 1940 mehren sich die Hinweise auf die Kriegsbedingungen, auch sie des Öfteren, aber keineswegs nur im Sinne der Heroisierung des Krieges. Für 1938 wird knapp das weltgeschichtliche Ereignis der „Eingliederung Österreichs und des Sudetenlandes" und seine wirtschaftliche Bedeutung erwähnt, bevor der Bericht zur Sache übergeht.[14] Allerdings bedeutete die Bildung des „Großdeutschen Reiches" 1938 auch eine Ausweitung der Aktivitäten der Hypo-Bank in die neuen zum Reich geschlagenen Territorien, vor allem in den deutschsprachigen Teilen der ehemaligen Tschechoslowakei.

Vom Jahresbericht 1942 an finden sich zwar regelmäßig nüchterne Hinweise auf die zwingenden Bedingungen der Kriegswirtschaft, aber kaum mehr Elogen auf das nationalsozialistische Regime, während der Jahresbericht 1941 noch mit der folgenden Passage eingeleitet wurde:

> Das zweite volle Kriegsjahr 1941, das aufgrund der Totalität des Krieges das ganze Leben des Volkes umfaßt hat, ist zu Ende gegangen. Durch die Ausweitung des Krieges zum zweiten Weltkrieg und durch die Besetzung großer Räume durch die Wehrmacht, deren übermenschliche Leistungen und glanzvolle Erfolge stolze Bewunderung erregen, sind neue zusätzliche Aufgaben erwachsen, die höchste Anspannung erfordern, insbesondere in Bezug auf Aufwand an Arbeitskraft und Material. Die wichtigsten Aufgaben der Kriegswirtschaft, Ernährung des Volkes und Sicherung des Rüstungsbedarfs, sind bewältigt worden, und die Herzen des Volkes werden im Feuer des Widerstandes noch mehr gehärtet werden, zumal Deutschland gezwungen ist, zur Erhaltung der europäischen Kultur einen Kampf für Europa zu führen mit dem Ziel, dem Kontinent eine wesentlich stärkere Lebenskraft zu geben [...] Die Bildung einer europäischen Großraumwirtschaft mit engen wirtschaftlichen Bindungen unter den Ländern bahnt sich an.[15]

Zwar sind diese Aussagen durchaus systemkonform, doch unterscheidet sich ihre Diktion von der nationalsozialistischen Parteisprache. Solche Passagen konsta-

---

14 103. GB der Hypo-Bank Geschäftsjahr 1938, S. 5. D-Hypo-KOM-PUB-106.
15 106. GB der Hypo-Bank Geschäftsjahr 1941, S. 5. D-Hypo-KOM-PUB-109.

tieren Tatbestände, betten sie in Bezug auf die Großraumwirtschaft illusionär ein, als ob es hier um eine Wirtschaftsgemeinschaft europäischer Staaten ginge, enthalten sich aber der antislawischen oder antisemitischen Hasspropaganda. In den Geschäftsberichten auch der früheren Jahre fehlen selbst in positiven Äußerungen über das NS-Regime, die fast immer auf den Wirtschaftsaufschwung abgestellt sind, antisemitische oder rassistische Äußerungen.

Es gibt während des Krieges keinerlei Hinweise auf die ökonomische Ausbeutung der besetzten Gebiete, an denen die Bank aber auch nicht beteiligt war. Offene regimekritische Äußerungen hätte sich die Unternehmensleitung so wenig wie andere Sektoren von Wirtschaft und Gesellschaft leisten können – Kritik konnte, wenn überhaupt, nur verschlüsselt oder vertraulich geübt werden, Opposition, Resistenz oder gar Widerstand sich nur in indirekter bzw. geheimer Form vollziehen. Aufgrund der unterschiedlichen Stile und des geringen Umfangs nationalsozialistisch gefärbter Passagen ist davon auszugehen, dass es sich bei etlichen Formulierungen um Lippenbekenntnisse handelte, die innerhalb des Vorstands, aber auch mit Rücksicht auf das für die Bankführung bedrohliche nationalsozialistische Umfeld akzeptiert wurden.

Offensichtlich waren verschiedene Autoren am Werke, zumal die kaufmännische Abteilung und das Hypothekenbüro der Hypo-Bank von den im Vorstand jeweils Zuständigen – die auch eigenverantwortlich agierten – präsentiert wurden. Diese pluralistische Struktur des Vorstands, der ursprünglich keinen Vorsitzenden kannte, allerdings erzwungenermaßen einen „Betriebsführer"[16], erlaubte es dem Direktorium nicht allein flexibler, sondern auch für Außenstehende undurchschaubarer zu agieren. Die NS-Funktionäre, die die Bank beobachteten, reagierten darauf verärgert und forderten die Einführung des „Führerprinzips". Von den insgesamt wenig erfolgreichen Versuchen, überzeugte Nationalsozialisten in den Vorstand einzuschleusen, wird noch die Rede sein.

Verglichen mit den für die Aktionäre, den Aufsichtsrat und die Generalversammlung bestimmten Geschäftsberichten, die die spezifische Entwicklung der Bank in die generelle wirtschaftliche und finanzpolitische Situation einordnen mussten, blieben die internen Protokolle der Direktion einem sehr viel kleineren Leserkreis vorbehalten und waren demgegenüber in völlig nüchternem Stil gehalten – in der Regel so, als ob das diktatorische Regime gar nicht existierte und es nur in Zahlen zu fassende Bankgeschäfte und personelle Maßnahmen gebe. Unter diesen finden sich allerdings nicht nur die eigentlichen Bankgeschäfte, sondern außerdem regelmäßig und in großer Zahl Entscheidungen über finanzielle Unterstützungszahlungen an ehemalige Mitarbeiter oder ihre Witwen.

---

16 Seit dem „Gesetz zur Ordnung der nationalen Arbeit" 1934.

Aber selbst die frühen Geschäftsberichte während des NS-Regimes entbehrten der systemkonformen Lyrik, wenn es um die Realien ging. So konstatierte die Hypothekenabteilung für das Jahr 1933 ohne Umschweife: „Der *Verlauf des Geschäftsjahres* gleicht dem des Vorjahres. Kein Neugeschäft, nur in wenigen besonders dringenden Fällen wurden, namentlich für vorteilhafte Umschuldungen von Rentenbankdarlehen, neue Darlehen bewilligt." Hier war also von einem spektakulären, durch die nationalsozialistische Politik herbeigeführten schlagartigen Aufschwung nichts gesagt, obwohl deren Vertreter dies sicher gern gehört hätten.

Auch das Jahr 1934 nahm für die Geschäfte der Hypo-Bank einen „normalen Verlauf", das reguläre Bankgeschäft hatte aufgrund der Annuitäten- und Zinszahlungen dazu geführt, „dass wir wieder ziemlich flüssig sind", das Pfandbriefgeschäft entwickelte sich bei einem gegenüber dem Vorjahr leicht gesteigerten Durchschnittskurs der Pfandbriefe von 97,5 Prozent gut, im Depotgeschäft wurden langsame Fortschritte erzielt.[17]

Im Jubiläumsjahr 1935 konnte die Hypothekenabteilung der Hypo-Bank stolz einen nennenswerten Aufschwung in ihrem Kernbereich verbuchen, der als Gesundungszeichen der deutschen Volkswirtschaft interpretiert wurde. So hieß es im schon erwähnten Jahresbericht: „Für die Hypothekenabteilung brachte das hundertste Geschäftsjahr der Bank den Wiedereintritt in das lebende Geschäft nach einem mehr als dreijährigen Stillstand der Beleihungstätigkeit und einen Rückgang von 57 000 000,– GM im Darlehensbestand. Die für die ganze deutsche Volkswirtschaft bedeutungsvolle Neueinschaltung der Hypothekenbanken in den Arbeitsgang war nur ermöglicht durch die Ende Januar 1935 eingeleitete Senkung der Pfandbriefzinsen auf 4,5 Prozent; ein langfristiger Kredit auf der Grundlage der höher verzinslichen Pfandbriefe wäre untragbar gewesen".[18] Der Kurs der Pfandbriefe lag konstant bei 98,5 Prozent. Aufgrund dieser günstigen Konditionen bestehe, so die Direktion, eine lebhafte Nachfrage nach Hypotheken, insbesondere auch für den Bau kleiner und kleinster Wohnungen.

Auch hier wird die sozialpolitische Komponente der gezielten Zinssenkungspolitik deutlich, die ihrerseits in der Tradition der damals allerdings nicht unmittelbar wirkungsvollen Politik der Regierung Brüning und ihrer Notverordnung zur Hauszinssteuer von 1931 stand. Dieser Eingriff in die bestehenden Mietverträge war seinerzeit zu einer schweren Belastung der Hausbesitzer geworden und wurde auch deshalb von Hypothekenbanken wie der Hypo-Bank kritisiert, weil

---

17 28. Sitzungsprotokoll der Direktion der Bayerischen Hypotheken- und Wechsel-Bank vom 19. Dezember 1934. D-Hypo-LO-A-38.
18 100. GB der Hypo-Bank Geschäftsjahr 1935, S. 5. D-Hypo-KOM-PUB-103.

die Eigentümer ihren Zinsverpflichtungen gegenüber der Bank nicht mehr nachkommen konnten.

Selbst in dem positiven Geschäftsbericht 1935 finden sich indes Indizien
dafür, dass die Lage nicht gar so rosig war: Einerseits sprach der Vorstand deutliche Mahnungen für die künftige Finanzpolitik an die Adresse der Reichsregierung
aus, andererseits fiel die Steigerung für das Jahr 1935 dann doch viel bescheide-
ner aus, als der allgemeine Bericht vermuten lässt: Tatsächlich erhöhte sich der
Hypothekenbestand vom Ende des Geschäftsjahres 1934 bis zum 31. Dezember
1935 nur von 687 700 000,– auf 701 000 000,– GM[19], also nur um knapp zwei
Prozent, was angesichts der vorhergehenden Dürrejahre kein sehr hoher Wert
war. Auch die Zinsrückstände hatten sich zwar vermindert und schlugen durch
Abschreibungen in der Bilanz nicht mehr zu Buche, blieben aber immerhin noch
bei 4,6 Prozent des Eingangssolls.

Beim Bankgeschäft (Kredite, Einlagen, Wertpapiergeschäft) war ebenfalls
eine Belebung erkennbar, aber auch hier unterschied sich die allgemeine positive Aussage, dass die Fortschritte „unter kluger und kraftvoller Staatsführung"
erreicht worden seien, von der nüchternen Bilanz: So sei die Verminderung der
Erwerbslosenzahl im Reich und die Steigerung der Beschäftigten von 14,87 auf
16,5 Millionen in einem Jahr im Wesentlichen auf „die staatliche Arbeitsbeschaffung und die vom deutschen Volke mit dankbarer Begeisterung begrüßte Wiederherstellung der allgemeinen Wehrpflicht zurückzuführen". Dies klingt erheblich
nationalsozialistischer, als es gemeint war, hieß es doch für Ökonomen: Die – im
Übrigen nun längst nicht mehr so enorme – Belebung des Arbeitsmarktes war
keineswegs durch eine nachhaltige konjunkturelle Verbesserung des Marktes
begründet, sondern durch staatlichen Interventionismus. Und ebenso verhielt es
sich mit dem Hinweis auf die Autarkie des nationalsozialistischen Deutschlands:
Wiederum kleidete der Vorstand seine Bewertung in eine scheinbar systemkonforme Aussage, deren Kernsatz tatsächlich eine doppelte und zwar durchaus
kritische ökonomische Schlussfolgerung enthielt:

> Deutschland erscheint mehr oder weniger *vom Welthandel abgesperrt*, der als solcher zwei-
> fellos Anzeichen einer beginnenden Weltkonjunktur, wie Abnahme der Rohstoffvorräte,
> steigende Rohstoffpreise, Erhöhung der Industrieproduktion, starken Abbau der kurzfristigen
> Verschuldung, erkennen lässt. Mit der politischen und binnenwirtschaftlichen Erstarkung
> Deutschlands wird die Aussicht auf die Zunahme seines Wiederanschlusses an den inter-
> nationalen Warenverkehr wachsen.[20]

---

19 Ebd., S. 8.
20 Ebd., S. 9. Hervorhebung im Original.

Das hieß im Klartext: Nicht allein in Deutschland besserte sich die Lage, vielmehr war die Weltkonjunktur angesprungen, Deutschland aber blieb isoliert und sollte künftig wieder weltwirtschaftlich aktiver werden. Denn der Hinweis darauf, dass keineswegs der Export, sondern – gemäß der Autarkiepolitik – die Drosselung der Einfuhr die Handelsbilanz verbessert habe, zeigte tatsächlich die kritische Bewertung dieser Handelspolitik: Partielle Anpassung an nationalsozialistische Rhetorik und inhaltliche Bewertung der nationalsozialistischen Wirtschafts- und Außenhandelspolitik waren also keineswegs deckungsgleich.

Ohne Umschweife kamen die Direktoren zu dem Schluss, dass die „weitere Verflüssigung" des Geldmarkts neben anderen Faktoren „durch die reichsbankseitige Finanzierung der Arbeitsbeschaffung und der Wiederaufrüstung auf dem Wege des kurzfristigen Kredites" verursacht sei. Die positiven Konsequenzen des Wirtschaftsaufschwungs für die Banken blieben gleichwohl begrenzt:

> Beim *deutschen Bankgewerbe* kamen weder Konjunkturanstieg noch Verflüssigung des Geldmarktes so zum Ausdruck, wie man es hätte erwarten können. An sich müsste der Konjunkturanstieg zu einer wachsenden Inanspruchnahme von Bankkredit und damit zu einer Steigerung der Debitorenziffer, die Verflüssigung des Geldmarktes zu einer Mehrung der Einlagen führen. Statt dessen erblicken wir eine durchschnittliche Minderung der Debitoren [...] Im ganzen dürfte die Entwicklung des Bankgeschäftes bis jetzt noch nicht derart sein, dass die Rentabilität nennenswerte Fortschritte machen konnte, umso mehr als die Bereinigung der Krisenreste wohl immer noch am Erträgnis zehrt und die noch immer im Steigen begriffene Heranziehung zu Arbeiten im öffentlichen Interesse eine stete Mehrung der Unkosten bringt.[21]

Mehr als drei Jahre nach der Machtergreifung waren ganz offenbar die teilweise hohen Erwartungen der Bankwelt an die Wirtschafts- und Finanzpolitik des neuen Regimes keineswegs erfüllt, auch wenn die Kritik der Hypo-Bank zurückhaltend formuliert wurde.

Der Jahresbericht 1936 konstatierte unter Hinweis auf den ersten Vierjahresplan, dass annähernd Vollbeschäftigung erreicht worden sei – tatsächlich wies die Statistik immer noch ca. 1 Million Erwerbslose auf (gegenüber 1,8 Millionen im Jahr 1935). Der durch die Reichsregierung in Gang gesetzte Aufschwung habe auch „Antriebskräfte der Privatwirtschaft gewonnen" – eine Sorge, die in den vorherigen Geschäftsberichten immer wieder eine Rolle gespielt hatte. Diese Entwicklung wurde jedoch nicht als singulär angesehen, wie der ausdrückliche Vergleich mit den besseren Jahren der Weimarer Republik belegt: Produktion und Beschäftigungsumfang der deutschen Industrie habe mit schätzungsweise 65 Milliarden RM wieder den Höchststand von 1928/29 erreicht. Unter Hinweis

---

21 Ebd., S. 11. Hervorhebung im Original.

auf den beim Nürnberger Reichsparteitag der NSDAP verkündeten „Zweiten Vierjahresplan" wurde die Autarkiepolitik so umgedeutet, dass damit keineswegs eine weitere Abkoppelung von der Weltwirtschaft beabsichtigt sei: „Denn als Voraussetzung für lebensnotwendigen Import muß Export unter allen Umständen stattfinden".[22]

Hitler selbst hatte die Begründung des Vierjahresplans gegeben und zugleich die völlige Indienstnahme der Wirtschaft für die politischen Ziele des NS-Regimes erklärt:

> So wie die politische Bewegung in unserem Volk nur ein Ziel kennt, die Lebensbehauptung unseres Volkes und Reiches zu ermöglichen, d.h. alle geistigen und sonstigen Voraussetzungen für die Selbstbehauptung unseres Volkes sicherzustellen, so hat auch die Wirtschaft nur diesen einen Zweck. Das Volk lebt nicht für die Wirtschaft oder für die Wirtschaftsführer, Wirtschafts- oder Finanz-Theorien, sondern die Finanz und die Wirtschaft, die Wirtschaftsführer und alle Theorien haben ausschließlich diesem Selbstbehauptungskampf unseres Volkes zu dienen.[23]

In diesem Text werden Hitlers Ressentiments gegen die Finanzwelt spürbar, vor allem aber lieferte er die Begründung für zahlreiche weitere Eingriffe, so zum Beispiel das „Gesetz gegen Wirtschaftssabotage" vom 1. Dezember 1936[24], mit dem die Verbringung von Vermögen ins Ausland unter Strafe gestellt, ja sogar mit der Todesstrafe bedroht wurde. Dieses Gesetz richtete sich nicht nur, aber in erster Linie gegen Emigrationswillige, also vor allem gegen deutsche Juden, die nach der ständigen Verschärfung antijüdischer Aktionen – von den 1933 beginnenden Entrechtungen über die Nürnberger Gesetze 1935 bis hin zu den Pogromen vom 9. November 1938 sowie der sogenannten Arisierung Deutschland verlassen mussten. Der Geschäftsbericht der Hypo-Bank erwähnt das „Gesetz gegen Wirtschaftssabotage" zwar, ohne aber auf den antijüdischen Aspekt einzugehen, weil dies einer politischen Bewertung gleichgekommen wäre.

Wenngleich der Geschäftsbericht 1936 in seinen generellen Ausführungen immer wieder auf die Gesundung der deutschen Volkswirtschaft hinwies, so schlug sie sich offenbar im Bankgeschäft selbst nur sehr begrenzt nieder: Aus diesem Grund versahen die Autoren die jeweiligen Angaben wiederholt mit

---

22 101. GB der Hypo-Bank Geschäftsjahr 1936, S. 7. D-Hypo-KOM-PUB-104.
23 Hitlers Denkschrift zum Vierjahresplan 1936 ist unter diesem Titel publiziert und kommentiert worden von Wilhelm Treue, in: VfZ 3 (1955), S. 204ff. Es existierten seinerzeit lediglich drei Exemplare, sie waren damals nur Hermann Göring und dem Reichskriegsminister und Oberbefehlshaber der Wehrmacht Werner von Blomberg bekannt, da die Denkschrift auch die kriegspolitischen Ziele Hitlers ohne Umschweife beim Namen nannte.
24 Textauszug in: UuF Bd. X, S. 557.

– wenngleich vorsichtig formulierten – Mahnungen gegenüber dem Reichswirtschaftsministerium. So stieg der Hypothekenbestand im Geschäftsjahr 1936 nur um 15,7 Millionen RM; für diesen vergleichsweise geringen Zuwachs waren unter anderem beträchtliche Rückflüsse verantwortlich. Die realistische Einschätzung zeigte sich in der Bemerkung, dass mit diesem Zuwachs und dem von 1935 in Höhe von 13 Millionen RM „erst die Hälfte des Rückganges im Darlehensbestand eingeholt (ist), den unser Institut dadurch auf sich nahm, dass es im Einklang mit den Wünschen des Reichswirtschaftsministeriums während der drei vor der Zinssenkung liegenden Jahre auf Neubeleihungen und damit auch auf den Ausgleich des Rückflusses fast völlig verzichtete."[25]

Tatsächlich bestand durchaus eine Nachfrage nach Hypotheken, doch verbuchte die Bank erhebliche Rückflüsse und Tilgungen, zudem entfiel ein erheblicher Teil auf Neubauten, deren Fertigstellung sich lange hinzog; im Übrigen bestanden nach wie vor Restriktionen für Neuemissionen. Aus diesem Grund wurde in Hinblick auf das ebenfalls flaue Pfandbriefgeschäft der „dringende Wunsch einer *Lockerung der Emissionssperre*" erhoben. Und auch die Verordnung über das Verbot von Preiserhöhungen vom 30. November 1936 wurde indirekt kritisiert, weil sie für bestimmte Bereiche sehr niedrige Krisenmieten festschrieb, die die Hypothekennehmer in wirtschaftliche Schwierigkeiten brachten, was wiederum zu Zinsrückständen gegenüber der Bank oder Zwangsversteigerungen führte.

Insgesamt blieb ein erheblicher Teil des Hypothekengeschäfts der Hypo-Bank ein Geschäft mit vielen kleineren Darlehen, was ebenfalls zur Erklärung des vergleichsweise geringen Zuwachses für die Jahre 1935 und 1936 beitrug. So wurden in diesem Jahr ungefähr 6000 Hypothekendarlehensgesuche bearbeitet, von denen 3370 ausgezahlt wurden: Die Gesamtsumme betrug etwa 40 Millionen RM, so dass die durchschnittliche Höhe nur etwas über 10 000 RM lag.[26]

Auch die Bankabteilung machte keine großen Geschäfte, wenngleich generell bei den Kreditinstituten, Sparkassen und Versicherungen eine Vermehrung der Geldanlagen unterschiedlicher Art festzustellen ist. Insgesamt wuchs in Deutschland die Kapitalbildung weiter, zwischen August 1935 und August 1936 um ca. 5,2 Milliarden RM. Für die Bankabteilung wurde das Geschäft jedenfalls als verhältnismäßig bescheiden eingestuft.

Einen eigenen Sektor bildeten die Verpflichtungen, die der Bank aus der Devisenzwangswirtschaft erwuchsen, wobei sich aus den Geschäftsberichten sowie anderen Unterlagen nicht ergibt, inwiefern hier auch die Abwicklung von „Arisierungen" enthalten ist.[27] In jedem Fall betrachtete die Bankabteilung die

---

25 101. GB der Hypo-Bank Geschäftsjahr 1936, S. 10. D-Hypo-KOM-PUB-104.
26 Ebd., S. 13.
27 Zur „Arisierung" s. unten, Kap. VIII.

Devisenzwangswirtschaft als lästig, als „erhöhte Arbeit im öffentlichen Interesse [...] der sich die Banken zu unterziehen haben, obwohl sie dadurch belastet werden mit Unkosten, die in keinerlei Verhältnis stehen zu ihren geringen Einnahmen aus dieser Tätigkeit".[28]

Für das Jahr 1936 ergab die Gewinn- und Verlustrechnung einen Überschuss von 1 760 798,30 RM – ein Gewinn, der knapp unter dem des Krisenjahres 1931 lag, als der Überschuss 1 761 144,67 RM betragen hatte.[29] Für das Jahr 1939, das nur im letzten Drittel ein Kriegsjahr war, steigerte sich der Überschuss auf 2 257 202,41 RM[30], im letzten vollen Kriegsjahr 1944 auf 2 627 722,18 RM[31], allerdings ging diese Erhöhung während der Kriegsjahre auf eine erhebliche Inflationierung zurück, die nur deshalb nicht so sichtbar war, weil die staatliche Preislenkung Verbraucherpreise stabil hielt.

Auch für das Geschäftsjahr 1937 enthielt der allgemeine Konjunkturabriss Hinweise auf die weitere Gesundung der deutschen Wirtschaft, so auf die erneute Senkung der Erwerbslosenzahl von etwas über 1,076 Millionen auf ca. 500 000 im Oktober 1937, und auf eine Fülle sozialpolitischer Maßnahmen des Regimes, unter anderem in der Rentenversicherung. Kritisch vermerkt wurde erneut das Emissionsproblem der Hypothekenbanken, denen 1937 überhaupt keine Neuemissionen genehmigt worden waren. Der Hypothekenertrag der Hypo-Bank erhöhte sich gegenüber dem Vorjahresgeschäft geringfügig von 5 496 895,12 RM auf 5 823 849,94 RM.[32] Ähnlich zurückhaltend wie die staatlichen Vorgaben für das Hypothekengeschäft sah der Hypo-Bank-Vorstand die Durchführungsbestimmungen zur Mietpreisbindung und ihre Auswirkungen auf den Hypothekenmarkt. Und eindringlich warnten die Direktoren davor, alle Pfandbriefgeschäfte an die Börse zu binden (was im Sinne des Regimes natürlich eine bessere Überwachung ermöglichte). Schließlich wurde vorsichtig die Wertberechnung für enteignete Grundstücke kritisiert.[33] Bemerkenswert war wiederum die Erhöhung der Spareinlagen – eine Tendenz, die sich während des Krieges noch steigern sollte.

Der Geschäftsbericht 1937 zeigte erneut plastisch die sich immer stärker durchsetzende Tendenz: Die Besserung der wirtschaftlichen Lage Deutschlands wurde ausdrücklich hervorgehoben, sozialpolitische Maßnahmen des Regimes positiv gewürdigt – allerdings nicht ohne gelegentlichen Hinweis auf möglicherweise

---

28 101. GB der Hypo-Bank Geschäftsjahr 1936, S. 16. D-Hypo-KOM-PUB-104.
29 96. GB der Hypo-Bank Geschäftsjahr 1931, S. 39. D-Hypo-KOM-PUB-99.
30 104. GB der Hypo-Bank Geschäftsjahr 1939, S. 20. D-Hypo-KOM-PUB-107.
31 109. GB der Hypo-Bank Geschäftsjahr 1944, ohne Seitenangaben. D-Hypo-KOM-PUB-112.
32 102. GB der Hypo-Bank Geschäftsjahr 1937, S. 16. D-Hypo-KOM-PUB-105.
33 S.u. Kap. VIII, Arisierungen; außerdem 102. GB der Hypo-Bank Geschäftsjahr 1937, S. 10ff. D-Hypo-KOM-PUB-105.

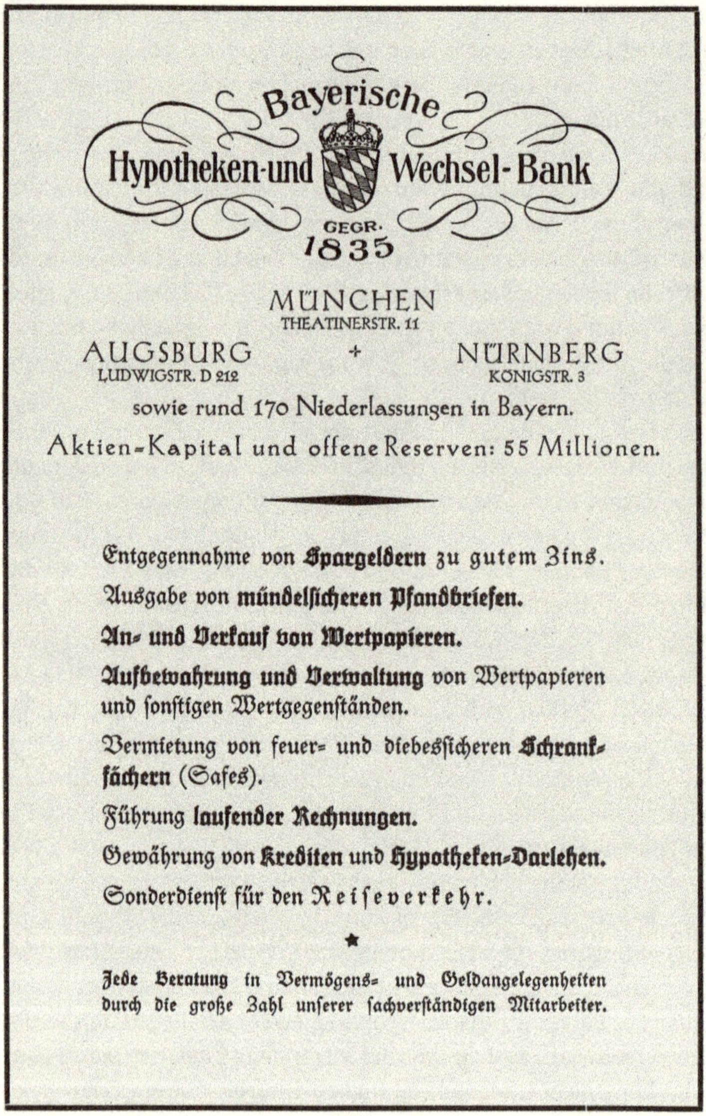

Abb. 7: Werbung der Bayerischen Hypotheken- und Wechsel-Bank, München 1937, aus: Werbe-broschüre „Familienaufzeichnung", S. 4. (D-Hypo-WERB-A-7449)

bedenkliche wirtschaftspolitische Folgen. Den Dirigismus des Regimes kritisierte die Direktion jedoch vorsichtig, oft in Form von Vorschlägen, Wünschen bzw. Ermahnungen. Die Aktivitäten der Bank in ihren verschiedenen Sparten stellte der Geschäftsbericht vor diesem Hintergrund nüchtern dar und zeigte damit regelmäßig den Kontrast auf, der zwischen erheblicher Konjunkturbelebung und der zwar merklichen, aber insgesamt hinter solchen positiven ökonomischen Indikatoren zurückbleibenden Geschäftsentwicklung der Hypo-Bank lag. Auf diese Weise wird immer wieder deutlich, dass die nationalsozialistische Diktatur insgesamt keineswegs eine Finanz- und Wirtschaftspolitik verfolgte, die den Wünschen der Hypo-Bank entsprach; deren Bilanz fiel gemischt aus und demgemäß auch das politische Urteil über das herrschende Regime, zumal stets zu berücksichtigen ist, dass offene Kritik ausgeschlossen war. Es wird klar erkennbar, welch zentrale Rolle die Sozialpolitik und die ökonomische Besserung der Lage der Durchschnittsbevölkerung für das Regime einnahmen: Die Charakterisierung des „nationalen Sozialismus" als „Hitlers Volksstaat" ist auch in dieser Hinsicht treffend.[34]

Das Jahr 1938 brachte mit dem Anschluss Österreichs und der im Münchner Abkommen Deutschland zugesprochenen und am 1. Oktober 1938 vollzogenen Annexion des Sudetenlandes die „Übernahme" der Geschäfte der Anglo-Čechoslovakischen und Prager Creditbank in Eger sowie die Errichtung einer Niederlassung in Karlsbad.

Die nun erreichte Vollbeschäftigung und die Zunahme des Volkseinkommens schufen veränderte Rahmenbedingungen, auf die der Geschäftsbericht 1938 positiv einging: Erstmals wurde auch die „Arisierung" erwähnt, doch nicht in Bezug auf die eigene Bank, sondern im Rahmen der Wirtschaftspolitik des Reiches, ohne sie indes zu kommentieren. Spezifischer behandelten die Direktoren diejenigen Veränderungen der Finanzpolitik des Reiches, die konkrete Auswirkungen auf die Banken erlangten. Dazu gehörten die Beschränkung des Kreditrahmens, die Ausgabe sog. Lieferschatzanweisungen (nicht diskontierbare unverzinsliche Schatzanweisungen des Reiches), die das Reich nun als kurzfristige Vorgriffe nutzte, und die Geldpolitik insgesamt: „Die öffentliche Hand beschränkte sich grundsätzlich auf den Einsatz von Mitteln, die durch Steuern und durch freiwilliges Sparen der Einkommensbezieher aus dem Kapitalmarkt herausgeholt werden können."[35] Dahinter stand die Zielsetzung, eine weitere wirtschaftliche Stärkung Deutschlands „nicht mehr von der Geldseite, sondern von der Güterseite" tragen zu lassen. Der Bankvorstand wies auf die Risiken einer zu weitgehenden Besteuerung für mittlere und kleinere Unternehmen hin. Vorsichtig kritisch vermerkt wurde nicht allein die „Uniformierung des Rentenmarkts", sondern zudem, dass der Kapitalmarkt weiterhin „in erster Linie dem Reichsbedarf an langfristigen Anleihen" diene, hingegen stagniere der Aktien- und Pfandbriefmarkt, der teilweise sogar Einbrüche habe hinnehmen müssen.

---

34 Vgl. Götz Aly, Hitlers Volksstaat, durchgesehene u. erw. Aufl. Frankfurt am Main 2006.
35 103. GB der Hypo-Bank Geschäftsjahr 1938, S. 6. D-Hypo-KOM-PUB-106.

Im Jahr 1938 blieb die Nachfrage nach Hypotheken weiterhin lebhaft, doch bestand die Emissionssperre unverändert fort, der Bankvorstand bezeichnete sie als untragbar, sprach zwar von „unserer mit Recht gelenkten Wirtschaft", kritisierte aber im gleichen Atemzug diese Lenkungsmaßnahmen. Wieder handelte es sich um den verbalen Eiertanz: Einer grundsätzlich positiv formulierten Feststellung folgte die spezifische Kritik auf dem Fuße. Die Konsequenz für das Hypothekengeschäft, bei dem rund 75,8 Millionen RM an Hypotheken und Kommunaldarlehen in insgesamt 4308 Posten angewiesen wurden, sah so aus: Große Teile aus freien Bankfonds mussten übernommen werden, da nur noch geringe Beträge von Pfandbriefen aus dem Treuhänderdepot zur Verfügung standen. Der Schwerpunkt lag mit 80 Prozent wiederum bei den Darlehen für Klein- und Kleinstwohnungen (insges. 11 962).[36] Die Bank sah darin, wie in zahlreichen Aufbaudarlehen für landwirtschaftliche Betriebe, einen Beitrag zu einer vorausschauenden Sozialpolitik. Insgesamt schloss die Bank das Jahr 1938 mit einer Bilanzsumme von 1 198 763 729,72 RM ab, was einer Steigerung von knapp 70 Millionen entsprach; der Überschuss belief sich auf 2 173 071,26 RM.

Distanziert betrachtete der Vorstand die Steuerpolitik des Regimes: „Der Fiskus sollte der Wirtschaft die Möglichkeit geben, steuerbegünstigt produktives Kapital zu bilden, um Mittel für den Fall bereit zu haben, in dem die mit jedem Wirtschaften unvermeidbare Übernahme von Risiken Opfer fordert." Auch die Umstellung des Grundsteuersystems wurde als Belastung für die Wirtschaft angesehen.

Als am 20. März 1940 der Geschäftsbericht für das Jahr 1939 vorgelegt wurde, das ein Kriegsjahr geworden war, verglich der Vorstand den Geschäftsumfang der Aktiv- und Passivseite bei Kriegsbeginn am 1. September 1939 mit dem Kriegsbeginn 1914 und gelangte zu dem Ergebnis, 1939 seien 66 Prozent des Geschäftsumfangs von 1914 erreicht worden. Dies zeigte bei aller positiven Einschätzung der wirtschaftspolitischen Lage doch auch die Begrenztheit der ökonomischen Besserung während der ersten, der sechs „Friedensjahre" des NS-Regimes. Insgesamt verlief das Geschäftsjahr noch befriedigend, wenngleich durch den Rückgang der Bautätigkeit die Beleihungen zurückgingen. So verminderten sich die Hypothekenerträge um knapp 590 000 RM auf 6 149 337,18 RM.[37] Das Arbeitsvolumen von 86 000 Einzelposten hingegen musste mit wesentlich verringertem Personal bewältigt werden, die Bankabteilung vermeldete wiederum ständig zunehmende Einzahlungen, was zu einer wachsenden Liquidität führte, das Pfandbriefgeschäft erhöhte sich ebenfalls, das Konsortialgeschäft verlief befriedigend.[38] Der Überschuss der Gewinn- und Verlustrechnung betrug wiederum über 2 257 Millionen RM.

---

36 Ebd., S. 10.
37 104. GB der Hypo-Bank Geschäftsjahr 1939, S. 40. D-Hypo-KOM-PUB-107.
38 Vgl. ebd., S. 9ff.

Naturgemäß bestand Unsicherheit darüber, welche Sondergesetze und Verordnungen für die Banken aus den Kriegsverhältnissen hervorgehen würden, da die gesamte Wirtschaft in den Dienst der Rüstungsproduktion und Kriegführung gestellt werden würde. Die folgenden Jahre 1940 bis 1944 waren volle Kriegsjahre, das Jahr 1945 aufgrund des Zusammenbruchs der nationalsozialistischen Diktatur am 8. Mai 1945 bzw. der katastrophalen Kriegsniederlage Deutschlands ein völlig irreguläres Jahr für die deutsche Wirtschaft, also auch die Banken, und insofern kaum vergleichbar mit den vergangenen Jahren, die ihrerseits von den Jahren 1933 bis 1939 zu unterscheiden sind. „Die *Umstellung* der gesamten deutschen Wirtschaft *auf die Notwendigkeiten der Kriegführung* ist in diesem Jahr in all ihren Erscheinungsformen voll zur Auswirkung gekommen", hieß es am 29. März 1941 im Rückblick.[39]

Tatsächlich handelte es sich jedoch 1939 erst um den Anfang, stand doch der Angriff auf die Sowjetunion 1941 und damit die extreme Ausweitung des Krieges, schließlich der Kriegseintritt der USA, noch bevor. Interessant ist, in welchem Ausmaß sich die Hypo-Bank zukunftsorientiert zeigte, auf den „Führer" zu bauen schien und dessen Absichten hervorhob, „unmittelbar nach Beendigung des Krieges" weitreichende Sozialprogramme in Angriff zu nehmen: Solche Zukunftsplanungen beträfen auch die Aktivitäten der Bank, nämlich die Rückführung des Zinssatzes und ein großes Programm für den sozialen Wohnungsbau, für den eine „zweckentsprechende Finanzierung" vorbereitet werden müsse. Entweder war man sich über Hitlers Kriegsziele absolut unklar, da sie derart weitreichend waren, dass mit einem baldigen Kriegsende keinesfalls gerechnet werden konnte, oder man hegte die Illusion weiterer „Blitzsiege", wie im Falle Polens 1939, Frankreichs 1940 und anderer Kriegsschauplätze. Jedenfalls sah die „Bank voll Zuversicht in die Zukunft des deutschen Volkes und ist stolz darauf, dass sie berufen sein wird, unter Anspannung aller Kräfte bei der Gestaltung der sozialen Zukunft unseres Volkes in hohem und Erfolg versprechendem Maße mitarbeiten zu können." Zweckoptimismus, als notwendig betrachtete verbale Anpassung, Illusion?

Die Geschichte sollte ganz anders verlaufen: Am 22. Juni 1941 marschierte die Wehrmacht auf Befehl Hitlers in die Sowjetunion ein und eröffnete damit einen vollen Mehrfrontenkrieg, der nicht zu gewinnen war, schon gar nicht nach der Kriegserklärung Hitler-Deutschlands an die USA am 11. Dezember 1941, der das ganze Ausmaß des Größenwahns noch einmal demonstrierte.

Auch blieb der Bevölkerung verborgen, dass die Aufrüstung schon seit Mitte der dreißiger Jahre zu kriegswirtschaftlichen Bedingungen geführt hatte:

---

39 105. GB der Hypo-Bank Geschäftsjahr 1940, S. 9. D-Hypo-KOM-PUB-108. Hervorhebungen im Original.

Aktiva			Bilanz vom	
	$\mathcal{RM}$	$\mathcal{A}$	$\mathcal{RM}$	$\mathcal{A}$
1. Barreserve				
a) Kassenbestand (deutsche und ausländische Zahlungsmittel) . . .	7'622,196	43		
b) Guthaben auf Reichsbankgiro- und Postscheckkonto	7'327,929	36	14'950,125	79
2. Fällige Zins- und Dividendenscheine	. . . . . .	.	795,917	13
3. Schecks			2'892,271	85
4. Wechsel				
a) Wechsel (mit Ausschluß von b und c)	54'419,246	43		
b) eigene Ziehungen	53,956	02		
c) eigene Wechsel der Kunden an die Order der Bank	257,214	19	54'730,416	64
In der Gesamtsumme 4. enthalten: $\mathcal{RM}$ 47'041,806.06 Wechsel, die dem § 13 Abs. 1 Nr. 1 des Gesetzes über die Deutsche Reichsbank entsprechen (Handelswechsel nach § 16 Abs. 2 des KWG)				
5. Schatzwechsel und unverzinsliche Schatzanweisungen des Reichs und der Länder			72'297,294	61
sämtliche bei der Reichsbank beleihbar				
6. Eigene Wertpapiere				
a) Anleihen und verzinsliche Schatzanweisungen des Reichs u. der Länder	17'945,615	70		
b) sonstige verzinsliche Wertpapiere	14'880,920	20		
c) eigene Hypothekenpfandbriefe und Kommunalschuldverschreibungen	18'060,148	83		
nom. $\mathcal{GM}$ 12'893,500.— Goldpfandbriefe „ $\mathcal{GM}$ 3'605,500.— (England und Holland) „ $\mathcal{RM}$ 1'579,150.— Reichsmarkpfandbriefe „ $\mathcal{RM}$ 97,600.— Kommunalschuldverschreibungen				
d) börsengängige Dividendenwerte	8'027,755	96		
e) sonstige Wertpapiere	2'262,842	11	61'177,282	80
In der Gesamtsumme 6. enthalten: $\mathcal{RM}$ 25'308,965.12 Wertpapiere, die die Reichsbank beleihen darf $\mathcal{RM}$ 1'532,890.— Wertpapiere zur Deckung von Kommunalschuldverschreibungen				
7. Konsortialbeteiligungen			93,054	75
8. Kurzfällige Forderungen unzweifelhafter Bonität und Liquidität gegen Kreditinstitute			36'757,375	35
davon sind $\mathcal{RM}$ 25'670,478.81 täglich fällig (Nostroguthaben)				
9. Forderungen aus Report- und Lombardgeschäften gegen börsengängige Wertpapiere			25,000	—
10. Vorschüsse auf verfrachtete oder eingelagerte Waren				
a) Rembourskredite	5,059	22		
b) sonstige kurzfristige Kredite gegen Verpfändung bestimmt bezeichneter marktgängiger Waren	—	—	5,059	22
11. Schuldner				
a) Kreditinstitute	2'293,390	32		
b) sonstige Schuldner	213'559,035	21	215'852,425	53
In der Gesamtsumme 11. enthalten: aa) $\mathcal{RM}$ 24'959,456.52 gedeckt durch börsengängige Wertpapiere bb) $\mathcal{RM}$ 153'848,583.23 gedeckt durch sonstige Sicherheiten				
Übertrag:			459'576,223	67

Abb. 8a: Bilanz der Bayerischen Hypotheken- und Wechsel-Bank für das Geschäftsjahr 1939, aus Geschäftsbericht der Bayerischen Hypotheken- und Wechsel-Bank 1939. (D-Hypo-KOM-PUB-107)

31. Dezember 1939

Passiva

	RM	*₰*	*RM*	*₰*
1. Gläubiger				
a) seitens der Kundschaft bei Dritten benutzte Kredite	5,059	22		
b) sonstige im In- und Ausland aufgenommene Gelder und Kredite	388,727	59		
c) Einlagen deutscher Kreditinstitute . . . . *RM* 24'980,455.97				
d) sonstige Gläubiger . . . . „ 311'643,147.96	336'623,603	93	337'017,390	74
Von der Summe c) und d) entfallen auf				
1. jederzeit fällige Gelder . . . . *RM* 175'318,020.33				
2. feste Gelder und Gelder auf Kündigung . . . . . „ 161'305,583.60				
Von 2. werden durch Kündigung oder sind fällig:				
a) innerhalb 7 Tagen . . . . „ 4'141,474.93				
b) darüber hinaus bis zu 3 Monaten . . . . . . „ 100'143,950.14				
c) darüber hinaus bis zu 12 Monaten . . . . . . „ 50'666,089.33				
d) über 12 Monate hinaus . . . . „ 6'354,069.20				
2. Verpflichtungen aus der Annahme gezogener und der Aus- **stellung eigener Wechsel,** soweit sie sich im Umlauf befinden	. . . .		15'500,156	08
3. Spareinlagen				
a) mit gesetzlicher Kündigungsfrist	75'910,995	25		
b) mit besonders vereinbarter Kündigungsfrist	19'962,209	12	95'873,204	37
4. Anleihen im Umlauf				
a) Hypothekenpfandbriefe:				
4% ige . . . . *RM* 301,350.—				
4½% „ . . . . „ 624'674,500.—				
5½% „ . . . . „ 105'098,700.—				
6½% „ (England und Holland) . . . . „ 16'133,000.—				
7% „ (Holland) . . . . „ 6'364,000.—	752'571,550	—		
b) Kommunalschuldverschreibungen:				
4½% ige	2'450,000	—		
c) unverzinsliche Schuldverschreibungen nach der Verordnung vom				
27. September 1932	4'004,290	77	759'025,840	77
5. Aufgenommene Darlehen				
Rentenbankkreditanstaltsdarlehen:				
4% ige	7'660,304	63		
4½% „	225,977	67	7'886,282	30
außerdem: Von der R.K.A. gewährte Kredite:				
aus Sondervermögen der R.K.A. . . . . *RM* 7'691,602.42				
für Entschuldungsdarlehen der R.K.A. . . . . . „ 5'468,730.45				
6. Verbindlichkeiten				
verloste und gekündigte Hypothekenpfandbriefe	. . . . . .		4'089,015	—
7. Grund-Kapital				
Stamm-Aktien mit 540000 Stimmen	34'000,000	—		
Vorzugs-Aktien mit 2500 „ in gewöhnlichen Fällen und				
„ 50000 „ in den Fällen der Besetzung des Auf-				
sichtsrats, der Änderung der Satzungen und der Auflösung der Gesellschaft	12,500	—	34'012,500	—
Übertrag:			1,253'404,389	26

Abb. 8b: Bilanz der Bayerischen Hypotheken- und Wechsel-Bank für das Geschäftsjahr 1939, aus Geschäftsbericht der Bayerischen Hypotheken- und Wechsel-Bank 1939.
(D-Hypo-KOM-PUB-107)

Aktiva   **Bilanz vom**

	ℛℳ	₰	ℛℳ	₰
Übertrag:			459'576,223	67
12. Hypotheken	. . . . . .	.	785'364,378	12
Davon a) Deckungshypotheken . . . . *ℛℳ* 761'842,887.27				
b) Rentenbankkreditanstaltshypotheken . . . „ 8'046,436.31				
c) Zusatzforderungen nach der Verordnung				
vom 27. Sept. 1932 . . . . „ 5'166,784.22				
Außerdem Forderungen aus den landwirtschaftlichen Entschuldung:				
Darlehen aus Sondervermögen der R. K. A. . *ℛℳ* 7'691,602 42				
Entschuldungsdarlehen der R. K. A. . . . „ 5'468,730.45				
13. Kommunaldarlehen			1'365,906	54
davon zur Deckung bestimmt . . . . *ℛℳ* 1'365,906.54				
14. Zinsen von Hypotheken und Kommunaldarlehen				
a) anteilige Zinsen von:				
Hypotheken . . . . *ℛℳ* 4'363,980.04				
Kommunaldarlehen . . . . „ 17,877.53				
Rentenbankkreditanstaltshypotheken . . . . . „ 58,704.95	4'440,562	52		
b) am 15. Dez. 1939 und 2. Jan. 1940 fällige Zinsen von:				
Hypotheken . . . . *ℛℳ* 2'262,554.97				
Kommunaldarlehen . . . . „ 988,59				
Rentenbankkreditanstaltshypotheken . . . . . „ 1,946.06	2'265,489	62		
c) rückständige Zinsen von				
Hypotheken . . . . *ℛℳ* 1'440,995.70				
Kommunaldarlehen . . . . „ 153.10				
Rentenbankkreditanstaltshypotheken . . . . . „ 36,203.49				
ℛℳ 1'477,352.29				
Abschreibung . . . . „ 1'477,352.29	—	—	6'706,052	14
15. Beteiligungen (§ 131 Abs. 1 A II Nr. 6 des Aktiengesetzes)			20'161,906	22
davon sind *ℛℳ* 19'997.456.22 Beteiligungen bei anderen Kreditinstituten				
Zugänge . . . . *ℛℳ* 5'233,792.29				
Abgänge und Abschreibungen . . . . . . „ 115,699.—				
16. Grundstücke und Gebäude				
a) dem eigenen Geschäftsbetrieb dienende	11'464,000			
Zugänge . . . . *ℛℳ* —.—				
Abgänge und Abschreibungen . . . . . . „ 265,000.—				
b) sonstige einschl. i. Kreditgeschäft übernomm. Objekte *ℛℳ* 1'266,076.06				
im Hypothekengeschäft übernomm. Objekte *ℛℳ* 9'800,271.11				
ab deckungsfähige Eigentümerhypotheken . . „ 4'259,170,73 „ 5'541,100.38	6'807,176	44	18'271,176	44
17. Eigene Aktien			1'805,004	57
Nennbetrag der eigenen Aktien *ℛℳ* 1'833,900.—				
18. Posten, die der Rechnungsabgrenzung dienen			199,800	71
darunter: Sonstige Aktiva *ℛℳ* 1,480.84				
Summe der Aktiva:			1,293'450,448	41

Angaben gemäß der ersten Durchführungsverordnung zum Aktiengesetz:
19. In den Aktiven sind enthalten:
  a) Forderungen an Konzernunternehmen (einschließlich jener unter Passiva 14, 15 und 16) . . . . *ℛℳ* 6'104,659.06
  b) Ausweispflichtige Forderungen gemäß gesetzlichem Formblatt vom 17. 1. 1936/29. 9. 1937, und zwar
    Hypothekenforderungen an Vorstandsmitglieder . . . . . . *ℛℳ* 37,997.22
      an Gefolgschaftsmitglieder . . . . . „ 1'248,105.61 *ℛℳ* 1'286,102.83
    Kredite an Vorstandsmitglieder . . . . *ℛℳ* —.—
      an Gefolgschaftsmitglieder . . . . „ 237,729.94 „ 237,729.94
    Forderungen an andere Personen und Unternehmen nach KWG § 14 Abs. 1
    (einschließlich jener unter Passiva 14, 15 und 16) . . . . „ 4'019,310.96 „ 5'543,143.73
  c) Anlagen nach KWG § 17 Abs. 1 . . . . „ 13'942,755.53
  d) Anlagen nach KWG § 17 Abs. 2 (Aktiva 15 und 16 a) . . . . „ 31'625,906.22

Abb. 8c: Bilanz der Bayerischen Hypotheken- und Wechsel-Bank für das Geschäftsjahr 1939, aus Geschäftsbericht der Bayerischen Hypotheken- und Wechsel-Bank 1939.
(D-Hypo-KOM-PUB-107)

31. Dezember 1939 {Passiva}

	$\mathcal{RM}$	$\mathcal{S}$	$\mathcal{RM}$	$\mathcal{S}$
Übertrag:			1,253'404,389	26
8. Rücklagen nach § 11 KWG und § 7 HBG.				
a) gesetzliche Rücklage	19'305,834	90		
b) Pfandbrief-Spezial-Reserve	3'500,000	—	22'805,834	90
9. Mehrerlös aus der Ausgabe von Hypothekenpfandbriefen über den Rückzahlungsbetrag gem. § 26 HBG . . .	. . . .	.	3,375	—
10. Rückstellungen				
a) Rückstellung für Pensionsverpflichtungen	450,000	—		
b) sonstige	3'810,460	50	4'260,460	50
11. Zinsen von Hypothekenpfandbriefen, Kommunalschuldverschreibungen und Rentenbankkreditanstaltsdarlehen				
a) anteilige Zinsen von:				
Hypothekenpfandbriefen . . . . $\mathcal{RM}$ 5'801,900.20				
Kommunalschuldverschreibungen . . . . „ 27,562.50				
Rentenbankkreditanstaltsdarlehen . . . . „ 51,832.55	5'881,295	25		
b) fällige Zinsen von:				
Hypothekenpfandbriefen . . . . $\mathcal{RM}$ 3'334,893.59				
Kommunalschuldverschreibungen . . . . „ 1,298.25	3'336,191	84	9'217,487	09
12. Posten, die der Rechnungsabgrenzung dienen	.	.	1'501,699	25
13. Reingewinn				
Gewinnvortrag aus dem Vorjahr	517,429	90		
Gewinn 1939	1'739,772	51	2'257,202	41
14. Eigene Ziehungen im Umlauf	—	—		
15. Verbindlichkeiten aus Bürgschaften, Wechsel- und Scheckbürgschaften sowie aus Gewährleistungsverträgen (§ 131 Abs. 7 des Aktiengesetzes)	8'954,594	89		
16. Eigene Indossamentsverbindlichkeiten				
a) aus weiterbegebenen Bankakzepten . . . . $\mathcal{RM}$ 2'260,000.—				
b) aus eigenen Wechseln der Kunden an die Order der Bank „ —.—				
c) aus sonstigen Rediskontierungen . . . . „ 2'108,198.18	4'368,198	18		
Summe der Passiva:			1,293'450,448	41

Angaben gemäß der ersten Durchführungsverordnung zum Aktiengesetz:

17. In den Passiven sind enthalten:
a) Verbindlichkeiten gegenüber Konzernunternehmen . . . . $\mathcal{RM}$ 4'126,302.41
b) Gesamtverpflichtungen nach KWG § 11 Abs. 1
  (Passiva 1 bis 3 und 14) . . . . $\mathcal{RM}$ 448'390,751.19
  zuzüglich 4, 5 und 6 wegen Hypothekengeschäft . . . . „ 771'001,138.07   „ 1,219'391,889.26
c) Gesamtverpflichtungen nach KWG § 16
  (Passiva 1, 2 und 14) . . . . $\mathcal{RM}$ 352'517,546.82
  zuzüglich 4, 5 und 6 wegen Hypothekengeschäft . . . . „ 771'001,138.07   „ 1,123'518,684.89
18. Gesamtes haftendes Eigenkapital nach KWG § 11 Abs. 2
  (Passiva 7 und 8 abzüglich Aktiva 17 — Nennbetrag der eigenen Aktien —) . . . . . . „ 54'984,434.90

Abb. 8d: Bilanz der Bayerischen Hypotheken- und Wechsel-Bank für das Geschäftsjahr 1939, aus Geschäftsbericht der Bayerischen Hypotheken- und Wechsel-Bank 1939. (D-Hypo-KOM-PUB-107)

Die enormen Ausgaben für die Kriegsfinanzierung wurden durch Ausgabe kurzfristiger Schuldverschreibungen, Schatzwechsel und sogenannter Mefo-Wechsel finanziert; sie wurden von den Geschäftsbanken übernommen und konnten bei der Reichsbank rediskontiert werden. Das Geldvolumen steigerte sich dadurch enorm, der Banknotenumlauf stieg von 1936 bis 1945 von 4,5 Milliarden RM auf 56,4 Milliarden RM. Durch die schon seit 1931 in Deutschland bestehende Devisenzwangswirtschaft, die bis 1934 vollendet wurde, hielt das NS-Regime den Wechselkurs künstlich stabil. Defizite des Reichshaushalts wurden mit solchen Methoden kaschiert, die Ausgaben der Aufrüstung steigerten sich laufend, von 1933 bis 1939 betrugen sie ca. 61 Milliarden RM, im Krieg insgesamt 657,38 Milliarden RM; bei Kriegsende belief sich die Reichsschuld auf 389,9 Milliarden RM.[40] Der Protest des Reichsbankdirektoriums unter Schacht in der Eingabe an Hitler vom 7. Januar 1939 richtete sich gegen diese unverantwortliche Schuldenpolitik. „Die Reichsbank hat seit langem auf die für die Währung entstehenden Gefahren einer Überspannung der öffentlichen Ausgaben und des kurzfristigen Kredits hingewiesen. Am Ende des Jahres 1938 ist die Währungs- und Finanzlage an einem Gefahrenpunkt angelangt, der es uns zur Pflicht macht, Entschließungen zu erbitten, die es ermöglichen, der drohenden Inflationsgefahr Herr zu werden."
Ja, Schacht ging sogar noch weiter: „In entscheidendem Maße aber wird die Währung von der hemmungslosen Ausgabenwirtschaft der öffentlichen Hand bedroht."[41] Der Vorschlag lautete, keine Ausgaben oder Verpflichtungen mehr zu übernehmen, die nicht durch Steuern oder langfristige Anleihen gedeckt seien. Die Reichsbank allein sollte die geldpolitischen Entscheidungen treffen. Doch entschied nicht die finanzpolitische Vernunft des Reichsbankdirektoriums, sondern die politische Macht der nationalsozialistischen Führung: Schacht trat zurück, die Reichsbank besaß keinerlei Gold- oder Devisenreserven mehr. Das Gesetz über die Deutsche Reichsbank vom 15. Januar 1939 beseitigte alle die pausenlose Geldschöpfung beschränkenden Regelungen, so diejenige zur Kreditgewährung an das Reich. Die Verordnung vom 15. Oktober 1940 setzte einfach die Goldmark mit der Reichsmark gleich. Die Abkehr vom Goldstandard vollzogen während der 1920er und 1930er Jahre auch andere Staaten. Dies erlaubte ihnen, die Paritäten allein festzusetzen, die Geldmenge beliebig zu steigern und Abwertungen vorzunehmen. Die Preisbindung führte zu einer „rückgestauten Inflation" (Karl Erich Born). Diese Zusammenhänge erklären auch, warum in den wirtschaftspolitischen Analysen der Banken immer wieder Vergleiche der finanz-

---

40 Vgl. zum Ganzen Karl Erich Born, Geld und Banken im 19. und 20. Jahrhundert, Stuttgart 1977, S. 538–543. „Mefo"-Wechsel war die Abkürzung für die von der (durch mehrere Großkonzerne gegründeten) „Metallurgischen Forschungsanstalt" akkreditierten Wechsel.
41 Text in: UuF, Bd. X, S. 584–588, die Zitate S. 584, 586.

politischen Folgen der Kriegsfinanzierung im Ersten Weltkrieg mit der Entwicklung seit 1939/40 auftauchen.[42]

Nach den erwähnten zuversichtlichen Aussagen kehrte der Geschäftsbericht wieder zur strengen Sachlichkeit zurück. Er informierte unter anderem über die neue Situation beim Pfandbriefgeschäft sowie die Verordnung vom 16. November 1940, mit der der Verrechnungsmodus von Reichsmark und Goldmark neu festgesetzt und damit eine Angleichung vollzogen wurde. Die Hypothekenbewilligung belief sich im ersten vollen Kriegsjahr noch auf 33 569 700,– RM, die Hypothekenerträge sanken leicht um ca. 130 000 RM auf 6 016 101,60 RM.

Die Bankabteilung vermeldete eine erneute Steigerung des reinen, nicht so einträglichen Geldanlagegeschäfts: Diese seit dem letzten Drittel der dreißiger Jahre zu beobachtende, schon erwähnte Tendenz war charakteristisch, zum einen für die vorhandene Kaufkraft bei gleichzeitig geringeren Kaufmöglichkeiten, zum anderen für die offensichtlich grassierende Vorsorgeabsicht: Die negativen Erfahrungen der Zeichner von Kriegsanleihen im Ersten Weltkrieg und der Sparer in den Jahren der Inflation, vor allem der Hyperinflation 1922/23, schienen vergessen oder doch in den Hintergrund getreten zu sein.

Eine extreme Steigerung, ja eine Verdoppelung auf 124 985 056,32 RM erfuhr auch der Bestand der eigenen Wertpapiere am Ende des Jahres 1940, wobei es sich beim weitaus größten Teil um festverzinsliche Wertpapiere handelte.[43] Der Überschuss erhöhte sich wiederum leicht, auf ca. 2,433 Millionen RM.[44]

1941 war auch dem Vorstand der Hypo-Bank klar, dass der Krieg zum Weltkrieg geworden war und sich die wirtschaftlichen Anstrengungen des Regimes auf Kriegsrüstung und Kriegführung sowie Ernährung der Bevölkerung richteten. Die „nicht verwendbare Kaufkraft" wuchs während des Krieges weiter und damit die Geldanlagen: „Die Zunahme der Geldansammlung beruht neben der Sparkapitalbildung im wesentlichen auf Umwandlung von Sachvermögen, auf Verbrauchsrückgang und Einschränkungen für Investierungen".[45] Eine Reihe kriegsbedingter finanzpolitischer Regelungen schränkte die Spielräume auch für die Banken weiter ein, beispielsweise die „Verordnung zur Lenkung der Kaufkraft", Steuererhöhungen, Kriegsgewinnabgaben und Zinsherabsetzungen beim

---

42 Vgl. zur Wirtschaftspolitik seit der Aufrüstung Adam Tooze, Ökonomie der Zerstörung. Die Geschichte der Wirtschaft im Nationalsozialismus, München 2007 (engl. 2006), S. 243ff., 280ff., sowie Albrecht Ritschl, Die deutsche Zahlungsbilanz 1936–1941 und das Problem des Devisenmangels bei Kriegsbeginn, in: VfZ 39 (1991), S. 103–124, dort auch instruktive Tabellen; zur Abkehr vom Goldstandard vgl. Möller, Europa zwischen den Weltkriegen, S. 83 ff., insbes. S. 88.
43 105. GB der Hypo-Bank Geschäftsjahr 1940, S. 11f. D-Hypo-KOM-PUB-108.
44 Ebd., S. 19.
45 106. GB der Hypo-Bank Geschäftsjahr 1941, S. 5. D-Hypo-KOM-PUB-109.

Umtausch von Schuldverschreibungen. In noch stärkerem Maße als bis 1939 wurde die Wirtschaft des Dritten Reiches während des Krieges zu einer „gelenkten" und stark reglementierten Volkswirtschaft.

So war auch der Geschäftsverlauf der Hypothekenabteilung „durch die alles umfassenden Aufgaben der Kriegführung bedingt". Folglich war das Hypothekengeschäft stark eingeschränkt, die Hypothekenerträge sanken leicht, während sich der Kapitalmarkt durch die flüssigen Geldmittel rege entwickelte und einen „außerordentlichen Bedarf an Pfandbriefen" hervorrief, deren Kurse auf 102,5 Prozent festgeschrieben worden waren (für die 4-prozentigen Pfandbriefe). Diese Nachfrage konnte die Hypo-Bank nur begrenzt befriedigen, da ihre Emissionen weiterhin durch staatliche Vorschrift begrenzt blieben: Der Umlauf der Hypo-Pfandbriefe steigerte sich vom Jahr 1940 auf 1941 um rund 3,8 Millionen RM auf insgesamt 771 937 822,50 RM.[46] Die Gesamtsumme der „von der Hypothekenabteilung *verwalteten Kapitalforderungen*" betrug zum 31. Dezember 1941 810 651 456,32 RM[47], neu zugesagt wurden Hypotheken in Höhe von 30 Millionen RM.[48]

Die Bankabteilung hatte, zum Teil aufgrund gesetzlicher Regelungen, eine Verminderung des Gewinns hinzunehmen, was partiell aber durch die Ausweitung der Geschäfte durch die wiederum erhebliche Vermehrung der Einlagen ausgeglichen wurde. Der Bestand an eigenen Wertpapieren erhöhte sich erneut kräftig, um ungefähr 90 Millionen auf insgesamt 214 840 904,– RM. Der Überschuss der Hypo-Bank im Geschäftsjahr 1941 steigerte sich wiederum leicht um rund 65 000 RM auf 2 499 044 RM.[49]

Für die folgenden Kriegsjahre 1942 und 1943, in denen die Geschäftsberichte immer knapper werden und Elogen auf das NS-Regime kaum noch zu finden sind, verlief die Geschäftsentwicklung ähnlich wie 1941: eine erhebliche Steigerung der Geldeinlagen (um 176 Millionen RM auf insgesamt 894 Millionen RM) sowie aufgrund einer begrenzten Freigabe von Emissionen ein höherer Verkauf der stark nachgefragten Pfandbriefe (46,2 Millionen RM statt 5,1 Millionen im Jahr 1941). Auch der wieder geringfügig gesteigerte Überschuss[50] blieb 1942 in der gleichen Größenordnung wie 1941. Allerdings verbesserte sich das Hypothekengeschäft durch Neubewilligungen um vier Millionen, da der Wegfall der Hauszinssteuer durch die „Verordnung zur Gebäudeentschuldung" zum Ende des Geschäftsjahres 1942 hier Spielraum schuf.

---

46 Ebd., S. 7. Hervorhebung im Original.
47 Ebd., S. 8.
48 Ebd., S. 8f.
49 Ebd., S. 16.
50 107. GB der Hypo-Bank Geschäftsjahr 1942, ohne Seitenangabe. D-Hypo-KOM-PUB-110.

Abb. 9: 4-prozentiger Pfandbrief zu 2000 Reichsmark der Bayerischen Hypotheken- und Wechsel-Bank, München 1942. (D-SAM-WP-PROD-799)

Das Jahr 1943 zeigte in allen Sparten eine ähnliche Tendenz, besonders hervorzuheben ist wiederum die starke Steigerung der Geldeinlagen um 179 Millionen RM auf insgesamt 1,073 Milliarden RM[51], auch der Überschuss der Gewinn- und Verlustrechnung erhöhte sich leicht, 1943 auf knapp 2,571 Millionen RM.

---

51 108. GB der Hypo-Bank Geschäftsjahr 1943, ohne Seitenangabe. D-Hypo-KOM-PUB-111.

Das letzte volle Kriegsjahr 1944 brachte in einigen Sparten zum Teil massive Einbrüche: „Der Ablauf der geschäftlichen Entwicklung in der Hypotheken-abteilung war im Jahre 1944 durch den sich immer stärker bemerkbar machenden totalen Krieg bedingt. Das Neugeschäft war im Jahre 1944 fast völlig lahmgelegt, auf der anderen Seite aber stieg die Neigung unserer Schuldner Hypotheken-darlehen vorzeitig zurückzuzahlen."[52] Geradezu spektakulär steigerten sich ein-mal mehr die Geldeinlagen, und zwar um rund 419 Millionen RM auf knapp 1 492 Milliarden RM, insgesamt erhöhte sich der Überschuss nochmals leicht auf 2,627 Millionen RM.

Das Geschäftsjahr 1945 wurde aufgrund des Zusammenbruchs des Deut-schen Reiches, der Errichtung von Besatzungsverwaltungen und der Gesetz-gebung der Militärregierungen ein völlig unnormales Jahr auch für die Hypo-Bank. Das Jahr 1945 ist weniger für die Geschäftsentwicklung interessant, sondern im Hinblick auf die Wiederaufnahme der Geschäfte nach Kriegs- und Regimeende, die Bilanzierung des Ist-Standes, aber auch die personellen Kon-sequenzen, die aufgrund des Endes der nationalsozialistischen Diktatur, aber ebenso der Verordnungen und Anordnungen der amerikanischen Militärregie-rung gezogen werden mussten.[53] Hinzu kamen die auch die Hypo-Bank betreffen-den Zerstörungen von Gebäuden und anderen Sachwerten. Der Vorstand stellte dazu fest: „Die Militärregierung gestattete uns [...] schon bald nach der Besetzung die Wiederaufnahme des Zahlungsverkehrs. Trotz ungünstiger, durch die Zer-störung von Bankräumen verursachter Arbeitsbedingungen und sonstiger erheb-licher Schwierigkeiten gelang es uns, den Geschäftsbetrieb nach und nach wieder in annähernd normale Bahnen zu lenken."[54]

In den vier Besatzungszonen galten eine Reihe höchst unterschiedlicher Regelungen. Diese Situation erschwerte naturgemäß die Kooperation mit Filialen und Hypothekenbüros, die nicht wie der Kernbereich des Geschäfts in der ame-rikanischen Zone lagen, sondern wie z.B. Leipzig in der sowjetischen, Landau in der französischen oder Düsseldorf in der britischen Besatzungszone. Interessant ist, dass sich Bankvorstand und Aufsichtsrat ganz der rückblickenden Bewer-tung enthielten. Die schon während der letzten Kriegsjahre merkliche politische Abstinenz in der allgemeinen Darstellung der Wirtschafts- und Finanzpolitik des NS-Regimes setzte sich auch nach dessen Ende unter den völlig veränder-ten Bedingungen fort. Auch finden sich keine Aussagen über das Personal oder leitende Angestellte, die Nationalsozialisten gewesen waren, bzw. über das NS-Regime und seine Folgen, so dass aus den 1945 folgenden Geschäftsberichten

---

52 109. GB der Hypo-Bank Geschäftsjahr 1944, ohne Seitenangabe. D-Hypo-KOM-PUB-112.
53 S. Abschnitt Personalentwicklung, S. 75ff., S. 100–107.
54 110. GB der Hypo-Bank Geschäftsjahr 1945, S. 2. D-Hypo-KOM-PUB-113.

Abb. 10: Zerstörte Zentrale der Bayerischen Hypotheken- und Wechsel-Bank in der Münchner Theatinerstraße 11, München ca. 1944. (D-Hypo-BAU-AB-174)

für die Geschichte der Hypo-Bank unter der Diktatur nur wenig zu entnehmen ist: Diese Informationen beziehen sich lediglich auf Zahlenangaben und Salden, über deren Realisierung durch die Bank naturgemäß zu diesem Zeitpunkt nichts ausgesagt werden konnte. Verständlich war die Feststellung, dass das Hypothekengeschäft am Ende des Krieges praktisch aufgehört habe, dass andererseits die Geldflüssigkeit anhalte und deshalb die Geldanlagen sich nochmals gesteigert hätten: Die Einlagen waren 1945 sogar um 403,575 Millionen RM auf über 1,895 Milliarden RM gestiegen. Dieser enorme Anstieg gründete natürlich nicht allein in der Sparmentalität in Krisenzeiten, sondern der Unmöglichkeit, das in großem Umfang ersparte Geld auszugeben, es sei denn, für die Rückzahlung von Darlehen, was auch tatsächlich in den letzten Kriegsjahren geschehen ist.

Da die Hypo-Bank keine reichsweite Banklizenz besaß – sie erhielt sie erst 1957 mit dem Niederlassungsgesetz –, hatte sie am Ende des Krieges außer den Filialen in Karlsbad, Eger und Straßburg keine Niederlassungen in den annektierten oder besetzten Gebieten. So bestätigt sich in der Bestandsaufnahme von 1945, dass die Bank im Bereich der deutschen Besatzungsherrschaft im engeren Sinne nur äußerst begrenzt tätig war, und hier offenbar nur im Hypothekengeschäft, für das die Hypo-Bank seit 1896 eine reichsweite Lizenz besaß. Daraus ist zu schließen, dass dort ansässige deutsche Staatsbürger Hypotheken erhalten haben, allerdings in verschwindend geringem Ausmaß. Vom Hypothekenbestand des Jahres 1945 entfielen lediglich rund 8,591 Millionen RM – etwa ein Prozent des gesamten Hypothekenbestands – auf Gebiete, die nun als „Neu-Ausland" bezeichnet wurden. Davon entfiel etwas über die Hälfte auf die damals wiedergegründete Tschechoslowakei – also das frühere Sudetenland –, die knappe Hälfte auf Elsass-Lothringen und sehr kleine Beträge auf Österreich bzw. auf Polen (knapp 47 000 RM). Von den in den Kriegsjahren durch die Bank zur Verhütung eigener Verluste übernommenen Anwesen lag keines außerhalb des Deutschen Reiches (in den Grenzen von 1937).[55]

Überblickt man die Geschäftsentwicklung der Hypo-Bank während der nationalsozialistischen Diktatur, dann wird klar: Sie hat in diesen zwölf Jahren keine außerordentlichen Gewinne gemacht, wenngleich sich die Bilanzsumme und der Überschuss in der Gewinn- und Verlustrechnung insgesamt, insbesondere seit Ende der 1930er Jahre, merklich erhöht hat. Dies scheint in erster Linie auf die seit dieser Zeit stetig, ja im Krieg spektakulär zunehmenden Geldeinlagen und – in Phasen, in denen die Emissionsbegrenzung für die Hypothekenbanken gelockert wurde – auch auf das Pfandbriefgeschäft als Geldanlage zurückzuführen zu sein. Das Hypothekengeschäft verstärkte sich zunächst nur zögerlich, schließlich folgte auch hier eine erneute Begrenzung der Emissionen. Als sich die Situation, vor allem aufgrund der Beseitigung der Hauszinssteuer am Ende des Jahres 1942, besserte, blieben nur noch ein, zwei Jahre für die Belebung des Hypothekengeschäfts, bevor das Neugeschäft 1944 völlig zusammenbrach.

Nach den Jahren des Übergangs zur wirtschaftlichen Konsolidierung seit 1932/33 entwickelten sich die Geschäfte der Hypo-Bank also zwar stetig, doch keineswegs spektakulär. Die Schwierigkeiten für das Hypothekengeschäft noch bis in die zweite Hälfte der 1930er Jahre resultierten zum Teil aus dem finanz- und wirtschaftspolitischen Dirigismus des nationalsozialistischen Regimes. Darauf wird in den Geschäftsberichten mehr oder weniger deutlich, aber regelmäßig hingewiesen, zum Beispiel noch am 26. März 1938.[56] Bei einem von Beginn der 1930er Jahre bis 1945 gleichbleibenden Grundkapital von 34 Millionen RM steigerte sich die Bilanzsumme von 1 060,3 Millionen RM im Jahre 1935 bis zum Kriegsbeginn 1939 auf 1 293,5 Millionen RM. Danach verdoppelte sie sich bis 1945 sogar auf 2 806,2 Millionen RM. Die Rücklagen steigerten sich in diesen zehn Jahren von 21,4 Millionen RM (1935) auf 26,5 Millionen im Jahre 1945. Das Kreditvolumen (ohne Avalkredite), das sich zwischen 1935 und 1939 erheblich von 198,1 Millio-

55 Vgl. Angaben im 110. GB der Hypo-Bank Geschäftsjahr 1945, S. 10f. D-Hypo-KOM-PUB-113.
56 102. GB der Hypo-Bank Geschäftsjahr 1937, S. 9. D-Hypo-KOM-PUB-105.

nen RM auf 275,0 Millionen vergrößert hatte, sank im Krieg mit Ausnahme des Jahres 1942 stetig bis auf 139,2 Millionen RM im Jahr des Kriegsendes 1945. Die Ausleihungen im Hypothekenbankgeschäft veränderten sich insgesamt weniger stark, sie betrugen 1935 insgesamt 722,7 Millionen RM, steigerten sich langsam bis 1942 auf 903,7 Millionen RM, um dann bis Kriegsende wieder auf 799,3 Millionen RM abzusinken. Das enorme Wachstum der Bilanzsumme bis 1945 war auf die erhebliche Erhöhung der Fremdmittel im Bankgeschäft zurückzuführen, die 1935 noch 293 Millionen RM betragen hatten, sich danach aber stetig vermehrten und 1945 sogar 1 897,5 Millionen RM erreichten. Daran besaßen die Spareinlagen, die sich 1935 nur auf 41,8 Millionen RM belaufen hatten, einen beträchtlichen Anteil, kamen sie doch im Jahr 1945 sogar auf 573,6 Millionen RM. So teilte das Vorstandsmitglied Ferdinand Schumann in der Direktoriumssitzung vom 17. Dezember 1943 mit, dass allein die Kundeneinlagen per 31. Dezember 1943 eine Milliarde RM betrügen.[57]

Die Dividende der Stammaktien wurde erstmals im Jahr 1937 von vier auf 4,5 Prozent erhöht und blieb in den Folgejahren von 1938 bis 1944 mit fünf Prozent auf dem gleichen Niveau, 1945 wurde keine Dividende gezahlt; die Vorzugsaktien brachten – entsprechend dem gesetzlich geregelten Höchstsatz von 1935 bis 1944 jeweils sechs Prozent.[58]

Die Personalentwicklung

Die quantitative Personalentwicklung verlief kontinuierlich. Eine nominelle Steigerung vollzog sich in den letzten Kriegsjahren, zum sehr geringen Teil wohl verursacht durch die Erhöhung der zu bearbeitenden Posten der erheblich und ständig steigenden Geldeinlagen. Entscheidend aber war die Tatsache der zusätzlich eingestellten Kriegsaushilfen. Zieht man sie von der Mitarbeiterzahl ab, da sie ja nicht zusätzlich, sondern nur ersatzweise für Angestellte tätig waren, die eingezogen waren, dann hat sich die tatsächlich tätige Zahl der Mitarbeiter im Krieg nur wenig erhöht. Während der Mitte der 1930er Jahre entspricht die Entwicklung der Beschäftigung dem Verlauf der Entspannung auf dem Arbeitsmarkt, auch die Bank stellte im Zuge der Geschäftsbelebung mehr Mitarbeiter ein. Im Jahre 1930

---

57 16. Sitzungsprotokoll der Direktion der Bayerischen Hypotheken- und Wechsel-Bank vom 17. Dezember 1943, TOP VI. D-Hypo-LO-A-40.
58 Vgl. insges. zu der Geschäftsentwicklung 1935 bis 1945 die Tabelle in: Geschichte der HYPO-BANK, S. 102f.; hier für 1935–1945.

betrug die Zahl der Mitarbeiter 2106, im Jahr 1931 waren es 2078[59], im Jahr 1941 insgesamt 3177, darunter 2233 männliche und 944 weibliche.[60] Insgesamt also stieg die Zahl der Mitarbeiter in zwölf Jahren nominell um rund ein Drittel, darunter die der weiblichen Angestellten überproportional. Schon vor dem Krieg waren immer Aushilfsangestellte beschäftigt, im Jahre 1932 beispielsweise 71, eine Zahl, die sich während der 1930er Jahre zeitweilig leicht steigerte, 1935 umfasste sie 91.[61]

Formelle Hinweise auf die Beschäftigung von Fremd- bzw. Zwangsarbeitern finden sich in den Geschäftsberichten und anderen Quellen nicht, die dort gegebenen Erklärungen zur Beschäftigung von Kriegsaushilfen, die eine solche Möglichkeit ausschließen, erscheinen nicht nur in quantitativer Hinsicht, sondern auch im Hinblick auf die Zusammensetzung dieser Gruppe plausibel – einmal abgesehen davon, dass das Bankgeschäft dieser Art auch nicht als geeignetes Betätigungsfeld für Zwangsarbeiter angesehen werden kann, weil dafür spezifische Qualifikationen notwendig waren.[62] Andererseits existiert für das Jahr 1944 eine Liste mit insgesamt 38 Beschäftigten sowohl der Münchner Zentrale als auch von Zweigstellen, die als „Ausländer" bezeichnet werden. Nur ein einziger, ein in der Geldstelle tätiger Holländer, ist mit dem Vermerk „dienstverpflichtet" gekennzeichnet, er war also Zwangsarbeiter; bei einem anderen Holländer fehlt dieser Vermerk. Bei den übrigen 37 gibt es nur die Herkunftsländer oder die Bezeichnung „staatenlos", allerdings mit Nennung des Herkunftslandes. Sie stammten zwar zum Teil aus Staaten, die durch das Deutsche Reich besetzt waren, aber auch aus anderen Ländern wie den USA, China, der Schweiz und Schweden, nur einer war aus Frankreich; die zweitgrößte Gruppe (insgesamt sieben) stammte aus Italien. Bei einigen könnte es sich um Zwangsarbeiter gehandelt haben, doch spricht dagegen, dass eben nur bei einem dieser Hinweis vermerkt ist. Es ist nicht zu klären, wie viele von den hier aufgeführten Ausländern schon vor dem Krieg in München lebten, wo die meisten, insgesamt 34, beschäftigt wurden. Bei den insgesamt neun ausländischen Beschäftigten aus dem „Protektorat", der größten Gruppe, ist als Dienststelle nicht die Filiale in Karlsbad oder Eger angegeben, sondern überwiegend die Reserven-Abteilung in der Zentrale in München. Sie verwalteten also einen bestimmten Prozentsatz der Verbindlichkeiten auf

---

59 96. GB der Hypo-Bank Geschäftsjahr 1931, S. 14, allerdings hier noch ohne Unterscheidung in männlich und weiblich. D-Hypo-KOM-PUB-99.

60 106. GB der Hypo-Bank Geschäftsjahr 1941, S. 12. D-Hypo-KOM-PUB-109.

61 97. GB der Hypo-Bank Geschäftsjahr 1932, S. 16; 100. GB der Hypo-Bank Geschäftsjahr 1935, S. 15. D-Hypo-KOM-PUB-100 und D-Hypo-KOM-PUB-103.

62 Allerdings erwähnt das Vorstandsmitglied Wilhelm Reuschel in einem Brief vom 5. Mai 1942 die Beschäftigung einer „Vielzahl fremder Aushilfskräfte. Zum Teil sind auch Ausländer darunter, wie Polen, Russen, Bulgaren, Schweden, Ungarn usw.", D-Hypo-LO-A-7448.

Zentralbankkonten, die als Guthaben gehalten werden müssen. Sofern sie nicht in Zweigstellen tätig waren, wurden sie meist in Zentralabteilungen beschäftigt, u.a. der Buchhaltung, der Geldstelle und dem Devisenbüro.[63] Bei den anderen hier behandelten Banken fehlen Listen über die Beschäftigung von Ausländern.

Die Steigerung der Mitarbeiterzahl ab 1939 erklärt sich also im Wesentlichen durch die Beschäftigung von Ersatzkräften für die Einberufenen, die weiterhin in den Angaben über die Belegschaftsstärke enthalten waren, nicht aber durch Rekrutierung von Ausländern, deren Anteil auf das Jahr 1944 bezogen nur etwas über ein Prozent lag: So beschäftigte die Hypo-Bank 1940 insgesamt 275 Kriegsaushilfen, 47 männliche und 228 weibliche. Unter ihnen befanden sich „viele Pensionisten und verheiratete Frauen, darunter auch Ehefrauen einberufener Arbeitskameraden, die früher schon im Betriebe tätig waren".[64] Mitarbeiterinnen gab es zwar bei der Hypo-Bank bereits seit 1896, doch mussten sie ursprünglich unverheiratet sein und schieden nach Eheschließung aus dem Arbeitsverhältnis aus. 1941 steigerte sich die Zahl der Kriegsaushilfen auf insgesamt 357, darunter 284 Frauen.[65] Die Erhöhung des Frauenanteils unter den Mitarbeitern ergibt sich also nicht zuletzt aus der Ersetzung der einberufenen Männer und entspricht insofern der allgemeinen Entwicklung des Arbeitsmarkts im Krieg. So erklärt sich auch, warum in den Geschäftsberichten seit Kriegsbeginn 1939 geschlechterspezifische Angaben in den Geschäftsberichten gemacht werden. Für die Jahre 1942 und 1943 finden sich keine genauen quantitativen Angaben, sondern lediglich der allgemeine Hinweis, dass sich die Zahl der Mitarbeiter aufgrund neuerlicher Einberufungen und Dienstverpflichtungen weiter erhöht habe, weil zusätzlich Ersatzkräfte eingestellt wurden.[66]

Das Verhältnis der Belegschaft insgesamt zum Nationalsozialismus ist nicht präzise zu bestimmen. Es wurde bereits darauf hingewiesen, dass einerseits die schwierige soziale Lage der Bankangestellten und die Gehaltsminderungen sowie die politische, gesellschaftliche und ökonomische Krise zu Beginn der 1930er Jahre auch diese Sozialgruppe für Protestwahlverhalten und extreme Ideologien anfällig machten. Hinzu kam, dass die Angestellten insgesamt während der 1920er und 1930er Jahre eine wachsende, im sozialen Selbstverständnis besonders fragile Schicht waren, die im gesellschaftlichen Gefüge trotz ihrer wachsenden Bedeutung noch keinen angemessenen Platz gefunden hatten, obwohl gerade die Angestellten aufgrund des sozialökonomischen Strukturwandels und der wachsenden Zahl städtischer Großbetriebe ein signifikantes Charakteristikum

---

63 Die Namensliste beschäftigter Ausländer, München 1944. D-Hypo-PER-A-1457.
64 105. GB der Hypo-Bank Geschäftsjahr 1940, S. 15. D-Hypo-KOM-PUB-108.
65 106. GB der Hypo-Bank Geschäftsjahr 1941, S. 12. D-Hypo-KOM-PUB-109.
66 108. GB der Hypo-Bank Geschäftsjahr 1943, ohne Seitenangabe. D-Hypo-KOM-PUB-111.

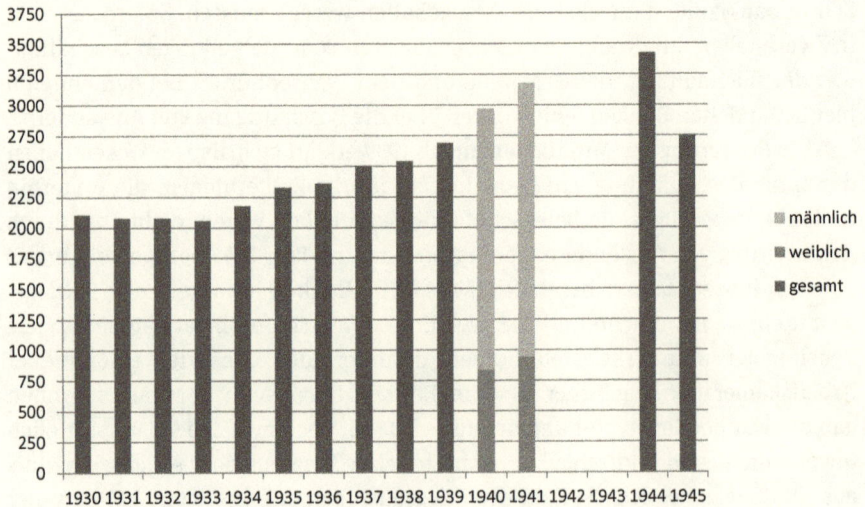

Abb. 11: Mitarbeiterzahlen der Bayerischen Hypotheken- und Wechsel-Bank, aus Geschäftsberichte 1930–1945 der Bayerischen Hypotheken- und Wechsel-Bank.

der modernen Arbeitswelt darstellten: „[...] der Großbetrieb ist das Modell der Zukunft. Die Probleme, die er aufgibt, die Bedürfnisse, die seinen Angestellten-massen gemeinsam sind, bestimmen überdies mehr und mehr das innenpoliti-sche Leben und Denken."[67]

Tatsächlich handelte es sich aufgrund vielfältiger sozialökonomischer Gründe um eine Schicht, die in überproportionalem Maße für den Nationalsozialismus anfällig war. Einer der Gründe lag darin, dass die deutschen Parteien, sofern sie Klassenparteien waren, die Angestellten nicht repräsentierten. Nach der Volks-zählung von 1925 gehörten 15,9 Prozent der Erwerbstätigen zu den Angestellten; vor dem 14. September 1930, als die NSDAP erstmals bei einer Reichstagswahl aus einer Splittergruppe zur (zweitstärksten) Massenpartei in Deutschland wurde, betrug der Anteil der Angestellten unter den NSDAP-Mitgliedern 25,6 Prozent, sie waren also überproportional stark vertreten.[68]

Das Eindringen der Nationalsozialisten in den Betriebsrat, die Mehrheit, die sie bei den Betriebsratswahlen erhielten und die Aktivitäten der NSBO lösten in

---

67 Vgl. die zeitgenössischen, zuerst 1929 in der Frankfurter Zeitung veröffentlichten Feuilletons von Siegfried Kracauer, Die Angestellten. Aus dem neuesten Deutschland, Neuaufl. Frankfurt am Main 1971, das Zitat ebd., S. 7.
68 Vgl. Möller, Weimarer Republik, S. 224f., 227, 271ff.; vgl. insgesamt auch Falter, Hitlers Wähler, insbes. S. 230ff., der allerdings zu dem Ergebnis gelangt, das Wahlverhalten der Angestellten sei nicht überdurchschnittlich zugunsten der NSDAP ausgefallen.

der Hypo-Bank unter den Mitarbeitern durchaus kontroverse Reaktionen aus: Von einer einheitlichen nationalsozialistischen Haltung der Belegschaft kann also keine Rede sein. Insgesamt dürfte sich die Einstellung nicht sehr von derjenigen der deutschen Gesellschaft insgesamt unterschieden haben. In der Revision des Spruchkammerverfahrens gegen das Vorstandsmitglied und späteren Betriebsführer Ferdinand Schumann wurde 1948 erklärt, in der Hypo-Bank habe es „eine kleine fanatische Gruppe von Nazianhängern" gegeben, „während der Hauptteil der Belegschaft politisch nicht interessiert oder mehr oder weniger geheim gegnerisch eingestellt gewesen sei". Nach den Erkenntnissen dieses Verfahrens war es Schumann sogar gelungen, den Betriebsobmann Georg Kolb, der zweifellos Nationalsozialist war, zur Unterstützung gegen Übergriffe des Gaubeauftragten Weiss und anderer nationalsozialistischer Stellen zu gewinnen: „Beide standen in einem Abwehrkampf gegen den Gaubeauftragten", heißt es im Protokoll des Spruchkammerverfahrens.[69]

Die gegen Ende der Weimarer Republik bei einem Teil der Hypo-Bank-Belegschaft schnell wachsende Zustimmung zur NSDAP ist nicht zuletzt als generelle Protesthaltung gegenüber der sich verschlechternden sozialen Lage der Bankangestellten seit der Wirtschaftskrise zu Beginn der 1930er Jahre erklärbar: Im Spätherbst 1930 handelte es sich offenbar noch um wenige Sympathisanten, die versuchten, mithilfe von Flugblättern und anderen Propagandaaktionen in der Hypo-Bank Stimmung zu machen, wobei sie offensichtlich auf ganz unterschiedliche Reaktionen stießen: Sie reichten von vehementem Protest über Gleichgültigkeit bis zu heftigen Kontroversen unter der Belegschaft. Als die NSDAP jedoch 1931 mit einer eigenen Liste zur Betriebsratswahl antrat, gewann sie die meisten Stimmen. Der eigentliche Schub erfolgte aber wohl erst nach der Ernennung Hitlers zum Reichskanzler am 30. Januar 1933. Aufgrund des am 4. April 1933 erlassenen „Gesetzes über Betriebsvertretungen und über wirtschaftliche Vereinigungen"[70] wurden am 10. April 1933 bei der Hypo-Bank die bestehenden Betriebsräte aufgehoben und Georg Kolb als Betriebszellenobmann der NSDAP angewiesen, unter seiner kommissarischen Leitung einen neuen Betriebsrat zu bilden.

---

69 Dokumentation Jungmann-Stadler, Anlage 10, Kopie einer beglaubigten Abschrift der Spruchkammer München. D-Hypo-KOM-A-7227; Die Brücke, Werk-Zeitschrift der Betriebsgemeinschaft der Bayerischen Hypotheken- und Wechsel-Bank, Jg. 1941, Nr. 1, S. 6–8. D-Hypo-KOM-PUB-471.
70 Text in: UuF, Bd. IX, S. 625f.

Am Ende des Jahres 1933 gehörte mit 637 ein knappes Drittel der Mitarbeiter der Hypo-Bank zur NSBO, darunter 142 weibliche.[71] Der Anteil der offen national-sozialistisch eingestellten Bankangestellten belief sich also noch am Ende des Jahres der Machtergreifung auf weniger als ein Drittel, und noch geringer war die Zahl der Parteimitglieder unter ihnen. Das ist insofern ein bemerkenswerter Tatbestand, als der Anteil der NSDAP-Wähler bei der Reichstagswahl am 5. März 1933 schon auf 43,9 Prozent gestiegen war.

Trotz des starken Zuwachses der Zahl nationalsozialistischer Wähler und NSDAP-Mitglieder in der Bevölkerung kann also zu diesem Zeitpunkt nur von einem starken, aber dennoch unterdurchschnittlichen NSDAP-Engagement unter den Mitarbeitern der Hypo-Bank gesprochen werden. Ein Drittel Nationalsozialis-ten unter der Hypo-Bank-Belegschaft Ende 1933 heißt auch: Zwei Drittel waren bis zu diesem Zeitpunkt trotz des generellen Anpassungsdrucks, den das Regime von Beginn an ausübte, noch nicht für den Nationalsozialismus gewonnen – weder durch Überzeugung noch durch Repression oder Opportunismus.

Die Geschäftsberichte weisen nur die offizielle Haltung der Bank und der nun „Gefolgschaft" genannten Belegschaft aus. Die entsprechenden Passagen wurden maßgeblich durch die NSBO bestimmt und können dennoch während der NS-Diktatur nicht als einheitlich bezeichnet werden, da im Laufe des Krieges ein deutlicher Wechsel der Tonlage erfolgte. Während in den Geschäftsberichten 1933, 1934 und 1935 keinerlei allgemeine Aussagen über die Belegschaft auftau-chen, die nationalsozialistisch gefärbt sind, ändert sich dies seit 1936 bis zum Jahr 1941 erheblich. Während der Kriegsjahre wurde immer wieder auf die heldenhaften Opfer hingewiesen, die die Angehörigen der Bank für ihr Vaterland brächten. Die Namen der gefallenen Soldaten wurden in Totenlisten genannt. Außerdem hatte die Bank mehrfach Todesopfer bei Fliegerangriffen zu beklagen, so starben beim Angriff auf München am 25. Februar 1945 acht Mitarbeiter, die am Sonntag-vormittag zu dem polizeilich vorgeschriebenen Brandwachdienst im Gebäude der Hypo-Bank in der Theatinerstraße eingeteilt gewesen waren.[72]

Zwischen 1936 und 1943 verstärkte sich der sozialpolitische Ton deutlich: Diese Akzentuierung beschränkte sich nicht auf die sozialen Leistungen des nationalsozialistischen Regimes im engeren Sinne, sondern zeigte, welche Rolle die Belegschaft nun auch unternehmenspolitisch spielte. Die Sozialpolitik des

---

71 Vgl. Dokumentation Jungmann-Stadler, S. 13 (D-Hypo-KOM-A-7227), auf der Basis der An-gaben des NSBO-Obmanns Georg Kolb, Rückblick auf den Aufbau und die zehnjährige Arbeit unserer NSBO, in: Die Brücke. Werk-Zeitschrift der Betriebsgemeinschaft der Bayerischen Hypo-theken- und Wechsel-Bank, Jg. 1941, Nr. 1, S. 6–8. D-Hypo-KOM-PUB-471.
72 Bericht an die Gefolgschaftsmitglieder vom 8. März 1945, dort auch weitere Hinweise über Opfer und Zerstörungen von Zweigstellen außerhalb Münchens. D-Hypo-PER-A-1402.

NS-Regimes war also nur ein, wenn auch wesentlicher, Teil einer Gesellschafts-konzeption, die auf das Parteiprogramm der NSDAP von 1920 zurückging. Dessen wirtschafts- und sozialpolitische Aussagen stammten weitgehend von dem zum sozialistischen Flügel der NSDAP gehörenden Parteiideologen Gottfried Feder, Verfasser des erwähnten „Manifest zur Brechung der Zinsknechtschaft".[73] Im Punkt 15 des Programms wurde ein „großzügiger Ausbau der Altersversicherung" gefordert: Auch dieses Ziel gehörte zu einem umfassenden „Sozialwerk des deut-schen Volkes", das auch den Bankangestellten zugute kommen sollte.[74]

Am 5. Juli 1934 wurde ein Gesetz über den Aufbau der Sozialversicherung erlassen, mit dem die Ersatzkassen der Angestelltenversicherung aufgehoben wurden. Da auch die Pensions- und Sterbekassen der Bank als Ersatzkassen anerkannt waren, gewann diese Gesetzesänderung für die Hypo-Bank „ein-schneidende Bedeutung"[75] und begründete für die Angestellten der Bank einen zusätzlichen Anspruch, nicht allein gegen die Reichsversicherungsanstalt, sondern ebenso gegen den als Zuschusskasse weiterbestehenden Pensionsfonds der Hypo-Bank. Wiederum wurde hier die aktive Sozialpolitik des NS-Regimes demonstriert, die naturgemäß die Zahl seiner Anhänger vermehrte.

Vom Jahr 1936 an enthielten die Geschäftsberichte eine ausführlichere Dar-stellung der sozialen Leistungen der Bank, darunter nicht allein der gesetzlich vorgeschriebenen und in mehreren Durchführungsverordnungen 1935 abschlie-ßend geregelten Leistungen an die erwähnte Zusatzkasse, sondern darüber hinaus gewährte freiwillige Zuwendungen an die „Gefolgschaftsmitglieder", Spenden für soziale Zwecke wie die an das Winterhilfswerk, die sog. Adolf-Hitler-Spende der deutschen Wirtschaft oder auch Hilfen für den Eigenheimbau. Diese Textpassagen spiegeln immer stärker die Volksgemeinschaftsideologie in den Betrieben: „Die Bestrebungen der Deutschen Arbeitsfront unter dem Gesichts-

---

73 Punkte 11–18 des Programms der NSDAP, Text in: Deutsche Parteiprogramme, hg. von Wilhelm Mommsen, 3. Aufl. München 1960, S. 547–550.
74 Vgl. dazu Gerhard A. Ritter, Der Sozialstaat. Entstehung und Entwicklung im internationalen Vergleich, München 1989 (Historische Zeitschrift, Beiheft 11), S. 130ff., insbes. S. 135; Michael Prinz, Vom neuen Mittelstand zum Volksgenossen. Die Entwicklung des sozialen Status der Angestellten von der Weimarer Republik bis zum Ende der NS-Zeit, München 1986 (Studien zur Zeitgeschichte, Bd. 30); ders., „Sozialpolitik im Wandel der Staatspolitik"? – Das Dritte Reich und die Tradition bürgerlicher Sozialreform, in: Rüdiger vom Bruch (Hg.), Weder Kommunismus noch Kapitalismus, S. 219–244, insbes. S., 236ff.; Marie-Luise Recker, Nationalsozialistische Sozialpolitik im Zweiten Weltkrieg, München 1985 (Studien zur Zeitgeschichte, Bd. 29); Timothy W. Mason, Sozialpolitik im Dritten Reich. Arbeiterklasse und Volksgemeinschaft, Opladen 1977, insbes. S. 174. Der Akzent dieses z.T. von der marxistischen Klassentheorie inspirierten Buches liegt allerdings auf der Arbeiterklasse, nicht den Angestellten.
75 99. GB der Hypo-Bank Geschäftsjahr 1934, S. 14f. D-Hypo-KOM-PUB-102; 100. GB der Hypo-Bank Geschäftsjahr 1935, S. 15 über die finanziellen Konsequenzen. D-Hypo-KOM-PUB-103.

punkt der ‚Schönheit der Arbeit' und der NS-Gemeinschaft ‚Kraft durch Freude'
haben auch bei uns Förderung erfahren. Auch auf die Erhaltung der Arbeitskraft,
die Steigerung der Leistungsfähigkeit und die Erhöhung der Berufsfreudigkeit
unserer Gefolgschaft haben wir unser Augenmerk gerichtet, was in einer Reihe
von bei unserer Bank bestehenden Einrichtungen zum Ausdruck kommt."[76]
Hierzu zählten Erholungsheime, der Sportclub, der schon seit 1926 existierte,
ein Kasino, Ausbildungs- und Fortbildungsangebote. Für militärische Übungen
wurden „in Bezug auf Urlaub und Bezahlung entgegenkommende Regelungen
getroffen. Auch für die Teilnahme an politischen Schulungskursen, am Reichsparteitag oder Ausübung von Ehrenämtern wurden den betreffenden Gefolgschaftsmitgliedern Erleichterungen gewährt, so dass für sie hieraus keinerlei
wirtschaftliche Nachteile erwuchsen."[77] In diesen Bereichen gilt: Die „Kraft
durch Freude"-Aktivitäten waren nicht allein in der Bank, sondern in der deutschen Bevölkerung durchaus populär.

Tatsächlich hatte die Betriebsführung, was immer ihre eigenen politischen
Anschauungen gewesen sein mögen, keine Möglichkeit, dieser Durchdringung
der Belegschaft mit der sozialpolitisch akzentuierten nationalsozialistischen
Volksgemeinschaftsideologie entgegenzuwirken. Die Nationalsozialistische
Betriebszellenorganisation und ihr Obmann Georg Kolb waren die Garanten
dieses Vorgehens und gewannen entsprechenden Einfluss auf die nun geplante
Betriebszeitschrift „Die Brücke". Die Sozialpolitik des NS-Regimes bot in den
Augen vieler Bankangehöriger ganz offensichtlich zahlreiche Vergünstigungen.

Am 20. Januar 1934 folgte eine Reihe weiterer, schon in den Monaten zuvor
in schneller Folge erlassener einschlägiger Verordnungen: Das „Gesetz zur
Ordnung der nationalen Arbeit"[78] dekretierte im § 1: „Im Betriebe arbeiten der
Unternehmer als Führer des Betriebes, die Angestellten und Arbeiter als Gefolgschaft gemeinsam zur Förderung der Betriebszwecke und zum gemeinsamen
Nutzen von Volk und Staat." Der „Führer des Betriebes" entschied zwar in den
betrieblichen Angelegenheiten, doch hatte er „für das Wohl der Gefolgschaft zu
sorgen". Es mussten „Vertrauensräte" gebildet werden, in denen ihm „aus der
Gefolgschaft Vertrauensmänner beratend zur Seite" standen. Laut Gesetz kamen
angesichts der Betriebsgröße der Hypo-Bank 1934 zu fünf Vertrauensräten aus
der Belegschaft nochmals fünf weitere hinzu, bei der späteren Erhöhung der Mitarbeiterzahl jeweils einer auf 300 Mitarbeiter. Mit einer Mehrheitsentscheidung
konnte der Vertrauensrat den für alle größeren Wirtschaftsgebiete ernannten

---

76 101. GB der Hypo-Bank Geschäftsjahr 1936, S. 21. D-Hypo-KOM-PUB-104.
77 Ebd.
78 Textauszug in: UuF, Bd. IX, S. 648–652.

„Treuhänder der Arbeit" anrufen[79], der seinerseits an Richtlinien und Weisungen der Reichsregierung gebunden war. Die Treuhänder der Arbeit erhielten weitreichende Befugnisse, die noch durch zusätzliche Erlasse der Reichsregierung erweitert werden konnten.

Zu den korrespondierenden Regelungen zählte auch die Anordnung des Führers der DAF, Dr. Robert Ley, über die betriebsorganisatorische Neugliederung, die wenige Tage später, am 26. Januar 1934, folgte. In ihr wurde festgesetzt, dass die Deutsche Arbeitsfront die nach dem Gesetz zur Ordnung der nationalen Arbeit benötigten Vertrauensmänner- und Sachverständigenbeiräte stelle. Die politische Führung lag bei der NSBO, deren Dienststellen zugleich solche der Deutschen Arbeitsfront waren. Dieser Anordnung zufolge lag die berufliche Fortbildung, die soziale Betreuung und auch die geistige Fortbildung bei den Betriebsgruppen. „Amtswalter der Betriebsgruppen müssen Parteigenossen sein".[80] Jeder Betrieb bestand dieser Regelung zufolge aus der NS-Betriebszelle und der NS-Betriebsgemeinschaft. „In den Betriebszellen sind Parteigenossen. Sie gehören der NSBO an. Die übrigen Belegschaftsmitglieder des Betriebes und der Unternehmer sind Mitglieder der Deutschen Arbeitsfront und bilden ohne Unterschied des Berufes die Betriebsgemeinschaft."[81]

Die DAF war die größte Massenorganisation des nationalsozialistischen Deutschland, die auch formell ein der NSDAP angeschlossener Verband mit (auf dem Höchststand 1938) 23 Millionen Mitgliedern war. Die DAF verfügte aufgrund dieser hohen Zahl über außergewöhnliche finanzielle Mittel und hatte bei Beginn des Krieges einen aufgeblähten Funktionärsapparat mit 44 000 hauptamtlichen und 1,3 Millionen ehrenamtlichen Mitgliedern. Sie waren zum erheblichen Teil in den Betrieben, insbesondere für „weltanschauliche Schulung", tätig. Hitler selbst hatte als Ziel der DAF „die Bildung einer wirklichen Volks- und Leistungsgemeinschaft aller Deutschen" bezeichnet. In der DAF wurden die ehemaligen Gewerkschaften, Angestelltenverbände und Unternehmervereinigungen zusammengeschlossen und damit gleichgeschaltet.[82] Dem Betriebsführer wurde „für die Wirtschaftlichkeit des Betriebes als auch als Menschenführer im nationalsozialistischen Sinne die Verantwortung übertragen". Die Hypo-Bank stellte ihren Angestellten die Mitgliedschaft bei der DAF frei, übte keinen Druck aus.[83]

---

79 Ebd. §§ 16, 18, 19, 20.
80 Text in: UuF, Bd. IX, S. 652ff.
81 Ebd., S. 653.
82 Verordnung Adolf Hitlers über Wesen und Ziel der Deutschen Arbeitsfront (DAF), in: UuF, Bd. IX, S. 654. Vgl. zur Organisationsstruktur Walther Gehl, Die Jahre I–IV des nationalsozialistischen Staates, Breslau 1937, sowie Ronald Smelser, Robert Ley. Hitlers Mann an der „Arbeitsfront", Paderborn 1989.
83 Vgl. Dokumentation Jungmann-Stadler, S. 13, 15. D-Hypo-KOM-A-7227.

Trotzdem waren schließlich bis Ende 1935 „sämtliche Gefolgschaftsmitglieder der Hypotheken-Abteilung – mit einer einzigen, wohl nur vorübergehenden Ausnahme – der Deutschen Arbeitsfront beigetreten."[84] 1940 waren dann alle Betriebsangehörigen Mitglieder der Stammgefolgschaft der DAF".[85] Der neben dem Betriebsführer installierte Betriebszellenobmann der NSBO war Beauftragter der Partei.

Auf diese Weise sollte organisatorisch in jedem Unternehmen die ideologische Überwachung, aber auch Durchdringung und vollständige Erfassung der Belegschaft sichergestellt, zugleich aber ein erheblicher Einfluss auf die Unternehmensleitung garantiert werden, die politisch nicht mehr unabhängig agieren konnte, so dass auch der Betriebsführer faktisch Parteimitglied werden musste. Diese Neuordnung der deutschen Sozialverfassung schloss künftig eine autonome Interessenvertretung von Arbeitnehmern und Arbeitgebern aus und enthielt zugleich einen dezidierten sozial fürsorgenden und bevormundenden Charakter, der Anpassungsdruck erzeugte.

Hierüber kam es am 24. April 1935 zu einer Diskussion in der Direktion der Hypo-Bank, nachdem der Betriebsobmann Kolb für die NSBO die „Mitgliedschaft bei der DAF" als „Voraussetzung für eine Beschäftigung im Betrieb" gefordert hatte. Kolb berief sich auf „eine Verordnung des Führers vom 24.10.1933" sowie die „Einreihung aller Wirtschaftsgruppen in die DAF vom 26.3.1935". Dort sei die „unbedingte Notwendigkeit" vorgeschrieben, „dass jeder, der in einem deutschen Betriebe arbeite, Mitglied der DAF sei." Kolb wünschte die Aufnahme dieser Bestimmung in die Betriebsordnung der Hypo-Bank. Die Direktion reagierte vorsichtig und erklärte, zwar könne eine solche Vorschrift nicht in die Betriebsordnung aufgenommen werden, doch könne man der Forderung insofern entgegenkommen, als die Sekretariate bei der Einstellung neuer Mitarbeiter „nach dem Grund ihres bisherigen Fernbleibens von der DAF" fragen und ihnen den Eintritt in die DAF anraten sollten.[86]

In einer weiteren Sitzung ging Direktor Remshard nach einem halben Jahr erneut auf die Forderung der NSBO ein und bezog sich auf ein Rundschreiben des Centralverbandes des Deutschen Bank- und Bankiersgewerbes vom 22. November 1935 über „Betriebsordnung und Mitgliedschaft zur Deutschen Arbeitsfront". Ganz offensichtlich war auch bei anderen Banken die Frage einer Zwangsmitgliedschaft der Mitarbeiter in der DAF aufgeworfen worden, die die Direktion der

---

84 Vgl. 32. Sitzungs-Protokoll der Direktion der Bayerischen Hypotheken- und Wechsel-Bank vom 31. Dezember 1935, TOP VII. D-Hypo-LO-A-901.
85 105. GB der Hypo-Bank Geschäftsjahr 1940, S. 18. D-Hypo-KOM-PUB-108.
86 11. Sitzungs-Protokoll der Direktion der Bayerischen Hypotheken- und Wechsel-Bank vom 24. April 1935, TOP V. D-Hypo-LO-A-900.

Hypo-Bank aber ablehnte. Remshard gelangte zu dem Schluss: „Aus dem dort bekanntgegebenen Erlass des Reichs- und Preussischen Arbeitsministers vom 10. Oktober d.J. geht klar hervor, dass die Deutsche Arbeitsfront an dem Grundsatz festhält, dass die Mitgliedschaft zu ihr auf freiwilliger Entschliessung der Einzelnen beruht und dass ein Zwang irgendwelcher Art, der den Rahmen der selbstverständlichen Werbung zum Beitritt überschreitet, nicht ausgeübt werden soll." Folglich könnten die Betriebsführer frei darüber entscheiden, ob sie nur Mitglieder der DAF einstellen wollten oder nicht. In die Betriebsordnung der Hypo-Bank werde jedenfalls eine solche Bestimmung nicht aufgenommen. Auch weiterhin, so Remshard, solle es grundsätzlich bei dieser amtlich gesicherten Entscheidungsfreiheit bleiben, doch wolle er es sich gern angelegen sein lassen, für einen freiwilligen Beitritt zur DAF zu werben.[87] Dieses Ansinnen des Betriebsobmanns Kolb war nun erst einmal abgewehrt und damit auch der gruppendynamische Druck auf alle Mitarbeiter der Bank, den die NSBO mit der Einführung einer Zwangsmitgliedschaft für die DAF verstärken wollte. Obgleich es sich bei diesem Beispiel eher um einen Nebenschauplatz politischer Einflussnahme handelte, dokumentiert dieser Fall doch, an wie vielen Fronten die Leitung der Bank taktieren musste. Sie versuchte, ihr eigenes Handeln jeweils aus Verordnungen abzuleiten, die ihr größere Freiheit gaben, selbst wenn diese so nicht gedacht waren, setzte das Regime doch auch bei vermeintlicher Freiwilligkeit auf gleichschaltenden Gruppendruck.

Unabhängig von der Existenz des nationalsozialistischen Terrorapparats erzeugten bereits solche Versuche und strukturellen Eingriffe in die Autonomie der Bank einen erheblichen Anpassungsdruck. Schon daraus ergibt sich, dass offizielle Verlautbarungen der Betriebsführung die permanente Beobachtung durch Personen und Organe des nationalsozialistischen Herrschaftsapparats – sowie der Nationalsozialistischen Betriebszellenorganisation innerhalb des eigenen Unternehmens – stets in Rechnung stellen mussten. Es muss also jeweils quellenkritisch gefragt werden, wieweit Erklärungen taktischer Natur waren, ob sie mehr oder weniger erzwungen, opportunistisch waren oder tatsächlich nationalsozialistischer Überzeugung entsprachen. Dies gilt für die allgemeinen Äußerungen zum Regime, für die wirtschaftspolitischen Analysen, aber auch die sozialpolitischen und ideologischen Ausführungen zur Belegschaft bzw. zum Krieg.

Für alle Aussagen zum Krieg muss zusätzlich berücksichtigt werden, dass „Wehrkraftzersetzung" gemäß dem Kriegssonderstrafrecht, das bereits lange vor Kriegsausbruch am 17. August 1938 erlassen worden war, unter Strafe stand.

---

87 30. Sitzungs-Protokoll der Direktion der Bayerischen Hypotheken- und Wechsel-Bank vom 27. November 1935, TOP IX. D-Hypo-LO-A-896.

Während des Krieges erfolgte in dieser Hinsicht, nicht zuletzt durch die „Rechtssprechung" des Volksgerichtshofs (und des Reichskriegsgerichts) eine ständige Verschärfung, so dass bereits als defätistisch eingestufte Meinungsäußerungen mit der Todesstrafe geahndet werden konnten.

Vor diesem politischen und herrschaftssoziologisch strukturierten Hintergrund sind alle offiziellen Äußerungen der Bank zu bewerten. Die folgenden Jahre brachten also zwangsläufig für die jeweiligen Geschäftsberichte unter der Rubrik „Sozialpolitik" eine weitere „Ausschmückung" der ideologischen Komponente, die hier nur stellvertretend zitiert werden, so zum Beispiel im Geschäftsbericht für das Jahr 1937 am 26. März 1938[88]: „Gute Ergebnisse in Richtung der Berufsausbildung und nach der Seite der weltanschaulichen Erziehung dürfen erwartet werden auch für die Berufsgruppen des Kreditgewerbes von der zeitweisen Zusammenfassung der Arbeitskameraden gleicher oder verwandter Betriebe in Schulungslagern, deren Leib und Seele erfrischende Wirkung auch Angehörige unseres Instituts, darunter Betriebsführer und Obmann, an sich erproben konnten [...] Der Durchdringung der Gefolgschaft mit nationalsozialistischem Gedankengut soll die im Berichtsjahr ins Leben gerufene zweimonatlich erscheinende Werkzeitschrift ‚Die Brücke' dienen".[89] Man könnte meinen, die Bemerkung über die erfrischende Wirkung der Schulungslager auf Leib und Seele sei ironisch gemeint gewesen, doch gehört das Stilmittel der Ironie nicht zu Diktaturen.

Für das Jahr 1938 führt der sozialpolitische Teil des Geschäftsberichts eine beachtliche Reihe sozialer Maßnahmen der Hypo-Bank für die Mitarbeiter auf, darunter sowohl finanzielle Hilfen als auch Kultur-, Sport- und Freizeitprogramme. Außer den nationalsozialistischen Einrichtungen wie „Kraft durch Freude", den dazugehörigen Leitlinien und Programmen wie „Schönheit der Arbeit" erwähnt der Bericht die ideologische Schulung jedoch nur sehr knapp: „Unsere 1938 in 23 000 Exemplaren erschienene Werkzeitschrift ‚Die Brücke' hat zur Festigung des nationalsozialistischen Gedankengutes in der Gefolgschaft beigetragen und dem kameradschaftlichen Leben einen über jede örtliche Grenze hinweg wirksamen Auftrieb gegeben."[90] Tatsächlich gehörte die wechselseitige Kommunikation der Zentrale mit den Filialen und dieser untereinander ebenfalls zu den Zwecken der Werkzeitschrift. Überraschend ist indes die hohe Auflage, die fast das Zehnfache der Mitarbeiterzahl erreichte, so dass sie offenbar in großer Zahl auch außerhalb des Unternehmens verteilt wurde.

---

88 103. GB der Hypo-Bank Geschäftsjahr 1938. D-Hypo-KOM-PUB-106.
89 102. GB der Hypo-Bank Geschäftsjahr 1937, S. 18. D-Hypo-KOM-PUB-105.
90 103. GB der Hypo-Bank Geschäftsjahr 1938, S. 16f. D-Hypo-KOM-PUB-106.

Im Übrigen wurde darauf hingewiesen, dass die „Gefolgschaft" der Hypo-Bank geschlossen der NS-Volkswohlfahrt angehöre. Die NSV war nach der DAF mit 17 Millionen Mitgliedern die größte und bekannteste der nationalsozialistischen Massenorganisationen. Die NSV ging aus einem 1931 in Berlin gegründeten Selbsthilfeverein hervor, überschritt nach 1933 schnell den örtlichen Rahmen und entwickelte sich zu einer das ganze Reich erfassenden, ständig wachsenden Wohlfahrtseinrichtung, die auch viele andere, eigentlich von ihr unabhängige Organisationen lenkte, zum Beispiel das Winterhilfswerk, das Hilfswerk ‚Mutter und Kind' und die Kinderlandverschickung. Da die NSV freie und kirchliche Wohlfahrtseinrichtungen immer mehr zurückdrängte, durchaus angesehene Musterorganisationen der Sozialpolitik trug und im ganzen eher unpolitisch zu sein schien, war sie vergleichsweise beliebt und zog sogar viele Mitglieder an, die dem Nationalsozialismus skeptisch oder ablehnend gegenüberstanden, die aber damit nach außen hin den Eindruck der Regimetreue erwecken wollten. Während des Krieges gehörte auch die Hilfe für Bombenopfer zu den Aufgaben der NSV. Tatsächlich basierten jedoch selbst diese sozialen Hilfsleistungen auf einer rasse- und erbbiologischen Orientierung, was vielen Anhängern nicht oder nur sehr begrenzt klar war.[91] Aufgrund der sozialpolitischen Leistungen, die nicht unbedingt als ideologisch beeinflusst galten, sagt also die Mitgliedschaft der Hypo-Bank-Belegschaft in der NSV nicht zwangsläufig etwas über deren politische Haltung gegenüber dem Nationalsozialismus aus.

Wenngleich die folgenden Sozialberichte einen immer größeren Umfang annahmen und zahlreiche außerordentlich beeindruckende soziale Hilfsmaßnahmen sowie Fortbildungs-, Kultur- und Freizeitveranstaltungen erwähnt wurden, sind die in zeitgebundener Sprache gehaltenen Formulierungen nicht zu übersehen, ebenso wenig aber die Tatsache, dass die parteiideologischen nationalsozialistischen Appelle nun fast ganz fehlen. Sie wurden ersetzt durch Bemerkungen über den „kameradschaftlichen Geist", in dem die Betriebsgemeinschaft zusammenarbeite. Nur einmal wird der „Auftrag unseres Führers" erwähnt.[92]

Wie umfangreich die Fürsorgemaßnahmen der Hypo-Bank wurden, zeigen allein schon die Zahlen: So brachte die Bank im Jahr 1940 an freiwillig gewährten Leistungen gut 2,225 Millionen RM auf, wozu noch Pflichtaufwendungen in Höhe von 332 739,97 RM sowie sozialen Zwecken wie dem Winterhilfswerk dienende freiwillige Spenden in Höhe von 131 294,83 RM kamen.[93] Damit steigerte sich die Summe der durch die Bank gezahlten unternehmensspezifischen Soziallleistun-

---

91 Vgl. Herwart Vorländer, Die NSV. Darstellung und Dokumentation einer nationalsozialistischen Organisation, Boppard am Rhein 1988.
92 104. GB der Hypo-Bank Geschäftsjahr 1939, S. 15–20, das Zit. S. 20. D-Hypo-KOM-PUB-107.
93 105. GB der Hypo-Bank Geschäftsjahr 1940, S. 16f. D-Hypo-KOM-PUB-108.

gen gegenüber dem Vorjahr im Jahr 1940 um 360 000 RM auf rund 2,689 Millionen RM. Tatsächlich spielte der Fürsorgegedanke für die Unternehmenskultur der Hypo-Bank eine wesentliche Rolle. Bemerkenswert ist, dass spezifisch nationalsozialistische Äußerungen im Sozialbericht 1940 nahezu völlig fehlen, auch der Hinweis auf die Betriebszeitschrift „Die Brücke" erwähnte schon seit 1939 die „Festigung des nationalsozialistischen Gedankenguts" nicht mehr als Aufgabe, vielmehr hieß es 1940 geradezu ideologisch neutral, die Zeitschrift liefere „vornehmlich den einberufenen Arbeitskameraden ein getreues Spiegelbild unseres Betriebslebens [...] Die Berichterstattung über das Betriebsgeschehen bildet ein wertvolles und allseits geschätztes Bindeglied zwischen Front und Heimat". Der Abdruck von Feldpostbriefen sollte den Bankangestellten einen „anschaulichen Einblick in das Soldatentum" geben.[94]

Seit 1939 nahmen die Berichte über die vom Krieg geforderten Opfer und die gefallenen Betriebsangehörigen jährlich zu, 1941 wurde auf die „besonderen Umstände" verwiesen, unter denen der Sozialbericht abgefasst werde. In Bezug auf das herrschende Regime wird erwähnt, dass das Unternehmen die nationalsozialistischen Einrichtungen der Betriebsgemeinschaft unterstütze, die „im besonderen der weltanschaulichen Erziehung sowie der Pflege und Vertiefung des *Gemeinschaftsgeistes* dienen"[95]. Seit 1942 ist auch davon nicht mehr die Rede, sondern nur noch einmal von den zeitraubenden Aufgaben für die Gemeinschaft und die Partei, die Gefolgschaftsmitglieder zusätzlich übernähmen. Statt ideologischer Aussagen gibt es weiterhin präzise Informationen über die finanziellen Hilfen, über die unter den schwierigen Kriegsbedingungen erbrachten großen Leistungen der Mitarbeiter sowie über die Zahl der gefallenen Betriebsangehörigen.

Überblickt man also die zweifellos in starkem Maße durch die NSBO und den Betriebsobmann Georg Kolb beeinflussten Passagen des Geschäftsberichts mit ideologischem Gehalt, so ergibt sich ein angesichts der Allgegenwärtigkeit des Regimes überraschender Tatbestand: Fallen die Ausführungen der NSBO vor allem den Jahren 1936 bis 1938 dezidiert nationalsozialistisch aus, sind sie 1939 schon deutlich schwächer, 1940 nur noch rudimentär und ab 1941 gänzlich ideologiefrei. Angesichts der ständigen Propaganda des Nationalsozialismus, seiner Repressionsmechanismen und Terrorapparate, der Organisation des Betriebes durch NSBO, NSV und DAF lässt dies den Schluss zu, dass die Belegschaft der Hypo-Bank in ihrer Mehrheit, verglichen mit der sie umgebenden Gesellschaft, eher in unterdurchschnittlichem Ausmaß nationalsozialistisch orientiert war.

---

94 Ebd.
95 106. GB der Hypo-Bank Geschäftsjahr 1941, S. 15. D-Hypo-KOM-PUB-109. Hervorhebung im Original.

Diese Einschätzung entspräche auch der Ausgangsbasis, bei der mit gut einem Drittel nationalsozialistischer Mitarbeiter im Jahr 1933 ebenfalls ein unterdurchschnittlicher nationalsozialistischer Einfluss zu konstatieren ist, obwohl die Nationalsozialisten die größte organisierte parteipolitische Gruppierung innerhalb der Hypo-Bank schon am Ende der Weimarer Republik und zu Beginn der nationalsozialistischen Herrschaft gewesen sind. Der Einfluss der Nationalsozialisten auf die Belegschaft war also keineswegs umfassend und ist zeitlich zu differenzieren.[96]

Das Verhältnis von Vorstand und Aufsichtsrat zur NSDAP

Die Beurteilung der politischen Haltung der Belegschaft, vor allem aber der Betriebsführung, kann nicht allein durch die geschäftspolitischen Verlautbarungen erfasst werden, sondern muss die Zusammensetzung von Vorstand und Aufsichtsrat ebenso einbeziehen wie einzelne Aktivitäten des Unternehmens, die über das normale Geschäft einer Universalbank im Rahmen der finanz- und wirtschaftspolitischen Gesetzgebung des NS-Regimes hinausgehen. Die Einschätzung kann aber auch von der Beobachtung ihres Gebarens durch nationalsozialistische Funktionäre oder Organisationen nicht absehen. Und tatsächlich sahen diese die Hypo-Bank kritisch. So attackierte das vom fränkischen Gauleiter Julius Streicher herausgegebene antisemitische Hetzblatt „Der Stürmer" im April 1933 die Hypo-Bank unter der Artikelüberschrift „Die Judengeschäfte der Bayerischen Hypotheken- und Wechsel-Bank. 600 000 Mark Kredit an den Juden Löwenthal." Artikel dieser Art waren nicht allein diffamierend, sondern für die Bank politisch gefährlich, weil sie auf diese Weise ins Visier der Machthaber geriet; aus diesem Grunde wurde auch die Direktion über den Artikel informiert.

Der Artikel selbst bediente sich der bekannten bankenfeindlichen Klischees der Nationalsozialisten, bezichtigte sie der Misswirtschaft „mit den sauer hinterlegten Groschen der Sparer" zugunsten des „jüdischen Warenhauses, ‚Mathias Löwenthal'" in Aschaffenburg. Und ebenso kleinbürgerlich-ressentimentgeladen war die Charakterisierung des Aufsichtsrats der Hypo-Bank als „feudaler Aufsichtsrat volksparteilicher Färbung", der im Übrigen „mehr ‚Kohn'-servativ" sei, womit man auf das jüdische Aufsichtsratsmitglied Dr. Richard Kohn (Nürnberg) anspielte. In einer Zeit, in der der Mittelstand wirtschaftlich „im Massensterben" liege, werde dem Mathias Löwenthal – „eine Stütze der Aschaffenburger Marxisten" – ein derartig hoher Kredit gewährt. Der paradoxe Unsinn, einen Warenhausbesitzer, also einen „Kapitalisten", als Stütze des Marxismus zu bezeichnen,

---

96 Zu dem Umgang mit jüdischen Bankangehörigen s. Kap. VIII, S. 245ff.

Abb. 12: Feier im Nationaltheater zum 100-jährigen Jubiläum der Bayerischen Hypotheken- und Wechsel-Bank, München 1935. (D-Hypo-KOM-AB-175, Urheber: Photola München)

springt ins Auge, war aber für die antisemitische Ideologie des Nationalsozialismus, die die Juden zugleich für Marxismus *und* Kapitalismus verantwortlich machte, charakteristisch. Der „Stürmer"-Artikel legte sogar „eine sofortige Beschlagnahme der Privatvermögen der Herren der Direktion und des Aufsichtsrats" nahe.[97]

Auch danach gingen die Angriffe auf Filialen weiter. Im März 1934 diffamierte „Der Stürmer" die Filiale der Hypo-Bank in Thalmässing: Sie sei bei der Gleichschaltung vergessen worden, die Leitung der Filiale bestehe zu siebzig Prozent aus Juden.[98] In der Folge denunzierte ein Mitarbeiter einer Zweigstelle der Stadtsparkasse Ansbach die Hypo-Bank als „Judenbank", wogegen diese sich u.a. beim Bayerischen Wirtschaftsministerium und beim Centralverband des Deutschen Bank- und Bankiersgewerbes beschwerte. In der Sitzung des Direktoriums am 6. Februar 1935 wurde die während der nationalsozialistischen Diktatur

---

97 11. Sitzungsprotokoll der Direktion der Bayerischen Hypotheken- und Wechsel-Bank vom 7. April 1933. D-Hypo-LO-A-37; Anlage: „Die Judengeschäfte der Bayerischen Hypotheken- und Wechselbank", in: Der Stürmer, Nr. 14, April 1933.

98 „Judereien in Thalmässing. Es knoblaucht in der Hypothekenbank", in: Der Stürmer, Nr. 11, März 1934.

FESTFOLGE

Festakt im Nationaltheater
nachmittags 4½ Uhr

1. Zweiter Satz aus der Fünften Symphonie von Ludwig von Beethoven
2. Begrüßungsworte des Vorsitzenden des Aufsichtsrats,
   Sr. Durchlaucht Carl Ernst Fürst Fugger von Glött
3. Festrede des Stellvertreters des Betriebsführers,
   Herrn Geheimen Kommerzienrat Dr. h.c. Hans Remshard
4. Ansprachen
5. Gedenkworte des Herrn Georg Holmreich, Direktor in Nürnberg,
   als Vertreter der Niederlassungen
6. Gedenkworte des Herrn Georg Solk, Betriebsgehilfenobmann
   in München, als Vertreter der Gefolgschaft
7. Schlußworte des derzeitigen Vorsitzenden der Direktion,
   Herrn Geheimen Justizrat Josef Schreyer
8. Schlußsatz aus der Fünften Symphonie von Ludwig von Beethoven

Leitung: Generalmusikdirektor Prof. Hans Knappertsbusch
Bayerisches Staatsorchester

Abendessen
in den gesondert bekanntgegebenen Räumen abends ½ 8 Uhr

Kameradschaftsabend
im Saal des Löwenbräukellers, Stiglmaierplatz, abends 9 Uhr

Dunkler Anzug oder Uniform

Beim Abendessen und Kameradschaftsabend werden Ansprachen nicht gehalten.

MÜNCHEN IM JAHRE 1835

DIE BAYERISCHE HYPOTHEKEN- UND WECHSEL-BANK

überreicht anbei die Festfolge zu den aus Anlaß ihres 100jährigen Bestehens

am Samstag, den 12. Oktober 1935

in München stattfindenden Veranstaltungen ihrer Betriebsgemeinschaft.

Die Teilnehmerkarten werden kurz vor dem Festtage zugestellt.

FÜR AUFSICHTSRAT UND DIREKTION
DER BAYERISCHEN HYPOTHEKEN- UND WECHSEL-BANK

Der Vorsitzende des Aufsichtsrates

Abb. 13: Programm zur Feier im Nationaltheater zum 100-jährigen Jubiläum der Bayerischen Hypotheken- und Wechsel-Bank, München 1935. (D-Hypo-LO-A-1214)

durchaus riskante Formulierung benutzt: „In Erkenntnis des vorübergehenden Charakters gewisser Zeitperioden".[99]

Obwohl das 100-jährige Jubiläum der Bank am 12. Oktober 1935 noch großartig mit einem Festakt im Nationaltheater gefeiert[100] wurde und der Bayerische Ministerpräsident Ludwig Siebert die Bank trotz der nationalsozialistischen Einsprengsel in seiner Ansprache feierte, hörte die Kritik an der Hypo-Bank nicht auf. 1935 hatte die Bank ihre sechs jüdischen Mitarbeiter (von insgesamt 2325 Mitarbeitern) und drei jüdische Pensionisten zum Festakt eingeladen, ihnen dann allerdings später empfohlen, nicht zu kommen. Alle sagten ab.[101]

So stieß sich die NSDAP 1936 an der Tatsache, dass dem Aufsichtsrat weiterhin Juden angehörten, worauf das Direktorium der Hypo-Bank erklärte, „daß die Frage des Ausscheidens der beiden in Betracht kommenden Herren für eine Diskussion erst bereit ist im Augenblick einer Wiederwahl". Auch diese Reaktion war mutig. Dennoch traten die jüdischen Aufsichtratsmitglieder 1936/37 freiwillig aus[102], wohl um der Bank nicht zu schaden. Es ging um Kommerzienrat Dr. Richard Kohn, einen Nürnberger Unternehmer, und den Münchner Privatbankier Martin Aufhäuser[103].

Allerdings handelte es sich in einem Fall um ein turnusmäßiges Ende des Aufsichtsratsmandats, da Aufhäuser neben anderen Mitgliedern mit ablaufendem Mandat genannt wurde[104]. In der gedruckten Liste der Mitglieder wurde Aufhäuser allerdings noch aufgeführt, aber mit der Hand durchgestrichen. Die anderen Genannten werden in der Mitgliederliste weiterhin – auch noch 1937 – genannt, wurden also wiedergewählt. Am 17. März 1937 schrieb Geheimrat Aufhäuser an die Direktion der Hypo-Bank im Hinblick auf sein „bevorstehendes Ausscheiden" aus dem Aufsichtsrat, an seine Wünsche für die Mitglieder und die Bank knüpfe er „die Hoffnung, daß die sehr alten und freundschaftlichen Beziehungen Ihrer Bank zu meinem Hause sich dauernd fortsetzen mögen". Der Präsident des Aufsichtsrats, Fürst Fugger von Glött, berichtete in der Sitzung vom 20. März 1937, die Herren Geheimrat Schreyer und Justizrat Schumann hätten Aufhäuser „in Erwi-

---

99 Vgl. ebd., sowie 5. Sitzungsprotokoll der Direktion der Bayerischen Hypotheken- und Wechsel-Bank vom 6. Februar 1935. D-Hypo-LO-A-99.

100 Vgl. das Programm: D-Hypo-LO-A-1242, sowie die Ansprachen D-Hypo-LO-A-896 und den Brief Ludwig Sieberts. D-Hypo-LO-A-927.

101 Vgl. Vermerk (undatiert und ungezeichnet). D-Hypo-LO-A-1220.

102 So in Dokumentation Jungmann-Stadler, S. 15. D-Hypo-KOM-A-7227.

103 Er war 1926 mit dem Titel Geheimer Kommerzienrat ausgezeichnet worden.

104 101. GB der Hypo-Bank Geschäftsjahr 1936, S. 23, „Aus dem Aufsichtsrate scheiden die Herren Kommerzienrat Wilhelm Arendts, Geheimer Kommerzienrat Martin Aufhäuser, Kommerzienrat Hermann Fahrmbacher, Georg Stöhr auf Grund der gesetzlichen Vorschriften über die Amtsdauer von Aufsichtsratsmitgliedern aus." D-Hypo-KOM-PUB-104.

derung auf seine Abschiedsworte einen Besuch abgestattet [...] im Verlauf dessen Herr Geheimrat Aufhäuser gebeten habe, von einer Wiederwahl seiner Person in den Aufsichtsrat abzusehen; Herr Präsident selbst werde namens des Aufsichtsrates in einem gesonderten Schreiben Herrn Geheimrat Aufhäuser den Dank für seine langjährigen, wertvollen Dienste [...] aussprechen."[105]

Martin Aufhäuser floh 1939 in die USA, nachdem bereits sein Bruder und Mitinhaber der Familienbank 1938 nach England emigriert war. Ihre Bank wurde als Bankhaus Seiler & Co. 1938 „arisiert"[106], seit 1954 trägt die Bank – bei der auch Thomas Mann Konten hatte[107] – wieder ihren ursprünglichen Namen.

Im Falle von Dr. Kohn lässt sich das Ausscheiden aus dem Aufsichtsrat und der Eingriff der NSDAP genau nachvollziehen. So monierte der Gauwirtschaftsberater des Gaues Franken, Georg Schaub, in einem Brief an den Hypo-Direktor Georg Helmreich am 4. April 1936: Aus dem Geschäftsbericht gehe hervor, „daß sich unter den Aufsichtsratsmitgliedern noch Juden, u.a. auch Kommerzienrat Richard *Kohn* i. Fa. Anton Kohn, Nürnberg, befinden. Diese Tatsache hat hier stärkstes Befremden und größte Verwunderung hervorgerufen."[108]

Die Bank versuchte, die Entscheidung hinauszuzögern. Ein halbes Jahr später, am 17. Oktober 1936, erklärte Dr. Kohn dann dem Präsidenten des Aufsichtsrats seinen Austritt, da er „nach den mir gemachten Mitteilungen fürchten muss, daß meine Zugehörigkeit zur Verwaltung [...] der Bank Schaden bringen könnte." Kohn fügte hinzu, er habe während seiner 15-jährigen Zugehörigkeit zum Aufsichtsrat der Hypo-Bank sowohl vom Vorstand als auch vom Aufsichtsrat und seinem Präsidium immer „wohlwollende und freundschaftliche Gesinnung erfahren."[109]

Den Ärger der Nationalsozialisten erregte die Hypo-Bank auch in anderen Fragen, so lehnte sie 1939 die Vermietung von Räumen ihrer Filiale in Bad Tölz an die NSDAP ab, worauf der Ortsgruppenleiter erklärte, er werde „das Volk darüber aufklären, wo der eigentliche Feind sitze; man sei dieses Verhalten vom Kapital und insbesondere von der Hypothekenbank gewohnt, von dieser Stelle fände die Partei auch heute noch nicht die gebührende Achtung. Er betrachte das Verhal-

---

105 3. Sitzungsprotokoll des Aufsichtsrates der Bayerischen Hypotheken- und Wechsel-Bank vom 20. März 1937. D-Hypo-LO-A-752.

106 Vgl. Biographisches Handbuch der deutschsprachigen Emigration nach 1933, hg. i.A. des Instituts für Zeitgeschichte München und der Research Foundation for Jewish Immigration, Inc. New York, Bd. 1–3, München u.a. 1980–1983 (BHB), Bd. I, S. 24.

107 Vgl. Golo Mann, Erinnerungen und Gedanken, Frankfurt am Main 1986, S. 517, 524.

108 Brief von Georg Schaub an Georg Helmreich vom 4. April 1936. D-Hypo-LO-1272. Hervorhebung im Original.

109 Dr. Richard Kohn an den Präsidenten des Aufsichtsrates der Bayerischen Hypotheken- und Wechsel-Bank Fürst Karl Ernst Fugger von Glött vom 17. Oktober 1936. D-Hypo-LO-A-777.

ten der Bank als Gegeneinstellung zur Partei. Unsere Bank möge zur Kenntnis nehmen, daß die Räume auch ohne ihre Zustimmung von der Ortsgruppe belegt werden könnten."[110]

Bereits im Jahre 1936 hatte die Direktion der Hypo-Bank in einem anderen Fall die Beteiligung an einer vom Heimstättenamt der NSDAP und der Deutschen Arbeitsfront betriebenen Gründung einer gemeinsamen Gesellschaft abgelehnt. Sie widersetzte sich dem Ansinnen mit dem Hinweis auf die „genauen Vorschriften über die Verwendung von Spargeldern und auf unsere Pflicht als Verwalter fremden Vermögens".[111]

Noch 1941 hielten die Nationalsozialisten die Hypo-Bank nicht für vertrauenswürdig. Der Bericht der Gaufachabteilung Banken und Versicherungen vom 14. Mai 1941[112] fiel außerordentlich kritisch aus – im Rückblick betrachtet, ein großes Kompliment! Nach den Gesprächen mit einem Großteil der Gefolgschaft, mit der Betriebsführung, dem Vertrauensrat, dem Betriebsobmann und seinem Mitarbeiterstab, lautete das Ergebnis dieser ‚Evaluierung': „Das Bild, das sich dabei laufend gezeigt hat, hat immer wieder zu dem Urteil geführt, dass die Betriebsgemeinschaft noch nicht jene Festigung aufweist, die Grundvoraussetzung für den Erhalt des Gaudiplomes ist. Zu erwähnen ist auch, dass mit keinem Bankbetrieb unseres Gaubereiches ein derartig intensiver Schriftwechsel und Aussprachen aufgrund negativer Vorkommnisse aller Art stattgefunden haben, wie mit der Hypowe [d.h. Hypotheken- und Wechsel-Bank]."

In diesem Bericht wurden der Hypo-Bank eine ganze Reihe genereller und spezieller Vorwürfe gemacht. Die Bank trete Anordnungen der DAF entgegen, versuche sie umzubiegen oder juristische Auswege zu finden, um sie in einem ihr genehmen Sinne auszulegen. Durch die Existenz zweier voneinander unabhängiger Personalbüros – die tatsächlich in der Doppelstruktur von Bank- bzw. Hypothekengeschäft begründet war – sei es nicht möglich, das Führerprinzip umzusetzen. Mithilfe dieser Doppelstruktur sei auch der Betriebsobmann Georg Kolb bei Entscheidungen verschiedentlich umgangen worden, so dass er nicht habe Einspruch erheben können. Zwar stehe der Justizrat Schumann den Bemühungen der DAF „keineswegs mehr allzu ablehnend gegenüber", doch nehme er in vielen Maßnahmen „zu sehr einen formaljuristischen Standpunkt ein". Zu den

---

110 So zitierte das Direktoriumsmitglied Ferdinand Schumann die Äußerungen des Kreisleiters der NSDAP, Edward Bucherer vom 11. Oktober 1939. D-Hypo-LO-A-101.
111 1. Sitzungsprotokoll der Direktion der Bayerischen Hypotheken- und Wechsel-Bank vom 16. Januar 1936. D-Hypo-LO-A-39.
112 Bericht über die Bayerische Hypotheken- und Wechsel-Bank vom 14. Mai 1941. D-Hypo-LO-A-100.

speziellen Kritikpunkten des Gauberichts von 1941 gehörte die Einstellung der Hypo-Bank zur „Judenfrage":

> Mit welch bewusst abwartender Haltung die Hypowe an die Judenfrage im Betriebe heranging beweist die Tatsache, dass der Bankier Aufhäuser bis zum Jahre 1936 im Aufsichtsrat der Hypowe war und dass der jüdische Steuerberater Löwenstein trotz energischer und vielfacher Versuche von Seiten der Gaufachabteilung erst durch die Judenaktion seit 1938 als bisheriger Mitarbeiter pensioniert wurde. Wenn diese schon einige Jahre zurückliegende Angelegenheit erwähnt wird, so deshalb, weil heute noch [1941] die Frau eines hier in München lebenden Juden – dieser Jude war Angestellter einer hiesigen Bank und wurde von dieser bei der Machtübernahme sofort entlassen – im Personalbüro bzw. Sekretariat der Hypothekenabteilung beschäftigt ist.[113]

Die Gaufachabteilung Banken hielt es für unmöglich, dass die Frau eines Juden „mit den persönlichen Verhältnissen arischer Betriebsangehöriger" befasst sei.

Am 1. August 1938 genehmigte der Personalausschuss des Aufsichtsrats auf Antrag der Direktion Personalentscheidungen, u.a. „die Pensionierung des Prokuristen unserer Bank Viktor Löwenstein mit einem monatlichen Betrag von RM 400.– und einer Übergangshilfe von RM 5000,–.[114] In der Direktoriumssitzung vom 20. September 1938 teilte Justizrat Schumann mit, ab 1. Oktober werde „unter den Gefolgschaftsmitgliedern unserer Bank kein Jude mehr sein."[115] Offensichtlich war Löwenstein der letzte jüdische Mitarbeiter, wobei nicht klar ist, ob er vorzeitig pensioniert wurde. Immerhin hatte die Hypo-Bank ihn noch mehr als drei Jahre nach den Nürnberger Gesetzen als Prokurist beschäftigt und ihm auch ein vergleichsweise hohes Übergangsgeld gezahlt. Es ist nicht feststellbar, ob von den Ende 1935 noch tätigen sechs jüdischen Mitarbeitern, die anderen fünf in Pension gegangen oder ob sie entlassen worden sind. Doch ist dies eher unwahrscheinlich, wenn ein leitender Angestellter noch im Herbst 1938 beschäftigt wurde und bis 1936/37 jüdische Aufsichtsratsmitglieder ihre Mandate behielten.

Auch andere Fälle zeigen, dass die Bank gegenüber dem Regime nicht willfährig war. So kam beispielsweise im Jahr 1934 der Leiter der Filiale Landshut, Otto Magin in „Schutzhaft". Dies hinderte die Bank nicht, ihn nach seiner Entlassung weiterzubeschäftigen, nur nahm man ihn aus der regionalen Schusslinie und versetzte ihn nach München. Im Jahr 1933 wurde der Bank vorgeworfen, sie habe einen Lehrling aus politischen Gründen entlassen, weil er NSDAP-Mitglied sei. Die Bank teilte daraufhin mit, sie habe noch nie aus politischen Gründen

---

113 Ebd.

114 Sitzungsprotokoll des Personalausschusses des Aufsichtsrates der Bayerischen Hypotheken- und Wechsel-Bank vom 1. August 1938. D-Hypo-LO-A-776.

115 7. Sitzungsprotokoll der Direktion der Bayerischen Hypotheken- und Wechsel-Bank vom 20. September 1938. D-Hypo-LO-A-966.

einen Angestellten entlassen, auch in diesem Fall müssten die Gründe folglich in der Sache liegen, zum Beispiel der Beurteilung der Leistungen oder dem Arbeitskräftebedarf.[116]

Aber auch außerhalb der antisemitischen Politik beurteilte die Gaufachabteilung Banken die Personalpolitik der Hypo-Bank noch im Mai 1941 als kritikwürdig und gelangte zu dem Schluss: „Die Betriebsführung der Hypowe bezw. die jeweiligen Leiter der Hauptabteilung scheinen nicht allzu großen Wert auf Beförderung von Parteimitgliedern bezw. Altparteigenossen zu legen." Man habe die Unterlagen geprüft und festgestellt, dass unter den Beförderten nur ein NSDAP-Mitglied gewesen sei. Das Direktoriumsmitglied Geheimrat Josef Schreyer habe daraufhin erklärt, die Beförderten seien „für die Bank verdiente Leute, die auch im Hinblick auf das Dienstalter an der Reihe waren. Parteimitglieder oder Altparteigenossen mit entsprechender Eignung, die man in die engere Wahl hätte ziehen können, wären nicht vorhanden gewesen." Die Gaufachabteilung könne nicht akzeptieren, dass in einem Institut mit so großer Belegschaft „innerhalb 5 Jahren keine Parteigenossen ‚die entsprechende Eignung' zu einer Beförderung gezeigt hätten". Tatsächlich wünsche die Führung der Hypo-Bank noch heute keine besondere Förderung von Parteigenossen, das gehe aus dem Verhalten einzelner Abteilungsvorstände gegenüber Parteigenossen deutlich hervor. Schließlich kritisierte die Gaufachabteilung die nach ihrer Einschätzung unzureichenden sozialen Leistungen.[117]

Dieser Text des Jahres 1941 lässt die Ausführungen in den Geschäftsberichten in einem neuen Licht erscheinen: Zum einen wird deutlich, in welchem Maße Direktorium und Aufsichtsrat unter ständiger Beobachtung und wachsendem Druck standen, so dass manche nationalsozialistischen Passagen in den Geschäftsberichten als defensive Rhetorik, ja als Minimum des taktisch Gebotenen anzusehen sind. Die erwähnte zeitliche Differenzierung zeigt, wie zurückhaltend die nationalsozialistische Ideologie in den ersten Jahren 1933 bis 1935 und dann wieder ab 1941 referiert wird. Gemeinsam mit der Tatsache, dass die internen Protokolle des Direktoriums von ideologischen Bekenntnissen zum Nationalsozialismus frei sind, belegt sie die Distanz zum herrschenden Regime. Denn unter den politischen und gesellschaftlichen Umständen, unter denen die Unternehmensleitung agieren musste, waren die offensichtlichen Versuche, sich der Gleichschaltung und den zentralen Weisungen des Regimes – zum Beispiel den antisemitischen – zu entziehen oder sie doch so weit und so lange wie möglich zu unterlaufen, für alle Beteiligten und das Institut insgesamt nicht ungefährlich, in jedem Fall mutig.

---

116 Vgl. Beispiele in Dokumentation Jungmann-Stadler, S. 14. D-Hypo-KOM-A-7227.
117 106. GB der Hypo-Bank Geschäftsjahr 1941. D-Hypo-KOM-PUB-109.

Diese gegenüber dem NS-Regime und seinen Forderungen resistente Haltung ist auch in anderen personalpolitischen Sektoren aktenkundig, entzog sich doch die Betriebsführung bei der Besetzung von Direktoriumsposten so weit wie möglich der Einflussnahme von Parteistellen. Dabei ist zu berücksichtigen, dass die Hypo-Bank zu Kompromissen gezwungen war, wollte sie nicht eine völlige Gleichschaltung riskieren. Offensichtlich ist, dass sich auch das Direktorium immer wieder einer Hinhaltetaktik bediente, aus taktischen Gründen auf die Regimetreue der Bank hinwies und sich offenbar auch der Aufsichtsrat, obwohl er schließlich zahlreiche NSDAP-Mitglieder aufwies, hinter dieses Vorgehen des Direktoriums stellte. Offenbar war es der Bank gelungen, über viele Jahre hinweg den nationalsozialistischen Einfluss gering zu halten, obwohl mit direkten und indirekten Methoden versucht wurde, die resistenten Direktoren zurückzudrängen. Hierzu gehörte beispielsweise der Vorwurf, Vorstand und Aufsichtsrat der Hypo-Bank seien überaltert.[118] Mit solcher Kritik wollten Parteistellen nicht allein das Ausscheiden missliebiger Vorstands- und Aufsichtsratsmitglieder herbeiführen, sondern freie Plätze für Parteigenossen gewinnen, da ihnen ganz offenbar sogar die NSDAP-Mitglieder in diesen Gremien zu sachorientiert im Interesse der Bank und kaum ideologisch handelten.

Zwar wies der Vorstand den Vorwurf der Überalterung zurück, doch tatsächlich war die distanzierte Haltung gegenüber dem nationalsozialistischen Regime wesentlich durch die Kontinuität der Leitung und zum Teil des Aufsichtsrats zu erklären. Zahlreiche Mitglieder waren längst vor der Machtergreifung 1933 in ihren Funktionen bzw. Mandaten. Sie waren aufgrund persönlicher und fachlicher Kompetenz zu Vorständen oder Aufsichtsräten berufen worden und urteilten trotz der „Zeitumstände" bankpolitisch konservativ, und das hieß: nicht nationalsozialistisch. Solches Verhalten begegnet sogar mehr oder weniger bei den klassischen Bankfachleuten, die der NSDAP beitraten, hätte es doch sonst dem Vorstand an Rückhalt für seine im Rahmen des Möglichen nicht-nationalsozialistische Politik gemangelt.

Deutlich wird diese resistentes Verhalten fördernde Kontinuität in der Zusammensetzung der Leitung und an den Laufbahnen des größeren Teils der Direktoriumsmitglieder. Am längsten gehörte dem Vorstand der Geheime Justizrat Josef Schreyer an, und zwar von 1906 bis zu seinem Tod am 20. Februar 1940. Seit Mitte der 1920er Jahre leitete er die Hypothekenabteilung und zählte zu den herausragenden Persönlichkeiten der Bank. Aufgrund dringlicher Bitten des Aufsichtsrats hatte er sich bereiterklärt, seine Pensionierung hinauszuschieben, wohl auch, um die Versuche von Parteistellen ins Leere laufen zu lassen, frei werdende

---

118 Vgl. Sitzungsprotokoll des Personalausschusses des Aufsichtsrates der Bayerischen Hypotheken- und Wechsel-Bank vom 18. September 1942. D-Hypo-LO-A-92.

Abb. 14: Dr. Josef Schreyer (* 1870 / † 1940). Von 1906 bis 1940 Mitglied des Vorstandes (Hypothekenabteilung) der Bayerischen Hypotheken- und Wechsel-Bank, München o. J. (D-Hypo-LO-AB-176)

Vorstandssitze mit überzeugten Nationalsozialisten zu besetzen. Der Geschäftsbericht enthielt einen Nachruf, in dem es hieß: „Den gegenwärtig schweren Zeiten Rechnung tragend, sagte er erst in den jüngsten Tagen zu, auf seinem verantwortungsvollen Posten trotz des vor kurzem erreichten 70. Lebensjahres bis zum Ende des Krieges zu verbleiben. Nichts hätte seine innerliche Verbundenheit mit dem Institut, seine Hingabe für dasselbe bis zum letzten mehr beweisen können als diese seine opferbereite Zusage."[119] Hier handelte es sich nicht nur um die für Nachrufe typischen Formeln, vielmehr wird auch in anderen Texten immer wieder deutlich, dass es zu den Stärken der Hypo-Bank während der Diktatur gehörte, eine zum Teil über Jahrzehnte anhaltende Loyalität bzw. Identifikation mit dem Unternehmen zu erzeugen. Dies bestärkte offenbar selbst bei nationalsozialistischen Mitarbeitern, bei leitenden zumal, den Willen, die Autonomie der Bank weitmöglichst zu erhalten.

Diese Situation erscheint paradox, war doch Dr. Josef Schreyer seit dem 1. Mai 1933 Mitglied der NSDAP und seit Anfang 1933 Mitglied der SA geworden. Er gehörte einer Reihe weiterer, der Partei angeschlossener Verbände an. Partei-

---

[119] 105. GB der Hypo-Bank Geschäftsjahr 1940, ohne Seitenangabe. D-Hypo-KOM-PUB-108.

auszeichnungen und über die bloße Mitgliedschaft hinausgehende Hinweise über Aktivitäten innerhalb der NSDAP finden sich jedoch in seiner Personalakte nicht. Allerdings wurde nach dem Krieg von einem Investigator der amerikanischen Besatzungsbehörde ein Report über Schreyer verfasst, in dem es hieß, dass Schreyer – Hauptmann im Ersten Weltkrieg und Major im Zweiten – innerhalb der SA 1934 zum Sturmführer befördert worden sei. Sehr weitgehend ist dann die Feststellung: „Der jetzige Direktor [Filialleiter] der Hypotheken und Wechselbank, Direktor Drausnik, bezeichnete Schreyer als fanatischen und rücksichtslosen Nazi. In der Hypothekenbank hatte er seine Angestellten zur Partei oder SA gepreßt und Parteiämter auferlegt. Als Zeugen hiefür wurden die Angestellten Adolf Beikler und Julius Maier Ingolstadt benannt." Belege finden sich in diesem undatierten Report, der mit „Plank, Investigator" unterzeichnet ist, jedoch nicht, ebenso wenig Anhörungen, so dass die Bewertung schwierig ist und die Aussagen über Schreyers Verhalten insgesamt widersprüchlich sind.[120]

Das Vorstandsmitglied Geheimer Kommerzienrat Dr. h.c. Hans Remshard (Jg. 1870), der als Leiter der Bankabteilung bis zum 30. Juni 1936 amtierte und dann aus gesundheitlichen Gründen in den Ruhestand ging, stand fast 40 Jahre im Dienste der Bank, war seit 1909 Mitglied des Vorstands, genoss hohes fachliches und persönliches Ansehen.[121] Auch war er an Aktionen beteiligt, die schon 1933 gegenüber den Nationalsozialisten die Autonomie der Bankpolitik auf Reichsebene verteidigten.[122] Nach seinem Ausscheiden aus dem Vorstand wurde Remshard in den Aufsichtsrat berufen, dem er bis zu seinem Tod am 28. August 1939 angehörte.[123]

Ende März 1941 wurde auf eigenen Wunsch hin das Vorstandsmitglied Geheimrat Michael Kopplstaetter aus Altersgründen in den Ruhestand verabschiedet. Auch er hatte der Hypo-Bank sehr lange, insgesamt 43 Jahre lang, angehört, Vorstandsmitglied war er seit 1911, zuletzt seit 1940 als Leitender Direktor der Hypothekenabteilung, dem unter anderem die Wiederherstellung der Pensionskasse zu verdanken war.[124] Michael Kopplstaetter wechselte ab 1. April 1941 in den Aufsichtsrat, verstarb aber bereits am 19. November 1942.[125] Für beide Persönlichkeiten – Remshard und Kopplstaetter – gilt, dass sie aufgrund ihrer in Jahrzehnten

---

120 Vgl. Akte Josef Schreyer im Bundesarchiv Berlin, BDC B 99.
121 Vgl. 101. GB der Hypo-Bank Geschäftsjahr 1936, S. 25. D-Hypo-KOM-PUB-104.
122 Vgl. Kopper, Zwischen Marktwirtschaft und Dirigismus, S. 70; die dortigen Jahresangaben in Bezug auf Remshard weichen allerdings von den Unterlagen der Hypo-Bank ab, auch war Remshard nicht Vorstandsvorsitzender, den es zu dieser Zeit nicht gab.
123 104. GB der Hypo-Bank Geschäftsjahr 1939, S. 21. D-Hypo-KOM-PUB-107.
124 106. GB der Hypo-Bank Geschäftsjahr 1941, S. 17. D-Hypo-KOM-PUB-109.
125 107. GB der Hypo-Bank Geschäftsjahr 1942, ohne Seitenangabe. D-Hypo-KOM-PUB-110.

Abb. 15: Dr. Michael Kopplstaetter (* unbekannt / † 1942). Ab 1913 Mitglied des Vorstandes (Hypothekenabteilung) und ab 1941 Mitglied des Aufsichtsrats der Bayerischen Hypotheken- und Wechsel-Bank, München o. J. (D-Hypo-LO-AB-177)

verantwortungsvoller Tätigkeit für die Hypo-Bank gewonnenen Autorität dazu beigetragen haben, den Einfluss der NSDAP auf die Bank zu begrenzen.

Aber auch für eine Reihe weiterer Vorstandsmitglieder, die bis 1945 amtierten, trifft die Einschätzung zu, dass ihre langjährige Zugehörigkeit zur Bank, ihre schon vor 1933 erworbene Kompetenz und verantwortliche Stellung ein wesentlicher Grund für ihre Bemühungen waren, so gut es eben ging, die Autonomie der Bank gegenüber dem NS-Regime zu erhalten.[126] So war der seit 1940 Leitende Direktor der Bankabteilung und Betriebsführer, der Jurist Ferdinand Schumann (Jg. 1880), nach einer langjährigen Tätigkeit bei der Bank für Handel und Industrie in München schon 1919 als Stellvertretender Direktor in die Hypo-Bank eingetreten. 1920 wurde er stellvertretendes und 1921 ordentliches Mitglied des Vorstandes. Erst 1939 beantragte er offenbar auf Wunsch des Vorstands mit einem auf 1937 rückdatierten Antrag die Aufnahme in die NSDAP, um als Betriebsführer agieren zu können. Er wurde am 1. August 1945 mit 65 Jahren pensioniert.

Der Jurist Dr. Karl Kraemer (Jg. 1883) gehörte seit 1921 zunächst als stellvertretendes Vorstandsmitglied der Hypo-Bank an, wurde 1923 Vorstandsmitglied der

---

126 Vgl. die Kurzbiographien in Dokumentation Jungmann-Stadler, S. 22–24. D-Hypo-KOM-A-7227.

Bayerischen Disconto- und Wechsel-Bank, die mit der Hypo-Bank fusionierte, und blieb danach zugleich Mitglied des Hypo-Vorstands, wo er 1936 Stellvertreter des Betriebsführers wurde. Im Spruchkammerverfahren als nicht belastet eingestuft, wurde er am 1. November 1945 im Alter von 62 Jahren pensioniert.

Dr. Wilhelm Reuschel (Jg. 1893) wurde nach Tätigkeit bei verschiedenen Banken nach der Fusion mit der Bayerischen Disconto- und Wechsel-Bank von der Hypo-Bank 1924 als stellvertretender Direktor übernommen. Stellvertretendes Vorstandsmitglied wurde er erst 1940. Durch die amerikanische Militärregierung 1945 entlassen, gründete er 1947 nach anderen Tätigkeiten (unter anderem als Hilfsarbeiter, was für Belastung während des NS-Regimes spricht) mit seinem Compagnon Eugen Neuvians ein eigenes Bankgeschäft, Neuvians, Reuschel & Co. in München. Aus der Parteiakte von Reuschel ergibt sich: Im April 1933 stellte er einen Antrag auf Aufnahme in die NSDAP, der abgelehnt wurde, weil er einer Freimaurerloge angehört hatte. Trotzdem wurde er im November 1933 in die SA aufgenommen. Seit 1936 bemühte er sich wiederholt um die Mitgliedschaft in der NSDAP, die jedoch wiederum von der Partei abgelehnt wurde. In einer ausführlichen Nachprüfung, die sich am 12. September 1939 mit dem „Gnadengesuch" von Reuschel befasste, wurde festgehalten, dass auch der Betriebsobmann der Hypo-Bank, Georg Kolb, Reuschel „in der günstigsten Weise hinsichtlich seines Verhaltens *vor der Machtübernahme* beurteile". Das Gaugericht München-Oberbayern der NSDAP unter Gauleiter Giesler empfahl nun wärmstens, Reuschel als Ausnahmefall anzusehen und ihn in die Partei aufzunehmen, so dass Reuschels peinliche „Gnadengesuche" schließlich Erfolg hatten: Er wurde aufgrund einer „Gnadenentscheidung des Führers" vom 12. Januar 1943 in die NSDAP aufgenommen. Eine Kompensation für seine Mitgliedschaft in der Freimaurerloge „Zur Kette" sah das Parteigericht offenbar nicht, „da besondere Verdienste für die Bewegung vor der Machtübernahme nicht vorliegen".[127]

Auch mehrere der anderen Vorstandsmitglieder gehörten schon vor 1933 der Hypo-Bank bzw. in den meisten Fällen ihrem Vorstand an. Es handelte sich dabei um Friedrich Schmid (Jg. 1878), der das von seinem Vater Dr. Paul Schmid 1928 ererbte Bankhaus am 1. Januar 1931 in die Hypo-Bank überleitete und als stellvertretendes Vorstandsmitglied die Niederlassung Augsburg führte sowie verschiedene Ehrenämter im Bankgewerbe wahrnahm. Auf Veranlassung der Militärregierung wurde er am 1. Juli 1945 im Alter von 67 Jahren entlassen. Auch Dr. Paul Seiler, der bereits 1928 Gesamtprokura der Hypothekenabteilung erhalten hatte, die Niederlassung Nürnberg leitete und am 1. April 1934 seine Ernennung zum

---

127 Vgl. Akte Wilhelm Reuschel, Bundesarchiv Berlin, BDC, PK 0139 sowie OPG H 87. Hervorhebung im Original.

Abb. 16: Dr. Friedrich Wilhelm Kärcher (* 1897 / † 1968). Ab 1934 Mitglied des Vorstandes (Hypothekenabteilung) und ab 1968 Mitglied des Aufsichtsrats der Bayerischen Hypotheken- und Wechsel-Bank, München o. J. (D-Hypo-LO-AB-178)

stellvertretenden Vorstandsmitglied erhielt, besaß schon während der Weimarer Republik eine leitende Position. Er wurde am 11. September 1945 pensioniert.

Karl Schnägelberger (Jg. 1890), hatte nach dreisemestrigem Besuch der Handelshochschule 1913/14 eine Lehrzeit im Bankhaus Baer & Auerbach absolviert und wurde nach Anstellungen bei verschiedenen Banken 1921 bis 1926 Bevollmächtigter bei der Bayerischen Vereinsbank. Im Juni 1927 trat er in die Hypo-Bank ein, 1931 wurde er Leiter der Niederlassung Mannheim, seit 1934 der Filiale Landshut. Schnägelberger war der einzige im Hypo-Vorstand, der tatsächlich eine nennenswerte NSDAP-Karriere aufwies und auf nationalsozialistischen Druck in den Vorstand geholt wurde, ohne jedoch der Wunschkandidat der NSDAP zu sein.

Die einzigen bis 1945 amtierenden Vorstandsmitglieder, die erst nach der Machtergreifung berufen wurden, waren Dr. Wilhelm Kärcher (Jg. 1897) sowie die Juristen Dr. Hermann Wein (Jg. 1882) und Dr. Johannes Köhler (Jg. 1898).

Kärcher war seit 1925 Mitarbeiter der Hypo-Bank, seit 1926 stellvertretendes und seit 1. April 1934 ordentliches Vorstandsmitglied, von 1939 bis 1945 war er Soldat. Dr. Wein hatte zuvor leitende Stellungen in der Industrie eingenommen. Am 1. Juli 1936 wurde er ordentliches Vorstandsmitglied und auf Veranlassung der Militärregierung im Juli 1945 entlassen. Köhler war 1924 bis 1931 Bürgermeister der sächsischen Stadt Zwenkau, danach Rechtsanwalt, schließlich als NSDAP-Mitglied (seit 1932) und von 1934 bis 1940 Stadtkämmerer in Leipzig, bevor er ab

1. September 1940 Vorstandsmitglied der Hypo-Bank und zum 1. April 1941 Leiter der Hypothekenabteilung wurde. Aufgrund der Militärgesetzgebung entließ ihn die Bank schon am 2. Juni 1945. Auch er kann als Direktoriumsmitglied mit mehr als formalem Parteihintergrund angesehen werden, obwohl er reine Parteiämter offenbar nicht ausgeübt hat.

Allerdings waren auch diese drei während der nationalsozialistischen Diktatur berufenen Direktoriumsmitglieder fachlich ausgewiesen und hatten zuvor bereits bei anderen Unternehmen verantwortungsvolle Aufgaben wahrgenommen; es gibt bei ihnen keine Hinweise, dass sie *nur* auf Druck des Regimes aufgenommen wurden.

Direktorium und Aufsichtsrat war es also bis 1945 gelungen, die Mehrheit der Leitung von reinen Parteifunktionären, ja von bankfremden Parteigenossen freizuhalten und deshalb auch eine Personalpolitik durchzuhalten, die der NSDAP offensichtlich missfiel. Dazu trug bei, dass zwei Drittel der Vorstandsmitglieder nicht allein lange im Amt waren, sondern zum größeren Teil viele Jahre vor der nationalsozialistischen Herrschaft ihre Funktionen ausübten. Es gelang, sie während dieser Jahre über längere Zeiträume, in mehreren Fällen bis zum Zusammenbruch des Regimes, zu halten. Der Vorwurf der NSDAP, die Führung der Bank sei „überaltert", traf also auch im politischen Sinne zu. Im gesellschaftlichen Sinne war es ebenfalls nicht von der Hand zu weisen, waren doch selbst die NSDAP-Mitglieder im Direktorium der Hypo-Bank in der Regel keine typischen Parteigenossen.

Der Aufsichtsrat hatte zwanzig Mitglieder. Nur fünf der 16 nach 1933 ausscheidenden Aufsichtsratsmitglieder waren erst nach der NS-Machtergreifung berufen worden, alle anderen gehörten dem Gremium schon lange vorher an. Sechs der zwischen 1935 und 1945 ausscheidenden 16 Aufsichtsräte starben während ihres Mandats, darunter 1935 eins der drei jüdischen Mitglieder, Kommerzienrat Karl Baron von Michel-Raulino. Keiner der Ausscheidenden verließ den Aufsichtsrat bereits 1933/34, mehrere turnusbedingt erst in den letzten Kriegsjahren. Auch darin zeigt sich die Kontinuität. Relativ hoch erscheint indes die Zahl derjenigen, die 1945 aufgrund der Militärgesetze bzw. des Gesetzes zur Befreiung vom Nationalsozialismus ausscheiden mussten: Unter diesen zehn waren zwei, Dr. Clemm und Kommerzienrat Schumacher, bereits vor 1933 Mitglieder des Aufsichtsrats. Einer war der Staatskommissar, Justizrat Dr. Ferdinand Mößmer. Von den neun gewählten Mitgliedern, die nach Kriegsende gehen mussten, waren sieben zwischen 1933 und 1941 berufen worden,[128] was die politische Einflussnahme dokumentiert. Andererseits konnte es die Bank noch nach 1933 durchsetzen, dass auch Aufsichtsräte gewählt wurden, die keine Nationalsozialisten waren. Für die

---

128 Vgl. die Mitgliederlisten. D-Hypo-LO-A-1283.

Hypo-Bank war das Jahr 1938 ein kritisches Jahr, weil auch sie wieder einmal ins Visier der NSDAP geriet.

Wie verhielt es sich mit diesen Nationalsozialisten? Mitglieder der NSDAP wurden – soweit bekannt – 1932, also vergleichsweise früh, Dr. Johannes Köhler, der aber bei der Hypo-Bank erst seit 1940 tätig wurde, sowie schon vorher Karl Schnägelberger. Erst 1939 wurden Ferdinand Schumann und Dr. Hermann Wein Parteimitglieder, Mitglied der SA und NSDAP war Dr. Paul Seiler. Bei den Vorstandsmitgliedern Remshard, Kopplstaetter, Dr. Kraemer und Dr. Kärcher lag wohl keine Parteimitgliedschaft vor, bei Schmid ist nichts darüber bekannt.[129] Überzeugte Parteimitglieder waren sicher Dr. Köhler, Dr. Seiler, Schreyer, Schnägelberger und Dr. Reuschel. Das ergibt – angesichts der Tatsache, dass sich der Vorstand am Ende des Krieges aus sechs ordentlichen und sechs stellvertretenden (in der Regel acht) Direktoriumsmitgliedern zusammensetzte und während der zwölfjährigen NS-Diktatur dem Vorstand außerdem mindestens weitere zehn Mitglieder angehört hatten, es sich also insgesamt um 22 Personen handelte – ein gemischtes Bild, wobei die Parteimitgliedschaft allein noch nichts über das tatsächliche Verhalten aussagt.

Trotzdem mussten aufgrund der Verordnungen der amerikanischen Militärregierung von sechs ordentlichen sowie sechs stellvertretenden Mitgliedern jeweils vier zwischen Mai und November 1945 ausscheiden,[130] mehrere allerdings mit kurz darauf folgender Pensionierung, da sie die Altersgrenze erreicht hatten. Es ist unklar, mit welcher Begründung Direktoren wie etwa Ferdinand Schumann, Dr. Karl Kraemer, Dr. Hermann Wein und Friedrich Schmid entlassen wurden, da sie nach den Unterlagen zu denen gehört hatten, die sich gegen einen weiterreichenden Einfluss der NSDAP zur Wehr gesetzt hatten und die späte Mitgliedschaft in der Partei bei Schumann und Wein aller Wahrscheinlichkeit nach taktischer Natur war, während Dr. Kraemer sogar 1945 ausdrücklich als nicht belastet und Wein als Mitläufer eingestuft worden ist.

Ferdinand Schumann galt geradezu als Garant gegen die Verstärkung nationalsozialistischen Einflusses, hatte er sich doch diesem wiederholt und mit Geschick widersetzt. Aus diesem Grund war er auch in eine Schlüsselstellung geraten, als er mit dem Aufsichtsratsvorsitzenden Dr. Karl Eisenberger versuchte, der parteipolitischen Personalpolitik des Reichswirtschaftsministeriums die Spitze abzubrechen.

Zunächst einmal handelten die beiden eine Geschäftsordnung aus, nach der der Personalausschuss der Bank Schumann als Leitenden Direktor der Bankabteilung und somit als Betriebsführer berief, „damit dritte Interessenten

---

129 Vgl. Dokumentation Jungmann-Stadler, S. 12. D-Hypo-KOM-A-7227.
130 Vgl. Listen der Vorstandmitglieder. D-Hypo-LO-A-1283.

Abb. 17: Dr. Karl Eisenberger (* 1864 / † 1951). Von 1928 bis 1951 Mitglied des Aufsichtsrates der Bayerischen Hypotheken- und Wechsel-Bank, München o. J., aus: Wunner, Heinrich: „München und die Bayerische Hypotheken- und Wechsel-Bank", München 1953, S. 33.

abgehalten werden".[131] Aufgrund von Querelen mit dem ehrgeizigen Parteigenossen Dr. Johannes Köhler erwog Schumann 1942 sogar seinen Rücktritt aus dem Vorstand, wurde aber von Eisenberger zurückgehalten: „Unser Unternehmen braucht Sie als den bewußten Kämpfer für die Selbständigkeit desselben in erster Linie, ganz abgesehen davon, daß Ihr Ausscheiden in der derzeitigen Zeit Maßnahmen heraufbeschwören könnte, die höchst nachteilig für die Bank und wenigstens für eine gewisse Zeit irreparabel sein könnten."[132]

Nachdem die Spruchkammer München I und dann die Berufungskammer Schumann aufgrund des Gesetzes zur Befreiung vom Nationalsozialismus und Militarismus vom 5. März 1946 in die Gruppe III (Mitläufer) eingeteilt hatte und Ferdinand Schumann dagegen erneut Widerspruch eingelegt hatte, gelangte die Spruchkammer München I am 17. November 1948 definitiv zu dem Schluss, dass Schumann als Entlasteter in Gruppe V einzustufen sei.[133] Die Spruchkammer erklärte nach Anhörung zahlreicher unter Eid stehender Zeugen und der Prüfung

---

131 Ferdinand Schumann an Karl Eisenberger vom 25. September 1940. D-Hypo-LO-A-91.
132 Karl Eisenberger an Ferdinand Schumann vom 10. November 1942. D-Hypo-LO-A-91. Deutlicher konnte man sich in dieser Situation kaum ausdrücken.
133 Kopie einer beglaubigten Abschrift der Spruchkammer München. D-Hypo-PER-A-1349.

umfangreicher Unterlagen, Schumann sei tatsächlich nur im Interesse seiner Bank auf Drängen auch des Aufsichtsrats in die Partei eingetreten, er habe „zu jeder Zeit und bei jeder Gelegenheit nur die allernotwendigsten Concessionen an den Nationalsozialismus gemacht. Seine Reden sind ohne nazistische Verherrlichungen und Personenkult" gewesen. Manche seiner Verhaltensweisen seien geradezu als Widerstandshandlungen zu werten, die sich nach seinem Parteieintritt nicht vermindert, sondern geradezu verstärkt hätten. „Alle Zeugen sind sich darin einig, dass der Betroffene in zahlreichen Fällen, wo politisch Andersdenkende, politisch und rassisch Verfolgte bei dem Betroffenen Schutz und Förderung suchten und fanden, allgemein bewiesen hat, wie er wirklich eingestellt ist [...] Es ist sein Verdienst, wenn die Bank ein Refugium polit. u. rassisch Verfolgter wurde."[134] Die Spruchkammer führte dafür eine Reihe von Einzelfällen an, ebenso die generelle antinazistische Linie seiner Geschäftsführung.[135]

Schon vorher hatte der selbst als „nicht belastet" eingestufte Aufsichtsratsvorsitzende Dr. Eisenberger in einer eidesstattlichen Erklärung am 5. Juni 1946[136] bestätigt, dass „Herr Schumann ein entschiedener Gegner der Naziregierung und deren Methoden war. Das mehr als 100-jährige Institut war zu allen Zeiten bestrebt, seine Tradition durchzuhalten, die mit dem Nationalsozialismus unvereinbar war." Schumann habe gegenüber der versuchten personalpolitischen Einflussnahme der NSDAP „soweit als irgend möglich abbremsend gewirkt und die Aufnahme der in Betracht kommenden Persönlichkeiten zu verhindern gewusst". Tatsächlich war es, wie Eisenberger 1946 gefordert hatte, ein „Akt ausgleichender Gerechtigkeit", als Schumann drei Jahre nach Kriegsende seinen Kampf um Rehabilitierung endlich gewann. Die Spruchkammer erkannte, dass es eine Ironie der Geschichte wäre, ausgerechnet Ferdinand Schumann als Mitläufer einzustufen.

Soweit bekannt, wurden vier der genannten Vorstandsmitglieder als Mitläufer eingestuft, keiner aber als belastet oder gar schwer belastet. Selbst Karl Schnägelberger, der schon 1920 als Mitglied des rechtsextremen Bundes Oberland, Kompanieführer beim Hitler-Putsch 1923 und seit 1933 als Parteigenosse, als stellvertretender Gaufachabteilungsleiter in der DAF, 1940 als Freiwilliger in der Waffen-SS Obersturmbannführer wurde, schließlich als Kommandeur der Stabsabteilung im SS-Führungshauptamt in Berlin tätig war und von der Militärregierung konsequenterweise 1945 entlassen wurde, ist von der Spruchkammer Landshut-Stadt am 21. September 1948 lediglich als Mitläufer eingestuft worden. Dies überrascht, war Schnägelberger doch nicht allein ein überzeugter National-

---

134 Ebd.
135 Ebd.
136 Kopie eines Schreibens (Bestätigung) von Karl Eisenberger das Verfahren von Ferdinand Schumann betreffend vom 5. Juni 1946. D-Hypo-PER-A-1349.

sozialist, sondern auch einer, der als regimespezifischer Funktionär gewirkt hat. Ihn genauso einzustufen wie beispielsweise Hermann Wein erscheint deshalb einigermaßen absurd, auch wenn für Schnägelberger sprach, dass er derjenige war, den das Direktorium der Hypo-Bank selbst vorgeschlagen hatte, als es mit dem Rücken an der Wand einen überzeugten Nationalsozialisten aufnehmen musste.

Was war konkret geschehen? In den Verhandlungen im Jahre 1942[137] thematisierte Ministerialdirigent Dr. Joachim Riehle vom Reichswirtschaftsministerium nicht allein die Fusion der Bayerischen Hypotheken- und Wechsel-Bank mit der Bayerischen Vereinsbank, die das Hypo-Bank Direktorium ablehnte, sondern kritisierte darüber hinaus den „Mangel an Beziehungen des Vorstands mit den politischen Instanzen" sowie wieder einmal seine „Überalterung". Erneut wurde die Kandidatur des Parteigenossen Dr. Kamm für den Vorstand vorgebracht und außerdem auf eine weitere Kandidatur eines NSDAP-Funktionärs verwiesen, die des Stabsleiters des Reichsschatzmeisters Franz Xaver Schwarz, Hans Saupert. Riehle selbst war schon einmal für einen Vorstandsposten bei der Hypo-Bank in Frage gekommen, schied aber nun wegen Unabkömmlichkeit im Reichswirtschaftsministerium aus, im Gegenzug aber begann er, wie Schumann es am 10. April 1940 gegenüber Eisenberger ausdrückte, „allmählich schikanös" gegenüber der Hypo-Bank zu werden.

Doch war der Hintergrund dieser Einflussnahme nicht nur persönlicher, sondern prinzipiellerer Art, da die NSDAP im Herbst 1942 einen erneuten Anlauf unternahm, „die Aufsichtsräte und Vorstände der Kreditinstitute im Einvernehmen mit diesen durch in der Partei besonders verankerte Persönlichkeiten als Verbindungsmänner zwischen Partei und Kreditinstituten zu ergänzen", wie es in der Sitzung des Aufsichtsrats am 10. März 1943 hieß.[138] In der Partei besonders verankert bedeutete: Bloße Parteimitgliedschaft, schon gar nicht solche, die ohne weiteres Engagement erst nach 1933 eingetreten war, reichte nicht aus, man wollte ideologisch gefestigte Nationalsozialisten, möglichst sogenannte Altparteigenossen, also solche aus der „Kampfzeit der Bewegung". Diese Aktion wurde durch den Vizepräsidenten der Reichsbank Kurt Lange als nach eigener Aussage Beauftragtem der „Obersten Partei- und Staatsführung" betrieben. Der Grund für dieses generelle Vorgehen lag in der „großen Mißstimmung der Partei gegen die Banken wegen angeblich unzureichender nationalsozialistischer Ausrichtung". Aus diesem Grund war keineswegs nur die Hypo-Bank betroffen, doch gehörte sie zu denen, die den Nationalsozialisten in besonderem Maße ein Dorn im Auge

---

137 S.u. S. 185f.
138 1. Sitzungsprotokoll des Aufsichtsrats der Bayerischen Hypotheken- und Wechsel-Bank vom 10. März 1943. D-Hypo-LO-A-93.

waren. Dabei ging es allerdings nicht nur um Personalentscheidungen, sondern auch um Bankgeschäfte wie die Behandlung von Reichsschatzanweisungen, um „pessimistische Äußerungen über den Krieg" u.a.m., wobei unklar ist, was davon nur vorgeschoben war.

Der Vorstand der Hypo-Bank versuchte in den Verhandlungen zunächst die Vorwürfe mit dem Hinweis zu entkräften, im Aufsichtsrat befänden sich immerhin elf Parteigenossen, unter denen fünf Altparteigenossen waren; schließlich sei die Zuwahl von Dr. Johannes Köhler in den Vorstand unter Zustimmung des Reichswirtschaftsministeriums erfolgt. Lange reagierte damit, dass grundsätzlich „je ein Parteimitglied in den Aufsichtsrat und Vorstand zusätzlich von außen hereingenommen werden" müsse, die Bank solle innerhalb von 14 Tagen ihre Bereitschaft erklären und Vorschläge machen, darüber könne dann verhandelt werden. „Werde die Aktion abgelehnt, so habe er [Lange] die Ermächtigung, für die betreffende Bank einen Reichskommissar zur Regelung der Personalfrage einzusetzen." Auch hier versuchten die Vertreter der Bank sich in einer Hinhaltetaktik und wiesen im Übrigen auf ihr personalpolitisches Grundprinzip hin: Die Bank halte sich für verpflichtet, „bei Ergänzung des Vorstandes in erster Linie aus dem vorhandenen tüchtigen Nachwuchs, der zum Teil einberufen sei, eine geeignete Auswahl zu treffen. Wir würden von unserer Gefolgschaft und unseren Wehrmachtsangehörigen nicht verstanden, wenn wir anders handeln würden."[139]

Bezeichnend für die Haltung der Hypo-Bank während dieser Aktion war, dass der den Nationalsozialisten zugerechnete stellvertretende Vorsitzende des Aufsichtsrats, Präsident Dr. Ferdinand Mößmer, sich in den Verhandlungen ebenso wie der Nationalsozialist Dr. Johannes Köhler im Vorstand gegen äußeren Einfluss auf die Besetzung von Vorstandsämtern aussprachen, also gegenüber der Einflussnahme von Parteistellen die Bankräson vertraten.

Der Vorstand schlug dann vor – vorausgesetzt, bei allen Banken werde vergleichbar verfahren – den Leiter der Filiale Landshut,

Parteigenossen Karl Schnägelberger, zur Zeit Sturmbannführer bei der Waffen-SS, Führungshauptamt Berlin, in den Vorstand als stellvertretendes Vorstandsmitglied zu berufen, welchen wir in fachlicher Hinsicht günstig beurteilten; in weltanschaulicher Beziehung werde seine Einsatzkraft und Bekenntnisklarheit sowohl von uns als auch den gehobenen zuständigen Dienststellen der Partei uneingeschränkt anerkannt. Er sei Schwerkriegsbeschädigter des Krieges 1914/18, Teilnehmer am Marsch zur Feldherrnhalle vom 9.11.1923 und Teilnehmer dieses Krieges.[140]

---

139 1. Sitzungsprotokoll des Aufsichtsrats der Bayerischen Hypotheken- und Wechsel-Bank vom 10. März 1943. D-Hypo-LO-A-93.
140 Ebd.

Gegen einen solchen Vorschlag konnte von Seiten der NSDAP kaum etwas eingewandt werden, die Ernennung eines so „verdienten Parteigenossen" nicht zum ordentlichen, sondern nur zum stellvertretenden Vorstandsmitglied war offensichtlich das mindeste, was das Direktorium in dieser Situation tun musste. Der Vorzug für die Bank bestand in Schnägelbergers fachlicher Qualifikation und der Tatsache, dass er langjähriger Angehöriger der Hypo-Bank war und man deshalb Loyalität von ihm erhoffen konnte. Außerdem kannte man ihn offenbar gut genug, um gegen die beiden Außenkandidaturen, die Vorstand und Aufsichtsrat ausdrücklich ablehnten, in ihm das kleinere Übel zu sehen. Die Formulierung des Vorstands lässt jedenfalls in seiner deutlichen Unterscheidung fachlicher Schätzung und Anerkennung seiner weltanschaulichen Klarheit auch die Motivlage erkennen. Der Aufsichtsrat stimmte diesem Vorschlag Schumanns einstimmig zu.

In Bezug auf den Aufsichtsrat erwog man die Berufung eines Experten für das Wohnungswesen oder die heimische Landwirtschaft und schlug konkret vor, „Staatssekretär Parteigenossen Dauser", der vor der Pensionierung stehe, zu berufen. Dies war ebenfalls nicht ungeschickt, gewann man doch mindestens Zeit, da Hans Dauser ja noch nicht aus dem Ministerium ausgeschieden und zugleich NSDAP-Reichstagsabgeordneter war. Ein solches Mandat besaß zwar kein wirkliches Gewicht, da der Reichstag durch das Ermächtigungsgesetz vom 23. März 1933 politisch bedeutungslos geworden war – der „teuerste Gesangverein der Welt", wie es im Volksmund hieß –, doch benötigten Mitglieder des Reichstags für die Erlangung von Aufsichtsratsmandaten einen Dispens. Hans Dauser (Jg. 1877) war von 1935 bis 1944 Stellvertretender Leiter des Bayerischen Staatsministeriums für Wirtschaft, SS-Brigadeführer und Reichsredner der NSDAP, er war Experte für Wohnungswesen, hatte aber auch als Abgeordneter während der Weimarer Republik zeitweise dem Landwirtschaftsausschuss des Bayerischen Landtags angehört und in seiner früheren Beruftätigkeit in der Landwirtschaft gearbeitet.[141] Tatsächlich ist es nicht mehr zur Aufnahme Dausers in den Aufsichtsrat gekommen, die Zeit arbeitete für die Bank.

Wie im Vorstand herrschte auch im Aufsichtsrat der Hypo-Bank eine gewisse Kontinuität, er wurde zum Teil durch die größeren Anteilseigner, zum Teil durch Honoratioren aus anderen Bereichen besetzt. Wenngleich dem Aufsichtsrat mit den Mitgliedern Dr. Ferdinand Mößmer, Präsident der Rechtsanwaltskammer für den Oberlandesgerichtsbezirk München, dem Oberdirektor der ehemaligen Skoda-Werke in Prag, Hermann Cordemann, dem Landeshauptabteilungsleiter und Teilhaber der Saatzuchtwirtschaft Lang-Doerfler in Niedertraubling, Georg Eidenschink (München), Erich Köhler (Bayreuth) und dem Fabrikanten Willy Sachs

---

141 Vgl. Joachim Lilla, Statisten in Uniform. Die Mitglieder des Reichstags 1933–1945, Düsseldorf 2004, S. 92.

(Schweinfurt) eine beachtliche Zahl von sechs „Altparteigenossen" angehörten und fünf weitere später der NSDAP beigetreten sind, standen doch eine Reihe von Mitgliedern in mehr oder weniger ausgeprägter Distanz zum NS-Regime, wie der Vorsitzende Dr. Karl Eisenberger, Hans Remshard, Michael Kopplstaetter und andere. Zwei der Aufsichtsratsmitglieder kamen aus Familien mit Widerstandskämpfern: Berthold Graf Schenk von Stauffenberg und Carl Ernst Fürst Fugger von Glött. Auch der ehemalige Diplomat und Staatssekretär im Auswärtigen Amt (seit 1917), Richard von Kühlmann, der im Juli 1918 aufgrund seiner aufsehenerregenden Rede über die Notwendigkeit, einen Verständigungsfrieden abzuschließen, zurücktreten musste und später in der Industrie arbeitete, stand den Nationalsozialisten fern.[142]

Zwar gab es in der Bank große Aktienpakete: Der Präsident der Bayerischen Versicherungskammer, Hans Otto Schmitt, bzw. seit 1938 sein Nachfolger im Aufsichtsrat, Dr. Otmar Kollmann, vertraten deren Paket in Höhe von 1,215 Millionen RM (1933), 1940 bis 1943 betrug es 3,03 Millionen RM. Das Paket der Privatbank Merck, Finck & Co. erreichte 2,225 Millionen RM, das von Martin Aufhäuser im Aufsichtsrat repräsentierte Kapital der Aufhäuser Bank hatte 1930 1,4 Millionen RM betragen, sich dann aber bis 1938 auf 420 000 RM vermindert. Das Problem der Hypo-Bank bestand aber insgesamt darin, dass die Aktien in „kleinen und kleinsten Händen" verteilt und „ständig am Markt" waren, wie es in der Sitzung des Aufsichtsrats vom 27. Oktober 1931 hieß. Die Vereinsbank könne hingegen mit größeren Paketen den Kurs ständig regulieren und ohne die Aufnahme nennenswerter Beträge hochhalten. Allerdings besaß die Hypo-Bank 1934 eigene Aktien in einem Gesamtwert von nominell 11 Millionen RM.[143]

Zu einem erheblichen Teil gab die Aktienstruktur die Zusammensetzung des Aufsichtsrats vor, er war also nicht allein nach freien Entscheidungen zu besetzen – insofern ist er auch für die politische Haltung der Bank zum Nationalsozialismus nicht vergleichbar aussagekräftig wie der Vorstand, sondern war insgesamt heterogener zusammengesetzt. Zuwahlen und Mandatsende während der NS-Diktatur waren, sieht man von den beiden jüdischen Mitgliedern Martin Aufhäuser und Dr. Richard Kohn ab, in sehr viel geringerem Maße durch Parteigesichtspunkte beeinflusst, als die NSDAP-Funktionäre – insgesamt mit nur begrenztem Erfolg – forderten. In der praktischen politischen Auswirkung aber hat sich der Anteil überzeugter oder nomineller Nationalsozialisten allerdings nicht so bemerkbar gemacht, wie aufgrund ihrer hohen Zahl zu befürchten war, hat doch der Aufsichtsrat den distanzierten Kurs des Vorstands gegenüber dem NS-Regime mitgetragen, wie sowohl an den offiziellen Verlautbarungen wie den

---

142 Vgl. die Zusammenstellung in Dokumentation Jungmann-Stadler, S. 7f. D-Hypo-KOM-A-7227.
143 Vgl. ebd., S. 9ff.

Personalentscheidungen ablesbar ist. Weder der von 1931 bis 1938 amtierende Vorsitzende des Aufsichtsrats Carl Ernst Fürst Fugger von Glött[144] noch sein seit 1938 amtierender Nachfolger, der Münchner Rechtsanwalt Geh. Justizrat Dr. Karl Eisenberger, der auch mehrere Jahre nach dem Krieg noch Vorsitzender blieb[145], waren Nationalsozialisten, sondern verteidigten die Autonomie der Bank so gut es ging gegen die Übergriffe des Regimes. Bezeichnend ist, dass sie zu Vorsitzenden gewählt wurden, obwohl in diesem Gremium viele Parteimitglieder waren. Auch der Aufsichtsrat war offenbar insgesamt durch eine ausgeprägte Loyalität gegenüber der Hypo-Bank geleitet. Allerdings war es bezeichnend, dass Fürst Fugger von Glött am 25. März 1938 sein Mandat im Aufsichtsrat und damit zugleich dessen Vorsitz abgab und trotz allgemeinen großen Bedauerns seinen Entschluss als „unabänderlich" bezeichnete. In der gleichen Sitzung, in der dieser offensichtlich politisch motivierte Rücktritt diskutiert wurde, verwies der neue Vorsitzende Dr. Eisenberger auf die „Veränderungen im Aktienbesitz" der Bayerischen Vereinsbank: „Diese Vorgänge bildeten eine Mahnung dazu, bei der jetzt durch das Aktiengesetz vorgeschriebenen Neuwahl des gesamten Aufsichtsrates den Versuch zu machen, für den Aufsichtsrat Personen der Partei zu gewinnen, wie es auch bei anderen Aktiengesellschaften zu geschehen pflegt." Aus diesem Grunde sei es bei einer Besprechung der in München ansässigen Aufsichtsratsmitglieder „für notwendig gehalten worden, einige Aufsichtsratsstellen freizuhalten". Er nannte dann einige nichtjüdische, aber offenbar dem Regime politisch missliebige Aufsichtsratsmitglieder, die man schweren Herzens nicht wiederwählen könne, und bat generell darum, wenn die „Schicksalstunde unseres Institutes geschlagen habe, bereitwillig Platz zu machen".[146] Ganz offenbar hoffte Eisenberger dadurch unmittelbar vor der folgenden Hauptversammlung Spielraum für ein partielles Entgegenkommen gegenüber der NSDAP zu gewinnen, um deren Druck auf die Bank zu vermindern – was dennoch nur begrenzt gelang.

---

144 Über Carl Ernst Fugger von Glött: 103. GB der Hypo-Bank Geschäftsjahr 1938, S. 18. D-Hypo-KOM-PUB-106.
145 S. 112. GB der Hypo-Bank Geschäftsjahr 1947. D-Hypo-KOM-PUB-115.
146 Sitzungs-Protokoll des Aufsichtsrates der Bayerischen Hypotheken- und Wechsel-Bank vom 26. März 1938. D-Hypo-LO-A-761.

V Die Bayerische Vereinsbank von 1931 bis 1945

Die Geschäftsentwicklung

Als der Vorstand der Bayerischen Vereinsbank (BV) am 12. April 1932 seinen Geschäftsbericht für das Krisenjahr 1931 vorlegte, beklagte er nach einer Analyse der weltwirtschaftlichen Entwicklung, die zutreffend den unterschiedlichen Verlauf der Krise in den einzelnen Staaten schilderte, die Differenz ökonomischen und politischen Denkens: „Es fehlt das Bewusstsein einer Verbundenheit der gesamten Weltproduktion, einer Verflechtung des Welthandels, es fehlt die ausgleichende Wirkung der Weltmärkte, auf die schließlich die ganze Welt angewiesen ist. Die Erkenntnis dieser Situation ist in der Wirtschaft der ganzen Welt vorhanden, aber die Politik aller Staaten geht andere Wege als die, die zu einer Abhilfe notwendig wären".[1] Dieses Urteil war nur zu gerechtfertigt, doch sollte sich die Situation durch die zunehmende Destabilisierung der europäischen Demokratien keineswegs verbessern, sondern weiter verschlechtern, zumal in Deutschland: Die seit 1933 verfolgte Autarkiepolitik war das genaue Gegenteil der hier begründeten Notwendigkeit einer „ausgleichenden Wirkung der Weltmärkte". Doch wies schon der Interventionismus der Regierung Brüning in die kritisierte Richtung. Ein Beispiel bildete die erwähnte Devisenbewirtschaftung von 1931, die durch die spätere „Reichsfluchtsteuer" verschärft wurde.

Der Vorstand beklagte zwar das durch Notverordnungen und staatliche Hilfen verursachte „Eindringen des Staatskapitalismus in das private Bankgewerbe", doch sah er die Ursache für diese Entwicklung in der Bankenkrise von 1931. Insgesamt vertrat der Vorstand die Meinung, die Zwangskonvertierung von Pfandbriefen und Anleihen schädigten ebenso wie das „eiserne Kleid für die Zinsen" den Kapitalmarkt. Die Schaffung einer Reichsaufsicht für das Bankgewerbe wurde als populistisches Zugeständnis an die öffentliche Meinung gewertet, von der Handhabung werde es abhängen, wie sie sich künftig auswirke: „Es ist der Mut der Regierung zu bewundern, daß sie die Verantwortung für eine obrigkeitliche Beeinflussung der Bankenpolitik auf sich nehmen will, obwohl gerade in der jetzigen Krise trotz aller Staatsaufsicht bei verschiedenen öffentlich-rechtlichen Bankinstituten gleiche Schwierigkeiten, wie sie im privaten Bankgewerbe auftraten, nicht zu verhindern waren."[2]

In dieser Diagnose der Finanzpolitik der frühen 1930er Jahre zeigt sich ein weiteres Mal, warum der fundamentale Bruch des Jahres 1933 in Hinblick auf die

---

1 GB der BV Geschäftsjahr 1931, S. 4. D-BV-KOM-PUB-63.
2 Ebd., S. 7.

Niederlassungskarte

vor 1914 eröffnet

zwischen 1914 und 1945 eröffnet

nach 1945 eröffnet

erstmals vor 1914 eröffnet, nach 1945 wieder eröffnet

erstmals zwischen 1914 und 1945 eröffnet, nach 1945 wieder eröffnet

Bei früheren Filialen der Bayerischen Handelsbank
ist die erste Eröffnung durch diese maßgebend

Abb. 18: Niederlassungen der Bayerischen Vereinsbank 1931 – 1947, aus Franz Steffan, Bayerische Vereinsbank 1869–1969, Anhang.

Bankpolitik nicht in seiner Tragweite erkannt wurde: Eine zunehmende Reglementierung und „obrigkeitliche Beeinflussung" begann bereits vor der nationalsozialistischen Revolution, das Hineingleiten aus entparlamentarisierten, präsidial-autoritären Herrschaftsstrukturen in diktatorische ließ den Bruch des politischen Systems fälschlich als Modifikation und nicht als Zäsur erscheinen. Diese irrige Annahme war für die Wahrnehmung innerhalb des Bankgewerbes noch selbstverständlicher als für viele andere Sektoren, weil hier zunächst nicht die Unterschiede der politischen Strukturen im Mittelpunkt standen, sondern die Hoffnung auf wirtschaftlichen Aufschwung dominierte. Andererseits zeigen gerade die liberalen ökonomischen und handelspolitischen Grundprinzipien, die die weltwirtschaftliche Analyse des BV-Vorstandes leiteten, wie unvereinbar die wirtschaftspolitische Konzeption des Nationalsozialismus und die der Banken tatsächlich war. Setzten Letztere doch ohne Wenn und Aber auf ein freies Bankgewerbe und Unternehmertum, auf private Initiative anstelle kollektivistischer Strukturen: Die Aussage des Aufsichtsratsvorsitzenden der Hypo-Bank, Dr. Karl Eisenberger, über die Gegensätzlichkeit von nationalsozialistischer und liberaler Wirtschaftsauffassung traf in der Sache zu, obwohl selbst in der Wirtschaft, wie in den meisten anderen gesellschaftlichen Sektoren, während der 1930er Jahre verhängnisvolle Illusionen über den Nationalsozialismus grassierten.

Wie die Hypo-Bank überstand auch die Bayerische Vereinsbank die Wirtschaftskrise vergleichsweise gut. Als bayerische Regionalbank mit starkem Engagement im Hypothekenbankgeschäft für Industrie und Landwirtschaft war sie weniger direkt als die nationalen Großbanken, die einen globaleren Aktionsradius besaßen und in der Großindustrie aktiv wurden, in den Strudel der Weltwirtschaftskrise geraten. Insofern konnte der Vorstand berichten: „Gemessen an den Ereignissen des Berichtsjahres und dem gegenwärtigen Zustande des deutschen Bankgewerbes, kann unser Institut mit seiner Stellung zufrieden sein. Da wir Auslandsgelder, trotz mannigfacher Anregungen, niemals in einem nennenswerten Ausmaße hereingenommen hatten, wurden wir von dem Abzuge solcher Gelder so gut wie nicht betroffen."[3] Dieser Grund galt nicht allein für die Bayerische Vereinsbank, sondern allgemein für das weniger von der Wirtschaftskrise betroffene Bankgewerbe in Bayern. Allerdings musste auch die BV Einbußen hinnehmen, zusätzliche Abschreibungen an den Wertpapierbeständen und Rückstellungen waren in dieser Situation unumgänglich. Der Bilanzwert der Bank blieb erheblich unter dem Höchstwert, der sich gemäß der Notverordnung des Reichspräsidenten vom 15. Dezember 1931 ergeben hätte.[4] Bemerkenswert war, dass die Bank sich während der Bankenkrise eine hohe Liquidität erhalten konnte.

Die Bilanzsumme des Jahres 1931 betrug bei der BV 661,8 Millionen RM und lag damit nur geringfügig unter der des Vorjahres. Die einzelnen Geschäftsparten zeigten ein unterschiedliches Ergebnis, das Konsortialgeschäft blieb so mäßig

---

3 Ebd., S. 7f.
4 Ebd., S. 8.

wie im Vorjahr, das Hypothekengeschäft, das im ersten Halbjahr noch annähernd normal verlaufen war, brach in der zweiten Jahreshälfte völlig ein. Der Pfandbriefabsatz der 7-prozentigen Pfandbriefe verlief hingegen – trotz der Absetzung der eigenen Pfandbriefe vom Umlauf – positiv, ergab sich doch ein Nettozuwachs von 23 Millionen GM. Der Kurs der 75-prozentigen Emissionsserie, der bis zum 11. Juli unverändert bei 97 Prozent gestanden hatte, sank auf 80 Prozent, was aber insgesamt noch als erträglich galt, da dieser Kurs ohne Intervention der Bank auf dem Markt gehalten werden konnte.

Die vierte Notverordnung des Reichspräsidenten vom 8. Dezember 1931 dekretierte eine Preis- und Lohnsenkung um zehn Prozent sowie eine Zinssenkung im Hypothekengeschäft um 25 Prozent, jedoch nicht unter einen Satz von sechs Prozent. Für die „besonders übersteigerten Zinsen" über 12 Prozent war eine noch stärkere Herabsetzung vorgesehen. Wesentlich für das Hypothekengeschäft waren der Abbau der Hauszinssteuer, die Mietsenkung und die Regelungen zur Aufhebung der Mietverträge.[5] Diese Maßnahmen waren sozial- und haushaltspolitischer Natur und versetzten dem Hypothekengeschäft – auch dem der BV – einen schweren Stoß, weil diese Verordnung in bestehende Rechte und Verträge eingriff und dadurch das Vertrauensverhältnis zwischen Hypothekenbank und Darlehensnehmern empfindlich störte. Die Zinssenkung, die den Hypothekenschuldnern zugute kommen sollte, wurde tatsächlich durch die Mietsenkung und das außerordentliche Kündigungsrecht der Mieter wieder aufgezehrt. Die Kritik des Direktoriums der Vereinsbank an den Auswirkungen der vierten Notverordnung entsprach derjenigen des Hypo-Bank-Vorstands.

Da die Bayerische Vereinsbank vor allem Tilgungsdarlehen vergab – deren Anteil machte 83,65 Prozent des gesamten Hypothekenbestandes aus[6] – waren die Auswirkungen für das Institut weniger gravierend als für Banken, deren Hypothekenstock vornehmlich durch Zinshypotheken gebildet wurde. Die Notverordnung untersagte ihnen Kündigung und Wiederfestschreibung mit einer Provision für die Prolongation. Die Notverordnung kürzte die ohnehin sehr knappe Zinsspanne – die Differenz zwischen den Zinsen für Pfandbriefe und Hypotheken –, halste den Banken aber erheblich mehr Arbeit ohne Kostenerstattung auf; auch darüber klagten die Vorstände sowohl der Hypo-Bank als auch der Bayerischen Vereinsbank.[7]

---

5 Vgl. Angaben bei Horkenbach (Hg.), Das Deutsche Reich von 1918 bis heute, Jg. 1931, S. 376ff., insbes. S. 378–380.

6 GB der BV Geschäftsjahr 1931, S. 13. D-BV-KOM-PUB-63. Bei Tilgungsdarlehen wird das Darlehen über die gesamte Laufzeit getilgt, bei Zinshypotheken wird es erst am Ende der Laufzeit im Ganzen zurückgezahlt.

7 S.o. Kap. IV, Geschäftsentwicklung.

Insgesamt sank der Umsatz der BV im Geschäftsjahr 1931 von 13,74 Milliarden RM auf 10,88 Milliarden RM, die Überschüsse verminderten sich in den meisten Geschäftssparten, beispielsweise beim Neugeschäft für Hypotheken, im Kredit- und Wechselgeschäft, schließlich auch durch Wertminderung der Effektenbestände. Der Hypothekenbestand einschließlich der Rentenbank-Darlehen und der Kommunaldarlehen betrug 835 651 530,21 RM, derjenige der Goldpfandbriefe, Kommunalobligationen und Rentenbank-Guthaben insgesamt 803 967 610,21 RM. Der Reingewinn der BV-Gruppe inklusive der Bayerischen Handelsbank und der Vereinsbank in Nürnberg belief sich auf knapp 2,051 Millionen RM.

Ende 1931 bestanden bei der Bayerischen Vereinsbank im Segment Bankgeschäft 102 650 Konten.[8] Wie den Aufstellungen der unter Zwangsverwaltung gestellten Grundstücke zu entnehmen ist, lag der Schwerpunkt der Hypothekenvergabe der BV zwar eindeutig in Bayern, doch hatte sie auch Beleihungen in mehreren preußischen Provinzen sowie in den Ländern Thüringen, Sachsen und Hessen-Darmstadt vorgenommen.

Der wirtschafts- und finanzpolitische Bericht über das Jahr 1932 besticht wiederum durch die prägnante Analyse der nationalen und internationalen ökonomischen Rahmenbedingungen sowie ihrer Auswirkungen auf das Bankgewerbe.[9] Hervorzuheben ist die Feststellung, dass „in der zweiten Hälfte des Jahres einige verheißungsvolle Ausblicke auf eine Milderung und Überwindung der Krise sich gezeigt haben": In dieser Bewertung wird erneut deutlich, dass ein Abflauen der Krise nicht erst seit 1933 und nicht infolge der nationalsozialistischen Wirtschaftspolitik eintrat. Die Hoffnung allerdings, dass sich „endlich die Vernunft der Wirtschaft [...] auch auf die Politik der Welt überträgt", erwies sich als trügerisch. Sie stützte sich unter anderem auf die Streichung der Reparationsforderung an Deutschland, die auf der Konferenz von Lausanne am 9. Juli 1932 nach Vorbereitung durch die Regierung Brüning erreicht worden war. Sein Nachfolger von Papen konnte das Ende der Reparationsforderungen an das Deutsche Reich fälschlich als eigenen Erfolg verkaufen.

Auch die Analyse der Ursachen der Wirtschaftskrise traf den Kern, zu ihnen zählte der Bankvorstand mit vollem Recht auch die „internationale Kriegsverschuldung" als Folge des Ersten Weltkriegs, die tatsächlich der wesentliche Grund der Nachkriegsinflation war.[10] Eine Reihe wirtschaftlicher Belastungsfaktoren

8 GB der BV Geschäftsjahr 1931, S. 15. D-BV-KOM-PUB-63.
9 Vgl. GB der BV Geschäftsjahr 1932, S. 4ff. D-BV-KOM-PUB-64.
10 Vgl. insges. Gerald D. Feldman, The Great Disorder. Politics, Economics, and Society in the German Inflation, 1914–1924, New York–Oxford 1997; Möller, Europa zwischen den Weltkriegen, S. 2f. und zur wirtschaftlichen Konstellation insges. S. 80ff.

bestanden jedoch trotz der Hoffnungszeichen des Jahres 1932 fort, auf eine rasche Beendigung der Krise konnte man also noch immer nicht setzen. Die zunehmenden Staatseingriffe bildeten nach Ansicht des Bankvorstands jedoch nach wie vor kein geeignetes Heilmittel. Er sah durchaus den Zusammenhang zwischen interventionistischer Politik und der öffentlichen Meinung, beklagte der BV-Vorstand doch, dass das Bankgewerbe weiterhin „einer öffentlichen Feindseligkeit begegnet, die eine Objektivität für ihre Meinung nicht mehr aufbringt".[11]

Auch diese Kontinuität war von Bedeutung: Die Polemik der Kommunisten wie der Nationalsozialisten gegen „Finanzkapital" und „Zinsknechtschaft" zeigte Wirkung in der Bevölkerung und ließ spätere Attacken der Nationalsozialisten keineswegs als spezifisch erscheinen, sondern vielmehr als die Artikulation einer verbreiteten und vermeintlich begründeten allgemeinen Einschätzung der Gesellschaft. Die Spielräume für autonomes und finanzpolitisch angemessenes Agieren der Banken wurden nicht zuletzt durch diesen schon vor 1933 sich entwickelnden Anpassungsdruck eingeengt.

In Bezug auf die Bankgeschäfte konstatierte der Vorstand der Vereinsbank schon 1932 einen „günstigeren Verlauf als 1931, sodaß wir glauben, mit dem Ergebnis und der Gesamtposition zufrieden sein zu können".[12] Das Resultat erlaubte es, die gleiche Dividende in Höhe von sechs Prozent wie im Vorjahr auszuschütten. Der Vorstand vermerkte mit Genugtuung, dass die Zahl der eigentlichen Kundenkreditoren beträchtlich zugenommen habe und bei den Debitoren nur geringe Ausfälle zu verzeichnen seien. Aufgrund der „bescheideneren und gesünderen Wirtschaft in Bayern" und der Struktur des Kreditgeschäfts der BV mit vornehmlich kleineren und mittleren Krediten blieb auch in diesem Jahr das Geschäft vergleichsweise stabil – extreme Ausschläge nach unten oder oben waren im Geschäft der Bayerischen Vereinsbank deshalb nicht anzutreffen, nicht einmal während der extremen Wirtschaftskrise 1931/32. Auch das Hypothekengeschäft, dessen Charakter langfristig war, wurde angesichts der allgemeinen Lage als noch befriedigend bezeichnet, wenngleich daraus zu diesem Zeitpunkt keine günstige Prognose abgeleitet werden konnte. Sie war nicht zuletzt deshalb schwierig, weil die schon erwähnten staatlichen Eingriffe nicht allein für die Beleihung von Hausbesitz hemmend wirkten, sondern auch die privilegierte finanzielle Unterstützung der Landwirtschaft ein bank- und wirtschaftspolitisches Problem darstellte. Die bayerische Agrarstruktur war durch kleinere und mittlere Betriebe charakterisiert,[13] nicht durch Großgrundbesitz wie in den

---

[11] GB der BV Geschäftsjahr 1932, S. 7. D-BV-KOM-PUB-64.
[12] Ebd.
[13] Vgl. insges. Alois Seidl/Pankraz Fried/Joachim Ziche, Die Landwirtschaft, in: Handbuch der Bayerischen Geschichte, Bd. IV, 2, S. 155ff.

ostelbischen Gebieten des Reiches, für die die Regelungen (die sog. Osthilfe) gedacht waren. Auch hier galt: Die kleineren Betriebe konnten besser durchhalten, obwohl sie schwer litten.

Der Hypothekenbestand der BV (d.h. aller drei zusammengehörigen Banken nach den schon für 1931 genannten Kriterien) verminderte sich gegenüber 1931 deutlich auf insgesamt 776 540 860,49 RM, die Liquidität sowie der Kurs der Pfandbriefe hingegen erhöhten sich auf 89 Prozent; Neuemissionen konnten aufgrund der wirtschaftlichen Lage nicht vorgenommen werden. Da den Banken durch Verordnung vom 20. Dezember 1932 zwei neue Schemata der Bilanzierung vorgeschrieben wurden, lässt sich die Bilanzsumme nicht ohne weiteres mit der von 1931 vergleichen. Sie betrug nach den neuen Kriterien 637 Millionen RM[14], der Reingewinn (Überschuss zuzüglich Vortrag aus dem Vorjahr) blieb 1932 ungefähr gleich: knapp 2,090 Millionen RM, so dass auch die Dividende von sechs Prozent auf die Vorzugsaktien und fünf Prozent auf die Stammaktien ausgezahlt werden konnte.[15]

Inwiefern spiegelte sich der Epochenumbruch von 1933 in den Geschäften bzw. in Berichten von Vorstand und Aufsichtsrat, wie veränderten sich die Aktivitäten in den folgenden Jahren? Im Allgemeinen nahm die Geschäftsentwicklung der Bayerischen Vereinsbank während der nationalsozialistischen Diktatur einen vergleichbaren Verlauf wie bei der Hypo-Bank: Die Besserung schritt stetig, jedoch zunächst nur langsam voran. So erreichte die Bankabteilung erst 1937 wieder das Volumen, das sie vor Ausbruch der Weltwirtschaftskrise besessen hatte. Erst nach 1937 wirkte sich die Konjunktur für das Geschäftsergebnis der Bayerischen Vereinsbank voll aus. Vor allem die vermehrte Geldschöpfung, die die unter anderem durch das Trauma der Inflation von 1922/23 inspirierte Spar- und Deflationspolitik Brünings[16] ablöste, brachte seit 1933 eine Beschleunigung der Bankgeschäfte.[17] Während des Krieges vermied die rigorose Preisdämpfungspolitik der Reichsregierung eine Inflation.[18]

Der erste Geschäftsbericht, den der Vorstand während der Diktatur vorlegte, stammte vom 28. März 1934, war also etwas über ein Jahr nach der Machtergreifung verfasst worden. Dieser Bericht des Vorstands der BV dokumentierte die beginnende wirtschaftliche Erholung ebenso wie die Hoffnung der Banken

---

14 GB der BV Geschäftsjahr 1932, S. 15. D-BV-KOM-PUB-64.

15 Ebd., S. 16.

16 Vgl. dazu einige der Beiträge von Knut Borchardt, Wachstum, Krisen, Handlungsspielräume der Wirtschaftspolitik. Studien zur Wirtschaftsgeschichte des 19. und 20. Jahrhunderts, Göttingen 1982.

17 Vgl. Steffan, Die Bayerische Vereinsbank, S. 290.

18 Vgl. insgesamt zur Wirtschaftsgeschichte der nationalsozialistischen Diktatur: Tooze, Ökonomie der Zerstörung.

auf eine sachkompetente Finanzpolitik. Angesichts der schon weitgehenden Gleichschaltung durch das NS-Regime fiel der Geschäftsbericht erstaunlich nüchtern aus, in manchen Passagen distanziert-abwartend. Wie auch der Hypo-Bank-Vorstand[19], und in Übereinstimmung mit seiner früheren wirtschaftspolitischen Analyse, erinnerte der BV-Vorstand daran, dass „die zweite Hälfte des Jahres 1932 bereits einige Anzeichen der Erholung gebracht hatte", allerdings die jetzige Regierung „mit ganz anderen Machtmitteln als frühere Regierungen wirken konnte".[20] Und auch die allgemeine Charakterisierung beschränkte sich zunächst auf eine Bestandsaufnahme:

> Das Jahr 1933 brachte in Deutschland in tiefgehenden Umwälzungen am 30. Januar und 5. März den politischen Sieg der nationalsozialistischen Bewegung, die sodann in raschem Verlaufe auch das kulturelle und wirtschaftliche Leben des Volkes zu durchdringen wusste. Guten Willens und in redlicher Arbeit bemüht sich die deutsche Wirtschaft, an ihrem Teile mitzuarbeiten zum deutschen Wiederaufbau, zur Meisterung der schweren Krise, zu deren Überwindung die gefestigte innenpolitische Situation günstigere Voraussetzungen geschaffen hat, als sie vorher bestanden haben.[21]

Als jubelnde Eloge auf das neue Regime kann man solche Aussagen nicht bezeichnen, das zeigen auch die wirtschafts- und finanzpolitischen Präzisierungen der darauffolgenden Analyse: Sie hob in ihren positiven Bewertungen vor allem auf die schnelle Wirkung staatlicher Investitionen und Arbeitsbeschaffungsmaßnahmen ab, mit deren Hilfe die Zahl der Erwerbslosen bis Ende 1933 um ca. ein Drittel auf vier Millionen gedrückt werden konnte. Wie auch der Vorstand der Hypo-Bank gelangte die Leitung der Bayerischen Vereinsbank zu dem Schluss, dass „die Unternehmerinitiative [...] das für die Dauer Entscheidende bleiben wird", gerade sie sei heute aber noch zu schwach. Durch staatliche Arbeitsbeschaffungsmaßnahmen allein könne die Krise nicht restlos überwunden werden. Der Aufschwung wurde keineswegs als alleiniges Werk der Regierung Hitler betrachtet. Stattdessen hieß es: Allgemein bestehe das Vertrauen, „daß der durch die Regierung beeinflusste Konjunkturaufschwung sich zu einer nachhaltenden natürlichen Erholung der Wirtschaft ausgestalten werde". Ganz wie ihre Konkurrenz bei der Hypo-Bank versahen die Vorstände der Bayerischen Vereinsbank ihren Geschäftsbericht mit vorsichtiger Kritik und mit Mahnungen: Sie wandten sich gegen die Verwendung der 1931 zu niedrig angesetzten Einheitswerte und die staatlichen Entschuldungsmaßnahmen für die Landwirtschaft, die für die gewerbliche Wirtschaft zum Problem wurde; sie lobten die Währungs-

---

19 S.a. S. 48.
20 GB der BV Geschäftsjahr 1933, S. 4. D-BV-KOM-PUB-65.
21 Ebd., S. 4ff.

politik der Reichsbank, die zu einer „ausgesprochenen Festigung des Vertrauens in eine zielbewußte Währungspolitik und einen sachverständigen Schutz des Sparkapitals" geführt habe. Sentenzen nationalsozialistischer Ideologie finden sich in dem Geschäftsbericht nicht – nicht einmal in Form allgemeiner Ergebenheitsadressen. Die positiven Bewertungen hingegen beschränken sich auf Sachpunkte wie beispielsweise Arbeitsbeschaffung und Währungspolitik – eben die Arbeit der Reichsbank unter Hjalmar Schacht oder die tatkräftigere Arbeitsbeschaffungspolitik, die aber ihrerseits nicht von der Regierung Hitler erfunden, sondern nur in stärkerem Maße umgesetzt und intensiviert worden war.

Mit großem Nachdruck wies die Bayerische Vereinsbank darauf hin, dass es keinerlei Begründung für eine Verstärkung der Bankaufsicht gebe, da bereits 1899 reichsweit ein Staatskommissar für die Bank installiert worden sei. In Bayern verfolgte der königliche Kommissar bereits seit Eröffnung der Hypo-Bank am 15. Oktober 1835 die Geschäfte der Banken. Für die Hypotheken-Abteilung übe dieser eine spezielle Aufsicht aus und für die Bank-Abteilung sei 1931 eine Reichsaufsicht mit einem Reichskommissar und einem Bankenkuratorium eingeführt worden. Der Zweck solcher Hinweise war klar: „Wenn wir dies alles hier aufführen, so geschieht es, weil in der Öffentlichkeit wenig bekannt ist und weil hieraus unsere Auffassung gerechtfertigt wird, daß bei einer Umgestaltung des deutschen Bankwesens keine Veranlassung besteht, die ‚gemischten Banken' Bayerns in ihrer Eigenart zu verändern."[22] Die Leitung der BV wollte offensichtlich einer weiteren Einschränkung ihrer Autonomie vorbeugen. An diesem Beispiel wird erneut deutlich, welch vermeintliche Kontinuität vom staatlichen Interventionismus der Präsidialregierungen der Weimarer Republik zur staatlichen Indienstnahme und Gängelung von Wirtschaft und Finanzwelt durch das nationalsozialistische Regime wahrgenommen wurde: Auf diese Weise wurden die zwischen autoritärem Präsidialregime und ideologiegeleiteter Diktatur bestehenden fundamentalen Unterschiede verwischt, was den Übergang zur nationalsozialistischen Herrschaft erleichtert hat. Schon der erste Biograph Hitlers – dessen Werk 1936/37 im schweizerischen bzw. französischen Exil verfasst wurde – und erste Verfasser einer Geschichte des Nationalsozialismus (1932), Konrad Heiden, sah hellsichtig: Die Geschichte des Nationalsozialismus ist die Geschichte seiner Unterschätzung. Sie findet sich nicht allein in der Politik, sondern auch in der Wirtschaft – ein Kontext, der stets berücksichtigt werden muß.

Das konkrete Geschäftsergebnis der Vereinsbank ähnelte 1933 dem des Vorjahres, so dass die gleiche Dividende in Höhe von sechs Prozent gezahlt werden konnte. Im Verhältnis der Verbindlichkeiten und flüssigen Mittel war Ende des Jahres 1933 der Stand von vor der Bankenkrise 1931 wieder erreicht, der

---

22 Ebd., S. 8.

Hypothekenbestand hatte sich um etwa zehn Millionen RM auf gut 767 Millionen RM verringert, aufgrund des „stillstehenden Neugeschäfts" und des geringeren Geschäftsumfangs waren die Hypothekengewinne ebenso wie die Provisionen zurückgegangen. Die Banken-Abteilung allerdings hatte den Tiefstand der Bankenkrise von 1931 überwunden.

Die Bayerische Vereinsbank legte mit guten Gründen Wert auf die klassische Pfandbriefdeckung der Hypotheken und forderte deshalb einen Schutz der Pfandbriefbesitzer als Gläubiger. Der Vorstand wies zu Recht darauf hin, in welchem Ausmaß dieses System in breiten Volksschichten Bayerns verankert, also keineswegs eine Domäne weniger großer Kapitalisten sei. Auch in solcher Argumentation wird der indirekte Bezug erkennbar: Für eine sozialpolitische Agitation des Regimes fehlte in dieser Hinsicht die reale Basis – was die nationalsozialistische Propaganda aber keineswegs davon abhielt, einschlägige Klischees zu bedienen. Der Vorstand der Bayerischen Vereinsbank konnte hingegen mit Zahlen aufwarten: Am Ende des Jahres 1933 habe das Institut 385 Millionen Goldmark in 19 283 Einzelposten, hauptsächlich in unkündbaren Tilgungshypotheken, ausgeliehen. Die Finanzierung beruhte auf 865 000 Pfandbriefen: „Der Durchschnittsbetrag der Hypothek beträgt rund GM 20 000,–, der Durchschnittsbetrag der Pfandbriefstückelung GM 438,–. Diese Ziffern zeigen auch, daß der im Pfandbriefsystem organisierte Realkredit in der Sparkraft der breitesten Volksschichten verwurzelt ist und daß sein Wohl und Wehe auf der Gläubigerseite eine noch unvergleichlich größere Zahl von kleinen Einzelexistenzen berührt als auf der Schuldnerseite."[23]

Die Bilanzsumme schrumpfte im Geschäftsjahr 1933 leicht um 6,5 Millionen RM auf 630,5 Millionen RM, was insgesamt auf einen stärkeren Rückgang bei der Hypotheken-Abteilung und einen minimalen Anstieg bei der Bank-Abteilung zurückzuführen war. Der Reingewinn verminderte sich um etwa 65 000 RM auf gut 2,024 Millionen RM.

Veränderte sich der Stil der Geschäftsberichte, nachdem die nationalsozialistische Diktatur sich etabliert und zum größeren Teil normativ, zu einem erheblichen Teil aber auch faktisch die Gleichschaltung von Staat, Gesellschaft, Wirtschaft und Kultur vollzogen hatte? Welche Antwort gibt der am 11. April 1935 vorgelegte Geschäftsbericht für das Jahr 1934 auf diese Frage? Die Antwortet lautet: Der Vorstand der Bayerischen Vereinsbank passte seinen Stil gar nicht, den Inhalt nur vereinzelt und völlig sachbezogen an die neuen Verhältnisse an! Tatsächlich blieben die Berichte der Bayerischen Vereinsbank – außer in vereinzelten Bemerkungen – in noch stärkerem Maße als die der Hypo-Bank von ideologiegetränkten Äußerungen frei.

---

23 Ebd., S. 9.

Dies war zwar auch bei anderen Banken die Regel, doch dominierte in Vorstand und Aufsichtsrat der Bayerischen Vereinsbank besonders bis 1938 eine erkennbare Distanz zum NS-Regime. Der Geschäftsbericht der Bank wies auf die Besserung der Wirtschaftslage und damit die Senkung der Erwerbslosigkeit in Deutschland hin, doch alles in einer ausgesprochen nüchternen Diktion. Dafür charakteristisch sind bereits die einleitenden Sätze: „Während des Berichtsjahres 1934 stand die deutsche Wirtschaft weiterhin in erster Linie unter der Einwirkung der umfassenden und vielfältigen wirtschaftspolitischen Maßnahmen des Staates. Die verschiedenen Arbeitsbeschaffungsprogramme des Reiches und der Länder und die sonstigen zahlreichen Staatsaufträge beeinflussten ausschlaggebend die Konjunktur und den Aufschwung der Wirtschaft."[24]

Viele staatliche Maßnahmen wurden jedoch als Versuche charakterisiert, bestimmte wirtschaftspolitische Ziele zu erreichen, ohne dass dies immer voll gelungen sei. Der Vorstand verwendete Begriffe wie „Überwachung und Reglementierung", und wenn er sie mit der Bewertung „in dieser Situation notwendige Maßnahmen" etikettiert, folgte in der Regel der Hinweis auf die negativen Begleiterscheinungen solcher staatlichen Vorschriften. Wie auch in den Geschäftsberichten der Hypo-Bank[25] schlossen sich nachdrückliche Mahnungen an, beispielsweise: Die Reichsregierung habe doch wiederholt betont, „grundsätzlich an der Freiheit der Wirtschaft und der Förderung der Initiative der einzelnen wirtschaftenden Personen festhalten" zu wollen, da sie diese „als wesentliche Triebkräfte der wirtschaftlichen Entwicklung" ansehe. Die Bank machte mit solchen Formulierungen immer wieder den Versuch, die (nationalsozialistische) Regierung beim Wort zu nehmen. Die BV bemühte sich dabei offensichtlich um die verfassungsrechtliche Unterscheidung von Partei und Staat, um der ideologischen und machtpolitischen Deformierung administrativer Regelungen mit Sachargumenten entgegenzuwirken. Überdies handelte es sich um die regelmäßige Wiederholung des Appells, der Staat möge eine freie Wirtschaft ermöglichen, weil nur sie die Krise meistern könne. Auch hier fand sich der mit Nachdruck vorgetragene Hinweis, die Gesundung der Binnenkonjunktur reiche keineswegs aus, es müsse „mit allen Mitteln auf die Vermehrung der deutschen Ausfuhr" hingearbeitet werden: Dies sei in Zukunft die wichtigste Aufgabe freier Unternehmerinitiative.

Das „Gesetz zur Ordnung der nationalen Arbeit" vom 20. Januar 1934 kommentierte der Vorstand der Bayerischen Vereinsbank mit den Worten, es sei in der Wirtschaft „aufrichtig begrüßt" worden. Der Kommentar fiel jedoch in fast akrobatischen Formulierungen denkbar allgemein aus: „Die hohen Gedanken der Verbundenheit aller Betriebsangehörigen, des gegenseitigen Vertrauens und der

---

24 GB der BV Geschäftsjahr 1934, S. 4. D-BV-KOM-PUB-66.
25 S.o. S. 47f.

Kameradschaft sind geeignet, den Frieden der gemeinsamen Arbeit zu sichern, die Grenzen des Wünschenswerten und des Möglichen in den sozialen Fragen nahe aneinander zu rücken." Und das „Reichsgesetz über das Kreditwesen" vom 5. Dezember 1934 dokumentiere in den Augen des BV-Vorstands „durch die Fülle der den Banken auferlegten Pflichten und Kontrollen die Bedeutung des Bankgewerbes". Im Übrigen müsse man aber die Handhabung durch die amtlichen Stellen abwarten, erst dann könne beurteilt werden, ob es dem Bankgewerbe gelinge, „das schwere Problem einer gesicherten Ertragsfähigkeit zu lösen".[26]

Zu weitergehenden Äußerungen über die Gleichschaltungsgesetzgebung des NS-Regimes ließ sich der Vorstand der Bayerischen Vereinsbank im Geschäftsbericht nicht bringen, und diese Kommentare klangen gequält genug. Die Reaktion der Hypo-Bank war, wie gezeigt worden ist, analog. Vergleichbar war auch die Schlussfolgerung über das verflossene Geschäftsjahr: Es habe einen ähnlichen Verlauf genommen wie das Vorjahr, so dass die Vorjahrsdividende von fünf bis sechs Prozent ausgeschüttet werden konnte. Man erkannte die Verbesserung der wirtschaftlichen Lage in Deutschland an, doch benötigte das Bankgewerbe, anders als Handel und Industrie, einen längeren Zeitraum zur Gesundung.

In Bezug auf die einzelnen Sparten verlief die Geschäftsentwicklung wiederum etwas unterschiedlich: Für die Bankabteilung machte sich der weitere Konjunkturaufschwung durch eine Erhöhung der Umsätze um 13 Millionen RM bemerkbar, das Pfandbriefgeschäft kam nicht zur Ruhe, weil die Erwartung der gesetzlich vorgesehenen Konversion – die Zinsen für Immobilienhypotheken sollten der wirtschaftspolitischen Zielsetzung der Regierung entsprechend gesenkt werden – Unsicherheit erzeugte: Während die Kurse zunächst von 96 auf 97 Prozent stiegen, erlitten sie seit Mitte des Jahres 1934 einen „beträchtlichen Rückschlag"; am Jahresende waren die eigenen Pfandbriefe der Vereinsbank wieder auf 97,55 Prozent angelangt.

Die „Gemischten Banken" erhofften sich von dieser Konversion vor allem die „Wiederaufnahme eines normalen Emissions- und Beleihungsgeschäfts". Sie akzeptierten die Notwendigkeit, auf die Leistungsfähigkeit des Kapitalmarkts Rücksicht zu nehmen, hoben aber hervor, dass die Pfandbriefbanken den Kapitalmarkt seit dreieinhalb Jahren gar nicht mehr in Anspruch genommen hatten. Wie die Hypo-Bank musste die Bayerische Vereinsbank beträchtliche, 1934 sogar noch gewachsene Zinsrückstände verkraften, sie betrugen 1934 bei der BV rund 3,5 Millionen GM – eine Summe, die immerhin 14,5 Prozent des Zinssolls ausmachte.[27] Bei der Hypo-Bank waren es 4,8 Millionen (10,83 Prozent des Zinssolls).

---

26 GB der BV Geschäftsjahr 1934, S. 6. D-BV-KOM-PUB-66.
27 Ebd., S. 8f.

Gebessert hatte sich die Lage beim Kommunaldarlehensgeschäft, das in den Vorjahren durch einen nennenswerten Anteil an säumigen Schuldnern aufgefallen war. Durch zwei Gemeindeumschuldungsgesetze vom 21. September 1933 und 5. Juli 1934 wurde die selbstständige Umschuldung der bis Ende 1933 aufgelaufenen Zinsrückstände gestattet, auch verbesserte sich die Finanzlage der Gemeinden durch die Verminderung der Erwerbslosigkeit deutlich. Kritisch sah der BV-Vorstand weiterhin die Begünstigung der Landwirtschaft durch das NS-Regime, die oft missbräuchlich in Anspruch genommen werde und die gewerbliche Wirtschaft benachteilige. Natürlich lag in diesem Bereich eine wirkungsvolle Interessenpolitik der Landwirtschaft, vor allem der ostelbischen, die schon in den letzten Jahren der Weimarer Republik energisch, ja bedenkenlos betrieben worden war. Diese nach 1933 unter anderen politischen Vorzeichen fortgeführte Politik hatte zum Sturz des Reichskanzlers Heinrich Brüning 1932 erheblich beigetragen, weil die deutschnationale großagrarische Umgebung des Reichspräsidenten von Hindenburg gegen Brüning intrigiert hatte, da er aus nationalökonomischen Erwägungen ihren Interessen nicht aufgeschlossen genug gegenüberstand. Die NSDAP jedoch hatte aus ideologischen Gründen die Förderung der Landwirtschaft längst auf ihre Fahnen geschrieben und im Übrigen in (protestantischen) ländlichen Gebieten zum Teil überproportional viele Anhänger.[28]

Die in allen Geschäftsberichten dieser Jahre wiederholte Kritik an der Privilegierung der Landwirtschaft durch die finanzpolitische Gesetzgebung des Dritten Reiches stieß sich also an deren ideologisch untermauerter Zielsetzung. Während des nationalsozialistischen Regimes wurde die Landwirtschaft – in Analogie zu anderen ökonomischen und gesellschaftlichen Sektoren – in dem am 13. September 1933 gegründeten sog. Reichsnährstand zusammengefasst, der dem Reichsbauernführer, der gleichzeitig als Reichslandwirtschaftsminister amtierte, unterstand und in dem sämtliche Landwirte Mitglied sein mussten. Der Reichsnährstand regelte in Form eines ebenfalls öffentlich-rechtlich organisierten Zwangskartells sowohl die Agrarproduktion als auch ihren Absatz und setzte unabhängig von der Entwicklung des Weltmarkts die Preise fest. Da die Agrarideologie wesentlicher Teil des Nationalsozialismus war, hatten die Banken natürlich trotz ihrer kritischen Bemerkungen keine Chance, die Politik des Regimes zu ändern.

Der Hypothekenbestand der Bayerischen Vereinsbank insgesamt verringerte sich gegenüber dem Stand Ende 1933 wiederum um etwa zwölf Millionen RM auf

---

28 Vgl. schon Rudolf Heberle, Landbevölkerung und Nationalsozialismus, Stuttgart 1963; Gerhard Stoltenberg, Politische Strömungen im schleswig-holsteinischen Landvolk 1918–1933, Düsseldorf 1962; Möller, Parlamentarismus in Preußen, S. 226ff., 297ff.

knapp 755 Millionen.[29] Der Grund lag darin, dass das Neugeschäft an Hypotheken weiterhin fehlte und der Umsatz dieser Sparte um acht Millionen RM zurückgegangen war. Die gesamte Bilanzsumme erhöhte sich jedoch erstmals seit der Bankenkrise 1931 leicht um ungefähr fünf Millionen RM auf 635,86 Millionen RM, der um den Vortrag aus 1933 erhöhte Reingewinn betrug gut 2,018 Millionen RM.[30]

Im Jahr 1935 besserte sich die wirtschaftliche Lage des Reiches weiter, was auch für die Bayerische Vereinsbank allmählich positive Wirkungen zur Folge hatte. Der BV-Vorstand wies einmal mehr darauf hin, dass diese Entwicklung entscheidend durch wirtschaftspolitische Maßnahmen des Staates beeinflusst sei, dass die Besserung auch die Landwirtschaft erreicht habe und durch öffentliche Aufträge die Arbeitslosenquote weiter gesunken, die Steuereinnahmen aber erheblich gestiegen seien. Erstmals erwähnte der Geschäftsbericht, dass durch die Wiederherstellung der deutschen Wehrhoheit – die durch den Vertrag von Versailles 1919 erheblich eingeschränkt worden war – und die Einführung der allgemeinen Wehrpflicht neue nationale Aufgaben von großer wirtschaftlicher Bedeutung entstanden seien, da Ausrüstung, Unterkunft, Verpflegung usw. sichergestellt werden müssten.

Als nationalökonomisches Problem ersten Ranges sah der Vorstand der Bayerischen Vereinsbank – wie schon die Direktoren der Hypo-Bank[31] – die Autarkiepolitik des Regimes an: Wirkliche Abhilfe in der deutschen Außenhandelsbilanz könne auf längere Sicht „aber nicht durch eine neuerliche Beschränkung der Einfuhr, sondern nur durch eine weitere Steigerung der Ausfuhr herbeigeführt werden".[32] Diese Einschätzung des Bankvorstands entsprach den von jeher verfolgten Grundsätzen; auch in der generellen Darstellung der wirtschaftlichen Entwicklung fehlten ideologisch getränkte Ausführungen.

Der Geld- und Kapitalmarkt blieb durch die Kreditausweitung und die Finanzierung der Arbeitsbeschaffungsmaßnahmen flüssig, was sich auch in der Liquidität des Instituts niederschlug. Weiterhin wurde beklagt, dass der konjunkturelle Aufschwung zwar für Industrie und Landwirtschaft Besserung gebracht habe, bisher aber noch nicht für die Geschäftsmöglichkeiten der Banken, die lediglich Mehrarbeit zu leisten hätten. Nach wie vor müssten die Banken auf das Devisengeschäft und die Emissionstätigkeit ganz verzichten. Ohne die Vergrößerung der Rücklagen und Zahlung angemessener Dividenden sei eine nachhaltige Belebung der Bankgeschäfte aber nicht zu erwarten.

---

29 GB der BV Geschäftsjahr 1934, S. 12. D-BV-KOM-PUB-66.
30 Ebd., S. 15f.
31 S.o. S. 55f.
32 GB der BV Geschäftsjahr 1935, S. 5, die Hinweise vorher, S. 4. D-BV-KOM-PUB-67.

Eine positive Entwicklung vermeldete die Bankabteilung der Bayerischen Vereinsbank gleichwohl, da sich ihre Bilanzsumme erneut um ca. zwölf Millionen RM erhöhte. Erstmals nach mehreren Jahren der Stagnation oder Verringerung wuchs das Hypothekengeschäft, das insgesamt in den Vorjahren eine Einbuße von 35 Millionen RM hatte verkraften müssen. Auch der Pfandbriefmarkt erholte sich, der BV-Vorstand vermerkte mit großer Genugtuung, daß der Pfandbrief seine „traditionelle Stellung als Anlagepapier und damit als wichtigstes Instrument des deutschen Realkredits behauptet und neu bewiesen hat", der Kurs blieb relativ stabil bei 98,50 Prozent.[33] Die Zinsrückstände blieben hoch, wenngleich sie sich immerhin um gut einen Prozentpunkt auf 13,51 Prozent des Zinssolls verminderten. Ein vergleichsweise deutliches Wachstum um ca. 15 Millionen RM wies der Hypothekenbestand auf, der nun insgesamt knapp 770 Millionen RM erreichte und sich damit erstmals seit Jahren wieder erholte.[34] Auch der Reingewinn erhöhte sich leicht auf ca. 2,121 Millionen RM.[35]

Im Jahr 1936 setzte sich der Wirtschaftsaufschwung mit allen schon dargestellten Indizien fort, politische Kommentare im engeren oder ideologischen Sinne finden sich in dem im April 1937 vorgelegten Bericht ebenso wenig wie in den früheren. Neu hingegen ist der Hinweis auf einen weiteren Wandel der „inneren Struktur des Wirtschaftsanstieges", der nicht mehr der Arbeitsbeschaffung diene: „Heute dienen die Staatsaufwendungen überwiegend der nationalen Aufgabe der Wiederherstellung und des Ausbaues der Wehrmacht. So wird die private Wirtschaft in erster Linie nach den Bedürfnissen der Wehrwirtschaft arbeiten".[36] Auch dem Bankvorstand war also die Indienstnahme der Wirtschaft für die Aufrüstung klar; ob er darin einen unmittelbaren Beitrag zur Kriegsvorbereitung gesehen hat, lässt sich den Unterlagen nicht entnehmen, ist aber angesichts der Klarheit der wirtschaftspolitischen Analysen wahrscheinlich. Der konjunkturelle Aufschwung Deutschlands Mitte der 1930er Jahre blendete offenbar die Analysten der Bayerischen Vereinsbank nicht, was im Gegensatz hierzu für weite Bevölkerungskreise und viele Sektoren von Wirtschaft und Gesellschaft die Regel war. Die wirtschafts- und finanzpolitischen Einschätzungen des BV-Vorstands blieben selbst auf dem Höhepunkt der Popularität des NS-Regimes sachlich-distanziert.

In Bezug auf das eigene Geschäft stellte der BV-Vorstand die Diagnose, im allgemeinen Wirtschaftsaufschwung sei das Bankgewerbe nach wie vor etwas zurückgeblieben, jedoch seien im Vergleich zum Vorjahr wiederum Verbesserun-

33 Ebd., S. 8.
34 Ebd., S. 12.
35 Ebd., S. 16.
36 GB der BV Geschäftsjahr 1936, S. 4. D-BV-KOM-PUB-68.

gen zu spüren: So stieg im Bankgeschäft die Bilanzsumme erneut, dieses Mal um mehr als 20 Millionen RM, die Erträge allerdings gingen zurück, weil die fremden Gelder erheblich vermehrt wurden, die Zahl der Debitoren sich aber verminderte. Weitere Fortschritte kennzeichnete das Hypothekengeschäft, bei dem sich der Betrag von Neuauszahlungen mit über 29 Millionen GM gegenüber dem Vorjahr verdoppelt hatte. Das Pfandbriefgeschäft blieb massiv durch die fortbestehende Emissionssperre behindert. Sie wurde mehr und mehr zur „Hauptsorge der Hypothekenbanken", wie auch schon die Kritik der Hypo-Bank-Direktoren gezeigt hat.[37] Die Bayerische Vereinsbank vertrat entschieden die Ansicht, dass der Pfandbrief dem Wertpapiermarkt zusätzliches Sparkapital zuführe. Der Pfandbrief galt in Bayern immer als Sparbuch des kleinen Mannes.[38]

Deutlich verringerte sich im Berichtsjahr 1936 der Anteil der rückständigen Zinsen, und zwar um 4,32 Prozentpunkte auf 9,19 Prozent vom Zinssoll, wenngleich der Zinseingang in der Landwirtschaft nach wie vor unbefriedigend blieb. Erheblich vergrößerte sich im Geschäftsjahr 1936 der Hypothekenbestand, auf fast 808 Millionen RM. Die flüssigen Mittel erhöhten sich ebenfalls, auch der Reingewinn verbesserte sich nochmals, allerdings nur geringfügig um ca. 73 000 auf knapp 2,86 Millionen RM.

Eine auffällige Veränderung nicht allein formaler, sondern inhaltlicher Art findet sich, wie in den Direktoriumsberichten der Hypo-Bank, seit 1937 auch bei der Vereinsbank: Erstmals wurden nun gesetzlichen Vorgaben folgend für das Jahr 1936 Angaben über die Zahl der Angestellten und die besonderen sozialen Leistungen aufgenommen.[39]

Der letzte noch in einem vollen Friedensjahr erstellte Geschäftsbericht stammte vom 30. März 1938 und wurde mit der Feststellung eingeleitet, dass die deutsche Wirtschaft 1937 ihren Aufstieg fortgesetzt und Vollbeschäftigung erreicht habe. Weiterhin wurde die Wirtschaftsaktivität in erster Linie auf die öffentlichen Aufträge zurückgeführt und der Wandel der Wirtschaftstruktur durch die seit 1935 bestehende „nationale Pflicht des Wiederaufbaus der Wehrmacht" erwähnt. Seit 1937 sei eine neue gewaltige Aufgabe hinzugetreten, nämlich „die Sicherung der deutschen Nahrungs- und Rohstoff-Freiheit".[40] Die Finanzierung öffentlicher Aufträge erfolgte nun nicht mehr allein durch Vorfinanzierung mithilfe von Wechseln und Schatzwechseln, schließlich der kurzfristigen Kreditausweitung durch Ausgabe von Schatzanweisungen und Anleihen, sondern verstärkt durch die üppiger sprudelnden eigenen Einnahmen des Reiches. Der Geldmarkt

---

37 S.o. S. 58.
38 Vgl. Pfnür, Die Einführung des Pfandbriefsystems in Bayern 1864, S. 142.
39 S. dazu unten den Abschnitt Personalentwicklung, S. 146f.
40 GB der BV Geschäftsjahr 1937, S. 4. D-BV-KOM-PUB-69.

blieb weiterhin flüssig, allerdings beklagte der BV-Vorstand, dass es nach wie vor an einer funktionierenden Börse fehle. Immer noch nehme das Bankgewerbe am wirtschaftlichen Aufschwung des Reiches nur in geringerem Maße teil als Handel, Industrie und insbesondere das Baugewerbe. Das Gesamtergebnis sowohl der Hypotheken- als auch der Bank-Abteilung war dennoch zufriedenstellend, deren Volumen wuchs 1937 wiederum, was auch im Anstieg der Kontenzahl um 6600 auf 133 600 zum Ausdruck kam, die sich auf die nun in insgesamt 57 Orten in Bayern einschließlich der Pfalz existierenden Geschäftsstellen der Bayerischen Vereinsbank verteilten. Ein ärgerliches Hemmnis blieb die fortbestehende Emissionssperre für Pfandbriefe, die die Basis des Hypothekengeschäfts bildeten. Das Neugeschäft umfasste die Auszahlung von Hypothekendarlehen im Gesamtwert von ca. 30 Millionen Goldmark; sie erstreckten sich wiederum – ähnlich wie bei der Hypo-Bank – vornehmlich auf kleinere Objekte, im Falle der Bayerischen Vereinsbank auf den Neubau von „Einfachstwohnungen" und „bescheidene Eigenheime". Die Zinsrückstände gingen 1937 weiter zurück und lagen mit 5,7 Prozent nun erheblich unter dem Schnitt der letzten Jahre, wobei die Rückstände in der Landwirtschaft allerdings weit nach oben abwichen und mit 13,45 Prozent des Zinssolls hoch blieben. Der Reingewinn der Bayerischen Vereinsbank mit den beiden verbundenen Hypothekenbanken ging wieder etwas zurück und betrug 1937 knapp 2,070 Millionen RM.

Das Jahr 1938 bezeichnete auch die Bayerische Vereinsbank in ihrem Geschäftsbericht als politisch und wirtschaftlich besonders ereignisreiches Jahr, weil das Reich durch die „Großtat der Angliederung der Ostmark und des sudetendeutschen Gebietes" Deutschland zu Großdeutschland gemacht habe: Das Reich sei gegenüber dem Versailler Diktat um 42 000 qkm gewachsen und habe seine Bevölkerung von 67 auf 80 Millionen Menschen vergrößert. Diese Erweiterung habe zwar außerordentliche Anstrengungen notwendig gemacht, dem Reich seien aber wirtschaftlich wichtige Gebiete zugefallen.

Das Jahr 1938 ist als Jahr der „Gleichschaltung" der Vereinsbank bezeichnet worden[41], da das NS-Regime damals versuchte, einen stärkeren Einfluss auf die Leitung der Bank, insbesondere auf die Besetzung von Vorstand und Aufsichtsrat, zu gewinnen. Es handelte sich 1938 um zwei parallele, jedoch ineinandergreifende Vorgänge, einen erzwungenen Eignerwechsel bei den Großaktionären sowie eine personalpolitische Nötigung. Wenngleich sich tatsächlich der nationalsozialistische Einfluss 1938 verstärkte und seitdem die eine oder andere Formulierung dies auch belegt, kann jedoch von „Gleichschaltung" im strengen Sinn kaum gesprochen werden.[42] Tatsächlich erfolgte eine begrenzte Anpassung des

---

41 Reuss, Vereinsbank, S. 40.
42 Vgl. unten Abschnitt Das Verhältnis von Aufsichtsrat und Vorstand zur NSDAP, S. 153.

Vorstands und des Aufsichtsrats an die Machtverhältnisse, die vom politischen und ökonomischen Umfeld der Bank und von der Bankenaufsicht des Reiches bestimmt wurden. Die Reichskommissare wirkten nicht zwangsläufig als ‚Gleichschaltungskommissare‘, da ihre Funktion vor 1933 nicht politisch definiert worden war. Reichskommissare waren für die Bayerische Vereinsbank und die Hypo-Bank wie für reine Hypothekenbanken schon seit 1899 eingesetzt worden, was durch die im Hypothekenbankgesetz von 1899 geregelte Staatsaufsicht begründet war. Zwar verstärkte sich ihre Stellung seit der Bankenkrise von 1931, auch nahmen sie an den Sitzungen der Gremien teil. Doch bedeutete dies nicht zwangsläufig eine Steigerung des nationalsozialistischen Einflusses auf die jeweilige Bank, vielmehr hing dessen Ausmaß von der Person des Reichskommissars ab. Im Falle der bayerischen Banken nahm diese Funktion meist ein Beamter des Bayerischen Staatsministeriums für Wirtschaft wahr, seit dem 2. April 1931 Ministerialrat Dr. Leonhard Meukel, der im Prinzip eher auf Seiten der Bank stand und nicht Handlanger von Parteistellen der NSDAP war.

Wie sind in diesem Kontext die Darstellung der politischen Ereignisse des Jahres 1938 im Vorstandsbericht zu beurteilen? Diese insgesamt sehr knapp ausfallenden Bewertungen sind fast die einzigen der Jahresberichte zwischen 1933 und 1939, die man als sehr positive Beurteilung spezifisch nationalsozialistischer Politik interpretieren kann. Trotzdem sind hier Einschränkungen erforderlich: Die heutige Sicht entspricht nicht der Perspektive der Zeitgenossen, im Übrigen waren die Forderungen nach Revision des Vertrags von Versailles nicht auf die NSDAP beschränkt, vielmehr gehörten sie während der 1920er Jahre auch zum Repertoire demokratischer Parteien. Nicht nur die Rechte, sondern auch die Linke bis hin zu den Kommunisten nannten den Friedensvertrag „Diktat von Versailles“. Selbst wenn diese Epitheta nicht der differenzierteren Einschätzung heutiger Geschichtswissenschaft entsprechen, müssen sie als allgemein geteilte Einschätzung der damals Lebenden für ein angemessenes Urteil berücksichtigt werden.

Der Anschluss Österreichs, den die Kriegssieger 1919 sowohl dem Deutschen Reich in Versailles als auch Österreich im Friedensvertrag von Saint Germain untersagt hatten[43], war nach 1919 sowohl von einer Mehrheit der Deutschen als auch der Österreicher gewünscht worden. Die Österreichische Nationalversammlung hatte nach Kriegsende einen entsprechenden Beschluss gefasst, die Weimarer Nationalversammlung für den gewünschten Beitritt Österreichs zum Deutschen Reich eigens eine Öffnungsklausel vorgesehen.[44] Und schließlich

---

43 Vgl. Möller, Europa zwischen den Weltkriegen, S. 18ff.
44 Vgl. Horst Möller, Österreich und seine Nachbarn. Deutschland 1919 bis 1955, in: Klaus Koch/Walter Rauscher/Arnold Suppan/Elisabeth Vyslonzil (Hg.), Von Saint Germain zum Belvedere.

widersprach die Zuweisung des bis 1918 zur Österreichisch-Ungarischen Doppelmonarchie gehörigen Sudetenlandes dem vom amerikanischen Präsidenten Woodrow Wilson für die Neuordnung Europas verkündeten Nationalitätenprinzip, das auch die Friedensverträge berücksichtigen sollten: Das nun zur Tschechoslowakei geschlagene Sudetenland war ein nahezu geschlossenes deutsches Siedlungsgebiet mit etwa drei Millionen Deutschstämmigen. Diese historische Ausgangsbasis rechtfertigte selbstverständlich nicht die mit Erpressungsmethoden operierende gewaltsame Außenpolitik Hitlers, die nicht nur der faschistische Diktator Italiens, Benito Mussolini, sondern auf der Münchner Konferenz von 1938 auch die demokratischen Regierungen Großbritanniens und Frankreichs aufgrund ihrer Appeasement-Politik akzeptierten. Doch erklärt dieser Hintergrund, warum auch zahlreiche Deutsche, die keine Nationalsozialisten, ja deren Gegner waren, im Anschluss Österreichs und dem des Sudetenlandes große Erfolge Hitlers sahen. Mit anderen Worten: Selbst aus solchen Passagen – die zweifellos der Außenpolitik des Regimes 1938 zustimmten – ist eine nationalsozialistische Ideologie des BV-Vorstands nicht belegbar, weil es sich um Ziele handelte, die keineswegs als spezifisch für Hitler angesehen wurden, sondern als große nationale Ziele gegolten hatten, wie schon die Diktion des Geschäftsberichts erkennen lässt.

Im Geschäftsjahr 1938 verliefen die Geschäfte der Bayerischen Vereinsbank befriedigend, das Gesamtergebnis besserte sich gegenüber dem Vorjahr, dazu trugen in verstärktem Maße die Niederlassungen außerhalb Münchens bei. Wiederum war in der Bank-Abteilung sowohl die Kontenzahl als auch der Umsatz gestiegen, dieses Mal sogar um 20 Prozent, d.h. um rund 41 Millionen auf 238,4 Millionen RM. Die Zahl der Gläubiger stieg ebenso wie die der Spareinlagen. Wie die Hypo-Bank engagierte sich – in Absprache mit ihr – die Bayerische Vereinsbank[45], die in Bayern einschließlich der Pfalz an 59 Orten vertreten war, nun im Sudetenland, wo sie nach Eröffnung einer Niederlassung in Asch im Februar 1939 noch eine weitere in Marienbad folgen lassen wollte. Das Reichswirtschaftsministerium bzw. der in Berlin residierende zuständige Reichskommissar gab dazu seine Einwilligung. Der Anteil der Filialen an den Geschäften der Bayerischen Vereinsbank, der in den Geschäftsberichten jeweils lobend hervorgehoben und als etwa gleichwertig angesehen wurde, schwankte naturgemäß, wenn Filialen hinzu kamen oder abgebaut wurden. Zwischen 1910 und 1945 entfiel ungefähr

―――――――
Österreich und Europa 1919–1955, Wien 2007 (Außenpolitische Dokumente der Republik Österreich. Sonderband), S. 158–171, hier S. 158ff.

45 Vgl. Brief von Kommerzienrat Karl Butzengeiger an Kommerzienrat August Bauch, dzt. New York vom 5. November 1938: „Wir hoffen für die B.V. und für die Hypo je 2 bis 3 Filialen in dem an Bayern angrenzenden Gebiet zu erhalten". D-BV-LO-A-548.

50 Prozent der Bilanzsumme auf die Bankfilialen, 40 Prozent der Umsätze der Bankabteilung wurden in den Niederlassungen erwirtschaftet; 60 Prozent in München.[46]

Die Hypotheken-Abteilung litt auch 1938 noch unter der Emissionssperre, so dass keine neuen Mittel aus Pfandbriefen bereitgestellt werden konnten. Neuausleihungen waren nur deshalb möglich, weil die Geldflüssigkeit zu einer erheblichen Steigerung bei der Rückzahlung von Hypothekenkapitalien geführt hatte. Die Bank setzte überdies eigene Mittel ein und veräußerte Restbestände von Pfandbriefen. Allerdings überstieg die Nachfrage nach Pfandbriefen bei weitem das Angebot. Der Zinsrückstand verringerte sich erneut, dieses Mal auf nur noch 3,29 Prozent[47] – auch dies ein Zeichen des erheblichen Geldflusses. Hier begegnet die schon von der Hypo-Bank bekannte Situation: Es war in der Bevölkerung so viel Geld vorhanden, dass die Einzahlungen auf Sparkonten und die Nachfrage nach Pfandbriefen stiegen und Tilgungen in erheblicher Höhe geleistet wurden. Der Reingewinn der Bank ließ sich erneut leicht steigern und erreichte für 1938 insgesamt 2,178 Millionen RM.

Am 4. April 1940 legte der Vorstand seinen Bericht für 1939 vor, also für ein Jahr, das bereits vier Monate lang Kriegsjahr war. Wiederum wurde die territoriale Vergrößerung des Deutschen Reiches erwähnt, dieses Mal durch die „Wiedergewinnung von Böhmen und Mähren, Memel und Danzig, sowie die nach dem siegreichen Feldzug in Polen übernommenen Gebiete", die „einen erheblichen Zuwachs an wertvollen Rohstoffen, bedeutenden Produktionsstätten und an Raum zur freieren Entwicklung" bedeuteten. Die Umstellung auf die Kriegswirtschaft habe sich planmäßig und ohne Reibungen vollzogen, die Kriegserklärung Englands und Frankreichs an das Reich am 3. September 1939 nach dem deutschen Angriff auf Polen am 1. September 1939 (wegen der territorialen Garantie für Polen, die beide Staaten gegeben hatten) die Wirtschaft vorbereitet getroffen. Nach diesen Feststellungen, die ohne weitere Kommentierung blieben, ging der Vorstand zum turnusmäßigen Geschäftsbericht über.

Das Jahr 1939 zeitigte sowohl für die Bank- als auch die Hypothekenabteilung gute Ergebnisse, die Bilanzsumme erhöhte sich gegenüber 1938 um acht Prozent (= 58 Millionen RM) auf 780 Millionen RM, die Umsätze erreichten sogar elf Milliarden RM, die Kontenzahl steigerte sich auf 147 000, und die Bayerische Vereinsbank vermehrte auch die Zahl der Bankfilialen: 60 lagen in Bayern einschließlich in der Pfalz, eine in Berlin und zwei im Sudetenland (Asch, Marienbad).[48] Zudem besaß die Bank ein Hypothekenbankbüro in Berlin.

---

46 Steffan, Die Bayerische Vereinsbank, S. 297.
47 GB der BV Geschäftsjahr 1938, S. 7. D-BV-KOM-PUB-70.
48 GB der BV Geschäftsjahr 1939, S. 4f. D-BV-KOM-PUB-71.

Erstmals seit vielen Jahren hatte die Reichsregierung die Emissionssperre gelockert, doch war nach wie vor die starke Nachfrage nach neuen Pfandbriefen
nur in begrenztem Maße zu befriedigen, obwohl die Bayerische Vereinsbank 1939
schon in den ersten Monaten im Vergleich zu 1938 mehr als sechsmal so viele
ausgab. Der Zinsrückstand betrug wie im Vorjahr ungefähr 3,32 Prozent, war also
sehr gering, wenngleich das Hypothekengeschäft im Bereich der Landwirtschaft
wieder eine unrühmliche Ausnahme bildete, lag er hier doch noch immer bei
8,26 Prozent des Solls.[49] Die Geldflüssigkeit erhöhte sich weiter, anteilig machten
die flüssigen Anlagen zwei Drittel (205 Millionen RM) der Verbindlichkeiten der
Vereinsbank aus.[50] Der Reingewinn erreichte mit etwas über 2,281 Millionen etwa
den gleichen Stand wie im Vorjahr. Sehr viel ausführlicher fiel dieses Mal der
Sozialbericht aus, worauf noch einzugehen ist.[51]

Für die vollen Kriegsjahre 1940 bis 1944 ergibt sich folgendes Bild der
Geschäftsentwicklung und der Ausführungen zu den politischen Rahmenbedingungen, insbesondere zur Kriegslage:

Die allgemeinen Bemerkungen in den Geschäftsberichten werden – wie die
gesamte Darstellung überhaupt – immer knapper: Im Bericht für 1940 erinnert
der Vorstand an den „Polenfeldzug", der bereits bewiesen habe, was „deutsche
Arbeit und deutsches Soldatentum zu leisten vermögen", und verweist auf „die
Besetzung von Dänemark und Norwegen, die Einnahme Luxemburgs, Hollands,
Belgiens und die völlige Niederwerfung der französischen Armee" – Ereignisse,
die alle „Erwartungen und Hoffnungen" übertroffen hätten. Es wird die außerordentliche Leistungskraft der deutschen Wirtschaft erwähnt, die Ausrüstung
und Kriegführung gesichert hatte: „So stand das Jahr 1940 unter dem Zeichen der
Höchstleistungen von Menschen und Maschinen; es war getragen von unbeding-
tem Vertrauen in die Führung."[52]

Dies sind zweifellos Sätze, die für die bis dahin üblichen Geschäftsberichte
der Vereinsbank untypisch waren und die zwei alternative Interpretationen
zulassen: Entweder stand der BV-Vorstand unter politischem Druck oder er war –
wie vermutlich der größte Teil der Bevölkerung – durch die deutschen Blitzsiege
1939/40 derart beeindruckt, dass die kritische Urteilskraft getrübt wurde: 1939/40
handelte es sich nicht mehr um die Besetzung bzw. Annexion von Gebieten, auf
die in weitester Auslegung mit historischer Begründung ein deutscher Anspruch
formuliert werden konnte, sondern zweifelsfrei fremdes Staatsterritorium und
im übrigen die Verletzung der Neutralität mehrerer Staaten. Allerdings muss

49 Ebd., S. 6.
50 Ebd., S. 7.
51 S.u. den Abschnitt Die Personalentwicklung, S. 146ff.
52 GB der BV Geschäftsjahr 1940, S. 9. D-BV-KOM-PUB-72.

Aktiva	Bilanz vom
	Reichsmark

1. Barreserve
a) Kassenbestand (deutsche und ausländische Zahlungsmittel) . . . . R.ℳ 3 293 062.72
b) Guthaben auf Reichsbankgiro- und Postscheckkonto . . . . „ 3 579 143.73 — **6 872 206.45**

2. Fällige Zins- und Dividendenscheine . . . . — **952 827.79**

3. Schecks . . . . — **1 328 694.08**

4. Wechsel . . . . — **32 953 234.76**
Darin sind enthalten Wechsel, die dem § 13 Abs. 1 Nr. 1 des Gesetzes über die
Deutsche Reichsbank entsprechen (Handelswechsel nach § 16 Abs. 2 KWG.)
R.ℳ 32 123 768.39

5. Schatzwechsel und unverzinsliche Schatzanweisungen des Reichs und der Länder — **73 564 845.72**
Darin sind enthalten Schatzwechsel und Schatzanweisungen, die die Reichs-
bank beleihen darf . . . . R.ℳ 71 140 070.37

6. Eigene Wertpapiere
a) Anleihen und verzinsliche Schatzanweisungen des Reichs und der Länder R.ℳ 64 494 027.09
b) sonstige verzinsliche Wertpapiere . . . . „ 9 385 397.39
c) börsengängige Dividendenwerte . . . . „ 14 794 132.76
d) sonstige Wertpapiere . . . . „ 675 523.54 — **89 349 080.78**
In der Gesamtsumme sind enthalten Wertpapiere, die die Reichsbank beleihen darf . . . . R.ℳ 71 783 790.74

7. Konsortialbeteiligungen . . . . — **520 139.90**

8. Kurzfällige Forderungen unzweifelhafter Bonität u. Liquidität geg. Kreditinstitute — **9 664 286.24**
Davon sind täglich fällig (Nostroguthaben) . . . . R.ℳ 9 664 286.24

9. Schuldner
a) Kreditinstitute . . . . R.ℳ 2 428 530.08
b) sonstige Schuldner . . . . „ 74 358 458.72 — **76 786 988.80**
In der Gesamtsumme sind enthalten:
aa) gedeckt durch börsengängige Wertpapiere . . . . R.ℳ 16 203 897.01
bb) gedeckt durch sonstige Sicherheiten . . . . „ 42 596 141.35

10. Hypotheken . . . . — **421 224 110.24**
Davon a) Deckungshypotheken . . . . R.ℳ 414 560 582.07
dazu Deckung in Wertpapieren . . . . . R.ℳ 7 000 000.-
b) Rentenbankkreditanstaltshypotheken . . . . „ 1 403 321.53
c) Zusatzforderungen aus der Zinssenkung landwirtschaftlicher
Hypotheken (VO. vom 27.9.32), nicht zur Deckung bestimmt „ 745 307.46
außerdem: Entschuldungsdarlehen der R.K.A. . . . . . R.ℳ 2 530 777.86

11. Kommunaldarlehen . . . . — **20 992 155.11**
Davon zur Deckung bestimmt . . . . R.ℳ 20 989 042.92

12. Zinsen von Hypotheken und Kommunaldarlehen
a) anteilige Zinsen von:
Hypotheken . . . . R.ℳ 6 131 377.09
Rentenbankkreditanstaltshypotheken . . . . „ 12 133.83
Kommunaldarlehen . . . . „ 302 030.08 R.ℳ 6 445 541.-
b) im Dezember 1939 fällige Zinsen von:
Hypotheken . . . . R.ℳ 3 815.13
Rentenbankkreditanstaltshypotheken . . . . „ 174.41 „ 3 989.54
c) rückständige Zinsen von Hypotheken . . . . „ 500 000.— — **6 949 530.54**

| | Übertrag: | 741 158 100.41 |

Abb. 19a: Bilanz der Bayerischen Vereinsbank Geschäftsjahr 1939, München 1940, aus Geschäftsbericht der Bayerischen Vereinsbank 1939. (D-BV-KOM-PUB-71)

31. Dezember 1939 — Passiva

	Reichsmark

1. Gläubiger
a) seitens der Kundschaft bei Dritten benutzte Kredite . . . . R.ℳ —,—
b) sonstige im In- und Ausland aufgenommene Gelder und Kredite . . „ 105 575.77
c) Einlagen deutscher Kreditinstitute . . . . . . R.ℳ 35 401 367.42
d) sonstige Gläubiger . . . . „ 170 710 591.03 „ 206 111 958.45   206 217 534.22

Von der Summe c) und d) entfallen auf
aa) jederzeit fällige Gelder . . . . R.ℳ 120 156 317.79
bb) feste Gelder und Gelder auf Kündigung . . „ 85 955 640.66
Von bb) werden durch Kündigung oder sind fällig
1. innerhalb 7 Tagen . . . . R.ℳ 3 253 361.93
2. darüber hinaus bis zu 3 Monaten . . . . „ 58 303 522.18
3. darüber hinaus bis zu 12 Monaten . . . . „ 24 149 180.60
4. über 12 Monate hinaus . . . . „ 249 575.95

2. Verpflichtungen aus der Annahme gezogener Wechsel . . . .   8 415 000.—

3. Spareinlagen
a) mit gesetzlicher Kündigungsfrist . . . . R.ℳ 45 820 642.77
b) mit besonders vereinbarter Kündigungsfrist . . . . „ 29 484 459.71   75 305 102.48

4. Hypothekenpfandbriefe im Umlauf
4½%ige . . . . R.ℳ 368 074 100.—
5% „ . . . . „ 2 964 500.—
6½% „ . . . . „ 1 538 000.—
7% „ . . . . „ 2 970 000.—
5½% „ „ (Liqu.) . . . . „ 36 040 900.—   411 587 500.—

5. Kommunalschuldverschreibungen im Umlauf: 4½%ige . . . .   18 128 700.—

6. Verloste u. gekündigte Hypothekenpfandbriefe u. Kommunalschuldverschreibungen   998 860.—

7. Rentenbankkreditanstaltsdarlehen
4% ige . . . . R.ℳ 1 379 305.27
4½% „ . . . . „ 24 015.60   1 403 320.87
außerdem: von der B.K.A. gewährte Kredite
für Entschuldungsdarlehen . . . . R.ℳ 2 530 777.86

8. Zinsen von Hypothekenpfandbriefen, Kommunalschuldverschreibungen und Rentenbankkreditanstaltsdarlehen

a) anteilige Zinsen von:
Hypothekenpfandbriefen . . . . R.ℳ 4 241 931.03
Kommunalschuldverschreibungen . . . . „ 192 686.72
Rentenbankkreditanstaltsdarlehen . . . . „ 10 247.22 R.ℳ 4 444 864.97

b) fällige Zinsen von:
Hypothekenpfandbriefen . . . . R.ℳ 580 720.95
Kommunalschuldverschreibungen . . . . „ 12 193.94 „ 592 914.89   5 037 779.86

Übertrag: 727 093 797.43

Abb. 19b: Bilanz der Bayerischen Vereinsbank Geschäftsjahr 1939, München 1940, aus Geschäftsbericht der Bayerischen Vereinsbank 1939. (D-BV-KOM-PUB-71)

Aktiva	Bilanz vom
	Reichsmark
Übertrag:	741 158 100.41
13. Beteiligungen (§ 131 Abs. 1 A II Nr. 6 des Aktiengesetzes)	18 384 742.40
Davon sind Beteiligungen bei anderen Kreditinstituten . . . . R.ℳ 17 943 338.40	
Zugänge . . . . R.ℳ 4 969.05	
Abgänge und Abschreibungen . . . . „ —.—	
14. Bankgebäude	5 640 000.—
Zugänge . . . . R.ℳ 233 608.40	
Abschreibungen . . . . „ 58 608.40	
15. Sonstige Grundstücke und Gebäude der Bank-Abteilung	4 000 000.—
16. Sonstige Grundstücke und Gebäude, im Hypothekengeschäft übernommen . . . . R.ℳ 21 071 662.26	
hievon deckungsfähige Eigentümerhypotheken (in Position 10 enthalten) . „ 10 558 200.—	10 513 462.26
17. Betriebs- und Geschäftsausstattung	—.—
18. Posten der Rechnungsabgrenzung	109 054.43
Summe der Aktiva	R.ℳ 779 805 359.50

19. In den Aktiven und in den Passiven 13, 14 und 15 sind enthalten:

   a) Forderungen an Konzernunternehmen . . . . R.ℳ 1 099 999.15

   b) Forderungen (einschließlich Hypotheken) an Mitglieder des Vorstandes, an Geschäftsführer und an andere im § 14 Abs. 1 und 3 KWG. genannte Personen sowie an Unternehmen, bei denen ein Inhaber oder persönlich haftender Gesellschafter dem Kreditinstitut als Geschäftsleiter oder Mitglied eines Verwaltungsträgers angehört . . . . „ 3 365 019.87

   hievon entfallen auf Mitglieder des Vorstandes . . R.ℳ —.—

   auf Mitglieder der Gefolgschaft . . „ 419 343.29

   c) Anlagen nach § 17 Abs. 1 KWG. . . . . „ 17 343 809.32

   d) Anlagen nach § 17 Abs. 2 KWG. (Aktiva 13, 14 und 15) . . . . „ 28 024 742.40

Abb. 19c: Bilanz der Bayerischen Vereinsbank Geschäftsjahr 1939, München 1940, aus Geschäftsbericht der Bayerischen Vereinsbank 1939. (D-BV-KOM-PUB-71)

31. Dezember 1939   Passiva

			Reichsmark
		Übertrag:	727 093 797.43
9. Grundkapital			31 050 000.—

10. Rücklagen

a) Gesetzliche Rücklage (nach § 11 KWG.)	R.ℳ	9 000 000.—
b) Rücklage für das Hypotheken-Geschäft (nach § 7 Hyp.-Bank-Ges.) (einschließlich R.ℳ 200 000.— Zuweisung lt. Gewinn- und Verlust-Rechnung)	„	4 000 000.—
c) Pensions- und Unterstützungsfonds . . . . (einschließlich R.ℳ 750 000.— Zuweisung lt. Gewinn- und Verlust-Rechnung)	„	3 250 000.—

16 250 000.—

11. Posten der Rechnungsabgrenzung

a) vorausbezahlte Zinsen und Tilgungen von Hypotheken und Kommunal- darlehen	R.ℳ	2 462 008.45
b) sonstige	„	668 505.76

3 130 514.21

12. Reingewinn

Vortrag aus dem Vorjahr	R.ℳ	625 840.18
Gewinn 1939	„	1 655 207.68

2 281 047.86

Summe der Passiva	**R.ℳ**	**779 805 359.50**

13. Eigene Ziehungen im Umlauf . . . . R.ℳ ——.—

14. Verbindlichkeiten aus Bürgschaften, Wechsel- und Scheckbürgschaften sowie aus Gewährleistungsverträgen (§ 131 Abs. 7 des Aktiengesetzes) . . . . R.ℳ 4 974 395.38

15. Eigene Indossamentsverbindlichkeiten

a) aus weiterbegebenen Bankakzepten	R.ℳ	1 509 150.—
b) aus eigenen Wechseln der Kunden an die Order der Bank	„	
c) aus sonstigen Rediskontierungen	„	1 245 660.01
	R.ℳ	2 754 810.01

16. In den Passiven sind enthalten:

a) Verbindlichkeiten gegenüber Konzernunternehmen . . . . (einschließlich der Verbindlichkeiten unter Passiva 13, 14 und 15)	R.ℳ	239 530.70
b) Gesamtverpflichtungen nach § 11 Abs. 1 KWG. (Passiva 1 mit 3 und 13)	„	289 937 636.70
c) Gesamtverpflichtungen nach § 11 Abs. 1 KWG., zuzügl. Hypotheken- geschäft (Passiva 1 mit 7 und 13)	„	722 056 017.57
d) Gesamtverpflichtungen nach § 16 KWG. (Passiva 1, 2 und 13)	„	214 632 534.22
e) Gesamtverpflichtungen nach § 16 KWG., zuzügl. Hypothekengeschäft (Passiva 1, 2, 4, 5, 6, 7 und 13)	„	646 750 915.09

17. Gesamtes haftendes Eigenkapital

a) nach § 11 Abs. 2 KWG. (Passiva 9 und 10a)	R.ℳ	40 050 000.—
b) nach § 11 Abs. 2 KWG., zuzügl. Hypothekengeschäft (Passiva 9, 10a und 10b)	„	44 050 000.—

Abb. 19d: Bilanz der Bayerischen Vereinsbank Geschäftsjahr 1939, München 1940, aus Geschäftsbericht der Bayerischen Vereinsbank 1939. (D-BV-KOM-PUB-71)

wiederum der gesamte Tenor des Textes berücksichtigt werden: Es gibt keine wei-
teren ideologischen Wertungen, auch nicht über die Unterlegenen, die zitierte
Passage über die militärischen Erfolge des Hitler-Reichs ist überwiegend im
Berichtsstil gehalten. Doch zeigt andererseits der Sozialbericht 1939 (und 1940)
Bemerkungen, die regimekonformer erscheinen als die Berichte in den Jahren
1933 bis 1938 oder die späteren seit 1941/42.

Offensichtlich ist auch die Engführung der Argumentation auf den finanzpolitischen Aspekt, die es allerdings erlaubte, vermintes Gelände zu meiden.
So wurde auf die Angleichung der Währungen an die Reichsmark in den „neu
besetzten Gebieten" verwiesen, die eine Voraussetzung für den bereits vor dem
Krieg begonnenen Ausbau des Verrechnungsverkehrs schaffe, der „eine wichtige
Grundlage für den künftigen europäischen Zahlungsausgleich" bilde. Während
der Kriegsjahre stellte der Vorstand der Vereinsbank seinen Ausführungen, wie
das Direktorium der Hypo-Bank, immer längere Namenslisten gefallener oder
später bei Bombenangriffen getöteter Mitarbeiter voran – ein unübersehbares
Zeichen, welche Opfer der Krieg nun mehr und mehr auch auf deutscher Seite
kostete.

Der Geschäftsbericht selbst konzentriert sich erneut auf die Ergebnisse des
Jahres 1940, sie hatten sich gegenüber 1939 wiederum verbessert: „Die Bilanz
unserer Bank wie die Gewinn- und Verlustrechnung weisen eine erfreuliche
Mehrung des Geschäftsumfanges und des Ertrages auf. Bank- und Hypothekenabteilung haben sich günstig weiterentwickelt; unsere auswärtigen Niederlassungen konnten ihre Erträgnisse gegenüber dem Vorjahr erheblich steigern."[53]
Bei der Bankabteilung wiesen alle Kriterien eine noch positivere Tendenz auf als
1939, so stieg deren Bilanzsumme erneut um 13 Prozent (Vorjahr acht Prozent),
die Umsätze erreichten 11,85 Milliarden RM, die Kontenzahl nahm nochmals um
8,5 Prozent auf nun 160 000 zu, die Liquidität erhöhte sich wiederum und stieg
auf 83 Prozent gegenüber 70,7 Prozent im Jahr 1939. Wie im Falle der Hypo-Bank
steigerten sich die Zuflüsse an Spareinlagen und an Termingeldern, die Zinssen-
kungen wirkten sich zum Nachteil der kurzfristigen Einlagen aus.

Eine starke, wiederum nur teilweise zu befriedigende Nachfrage zeigte das
Pfandbriefgeschäft, da die Reichsregierung im Herbst 1940 den Hypothekenbanken die Genehmigung zur Ausgabe 4-prozentiger Pfandbriefe erteilt hatte,
was immerhin eine gewisse Steigerung dieses Geschäfts ermöglichte. Zwar trat
die Hypothekenbeleihung für privaten Wohnungsbau wegen „der Ausrichtung
der gesamten Wirtschaft auf die Kriegsbedürfnisse" zurück; trotzdem gelang es
der Hypothekenabteilung, im Geschäftsjahr mit 20,6 Millionen RM einen etwas
höheren Betrag für Darlehen auszuzahlen als 1939 und den Hypothekenstock

---

53 Ebd., S. 10.

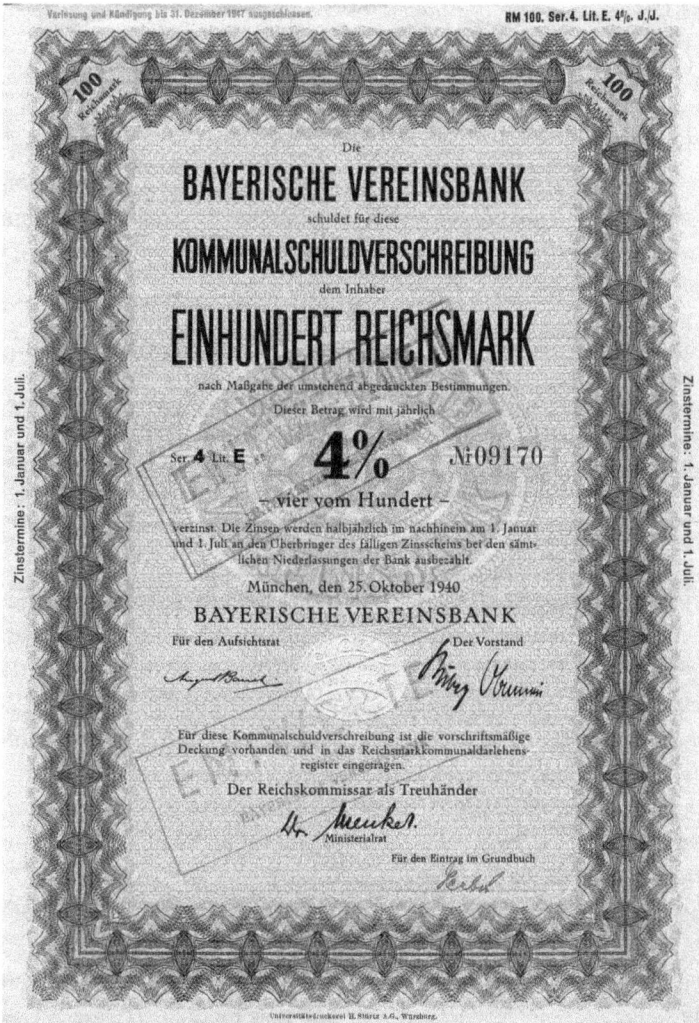

Abb. 20: 4-prozentige Kommunalschuldverschreibung zu 100 Reichsmark der Bayerischen Vereinsbank, München 1940. (D-BV-HP-PROD-24)

insgesamt um über acht Millionen RM zu erhöhen. Die Bayerische Vereinsbank plante wie die Hypo-Bank für die Zukunft, in den niedrigen Zinsen für die Pfandbriefe lag die Möglichkeit zur Verbilligung der Realkredite: „Diese Entwicklung ist von besonderer Bedeutung im Hinblick auf das große Wohnungsbauprogramm, das nach Beendigung des Krieges in Angriff genommen werden wird."[54] Der Reingewinn der Bayerischen Vereinsbank erhöhte sich im Geschäftsjahr 1940 wiederum leicht um ungefähr 20 000 RM auf insgesamt 2,302 Millionen RM.

Vom Jahresbericht 1941 an kehrte der Vorstand zu seiner – soweit es die Verhältnisse überhaupt zuließen – ideologiefreien Darstellung der Rahmenbedingungen zurück: Ein bezeichnender Kontrast zu der in dieser Hinsicht am wenigsten zurückhaltenden Diktion von 1940, die ihrerseits ja keineswegs eine Eloge auf die nationalsozialistische Ideologie enthielt. Nur ein einziger Absatz nennt den politischen Kontext:

> Das Jahr 1941 war gekennzeichnet durch den Balkanfeldzug, den Beginn des Kampfes gegen Sowjetrußland und unseren Eintritt in den Krieg gegen Amerika an der Seite Japans. Aus dieser Ausweitung der militärischen Operationen ergab sich für die Wirtschaft zwangsläufig die Notwendigkeit, alle vorhandenen Kräfte an Menschen und Maschinen weiter anzuspannen, da die Rüstungsproduktion noch mehr gesteigert werden mußte, um ihren Vorsprung gegenüber den Feindmächten zu behaupten. Mit der Ausdehnung des Krieges wuchs auch der Finanzbedarf des Reiches.[55]

1943 lautete der Eingangssatz noch lakonischer: „Die Banken konnten auch im Jahr 1943 der deutschen Wirtschaft vielfältige Unterstützung angedeihen lassen und dadurch wesentlich zur Erhöhung der Leistungen unserer Rüstungsindustrie sowie zur Erzeugung von Verbrauchsgütern beitragen." Danach kam der BV-Vorstand sofort zur Sache: „Die Entwicklung unseres Geschäftes nahm wiederum einen befriedigenden Verlauf."[56] Dieser Bericht wurde im März 1944 verfasst, es war der letzte aus der nationalsozialistischen Diktatur und dem Zweiten Weltkrieg, da der Vorstand die Rechenschaft für 1944 erst im September 1945 unter völlig veränderten Verhältnissen vorlegte.

Die Geschäfte selbst, und darüber musste der BV-Vorstand sogar unter den extremen Bedingungen des Krieges in erster Linie berichten, verliefen in den vollen Kriegsjahren weiterhin befriedigend, zum Teil nahmen die Aktivitäten der Vereinsbank sogar zu, beispielsweise durch eine regelmäßige Steigerung des Umsatzes und die Erhöhung der Kontenzahl: Sie erreichte Ende 1943 einen neuen Höchststand von 227 131. Allerdings verminderte sich der Reingewinn erheblich und sank in den Jahren 1943 und 1944 bis auf ca. 1,552 Millionen RM (1944), gegenüber 1941 und 1942 um etwa ein Drittel, was aber weiterhin die Ausschüttung der Dividende von sechs Prozent auf die Stammaktien ermöglichte.[57]

---

54 Ebd., S. 12.
55 GB der BV Geschäftsjahr 1941, S. 6. D-BV-KOM-PUB-73.
56 GB der BV Geschäftsjahr 1943, S. 1. D-BV-KOM-PUB-75.
57 GB der BV Geschäftsjahr 1944, S. 6. D-BV-KOM-PUB-76.

Seit 1941 stiegen wie auch bei der Hypo-Bank die Gläubiger- und Sparein-lagen noch weiter: 1940 um 31 Prozent und 1941 nochmals um 43 Prozent. Diese Tendenz hielt an. Ende 1943 erreichten sie eine Summe von 674,5 Millionen RM, von denen allein 58 Millionen RM in diesem Jahr eingezahlt worden waren. Die Kunden bevorzugten weiterhin kurzfristige Anlagen, nahmen im Übrigen ver-stärkt Tilgungen vor und wollten Pfandbriefe kaufen, deren Verfügbarkeit aber nach wie vor nicht ausreichte, um den Bedarf zu befriedigen. In all diesen Jahren erhöhten sich Liquidität und Geldflüssigkeit. Das Ausmaß der Staatsverschuldung stieg durch die Kriegsfinanzierung beträchtlich, war aber den Sparern nicht bewusst. Die bei der Hypo-Bank und der Bayerischen Vereinsbank zu beobach-tende Tendenz war allgemein: So steigerten sich die Spareinlagen bei den deut-schen Kreditinstituten von 29 Milliarden RM im Jahr 1939 auf 116,7 Milliarden RM 1944, die Sicht- und Termineinlagen in diesem Zeitraum von 22,6 auf 75,5 Milliar-den RM.[58]

Der Zinsrückstand verminderte sich auf den bis dahin niedrigsten Stand von nur noch zwei Prozent des Zinssolls, der Hypothekenneuzugang sank aufgrund der Verminderung der privaten Bauinvestitionen 1941 mit insgesamt 19,2 Millio-nen RM leicht. Der Reingewinn blieb 1941 mit 2,302 Millionen RM noch unge-fähr auf der gleichen Höhe wie in den Vorjahren. 1943 sackte die Neubewilligung von Hypotheken aufgrund der geringeren Nachfrage nochmals ab, und zwar auf 17 Millionen RM.[59]

Auch im letzten vollen Kriegsjahr setzten sich die Aktivitäten der Bank in gewohntem Umfang fort, wenngleich in den einzelnen Sparten in unterschied-lichem Maße Einbußen erkennbar sind. Die Bank-Abteilung expandierte weiter, die Zahl der Konten erhöhte sich nochmals um mehr als 10 000 auf nun 237 438, die Spareinlagen steigerten sich 1943 um 29,7 und 1944 um zusätzliche 29,2 Prozent, so dass die Bilanzsumme um 217,3 Millionen RM (= 17,7 Prozent) stieg, der Gesamtumschlag nahm um 2,7 Milliarden RM (= 17,3 Prozent) auf 18,3 Milliar-den RM zu. Auf der anderen Seite verminderte sich das Volumen der Schuldner um ca. zehn Prozent, der Rückstand der Zinsen gegenüber dem Soll ging auf 1,46 Prozent des Gesamtumfangs zurück, das Hypothekengeschäft verringerte sich noch stärker als schon im Jahr 1943. Diese Entwicklung führte am 1. Juli 1944 dazu, dass die Bank Pfandbriefe kündigte, die zur Hypothekendeckung aus-gegeben worden waren. Der Reingewinn blieb 1944 ebenso wie 1943 deutlich unter dem der Vorjahre.[60]

---

58 Vgl. Eckhard Wandel, Das deutsche Bankwesen im Dritten Reich (1933–1945), in: Deutsche Bankengeschichte, S. 149–206, hier S. 118.
59 GB der BV Geschäftsjahr 1943, ohne Seitenangabe. D-BV-KOM-PUB-75.
60 GB der BV Geschäftsjahr 1944, ohne Seitenangabe. D-BV-KOM-PUB-76.

Abb. 21: Begutachtung der Schäden in der Zentrale der Bayerischen Vereinsbank in der Promenadestraße 14, München 1944. (D-BV-BAU-A-1411)

Das Jahr 1945 verlief für die Bankgeschäfte naturgemäß völlig irregulär, wenngleich nur eine kurze Unterbrechung der Tätigkeit notwendig war. Nach den Weisungen der amerikanischen Militärregierung wurden sie in allen BV-Filialen – trotz ganz erheblicher Zerstörungen von Bankgebäuden infolge der Luftangriffe – relativ schnell wieder aufgenommen.

Zur Filiale Asch allerdings, die sich „jetzt im Ausland" befand, bestand kein Kontakt mehr, die Filiale Marienbad war schon vorher geschlossen worden. Alle anderen lagen, bis auf Lindau, das zur Französischen Zone gehörte, in der amerikanischen Zone. Zwar steigerte sich sogar 1945 nochmals die Bilanzsumme, doch zugleich verzeichnete die Bank einen Rückgang im Gesamtumschlag in Höhe von 5,5 Prozent auf 9,95 Milliarden RM, die Zahl der Konten nahm 1945 nochmals um fast 20 000 zu, auf nun 257 088. Der Grund lag in der Eröffnung von Konten durch Flüchtlinge und Vertriebene. Trotz der fundamentalen politischen Umwälzungen erhöhten sich sogar im Jahr 1945 die Spareinlagen weiter, wenngleich nur noch um 11,8 Prozent, der größte Teil allerdings war vor der Besetzung durch alliierte Truppen eingezahlt worden. Diese schon bei der Hypo-Bank beobachteten enormen Zuwachsraten der Spareinlagen seit Ende der 1930er Jahre, vor allem jedoch während des Krieges, bewiesen, wie viel Geld unter Privatleuten im Umlauf war, das nicht langfristig und auch nicht in Immobilien angelegt worden war. Das Hypothekengeschäft ging verständlicherweise weiter zurück, ein Reingewinn wurde für 1945 nicht ausgewiesen.[61]

Überblickt man die Geschäftsentwicklung der Bayerischen Vereinsbank während der nationalsozialistischen Diktatur, dann ist zunächst festzustellen: Ihre Aktivitäten beschränkten sich zum größten Teil weiterhin auf Bayern. Außer in den beiden Filialen im Sudetenland – die sich aber im Wesentlichen mit den üblichen Bankgeschäften einer deutschstämmigen Klientel befasst haben dürften – machte das Institut also keinerlei Bankgeschäfte in den von Deutschland besetzten Staaten. An Kriegsgeschäften oder „Arisierungen" im Ausland war die Bayerische Vereinsbank folglich nicht beteiligt. Die Gewinne der Bank steigerten sich mit der Konjunkturentwicklung seit der zweiten Hälfte der 1930er Jahre, erreichten insgesamt aber erst um 1937 den Stand vor der Bankenkrise 1931. Eine deutliche Vermehrung der Aktivitäten und auch der Gewinne ergab sich in den ersten Kriegsjahren, bevor Letztere 1943 wieder ungefähr auf den Stand zurückfielen, den sie vor der wirtschaftlichen Erholung erlangt hatten. Die zeitweilige Erhöhung der Überschüsse war aber nur in begrenztem Maße eine reale Steigerung, sondern zum erheblichen Teil auf die inflatorische Entwicklung zurückzuführen.

Die Steigerung fiel insgesamt in der Hypothekenabteilung erheblich geringer aus als in der Bankabteilung, deren Volumen seit 1941 auch aufgrund der Inflation in die Höhe schoss und das der Hypothekenabteilung bei weitem überstieg.[62] Das Hypothekengeschäft, konzentriert auf kleinere und mittlere Hypotheken, erholte sich zwar während der zweiten Hälfte der 1930er Jahre, doch vergleichsweise langsam, und verminderte sich bereits wieder auf dem Höhepunkt des Krieges. Die Entwicklung von Bank- und Hypothekengeschäft war in diesen Jahren des Öfteren gegenläufig, wodurch die eine Abteilung das mäßige Geschäft der anderen kompensieren konnte. Das von den Hypotheken abhängige Pfandbriefgeschäft unterlag während des gesamten Zeitraums seit Beginn der Wirtschaftskrise am Ende der Weimarer Republik Restriktionen. Die Emissionssperre wurde zwar seit 1940 etwas gelockert, hinderte jedoch weiterhin die einschlägigen Aktivitäten, obwohl die Nachfrage enorm war. In Deutschland nahm zwischen 1932 und 1938 der Umlauf an Pfandbriefen und Kommunalobligationen um 422 Millionen RM ab, die Emission öffentlicher Anleihen verfünffachte sich im gleichen Zeitraum indes von 3,5 Milliarden auf 17,7 Milliarden: „Pfandbriefe und

---

61 GB der BV Geschäftsjahr 1945, ohne Seitenangabe, erstellt im November 1946. D-BV-KOM-PUB-77.
62 Vgl. Schaubild 68 bei Steffan, Die Bayerische Vereinsbank, auch ebd. S. 292.

Kommunalobligationen dienen der Investition für den Frieden; in der Periode der Aufrüstung, aber auch schon vorher, während der zentral gesteuerten Arbeitsbeschaffung, war kein Platz für sie."[63] Auch hieraus ergibt sich die prinzipielle Interessendifferenz der staatlich gelenkten Wirtschaft und der für die Banken charakteristischen liberalen Marktorientierung: Jenseits der ideologischen oder wirtschaftspolitischen Gegensätzlichkeit ist die in den Geschäftsberichten – trotz drohender Repressionen – immer wieder geäußerte Kritik bemerkenswert, manifestiert sich hierin doch die Distanz der bayerischen Banken zum nationalsozialistischen Regime.

Auf nachhaltige Weise wurden die Aktivitäten der Bayerischen Vereinsbank seit Ende der 1930er Jahre durch das Privatkundengeschäft belebt. Im Krieg wuchs das Bedürfnis, für Notzeiten etwas auf die hohe Kante zu legen – während die Kaufkraft stieg, verminderte sich das Warenangebot. Diese Entwicklungen bewirkten eine außergewöhnliche Erhöhung, ja nahezu eine Verdoppelung der Kontenzahl bei ungefähr gleichbleibender Zahl der Filialen – weniger als halb so viele wie bei der Hypo-Bank. Massenhaft verstärkten sich kurzfristige Geld- und Spareinlagen, darunter die Anlage von Wertpapierdepots. Insgesamt aber machte die Bayerische Vereinsbank während der Diktatur keine im Vergleich zur vorherigen Entwicklung außergewöhnlichen Privatkundengeschäfte. Da sich die Rüstungsproduktion während des Zweiten Weltkriegs zum wichtigsten Industriezweig entwickelte, wurden Rüstungsbetriebe naturgemäß zu den größten Kreditnehmern der Banken, auch bei der Bayerischen Vereinsbank. Kunde der Bayerischen Vereinsbank war bis Kriegsende auch das Unternehmen des Flugzeugkonstrukteurs Willy Messerschmitt in Augsburg[64], dessen Sanierung durch das Bankhaus Seiler & Co, München („arisiertes" Bankhaus H. Aufhäuser)[65] und den Finanzmakler Münemann mithilfe von Schuldscheindarlehen nicht gelang. Messerschmitt, der von 1940 bis 1945 dem Aufsichtsrat der Bayerischen Vereinsbank angehörte, stellte unter anderem das im Zweiten Weltkrieg eingesetzte Jagdflugzeug Me 109 sowie das erste in Serie produzierte Düsenjagdflugzeug Me 262 her, die er konstruiert hatte.

Dass indirekte Profite aus den Krediten für die Rüstungsindustrie bei der Bayerischen Vereinsbank nicht so entscheidend ins Gewicht fielen, dass sie den

---

63 Ebd.

64 Gerhard Hetzer, Unternehmer und leitende Angestellte zwischen Rüstungseinsatz und politischer Säuberung, in: Martin Broszat/Klaus-Dietmar Henke/Hans Woller (Hg.), Von Stalingrad zur Währungsreform. Zur Sozialgeschichte des Umbruchs in Deutschland, München 1988, S. 551–591.

65 Vgl. Eva Moser/Richard Winkler, Wegmarken. 125 Jahre Bankhaus Aufhäuser, München 1995, sowie den Bestand im Bayerischen Wirtschaftsarchiv München.

Gewinn in die Höhe getrieben hätten, ergibt sich aus der vorstehenden Darstellung: Die BV, so auch Franz Steffan, konnte zwischen 1924 und 1945 im Vergleich zu den Jahren vor dem Ersten Weltkrieg insgesamt „nur mäßige Erträge erzielen", obwohl sie in Konkurrenz zu anderen ähnlichen Banken nicht schlecht dastand. Dabei lagen die Einnahmen des schlechtesten Jahres 1932 nur um 30 Prozent niedriger als im besten Jahre dieses Zeitraums 1942. Der Rohertrag und der Reingewinn hielten mit dem Wachstum des Volumens „bei weitem nicht Schritt, die natürliche Folge davon, dass eine gewinnbringende Anlage der Geldfülle mit normalen Zinsspannen nicht möglich war und die Erträge aus dem Effekten- und Konsortialgeschäft bei weitem nicht mehr die Rolle spielten wie früher". Einen ähnlichen Rückgang erlebten teilweise aufgrund des Vordringens des Wechselgeschäfts die Provisionen.[66]

Auf das Verhältnis des Vorstands der Bayerischen Vereinsbank zum nationalsozialistischen Regime ist noch näher einzugehen. Ein wesentliches Indiz bilden die Geschäftsberichte, die er jährlich für die Hauptversammlung erstattet hat. Sie blieben sogar verglichen mit der Hypo-Bank in einem ungewöhnlichen Maße von nationalsozialistischer Ideologie frei. In den Jahren bis 1938 findet sich so gut wie nichts Einschlägiges, in den Jahren ab 1941 gar nicht mehr: Lediglich die im Frühjahr 1940 für 1939 und im Frühjahr 1941 für 1940 erstatteten Berichte enthalten ansatzweise eine positive Bewertung der „Blitzsiege" und ihrer Folgen, einmal auch eine Art Treuebekenntnis zum „Führer". Die positiven Bemerkungen über den Anschluss Österreichs und des Sudetenlandes sind nicht zwangsläufig als nationalsozialistisch zu werten. In Hinblick auf rein wirtschafts- und finanzpolitische Maßnahmen des Regimes findet sich wie beim Hypo-Bank-Direktorium zwar teilweise Zustimmung, regelmäßig aber auch vorsichtige Kritik: In beiden Fällen argumentierten die Vorstände aber nicht ideologisch, sondern rein ökonomisch bzw. bankfachlich, die generelle Linie beider Banken richtete sich gegen zu starke staatliche Reglementierung sowie die Autarkiepolitik, selbst wenn solche Kritik zuweilen etwas verklausuliert formuliert wurde. Die gewisse Unterschiedlichkeit der Berichte im Hinblick auf den Nationalsozialismus in den einzelnen Zeitphasen ist vermutlich auf die erwähnten Gleichschaltungsmaßnahmen des Regimes 1938 zurückzuführen, die zumindest zu größerer Vorsicht zwangen. Die Ausblendung des politischen Kontextes ab 1942 ist aber so nicht zu erklären, da die Bank gerade in diesem Jahr durch einen weiteren Gleichschaltungsversuch des NS-Regimes bedroht wurde. Da die ideologischen Pressionen sich kaum verminderten, spielte möglicherweise doch eine Desillusionierung selbst bei solchen Angehörigen der Bank eine Rolle, die NSDAP-Mitglieder waren. Zu unterscheiden von dieser sachlichen und zeitlichen Differenzierung der Aktionen von Vorstand

---

66 Steffan, Die Bayerische Vereinsbank, S. 295 sowie 273.

und Aufsichtsrat sind allerdings die zahlreichen eindeutig nationalsozialistischen Äußerungen, die von der NSBO in der Belegschaft kamen.

Die Personalentwicklung

Die Beschäftigtenzahlen bei der Bayerischen Vereinsbank weisen eine geringere Spannbreite auf als bei der Hypo-Bank, im Jahr 1945 lagen sie mit 1535 etwa in der gleichen Größenordnung wie am Ende der Weimarer Republik. 1931 waren 1579 Angestellte tätig, die Zahl verringerte sich etwas im Zuge der generell steigenden Arbeitslosigkeit, bevor sie mit der wirtschaftlichen Erholung in der Mitte der 1930er Jahre wieder leicht zunahm. 1936 war mit 1658 Angestellten der Personalstand erreicht, den die Vereinsbank mit geringer Erhöhung bis zum Kriegsbeginn hielt: im Jahr 1939 waren es 1697. Während der Kriegsjahre erhöhte sich die Zahl um 150 bis 200 Mitarbeiter. Hierbei handelte es sich aber nicht um einen realen Zuwachs, da wie bei der Hypo-Bank die Einberufenen, für die Ersatzkräfte eingestellt wurden, in diesen Angaben enthalten sind. Zieht man die Zahl der zur Wehrpflicht Eingezogenen ab, die in den Kriegsjahren angegeben ist, kann von einer Erhöhung nicht gesprochen werden. Außerdem wurden 1941 eine Verlängerung der Arbeitszeit von 46 auf 51 Wochenstunden sowie die Schließung von Filialen angeordnet.

Auch bei der Bayerischen Vereinsbank waren viele der Ersatzkräfte weiblich[67], so dass das Bündel dieser Maßnahmen die Zahl der Eingezogenen kompensierte. In der Personalaufstellung wurde seit 1936 aufgrund gesetzlicher Vorgaben die Geschlechteraufteilung angegeben. 1940 stieg der Anteil der weiblichen Angestellten auf fast ein Drittel: Unter den 1848 Angehörigen der Vereinsbank befanden sich damals 1260 Männer und 588 Frauen.[68] Hinweise auf die Beschäftigung von ausländischen Arbeitern finden sich – anders als bei der Hypo-Bank – in den Unterlagen nicht.

Bis Ende des Jahres 1944 wurden insgesamt 843 Mitarbeiter zur Wehrmacht eingezogen, 127 starben an der Front bzw. bei Luftangriffen.[69]

In den ersten Jahren der nationalsozialistischen Diktatur finden sich außer den quantitativen Angaben keinerlei Ausführungen des Vorstands zur Belegschaft, erst vom Bericht für 1936 an, der im Februar 1937 vorgelegt wurde, werden sowohl die Altersstruktur und die Dienstjahre als auch die sozialen Leistungen der Bayerischen Vereinsbank angegeben. Insgesamt fallen diese Berichte deutlich

---

67 Vgl. etwa GB der BV Geschäftsjahr 1940, S. 17. D-BV-KOM-PUB-72.
68 Ebd., S. 19.
69 Steffan, Die Bayerische Vereinsbank, S. 301.

Abb. 22: Mitarbeiter der Bayerischen Vereinsbank in der Filiale Amberg, Amberg 1939. (D-BV-FIL-AB-1230)

kürzer aus als bei der Hypo-Bank und bieten zunächst auch keine Aussagen zu einer wie immer gearteten nationalsozialistischen Indoktrination. Allerdings wurde darauf hingewiesen, dass das „Gesetz zur Ordnung der nationalen Arbeit" die Fürsorge für die Gefolgschaft zur Pflicht mache, ansonsten zeigt noch der Bericht für 1936 nichts Systemspezifisches. Der Vorstand fügte sogar einen unmissverständlichen Kommentar hinzu: Diese Fürsorge habe die Vereinsbank „schon immer geübt"[70] – also nicht erst nach 1933. Erst für das Geschäftsjahr 1938 gab der Bankvorstand wie bei der Hypo-Bank einen formellen Sozialbericht, der aber ab 1942/43 schon deutlich kürzer ausfiel und für 1944 wieder entfiel. Bereits seit 1941 finden sich in den Sozialberichten keine Aussagen mehr, die einen direkten Bezug auf die nationalsozialistische Ideologie enthalten, sondern nur noch auf einige Formen der durch sie vorgegebenen Arbeitsorganisation. Dazu zählte unter anderem, dass alle Betriebsangehörigen wie bei der Hypo-Bank Mitglieder der Deutschen Arbeitsfront und der NS-Volkswohlfahrt waren.[71]

---

70 GB der BV Geschäftsjahr 1936, S. 15. D-BV-KOM-PUB-68.
71 GB der BV Geschäftsjahr 1942, S. 11. D-BV-KOM-PUB-74.

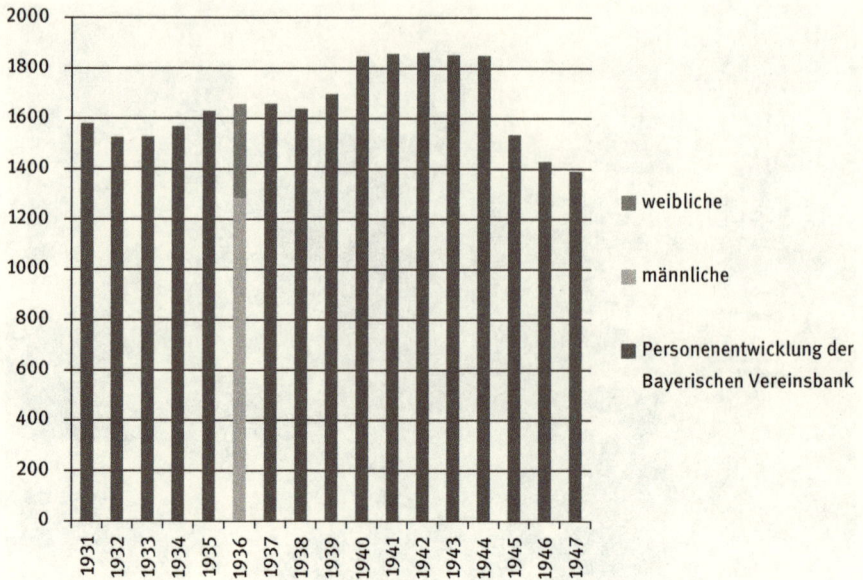

Abb. 23: Mitarbeiterzahlen der Bayerischen Vereinsbank 1931–1947, aus Steffan, Franz: Die Bayerische Vereinsbank 1869–1969, München 1969, S. 301.

Bei der Bayerischen Vereinsbank bestand offensichtlich eine starke Loyalität gegenüber dem Unternehmen und umgekehrt die Bereitschaft der Leitung, eine langfristige Beschäftigung der Angestellten zu ermöglichen. Kündigungen hatte die Bayerische Vereinsbank seit den „Aufbaujahren 1924/25 nur noch bei strafbaren Vergehen" ausgesprochen, im Jahre 1938 überhaupt nicht.[72] So gehörten dem Institut im Jahr 1937 zwei Drittel der Mitarbeiter länger als zehn Jahre an, ein Viertel sogar mehr als zwanzig Jahre, meist schon seit ihrer Ausbildungszeit.[73]

Die Bayerische Vereinsbank leistete verschiedene Sozialhilfen und Gratifikationen für die Mitarbeiter, förderte deren Eigenheimbau, gab Hilfen und verbilligte Darlehen aus Anlass von Eheschließungen und Geburten; sie unterstützte hinterbliebene Angehörige im Falle des Todes von Angestellten. Sie unterhielt wie die Hypo-Bank ein Ferienheim am Spitzingsee, wozu 1938 noch eines in Prien am Chiemsee kam, das jedoch bald für Kriegsversehrte zur Verfügung gestellt wurde; die Bank bot Unterhaltungs- und Kulturprogramme an. Auch die Bayerische Vereinsbank unterhielt eine Werkzeitschrift: Sie wurde 1934 gegründet und trug den Titel „Betrieb und Vertrauen", der wegen der identischen Abkürzung

---

72 GB der BV Geschäftsjahr 1938, S. 13. D-BV-KOM-PUB-70.
73 GB der BV Geschäftsjahr 1937, S. 12. D-BV-KOM-PUB-69.

mit dem Unternehmensnamen BV gewählt worden war. Wie bei der Hypo-Bank wurde auch die Zeitschrift der BV den eingezogenen Mitarbeitern (zusammen mit Päckchen) an die Front geschickt. Die Zeitschrift stand unter dem starken Einfluss der NS-Betriebsgruppe, der Betriebsobmann fungierte als Schriftleiter und Herausgeber, ein Teil der Kosten wurde aus Mitteln der DAF finanziert.[74] Die Werkzeitschrift wurde also nicht von Vorstand oder Aufsichtsrat der Bank herausgegeben, war also kein im engeren Sinne offizielles Organ der BV. Der Leitung der Bank blieb aber natürlich nichts anderes übrig, als die Zeitschrift als Organ der „Gefolgschaft" zu akzeptieren, das Bindeglied bildete der „Betriebsführer".

Die Werkzeitschrift veröffentlichte zahlreiche im Sinne des Regimes „aufbauende" Artikel, sie bildete auch ein Sprachrohr für die „Werkscharen". So hieß es 1937 in „Betrieb und Vertrauen":

> Die Werkscharen sind der Stoßtrupp der Deutschen Arbeitsfront im Betrieb und werden für die politischen Ziele und besonderen Aufgaben der NSDAP im Betriebe eingesetzt. Die Werkscharen sind also die Zusammenfassung aller nationalsozialistischen Kräfte im Betrieb. Erste Aufgabe der Werkschar ist, den Geist der Gemeinschaft und Kameradschaft in den Betrieb hineinzutragen. Dazu gehört, daß in erster Linie die Kameradschaft geübt und wie Dr. Robert Ley sagt ‚exerziert' wird. Die Werkscharmänner werden eingesetzt zur Ausgestaltung der Betriebsappelle, der Kameradschaftsabende, Betriebsausflüge, Feierabendveranstaltungen usw.[75]

Der Hinweis auf den „Führer" der DAF, Ley, und Begriffe wie „Stoßtrupp" oder „exerzieren" sind aufschlussreich: Tatsächlich sollten die nationalsozialistisch ausgerichteten Werkscharen mithilfe eines paramilitärisch anmutenden ideologischen Drills die Gleichschaltung der Belegschaft organisieren. Jeder Mitarbeiter wurde auf diese Weise nicht allein unter ständigen Anpassungsdruck gesetzt, sondern auch unter permanente Beobachtung. Wer aus der Reihe tanzte, fiel sofort auf. Im gleichen Artikel hieß es, es sei „jede einseitige politische Tendenz – ganz gleich welcher Art – [...] kompromisslos abzulehnen". Eine solche Behauptung mutet wie Hohn an, endete der Beitrag doch mit dem Wahlspruch der Werkscharen: „Der Führer hat immer recht!".

Welch zentrale Bedeutung für die ideologische Mobilisierung des Betriebs die Sozialpolitik hatte, die eine nachhaltige Verführungskraft entfaltete und so die Kehrseite der politischen Pression darstellte, demonstriert ein Artikel des Betriebsführers der Zentrale, Emil Kronawitter, zur Jahreswende 1936/37. Kronawitter behandelte programmatisch u.a. Betriebsgemeinschaft, Kameradschaft, welt-

---

74 „Betrieb und Vertrauen" 1936, Folge 7, S. 118. D-BV-KOM-PUB-966.
75 „Werkschar 4 Bayerische Vereinsbank steht!", in: „Betrieb und Vertrauen" 1937, Folge 3, S. 59. D-BV-KOM-PUB-967.

anschauliche Schulung, Freizeit und Erholung, Alters- und Krankenfürsorge, Hilfe in Notlagen, Leistungslohn und Leistungsgemeinschaft. Über die Betriebsappelle zum Jahresschluss hieß es, dort werde „gewöhnlich auch die Lage der Bank gekennzeichnet. Jeder soll wissen, wie der Erfolg aussieht, zu dem er auch sein Teil beigetragen hat. Jeder soll wissen, wie der Betrieb dasteht und läuft und soll sich nicht als Einzelner fühlen, sondern als notwendiger Teil der Gemeinschaft. Nur dann wird der Betrieb zu einem lebendigen Organismus, wenn seine Hoffnungen und Sorgen, sein Wollen und seine Pflichten, in allen seinen Köpfen und Herzen leben und wirken."[76]

Diese gemeinschaftlichen Solidaritätsappelle sollten jedem BV-Mitarbeiter ein natürliches Selbstwertgefühl und zugleich die Identifizierung mit dem Unternehmen insgesamt ermöglichen. Zusammen mit der Vielzahl sozialer Maßnahmen, die zwar im Prinzip nicht neu und keineswegs spezifisch nationalsozialistisch waren, verfehlten sie ihre Wirkung nicht: Sie verwandelte den Paternalismus und das soziale Verantwortungsgefühl der Honoratioren in einen gesellschaftlichen Anspruch der Betriebsgemeinschaft, die ihrerseits im Kleinen die ideologisch definierte, umfassende große „Volksgemeinschaft" spiegelte: Sie war, und das macht Kronawitters Artikel unmissverständlich deutlich, durch Ausgrenzung rassistisch definiert: „Zur guten Stimmung, wie zur Förderung kameradschaftlicher Verbundenheit trägt auch die Auswahl bei der Einstellung bei. Wir sehen dabei peinlich auf unbescholtenen Ruf und Zuverlässigkeit des Charakters. *Arische Abstammung* ist Bedingung. Die Zugehörigkeit oder der Beitritt zur *Deutschen Arbeitsfront* wird ebenfalls bedungen und so haben wir in der Zentrale und in den meisten Filialen bereits eine 100-prozentige Mitgliedschaft erreicht und werden sie bald für das ganze Institut erreicht haben. *Alte Kämpfer* sind bei der Einstellung nicht zu kurz gekommen und die Zahl der beschäftigten Schwerkriegsbeschädigten, darunter 2 völlig Erblindete, übersteigt erheblich den gesetzlich bedingten Hundertsatz."[77]

Solche Formulierungen waren für die NS-Ideologie und ihre Wirksamkeit nicht allein wegen der einzelnen Inhalte typisch, sondern auch deshalb, weil sie generell als positive Werte angesehene Eigenschaften wie Unbescholtenheit, Zuverlässigkeit, Hilfsbereitschaft, soziale Fürsorge für das NS-Regime reklamierten und jeweils mit spezifischer nationalsozialistischer Ideologie, wie dem vor allem gegen die deutschen Juden gerichteten Rassismus, verquickten. So wurden

---

76 E. Kronawitter, Betriebsführung, Betriebsgemeinschaft und Soziales, in: „Betrieb und Vertrauen" 1936, Folge 7, S. 118. D-BV-KOM-PUB-966.
77 Ebd., S. 121. Hervorhebungen im Original. „Alter Kämpfer" war die Bezeichnung für Parteimitglieder, die eine Mitgliedsnummer unter 100 000 besaßen und folglich das „Goldene Parteiabzeichen" tragen durften. 1928 war das hunderttausendste Mitglied aufgenommen worden.

beispielsweise auch Fortbildung und Erweiterung des Horizonts als Ergebnis „weltanschaulicher Schulung" im Sinne des Nationalsozialismus dargestellt:

> Die vom Betriebsobmann und KdF-Wart mit verschiedenen Mitteln unterhaltene Werkbücherei entwickelt sich gut und wird fleißig benützt, sodaß z.b. Werke wie ‚Der Mythus des 20. Jahrhunderts' [des Parteiideologen Alfred Rosenberg, 1930], obwohl mehrfach vorhanden, sehr oft vergriffen sind. Wird schon dadurch der Blick über den engen Kreis des Betriebes hinausgelenkt, so wird noch weiter dazu beigetragen, in dem wir monatliche Zuschüsse zur Verbilligung von Theaterkarten geben, sowie öfter Karten zu Theatern, Kinos, Konzerten, Ausstellungen und sonstigen Veranstaltungen spenden. Die Teilnahme an politischen und sonstigen öffentlichen Veranstaltungen begünstigen wir durch genügende Urlaube. Für den Parteitag erhalten die Teilnehmer auch Barzuschüsse.[78]

All diese Charakteristika der Ideologisierung des Betriebes mithilfe von Organisationen und Publikationen sind keineswegs spezifisch für die Vereinsbank oder die Hypo-Bank, vielmehr spiegeln sie allgemeine Prinzipien der nationalsozialistischen Indoktrination und Gleichschaltungspolitik durch das Regime in den Unternehmen, zumal in den größeren, in denen es für die Leitung ausgeschlossen war, solche Aktivitäten zu unterbinden. Das Hitler-Zitat, das Kronawitter in Fettdruck an das Ende seines Artikels setzte, bildete den allgemeinen ideologischen Kitt, der sich, vergleichsweise zurückhaltend formuliert, von linker und rechter Kritik an der als egoistisch bezeichneten Klassengesellschaft der Weimarer Republik und der mit ihr verbundenen Finanzwelt des Kapitalismus absetzen sollte. Die in diesem Artikel zitierte Passage von Hitlers Aufruf zur Feier des 15. Jahrestags der NSDAP am 24. Februar 1935 lautete:

> Die Menschen müssen Aufgaben besitzen. Wenn ihnen keine moralischen Aufgaben gestellt werden, dann werden sie sich selbst Aufgaben suchen, nur mit dem einen Unterschied: Die einen Aufgaben sind groß, weil sie die Allgemeinheit erteilt, die anderen würden klein sein, weil sie der einzelne sich selbst stellte. Es würden die Zeiten des Materialismus und des Mammonismus wiederkehren, wo der einzelne nur an sich selbst denkt. Wir haben demgegenüber die Pflicht, den Gemeinschaftssinn im Volke immer mehr zu erziehen.[79]

Auch solche Äußerungen schienen an den gesunden Menschenverstand und an eine aufgrund negativer vorheriger Erfahrungen notwendige gesellschaftliche Moral zu appellieren, erinnerten aber nur nachdenklichere Leser an die ideologischen Hintergründe.

Seit dem 1. Mai 1937 besaß die Bayerische Vereinsbank eine „Betriebsordnung", deren Phraseologie den zitierten Formeln der Werkzeitschrift ähnelte,

78 Ebd., S. 118.
79 Ebd., S. 121.

wenngleich sie im Wesentlichen die ursprüngliche, bis dahin gültige, nicht nationalsozialistisch formulierte Dienstanweisung fortführte. Aufgrund des Gesetzes zur Ordnung der nationalen Arbeit wurde ein Vertrauensrat gebildet, der den Betriebsrat ablöste. Bei der Neukonstruktion entfiel die Arbeitnehmervertretung im Aufsichtsrat, in dem künftig nur Aktionärsvertreter saßen.

Die Leitung der Bayerischen Vereinsbank reagierte in ihren Geschäftsberichten wohl nicht allein wegen der neuen Regelungen, sondern zur Beeinflussung der Belegschaft auf die Werkszeitung mit ausführlichen Sozialberichten. Sie stellte das – von jeher verfolgte, aber nicht in dieser offensiven Weise präsentierte – sozialpolitische Engagement der Bayerischen Vereinsbank heraus, dabei sind ideologische Anklänge nur vereinzelt und in sparsamer Form spürbar. Für „Gefolgschaftsmitglieder", die das 25-jährige oder 40-jährige Dienstjubiläum feierten, zahlte man besondere Prämien. Außer einer Ehrenurkunde erhielten sie z.B. 1937 auch Hitlers „Mein Kampf"[80] – übrigens in diesem Bericht über die Sozialleistungen der Bayerischen Vereinsbank der einzige spezifisch nationalsozialistische Hinweis, der im Folgejahr wieder fehlt. Stattdessen hieß es dann: „Die Ausrichtung der Gemeinschaft im Sinne des Führers und die Pflege des Kameradschaftsgeistes sind uns selbstverständlich geworden."[81] Diese verbale Pflichtübung wiederholt sich wörtlich in den Geschäftsberichten 1939 und 1940, findet sich danach aber nicht mehr. Auch die ursprüngliche Formel bei dem Gedenken an die toten Soldaten im Sozialbericht lautete nicht mehr wie 1939 und 1940 „gefallen für Führer und Vaterland", sondern ab 1941 „die im Schicksalskampf unseres Volkes den Heldentod starben".[82]

Der sozialstaatlichen Komponente des NS-Regimes wurde erneut Rechnung getragen, indem der Vorstand betonte: „Wir glauben unsere stets ernst genommenen Fürsorgepflichten auch im Berichtsjahre wieder voll erfüllt zu haben."[83] So oder so ähnlich lautete der charakteristische Tenor der Sozialberichte der Bayerischen Vereinsbank: Sie führten die einzelnen sozialen Leistungen und finanzielle Hilfen für die Betriebsangehörigen auf, betonten die vorzügliche Zusammenarbeit und den Gemeinschaftsgeist der Angestellten einschließlich der Zusammenarbeit mit den Betriebsobmännern, äußerten sich jedoch nur in den Jahren 1938 bis 1940 – und das vereinzelt mit den wenigen zitierten Stereotypen – zum Nationalsozialismus. Insgesamt gilt für die Sozialberichte, was auch die Geschäftsberichte charakterisierte: Sie enthalten, anders als das in den meisten Sektoren von Staat und Gesellschaft sowie in der Betriebszeitschrift zeitüblich war, nur in geringem

---

80 GB der BV Geschäftsjahr 1937, S. 12. D-BV-KOM-PUB-69.
81 GB der BV Geschäftsjahr 1938, S. 14. D-BV-KOM-PUB-70.
82 GB der BV Geschäftsjahr 1941, S. 11. D-BV-KOM-PUB-73.
83 Ebd., S. 13.

Maß systemkonforme Äußerungen. Auffallend ist diese deutlich ausgeprägtere größere ideologische Abstinenz sogar im Vergleich zu den Sozialberichten der Hypo-Bank.[84]

Das Verhältnis von Aufsichtsrat und Vorstand zur NSDAP

Wie bei der Hypo-Bank dominierten in Vorstand und Aufsichtsrat der Bayerischen Vereinsbank Honoratioren der alten Schule, hier wie dort bewahrten sich Leitung und Aufsichtsrat eine deutliche Kontinuität, die ganz offenbar zur Distanz gegenüber dem nationalsozialistischen Regime beitrug, bei einigen leitenden Persönlichkeiten sogar eine Immunisierung bewirkte. Finden sich schon in den Geschäftsberichten – die ja immerhin mit den Betriebsobmännern abgestimmt gewesen sein dürften – beschränkt auf die Jahre 1939 bis 1941 nur wenige meist stereotype systemkonforme Bemerkungen, so fehlen in den Aufsichtsratssitzungen selbst solche Passagen.

Allerdings versuchten NSDAP-Funktionäre bzw. von diesen beherrschte Organisationen und das Reichswirtschaftsministerium, wie bei der Hypo-Bank, in der Bayerischen Vereinsbank ihren Einfluss zu verstärken. Dabei ermöglichte die Satzung der Vereinsbank unauffällig die Ausübung äußeren Drucks: Gemäß § 10 musste in jedem zweiten Jahr mit der ordentlichen Hauptversammlung die Hälfte der insgesamt 18 Mitglieder des Aufsichtsrats in der Reihenfolge ihrer Amtsdauer ausscheiden, gegebenenfalls durch Auslosung. Umso beachtlicher erscheint die lange Mandatsdauer einer Reihe von Mitgliedern. An erster Stelle ist dabei Paul Reusch[85] zu nennen, Mitglied im Aufsichtsrat seit 16. März 1928 und seit 1. Oktober 1935, nach dem Tod des bisherigen, mit Paul Reusch persönlich befreundeten und wirtschaftlich verbundenen Präsidenten Dr. Ing. e.h. Fritz Neumeyer, des Generaldirektors der Fritz Neumeyer A.G., sein Präsident.[86]

Neumeyer (Jg. 1875) war seit 1896 Eigentümer einer Fabrik für hygienische Geräte und Reinigungsanlagen in Nürnberg und gründete dort 1916 mit der Firma Fried.-Krupp-Aktiengesellschaft in Essen die Zünder-Apparatebaugesellschaft mbH (besser bekannt als Zündapp). Neumeyer selbst zählte zu den bayerischen Großindustriellen, die die Verbindung zwischen Industrie und Bankwelt beson-

---

84 S.o. S. 86ff.
85 Zu seiner Person und dem Vorgehen der Partei im Jahr 1938 s.u. Abschnitt Gleichschaltungsversuch 1938. Teile dieses Kapitels bzw. des Abschnitts über die Geschäftsentwicklung finden sich in: Möller, Horst, Die Bayerische Vereinsbank zwischen Resistenz und Gleichschaltung 1933–1945, in: VfZ 63 (2015), S. 1–32.
86 GB der BV Geschäftsjahr 1935, S. 2, 17. D-BV-KOM-PUB-67.

ders pflegten; er gehörte bereits seit 1921 dem BV-Aufsichtsrat an und wurde 1928 zu seinem Präsidenten gewählt. Bemerkenswert ist, dass beide bis 1938 amtierenden Vorsitzenden des Aufsichtsrats keine Nationalsozialisten waren. Neumeyers Sohn Hans Friedrich (Jg. 1903), der am 8. April 1936 in den Aufsichtsrat gewählt wurde, war jedoch Mitglied der NSDAP – eines der zahlreichen Beispiele, wie der Generationswandel sich politisch auswirkte, dominierten in der Partei doch die jüngeren Jahrgänge, vor allem diejenige „Alterskohorte", die gegen Ende des 19. Jahrhunderts oder um 1900 geboren und zum Teil durch die Erfahrung des Ersten Weltkriegs geprägt war. Für die Leitung der beiden Banken bzw. ihren Aufsichtsrat ist diese Dissonanz der „entwurzelten" Weltkriegsgeneration zu der in der Hypo-Bank und der Bayerischen Vereinsbank vorherrschenden gesellschaftlich und mental fest verankerten Honoratiorenschicht jedenfalls auffällig.

Im gleichen Jahr wie Fritz Neumeyer verstarb ein weiteres führendes Mitglied des Aufsichtsrats, der Großaktionär der Vereinsbank, Franz von Mendelssohn (Jg. 1865), Mitinhaber der Bankhäuser Mendelssohn & Co. in Berlin und Mendelssohn & Co. in Amsterdam. Mendelssohn zählte zu den angesehensten deutschen Bankiers und übte während der Weimarer Republik großen Einfluss in der Finanzwelt aus. Schon seit 1914 war er Präsident der Berliner Industrie- und Handelskammer, von 1921 bis 1933 Präsident des Deutschen Industrie- und Handelstages, daneben Vorsitzender von dessen Ausschuss für das Geld- und Kreditwesen. 1926 wurde Mendelssohn zum Präsidenten der deutschen Gruppe der Internationalen Handelskammer Paris und 1931 zu deren Vizepräsidenten gewählt. Mendelssohn erwarb sich große Verdienste um die Wiederherstellung der internationalen wirtschaftlichen Zusammenarbeit nach dem Ersten Weltkrieg. Nach der Definition der Nürnberger Gesetze von 1935 war Mendelssohn Jude, sein Bankhaus galt als jüdisch, wie auch die spätere „Arisierung" 1938 zeigt.[87] Gleichwohl waren die ehrenden Bemerkungen des Aufsichtsrats der Bayerischen Vereinsbank am 8. April 1936 in gleichem Ton gehalten wie die für Fritz Neumeyer. So hieß es über Mendelssohn: „Der hochangesehene Verstorbene, der unserem Aufsichtsrate seit dem Jahre 1922 angehörte, stellte seine reiche Erfahrung und klares Urteil mit großer Bereitwilligkeit unserem Institute zur Verfügung und widmete ihm jederzeit sein Interesse. Den beiden hochverdienten Männern schuldet unsere Bank bleibenden Dank; ihr Andenken wird allezeit in Ehren gehalten."[88]

Dem aus dem Vorsitz gedrängten Paul Reusch folgte 1938 als Präsident des Aufsichtsrats der Münchner Kommerzienrat August Bauch (Jg. 1873), der dieses Mandat bis 1950 ausübte. Dies wäre wohl kaum möglich gewesen, wenn er als

---

[87] S.u., im Übrigen Keith Ulrich, Aufstieg und Fall der Privatbankiers. Die wirtschaftliche Bedeutung von 1918 bis 1938, Frankfurt am Main 1998, S. 333f.
[88] GB der BV Geschäftsjahr 1935, S. 17. D-BV-KOM-PUB-67.

Abb. 24: August Bauch (*1873 / † 1950). Ab 1919 Mitglied des Vorstandes der Bayerischen Vereinsbank und ab 1938 Vorsitzender des Aufsichtsrats der Bayerischen Vereinsbank, München 1943. (D-BV-PER-A-1305)

Nationalsozialist belastet gewesen wäre. Es ist außerordentlich bemerkenswert, dass die Bayerische Vereinsbank selbst nach der Gleichschaltungsaktion von 1938 einen Parteimann als Vorsitzenden des Aufsichtsrats verhindern konnte, also während der gesamten nationalsozialistischen Diktatur keinen Nationalsozialisten an der Spitze hatte, auch wenn Bauchs Resistenz gegen das Regime weniger dezidiert, vielleicht aus taktischen Gründen „geschmeidiger" war als das von Reusch. August Bauch hatte ursprünglich bis 1926 als Mitglied des Vorstands gewirkt und gelangte danach in den Aufsichtsrat der Vereinsbank, war also Berufsbankier.

Die drei während der nationalsozialistischen Diktatur amtierenden Aufsichtsratsvorsitzenden (Neumeyer, Reusch und Bauch) gehörten dem Gremium also bereits lange vor 1933 an und waren nicht durch die NSDAP in ihre Funktion gelangt. Wie bei diesen drei Persönlichkeiten gab es aber auch bei anderen Aufsichtsratsmitgliedern eine zum Teil erhebliche Kontinuität über die epochalen Umbrüche von 1933 und 1945 hinweg. Das galt außer für Bauch beispielsweise für Kommerzienrat Ludwig Hammon, der dem Aufsichtsrat von 1921 bis zu seinem Tod 1948 angehörte, den Präsidenten der Rechtsanwaltskammer München, Hanns Dahn, 1925 bis 1965, den Präsidenten der Fürstlich Thurn und Taxisschen Domänenkammer Regensburg, Josef Heitzer, von 1932 bis 1941, Clemens Graf von Schönborn-Wiesentheid von 1920 bis zu seinem Tod 1937. Wilhelm Freiherr von Pechmann, Geheimer Hofrat und Vorstandsmitglied der Bayerischen Handelsbank (heute Teil der Deutschen Pfandbriefbank AG) 1921 bis 1938, verzichtete zwar aus Alters- und Gesundheitsgründen auf eine Wiederwahl, hatte aber wohl außerdem politische Motive. Bankdirektor von Pechmann hatte sich nach 1918 als Mitglied der Fraktion der Bayerischen Volkspartei (BVP) kurzzeitig politisch betätigt, war jedoch schon bald als Gegner des Vertrags von Versailles von 1919 und aufgrund seiner Ablehnung der Weimarer Republik aus der BVP ausgetreten. Als Präsident der Evangelischen Landessynode Bayern sowie 1921 außerdem als Präsident des Deutschen Evangelischen Kirchentages engagierte er sich kirchenpolitisch und forderte 1933 von der Evangelischen Kirche einen klaren Widerstand gegen den Nationalsozialismus, vor allem gegen dessen antisemitische Rassenpolitik. 1934 trat er aus Enttäuschung darüber, dass der von ihm für notwendig gehaltene Protest ausblieb, aus der Evangelischen Kirche aus, später konvertierte er zum Katholizismus.

Der Münchner Fabrikbesitzer Geheimer Kommerzienrat Franz Kustermann war sogar vierzig Jahre, von 1905 bis 1945, Mitglied des Aufsichtsrats, der Notar Dr. Johann Jakob Schulmann 1915 bis 1937, der Gutsbesitzer Dr. Karl Freiherr von Hirsch aus Planegg 1911 bis 1937 – sein Ausscheiden wird ohne Kommentar erwähnt. Karl von Hirsch wurde zusammen mit seinem Bruder Rudolf von Hirsch am 4. Juni 1942 nach Theresienstadt deportiert. Er starb am 3. Juni 1944 dort; sein Bruder wurde 1945 in Theresienstadt befreit.

Weiter gehörten dem Aufsichtsrat lange Jahre an: der Fabrikbesitzer Dr. Eduard Meußdoerffer (Kulmbach) von 1936 bis 1965, der Vorstandsvorsitzende der Löwenbräu AG, Dr. Karl Arthur Lange, 1937 bis zu seinem Tod 1947 sowie der Bankier Fritz J. Gutleben von 1940 bis 1957. Von 1945 bis 1951 amtierte er als Stellvertretender Vorsitzender, danach bis 1957 als Vorsitzender.

Auch bei anderen Aufsichtsräten lag eine längere Mitgliedschaft vor. Daneben sind einige Mandatare feststellbar, die nur wenige Jahre während des NS-Regimes im Aufsichtsrat waren, zum Beispiel der Münchner Fabrikant und Geheime Kommerzienrat Heinrich Roeckl 1936 bis 1945 (Stellvertretender Vorsitzender 1938 bis 1945) und dann wieder 1948 bis 1950, sowie Aufsichtsräte, die ausscheiden mussten, weil ihre Bank – die Mendelssohn Bank in Berlin – „arisiert" wurde: Es handelte sich um den Mitinhaber der Mendelssohn-Banken (und 1935 als Nachfolger Franz von Mendelssohns Seniorchef des Unternehmens), Rudolf Löb, der von 1921 bis 1936 Mitglied des Aufsichtsrats blieb, und Paul Stach, der Löb zunächst gefolgt war.

Rudolf Löb führte 1938 die Liquidationsverhandlungen des Bankhauses Mendelssohn mit der Deutschen Bank, deren Verhandlungsführer Hermann Josef

Abs war.[89] Rudolf Löb war ein erfahrener und hochverdienter Finanzfachmann, der zwischen 1924 und 1930 verschiedene Reichsregierungen beraten hatte und selbst auf deren einschlägige Personalpolitik, beispielsweise 1929 bei der Berufung von Hans Schäffer zum Staatssekretär im Finanzministerium, einwirken konnte. 1931 spielte er bei den Verhandlungen zur Lösung der Bankenkrise eine wichtige Rolle. Rudolf Löb war deutscher Jude und emigrierte 1939 über Argentinien in die USA, wo er 1966 in Boston starb.[90] Seine Familie hatte er aus Sicherheitsgründen schon vorher ausreisen lassen, während er selbst ausharren wollte, so lange es eben ging. Rudolf Löb zählte (als Mitinhaber der Mendelssohn-Bank und Vertrauter der Familie Mendelssohn) nicht allein zu den bedeutendsten deutschen Privatbankiers, er war darüber hinaus ein eindrucksvoller Repräsentant des deutsch-jüdischen Bildungsbürgertums, herausragender Kunstsammler, hochgebildeter Kenner der antiken Literatur und klassischer Sprachen, aber ausgesprochen polyglott zugleich in den lebenden.[91]

Als Löb unter politischem Druck im Zuge der „Arisierung" des Mendelssohn-Aktienpakets auf eine erneute Nominierung für den BV-Aufsichtsrat verzichtete, kommentierte der Aufsichtsrat dies im März 1938 wie folgt: „Vor der vorjährigen Generalversammlung hat Herr Generalkonsul Rudolf *Löb*, der unserem Aufsichtsrate viele Jahre angehört hat, gebeten, von seiner Wiederwahl Abstand zu nehmen. Wir haben mit ihm nicht nur einen hervorragenden Bankfachmann, sondern auch einen wertvollen Berater verloren, der sein kluges Urteil jederzeit in den Dienst unserer Gesellschaft gestellt hat."[92] Auch hier zeigt sich: Der unter Leitung von Paul Reusch stehende Aufsichtsrat der Bayerischen Vereinsbank bewahrte sich seine eigene Urteilsfähigkeit und scheute noch im Frühjahr 1938 – fünf Jahre nach der Machtergreifung und nahezu drei Jahre nach den antisemitischen Nürnberger Gesetzen – nicht davor zurück, sich in einem für eine große Versammlung bestimmten, also nicht geheim zu haltenden, gedruckten Bericht ehrend über einen jüdischen Kollegen zu äußern, wie er es auch im Falle Franz von Mendelssohns 1936 getan hatte.

Als Nachfolger Löbs wurde in der Generalversammlung am 7. April 1937 der Mitinhaber des 1920 von Mendelssohn und Löb gegründeten Bankhauses Mendelssohn & Co. Amsterdam, Paul Stach, gewählt, der allerdings dem Aufsichtsrat nur

---

89 S. insgesamt Wilhelm Treue, Das Bankhaus Mendelssohn als Beispiel einer Privatbank im 19. und 20. Jahrhundert, in: Mendelssohn-Studien 1972, S. 29–80, sowie Gall, Hermann Josef Abs, S. 59ff.; Harold James, Die Deutsche Bank und die „Arisierung", S. 67ff., 73ff.

90 Vgl. BHB, Bd. 1, S. 451.

91 Vgl. den Nachruf von Max Kreutzberger (New York), Rudolf Loeb. Ein König der Privatbankiers, in: Börsen-Zeitung, 27. August 1966.

92 GB der BV Geschäftsjahr 1937, S. 15. D-BV-KOM-PUB-69. Hervorhebung im Original.

Abb. 25: Dr. Ing. e.h. Karl Butzengeiger (* 1882 / † 1962). Ab 1921
Mitglied des Vorstandes der
Bayerischen Vereinsbank und ab
1956 stellvertretender Vorsitzender des Aufsichtsrats der Bayerischen Vereinsbank, München o. J.
(D-BV-PER-A-1340)

1937/38 angehörte: Er wurde nicht wieder berufen, obwohl die Anteile des Hauses
Mendelssohn zu diesem Zeitpunkt noch nicht von dem ebenfalls 1937 gewählten
(und bis 1945 amtierenden) August von Finck, Mitinhaber des Bankhauses Merck,
Finck & Co., übernommen worden waren. Darauf ist noch einzugehen.

Der Vorstand der Bayerischen Vereinsbank wies ebenfalls eine bemerkenswerte
Kontinuität über die Epochengrenzen hinaus auf, obwohl die Nationalsozialisten
hier wie im Aufsichtsrat versuchten, ihre Personalpolitik durchzusetzen. Durch-
Verdrängung einzelner Vorstandsmitglieder und Neuberufung einiger anderer
gelangen zwar Einbrüche in diese der Politisierung durch die Partei entgegenste-
hende personelle Kontinuität, aber doch keineswegs mit so nachhaltigem Erfolg,
wie es auf den ersten Blick scheinen könnte. Eine herausragende Rolle spielte
Kommerzienrat Dr. Ing. e.h. Karl Butzengeiger, der dem Vorstand von 1921 bis
1956 (stellvertretend schon seit 1918) angehörte. Bis 1938 in Nürnberg tätig, wurde
er 1938 als „Primus inter pares" des Vorstands der Vereinsbank nach München
geholt. Zwar sah das Aktiengesetz von 1937 die Funktion eines Vorstandsvorsit-
zenden vor (§ 70 Abs. 2), doch konnte die Bank das Kollegialprinzip beibehalten. In diesem Fall stellte sich die Frage, wer als Sprecher und Repräsentant des
Gesamtvorstandes nach außen fungieren sowie intern die Leitung der Sitzung
und andere Koordinationsaufgaben übernehmen sollte. Der Arbeits

Abb. 26: Dr. Hans Christian Dietrich (* 1869 / † 1950). Ab 1905 Mitglied des Vorstandes der Bayerischen Vereinsbank,1938 bis 1940 und 1948 bis 1950 Mitglied des Aufsichtsrats der Bayerischen Vereinsbank, München o. J. (D-BV-PER-A-1342)

ausschuss folgte am 28. April 1938 einstimmig dem Vorschlag des Vorstandes, den 56-jährigen Karl Butzengeiger als dienstältestes Vorstandsmitglied mit dieser Leitungsfunktion zu betrauen.[93] Butzengeiger nahm tatsächlich in den kommenden sieben Jahren während des NS-Regimes und im ersten Nachkriegsjahrzehnt eine Schlüsselrolle ein. Danach wechselte er in den Aufsichtsrat und amtierte von 1956 bis 1962 dort als Stellvertretender Vorsitzender. Insbesondere während der Gleichschaltungsaktion von 1942/43 setzte er sich mit großem Geschick gegen die erneute nationalsozialistische Pression auf die Vereinsbank zur Wehr. Auf seine Rolle seit 1938 ist noch einzugehen.[94]

Schon vor 1933 Vorstandsmitglied war Professor Dr. Hans-Christian Dietrich 1905 bis 1938 (1902 bis 1904 bereits stellvertretend), der als einziger der vier 1938 ausscheidenden Direktoren aus Altersgründen den Vorstand verließ.[95]

---

93 Niederschrift über die 47. Sitzung des Arbeitsausschusses der Bayerischen Vereinsbank vom 28. April 1938. D-BV-LO-A-194.
94 S. S. 181ff.
95 Niederschrift über die 44. Sitzung des Arbeitsausschusses der Bayerischen Vereinsbank vom 15. Dezember 1937. D-BV-LO-A-193.

Georg Falkner war von 1922 bis 1938 stellvertretendes Vorstandsmitglied. Der von der Mendelssohn-Bank kommende Friedrich Pasternak gehörte als ordentliches Mitglied von 1925 bis 1938 dem BV-Vorstand an.

Friedrich Pasternak, der weitläufig mit dem späteren Literaturnobelpreisträger Boris Pasternak verwandt war, schied auf Druck der Partei als „Nichtarier" aus dem Vorstand aus und emigrierte nach Großbritannien. Der damalige Präsident des Aufsichtsrates, Paul Reusch, schrieb ihm am 4. Februar 1938:

> Ich habe mit lebhaftem Bedauern von Ihrem Wunsche, aus dem Vorstand der Bayerischen Vereinsbank auszuscheiden, Kenntnis genommen. Ich will mich unter den obwaltenden Verhältnissen der Erfüllung dieser Bitte nicht weiter widersetzen […] Ich behalte mir vor, Ihre Verdienste um die Bank an anderer Stelle entsprechend zu würdigen, es ist mir aber ein Bedürfnis, Ihnen schon heute den aufrichtigsten und herzlichsten Dank für die wertvollen Dienste, die Sie dem Unternehmen in Ihrer langjährigen erfolgreichen Tätigkeit geleistet haben, zum Ausdruck zu bringen.[96]

Weitere langjährige Vorstandsmitglieder waren: Ludwig Hübner (stellvertretend von 1927 bis 1954), Emil Kronawitter (stellvertretend 1930 bis 1945), Dr. iur. Dr. rer. pol. h.c. Wilhelm Biber zunächst stellvertretend von 1923 bis 1936, dann als ordentliches Mitglied von 1936 bis 1959, danach bis 1964 noch als Mitglied des Aufsichtsrats, sowie Erhard Thron, der 1928/29 und dann nochmals 1936/37 Mitglied des BV-Vorstands war. Von 1937 bis 1961 fungierte er als Mitglied des Vorstands der Bayerischen Handelsbank und etliche Jahre als Aufsichtsratsmitglied der Bayerischen Vereinsbank (bis 1961). Schließlich sind noch drei stellvertretende Vorstandsmitglieder zu nennen, die, während der 1930er Jahre berufen, noch mehrere Jahre nach 1945 tätig waren: Dr. Max Obermair 1937 bis 1948, Dr. Alfred Rudolph 1937 bis 1954 sowie Dr. Hermann Theissing 1937 bis 1951.

Auch die zum Teil Jahrzehnte während, häufig vor der nationalsozialistischen Machtergreifung beginnende Tätigkeit im Vorstand der Vereinsbank zeigt, dass es sich um Bankiers handelte, die aufgrund ihrer Kompetenz und nicht auf Betreiben der NSDAP in den Bankvorstand gelangten: Wie beim Aufsichtsrat erklärt sich durch die Homogenität dieser traditionellen Funktionselite die langanhaltende Resistenz gegenüber der nationalsozialistischen Ideologie, die sich in ähnlicher Weise – wenngleich in den Geschäftsberichten nicht so stark ausgeprägt wie bei der Vereinsbank – auch bei Aufsichtsrat und Direktorium der Hypo-Bank manifestiert.

Die Zahl derjenigen, die entweder 1933 ausschieden – wobei die Umstände nicht zwangsläufig politischer Art sein mussten, sondern auch Alters- oder Gesundheitsgründe vorlagen – oder die ausschließlich während der nationalso-

---

[96] Paul Reusch in einem Schreiben an Friedrich Pasternak vom 4. Februar 1938. D-BV-LO-A-532.

zialistischen Diktatur amtierten, ist deutlich geringer als die der über Epochenbrüche hinweg langgedienten Direktoren. Auch bei Nachbesetzungen gelang es der Bayerischen Vereinsbank wiederholt, Berufungen in den Vorstand durchzusetzen, die nicht den Wünschen der NSDAP entsprachen.

Zwei Mitglieder verließen den BV-Vorstand bereits im Jahre 1933: der lettländische Konsul Dr. Robert Gorlitt, der dem Vorstand seit 1928 angehört hatte, und das stellvertretende Vorstandsmitglied Carl Rieger (1924 bis 1933), der aber nicht in der Zentrale, sondern in Nürnberg und Würzburg tätig war. Gorlitt schied nach einem längeren „Krankheitsurlaub" mit Wirkung zum 15. April 1933 auf eigenen Wunsch aus und trat wegen Dienstunfähigkeit in den Ruhestand.[97]

Ausschließlich während der NS-Diktatur gehörten nur drei Personen dem Vorstand an: kurzzeitig 1936 bis 1938 auf Vorschlag von Paul Reusch der Geheime Regierungsrat a.D. Dr. h.c. Ludwig Kastl, Georg Helmreich 1938 bis 1945 und Bernhard Hoffmann 1938 bis 1945. Die beiden Letzteren gelangten nach dem Gleichschaltungsversuch durch die NSDAP in den Bankvorstand.

Ludwig Kastl war kein Nationalsozialist, er war Jurist und Wirtschaftsexperte und international erfahren als Diplomat und Kolonialfachmann. Von 1915 bis 1920 amtierte er als Leiter der deutschen Zivilverwaltung in Deutsch-Südwestafrika. Als Ministerialrat im Reichsfinanzministerium war Kastl seit 1921 an den Reparationsverhandlungen beteiligt, die 1924 zum Dawes-Plan und 1929 zum Young-Plan führten. Er war seit 1925 geschäftsführendes Präsidialmitglied des Reichsverbandes der deutschen Industrie und gehörte 1929 bis 1932 der Mandatskommission des Völkerbundes in Genf an. Wie es in den „Wirtschaftlichen Privat-Informationen" von Dr. Fritz Wille hieß, war Kastl „nach der Machtübernahme durch den Nationalsozialismus und die dadurch bedingte Zusammenfassung der Wirtschaft"[98] aus dem Reichsverband der deutschen Industrie ausgeschieden und hatte sich 1933 als Rechtsanwalt beim Berliner Kammergericht niedergelassen. Das NS-Regime, dem er kritisch gegenüberstand, verdrängte ihn nach und nach aus allen Funktionen, so auch bei der Bayerischen Vereinsbank.

Die Gleichschaltungsaktion von 1938

In den ersten fünf Jahren seit der nationalsozialistischen Machtergreifung hatte die Bayerische Vereinsbank der massiven Repression des NS-Systems und dem gesellschaftlichen Anpassungsdruck noch widerstehen können und bis dahin

---

97 Vgl. Niederschrift über die 29. Sitzung des Arbeitsausschusses des Aufsichtsrates der Bayerischen Vereinsbank vom 26. Oktober 1933. D-BV-LO-A-198.
98 Heft Nr. 172 vom 17. Dezember 1936.

sowohl im Vorstand als auch im Aufsichtsrat und unter den leitenden Mitarbeitern jüdische Deutsche in ihren Ämtern, Mandaten und dienstlichen Funktionen belassen. Im Sommer 1933 hatten der Bayerischen Vereinsbank sieben „Nichtarier" unter ca. 1600 Mitarbeitern angehört, wie Vorstandsmitglied Dr. Dietrich in diesem Jahr zur „derzeit aktuellen Arierfrage" berichtete. „Er hielt dafür, dass die Frage für die Bank kaum Bedeutung erlangen werde".[99]

Tatsächlich geriet die Vereinsbank gerade deshalb zunehmend unter politischen Druck, weil sie in den ersten fünf Jahren des Regimes alles andere als nationalsozialistisch war, so dass es 1938 zu dieser Gleichschaltungsaktion kam. Ein Beispiel dieser Resistenz bildet die geschilderte Vorstandtätigkeit von Friedrich Pasternak, hatten doch gegen das Ausscheiden des jüdischen Vorstandsmitglieds die beiden Großaktionäre bis 1938 entschiedenen und erfolgreichen Widerstand geleistet, eben die Mendelssohn-Bank und die Gutehoffnungshütte. Ihren Vertretern in Vorstand und Aufsichtsrat war es bis 1938 gelungen, eine Mehrheit gegen die Entlassung Pasternaks zu mobilisieren, weshalb das Regime 1938 beide Großaktionäre selbst entmachtete, indem es den Verkauf des Aktienpakets der Gutehoffnungshütte und damit den Rücktritt von Paul Reusch als Aufsichtsratsvorsitzenden erzwang. Im gleichen Jahr wurde die Liquidierung des deutschen Teils der Mendelssohn-Bank in Berlin betrieben. Ohne Zweifel stellte das Jahr 1938 also einen tiefen politischen Einschnitt für die Vereinsbank dar, obwohl dem Regime im politischen oder ideologischen Sinn nach wie vor keine wirkliche Gleichschaltung gelang. Allerdings waren danach keine jüdischen Deutschen mehr in der Bayerischen Vereinsbank tätig. Den Machtinstrumenten der nationalsozialistischen Diktatur und ihrem Antisemitismus hatte die Bank in dieser Situation nichts entgegenzusetzen. Es bleibt der traurige Befund, dass die wenigen jüdischen Mitglieder bzw. Mitarbeiter nach 1938 auch in der Vereinsbank kein Refugium mehr besaßen. So weit ging die Autonomie der Bank dann nicht mehr.

Vorstand und Aufsichtsrat wurden gezwungen, außerdem auf mehrere nichtjüdische Mitglieder zu verzichten, die zweifellos regimekritisch eingestellt waren. Die Leitung der Bank und ihre Gremien mussten künftig erheblich stärker lavieren als vorher, zumal ihnen „Aufpasser" aufgezwungen wurden, auch wenn diese keine Parteifunktionäre im engeren Sinne waren. Und schließlich bildete die in Teilen stärker angepasste Belegschaft eine „Betriebsöffentlichkeit", die in größerem Maße als Vorstand und Aufsichtsrat ihre gesellschaftliche und ideologische Konformität betonte. Auf sie mussten die Leitungsgremien gewisse Rücksichten nehmen, da interne Informationen an

---

99 Protokoll der 877. Sitzung des Aufsichtsrates der Bayerischen Vereinsbank vom 9. Juni 1933, S. 4. D-BV-LO-A-967.

Parteistellen gelangen konnten. So erschien 1938 in der Werkzeitschrift der Bayerischen Vereinsbank eine unübersehbar groß gedruckte Mitteilung an alle Betriebsangehörigen:

> Mit Rundschreiben vom 4. März wurde das Ausscheiden des nichtarischen Vorstandsmitgliedes Pasternak sowie zwei weiteren nichtarischen stellvertretenden Direktoren bekannt gegeben. Es kann auch heute noch hie und da die Beobachtung und Wahrnehmung gemacht werden, daß unser Institut als Judenbank bezeichnet wird [...] In jedem Falle ist es Pflicht eines jeden Betriebsangehörigen darauf hinzuweisen, daß in unserem Betrieb keinerlei derartige Zusammenhänge mehr gegeben sind; Aufsichtsrat, Vorstandschaft und Gefolgschaft sind vollkommen frei von jüdischen Personen und jüdischem Einfluß.[100]

Wie kam es 1938 zu dieser Wendung? Angesichts der ideologischen Abstinenz der Geschäftsberichte von Vorstand und Aufsichtsrat sowie der Tatsache, dass noch 1936 mit Paul Reusch ein Aufsichtsratsvorsitzender gewählt wurde, der das NS-System ablehnte, und alle Gremien noch jüdische Mitglieder oder Mitarbeiter aufwiesen, verwundert es, wie lange die Bank diesen Kurs durchhalten konnte. Der Arbeitsausschuss, der aus Vorstands- und Aufsichtsratsmitgliedern bestand, legte am 27. Juni 1939 ein Memorandum über die Vorgänge vor: Es sollte die Bank offensichtlich gegen die nationalsozialistische Einflussnahme verteidigen und diese ausdrücklich aktenkundig machen. Hierin hieß es unter anderem:

> Seit Anfang des Jahres 1938 begannen Verhandlungen über eine Gleichschaltung der BV. Die Anregung hierzu ging von einer Stelle der Reichsparteileitung in München aus; es nahmen daran teil die – für Gleichschaltungsfragen zuständige – Behörde des Beauftragten für den Vierjahresplan in Berlin [Hermann Göring] und das Reichswirtschaftsministerium als Aufsichtsbehörde über die Banken. Die Besprechungen dauerten einige Monate; sie wurden zum Teil auch mit der BV geführt. Den Ausgangspunkt zu dem Vorgehen bildete die Judenfrage in der BV.[101]

In dem Memorandum hieß es weiter, seit Ende 1935 – also einige Monate nach Erlass der antisemitischen Nürnberger Rassegesetze vom 15. September 1935 – hätten „einige Herren des Vorstands und des Aufsichtsrates immer wieder auf die notwendige Lösung: die Entfernung der Juden aus Aufsichtsrat, Vorstand und Gefolgschaft und die Aufhebung der Freundschaftsbeziehungen zu Mendelssohn & Co., gedrängt". Diese Formulierung sollte offensichtlich die Linientreue der Vereinsbank dokumentieren, eine Mehrheit für solches Vorgehen bestand dort jedenfalls nicht. Auch in der Sitzung des Arbeitsausschusses vom 1. Oktober

---

100 „Betrieb und Vertrauen" 1938, Folge 3, S. 59. D-BV-KOM-PUB-968.
101 Memorandum des Arbeitsausschusses des Aufsichtsrates der BV vom 27. Juni 1939, S. 2. D-BV-LO-A-716.

1935, die dem Erlass der Nürnberger Gesetze folgte, findet sich kein Hinweis auf eine einschlägige Debatte, vielmehr ein gegenteiliges Indiz: Bei der Diskussion über die Neuwahl des Aufsichtsratspräsidenten schlug der Mitinhaber der Mendelssohn-Bank, Löb, die Wahl von Paul Reusch vor: „Diesem Antrag wird von allen Herren zugestimmt [...] Herr Dr. Dietrich begrüßt den Vorschlag im Namen des Vorstandes."[102] Da Löb „Nichtarier" war und Reusch kein National-sozialist, bei der Sitzung aber drei Reichskommissare, vier Aufsichtsräte und fünf Vorstandsmitglieder anwesend waren, kann zumindest der Führungszirkel kaum auf das Ausscheiden jüdischer Mitglieder gedrängt haben.

Ein Aktenvermerk des Aufsichtsratsmitglieds Baron von Pechmann vom 22. Januar 1936 über die ständigen Angriffe der NSDAP und ihre praktischen Konsequenzen für die Bayerische Vereinsbank konkretisiert den Druck auf die Bank. Pechmann informiert unter anderem über Gespräche mit Oberbürgermeister Fiehler und Gauleiter Wagner. Beide hatten erklärt, dass die Existenz nichtarischer Mitglieder im Vorstand und leitenden Positionen der Bayerischen Vereinsbank ihr schade. Zur möglichen Wahl Robert von Mendelssohns in den Aufsichtsrat erklärte Pechmann: „Wenn in der nächsten Generalversammlung Herr Robert von Mendelssohn an Stelle seines Vaters in den Aufsichtsrat gewählt würde, so wäre dies ein Akt, wie er unter normalen oder nur halbwegs normalen Verhältnissen nicht selbstverständlicher sein könnte. Von solchen Verhältnissen sind wir aber z.Zt. leider weit entfernt [...] Nach alledem habe ich, obwohl es gerade mir namen-los schwer fiel, dazu raten müssen, die Zuwahl des Herrn Robert von Mendels-sohn bis zur Wiederkehr einer weniger überreizten Zeit zurückzustellen."[103]

Der Widerstand der Vereinsbank gegen die NS-Politik war maßgeblich auf den Aufsichtsratsvorsitzenden Paul Reusch zurückzuführen. Er war schon seit 1928, lange vor der Machtergreifung, Mitglied des Aufsichtsrats der Bayerischen Vereinsbank. Der 1868 geborene Reusch[104] war ein ausgesprochen dominanter Charakter, er war unangepasst, selbstbewusst und dickköpfig. Er war zu großer Loyalität ebenso fähig wie zu ausgeprägten Abneigungen. Opportunismus war ihm ebenso fremd wie Wankelmut: Er ist ein Beispiel dafür, in welchem Maße auch eine im öffentlichen Leben stehende Persönlichkeit der Wirtschaft sich der

---

102 Niederschrift über die 35. Sitzung des Arbeitsausschusses des Aufsichtsrates der Bayerischen Vereinsbank vom 1. Oktober 1935. D-BV-LO-A-205.
103 In: RWWA 130-400 10121/6.
104 Vgl. die Biographie von Peter Langer, Macht und Verantwortung. Der Ruhrbaron Paul Reusch, Essen 2012, der allerdings keine Quellen der Bayerischen Vereinsbank heranzieht und in den wenigen Bemerkungen zu den Vorgängen von 1938 (ebd. S. 713 und S. 715) irreführend ist. Die Darstellung Reuschs im Konflikt um die BV bei Christian Marx, Paul Reusch und die Gutehoffnungshütte, Göttingen 2013, S. 405–409, ist dagegen instruktiv, wenngleich ebenfalls ohne Quellen aus der BV

Abb. 27: Paul Reusch (* 1868 / † 1956). Vorstand der Oberhausener Gutehoffnungshütte, von 1928 bis 1938 Mitglied des Aufsichtsrats der Bayerischen Vereinsbank, ab 1935 Vorsitzender des Aufsichtsrats der Bayerischen Vereinsbank, o. O. o. J., Quelle: Historisches Archiv der MAN Augsburg.

ideologischen Gleichschaltung des Regimes entziehen konnte, wenn sie den Mut und die Standfestigkeit besaß, wenn sie bereit war, dafür Pressionen, Gefährdungen und persönliche Nachteile in Kauf zu nehmen. Allerdings – dies muss betont werden – sind Persönlichkeiten wie Paul Reusch Ausnahmeerscheinungen und nicht der Normalfall – schon gar nicht unter den Bedingungen terroristischer Diktaturen. Umso überraschender ist es, dass beide Banken gleich mehrere Ausnahmen aufweisen konnten, wenngleich sie nicht so ausgeprägte Naturen waren wie Reusch. Wie sich zeigen sollte, gehörte Reusch nicht zu denen, die wie beispielsweise Friedrich Flick[105] ausschließlich ökonomisch dachten und so in allererster Linie oder gar nur von ihrem Unternehmensinteresse ausgingen. Reusch war zweifellos eine der großen Unternehmerpersönlichkeiten, die auf enorme wirtschaftliche und organisatorische Leistungen zurückblicken konnten und

---

105 S. Johannes Bähr/Ralf Banken/Thomas Flemming, Die MAN. Eine deutsche Industriegeschichte, München 2008, sowie Johannes Bähr/Axel Drecoll/Bernhard Gotto/Kim Christian Priemel/Harald Wixforth, Der Flick-Konzern im Dritten Reich, München 2008.

durch zahlreiche Querverbindungen von Unternehmen, die er aufgebaut hatte, als Interessenvertreter der Industrie ungemeinen Einfluss in der Wirtschaft, zum Teil auch in der Bankwelt oder auf sie gewonnen hatten, bevor der Nationalsozialismus an die Macht kam. Angesichts seiner Charaktereigenschaften stellte sich nach 1933 kaum die Frage, ob Reusch dem Regime zu Willen sein würde, sondern die Frage, auf welche Weise und wie lange er sich mit seiner prinzipienfesten Haltung in exponierter Position halten konnte.

Reusch studierte zunächst an der Technischen Hochschule in Stuttgart, wurde Bauingenieur und dann in Ungarn, Mähren und Mühlheim/Ruhr zum Hüttenfachmann ausgebildet. Schon 1905 wurde er Vorstandsmitglied und 1909 Vorstandsvorsitzender, schließlich Generaldirektor der Gutehoffnungshütte AG in Oberhausen, deren Mehrheitseigner die Familie Haniel war. Unter seiner Leitung expandierte das Unternehmen, erwarb zahlreiche Beteiligungen, unter anderem 1921 die Aktienmehrheit bei MAN (Maschinenfabrik Augsburg und Nürnberg) sowie dreier süddeutscher Zeitungen, darunter die „Münchner Neuesten Nachrichten". Diese wollte Reusch für publizistischen Lobbyismus zur Vertretung industrieller Interessen und zugleich für die Formierung einer konservativ-nationalen bürgerlichen Sammlungsbewegung nutzen.[106] Von 1924 bis 1930 war Reusch, der schon 1918 die Deutsche Werft mitbegründet hatte, Vorsitzender des Vereins Deutscher Stahlindustrieller, 1927 war er Initiator der sog. Ruhrlade, die die schwerindustriellen Interessen in einer Art Clearing-Stelle bündeln sollte. Reusch zählte während der Weimarer Republik zu den bedeutendsten deutschen Industriellen und übte eine schier unglaubliche Fülle von Ehrenämtern und Mandaten aus.[107] Als Kritiker der Weimarer Verfassungsordnung beteiligte er sich an dem mit anderen Persönlichkeiten 1928 gegründeten „Bund zur Erneuerung des Reiches"[108], der, konservativ orientiert, Vorschläge zur Reichsreform ausarbeitete. Zumindest in den 1920er und frühen 1930er Jahren besaß ökonomische Interessenvertretung für Reusch Priorität gegenüber der Politik. Dies mag zur Erklärung zeitweiliger politischer Verirrungen beitragen. Stand er ursprünglich auf dem äußersten rechten Flügel der Deutschen Volkspartei, so befürwortete er kurzzeitig im Frühjahr 1932 sogar eine Zusammenarbeit mit der NSDAP, wovon er aber schon nach wenigen Monaten wieder abrückte, um die deutschnationale Regierung von Papen zu unterstützen: Dieses Agieren lässt erkennen, welche politischen Verwirrungen die Auflösung der Weimarer Demokratie sogar bei

---

106 Vgl. dazu die Dokumentation von Kurt Koszyk, Paul Reusch und die „Münchner Neuesten Nachrichten". Zum Problem von Industrie und Presse in der Endphase der Weimarer Republik, in: VfZ 20 (1972), S. 75–105, die aufschlussreiche Briefe enthält.
107 Vgl. Reichshandbuch der deutschen Gesellschaft Bd. 2, Berlin 1931, S. 1515.
108 Möller, Parlamentarismus in Preußen, S. 538, 550.

selbstständig denkenden, nüchternen Köpfen wie Reusch anrichtete. Nach 1933 stand er in wachsender Distanz zur NSDAP, lehnte er doch sowohl deren Wirtschaftspolitik als auch ihren Antisemitismus ab. Trotzdem exponierte er sich in den ersten Jahren nicht sichtbar gegen die NS-Diktatur und unterstützte auch die in politische Bedrängnis geratenen, schließlich verhafteten Redaktionsmitglieder der „Münchner Neuesten Nachrichten" nicht.[109] Doch zeigt dieses Verhalten nicht die ganze Persönlichkeit von Reusch. So ignorierte Reusch 1935 eine Einladung zum Nürnberger Parteitag der NSDAP und lehnte am 5. Februar 1938 sogar eine Einladung Hitlers ab, wozu zweifellos Mut gehörte.[110] Die von ihm unterzeichneten Briefe während der nationalsozialistischen Diktatur, die sich in den Unterlagen finden, endeten übrigens stets mit normalen Grußformeln und nie mit „Heil Hitler", im mündlichen Verkehr umging er den Hitler-Gruß oder den „deutschen Gruß" mithilfe der für den Generaldirektor eines Hüttenwerks passenden Bergmannssprache und grüßte mit „Glück auf!".

Aufgrund regimekritischer Äußerungen wurde Reusch schließlich bis 1942 aus allen Ämtern vertrieben und zog sich auf sein württembergisches Landgut zurück.[111] Seinen Austritt aus dem BV-Aufsichtsrat erklärte er am 29. März 1938.[112] In der Aufsichtsratssitzung vom 25. April 1938, die sich mit den Forderungen von Parteistellen an die Vereinsbank befasste, erklärte der Münchner Fabrikant Heinrich Roeckl: Seit er zwei Jahre zuvor in den Aufsichtsrat und den Arbeitsausschuss der Bank gewählt worden sei,

> seien immer wieder aus Kreisen der Arbeitsfront, der Partei usw. Bedenken und Bemängelungen wegen der in der Verwaltung der Bank an maßgebender Stelle befindlichen Nichtarier an ihn herangetragen worden. Er habe jedes Mal Herrn Dr. Reusch davon in Kenntnis gesetzt und selbst seine starken Bedenken wegen des weiteren Verbleibens dieser Nichtarier in zahlreichen Briefen zum Ausdruck gebracht. Trotzdem er dabei die Unterstützung der Herren Dr. Dietrich und Baron von Pechmann gefunden habe, habe Herr Dr. Reusch insbesondere in der Frage des nichtarischen Vorstandsmitgliedes Pasternak seine Ansicht nicht geändert. Erst infolge davon habe sich dann der Gedanke entwickelt, dass die Partei durch die Gemeindebank ein Aktienpaket erwerben solle, um die Gleichschaltung durchzuführen.[113]

---

109 Sehr kritisch fällt das Urteil über Paul Reuschs Passivität bei der Gleichschaltung der Zeitung und die Verhaftung ihrer Redakteure aus; vgl. Peter Langer, Paul Reusch und die Gleichschaltung der „Münchner Neuesten Nachrichten" 1933, in: VfZ 53 (2005), S. 203–240.
110 Büro Paul Reusch an die Präsidialkanzlei des Führers und Reichskanzlers vom 5. Februar 1938, zit. bei Marx, Paul Reusch und die Gutehoffnungshütte, S. 409.
111 Vgl. insges. Erich Maschke, Es entsteht ein Konzern. Paul Reusch und die Gutehoffnungshütte, Tübingen 1969; Marx, Paul Reusch und die Gutehoffnungshütte; Bähr u.a., Die MAN.
112 GB der BV Geschäftsjahr 1938, S. 15. D-BV-KOM-PUB-70.
113 Niederschrift über die 900. Sitzung des Aufsichtsrates der Bayerischen Vereinsbank vom 25. April 1938. D-BV-LO-A-208.

Abb. 28: Aktie der Bayerischen Vereinsbank zu 100 Reichsmark, München 1937.
(D-BV-WP-PROD-35)

Die Vorgänge um Paul Reusch zeigen, wie schwer seine Persönlichkeit einzuordnen ist. Gerade deshalb konnte er zu einer Schlüsselfigur in der Geschichte der Bayerischen Vereinsbank werden, nachdem er sich anders als 1933 seit 1935 immer eindeutiger gegen Ziele des NS-Regimes stellte.

In einem Memorandum von 1939 hielt der Aufsichtsrat fest, es sei angesichts der Mehrheitsverhältnisse im Aufsichtsrat mit den beiden Großaktionären Gutehoffnungshütte und Mendelssohn-Bank bis 1938 keine Änderung in der Behandlung der jüdischen Bankangehörigen möglich gewesen. Zwar war das nicht die ganze Wahrheit, weil beide jeweils nur zehn Prozent des Aktienkapitals der Vereinsbank hielten, sie also noch mit anderen größeren Anteilseignern – darunter die Familie Neumeyer, die Kolbermoor-Union und seit 1937 auch August Baron von Finck, der von 1937 bis 1945 selbst dem Aufsichtsrat angehörte – übereingestimmt haben müssen, um eine Mehrheit zu erreichen. Tatsächlich lag hier aber doch ein wesentlicher Grund: Solange sich um diese beiden Großaktionäre herum – also „arische" und „nicht-arische" in der Sprache des NS-Regimes – mit einer durchsetzungsstarken systemkritischen Persönlichkeit wie Paul Reusch als Aufsichtsrats-Präsident eine resistente Führung halten konnte, gelang es dem NS-Regime nicht, seine antisemitische Politik restlos durchzusetzen. In keinem

Fall war dies so geräuschlos möglich, wie es die NSDAP im Bankwesen bis zur weiteren Radikalisierung des Antisemitismus 1937/38 wünschte.

Aus diesem Grund rückten Parteiinstanzen auch zunächst dem widerspenstigen Aufsichtsratsvorsitzenden Paul Reusch und der Gutehoffnungshütte zu Leibe, die sich bis dahin erfolgreich dem Druck der Nationalsozialisten widersetzt hatten, die die Entlassung der jüdischen Mitglieder von Vorstand und Aufsichtsrat forderten. Bei Reusch – einem nach wie vor führenden, wenn auch immer stärker bedrängten Großindustriellen – handelte sich um den schwierigeren Gegner, dem mit dem Staatsantisemitismus nicht beizukommen war – und schließlich war Reusch kein „Linker", sondern ein deutschnationaler Gegner der Weimarer Demokratie gewesen und in der Schwerindustrie des Ruhrgebiets fest verwurzelt. Darauf nahm das Regime aber seit 1938 keine Rücksicht mehr. So hieß es in dem Memorandum des Arbeitsausschusses vom 27. Juni 1939:

> Gleichzeitig mit der Gleichschaltungsfrage lief das Verlangen nach einem Besitzwechsel in dem bei der Gutehoffnungshütte befindlichen Pakete an BV.-Aktien, das rund RM 3 Millionen Aktien = rund 10 % des Aktienkapitales der BV. betrug. Der Vorstand der Gutehoffnungshütte wurde Anfang März 1938 aufgefordert, diesen Aktienbesitz abzugeben und fügte sich im April 1938 durch den Verkauf an ein bayerisches öffentlichrechtliches Geldinstitut, wobei damals die Frage offenblieb, ob dieses Institut die Aktien für seinen eigenen Besitz oder als Treuhänderin für eine andere Stelle erwarb.[114]

Tatsächlich hatte Hermann Göring von Paul Reusch den sofortigen Verkauf des BV-Aktienpakets mit der Absicht verlangt, ihn der NSDAP zu übereignen. Diese Transaktion sollte offenbar erst auf einem Umweg erfolgen, damit der auf einen „arischen" Kapitaleigner dieses Formats ausgeübte Zwang nicht allzu deutlich wurde. Wohl um nach außen hin die Form zu wahren, ordnete der Reichsschatzmeister der NSDAP, Franz Xaver Schwarz, die Übernahme des Pakets durch die Bayerische Gemeindebank an[115] – ein im Übrigen im NS-System oftmals praktiziertes zweigleisiges Verfahren, das selbst bei großen „Arisierungen" zuweilen angewandt wurde.

In der Aufsichtsratssitzung der Bayerischen Gemeindebank wurde am 28. Oktober 1938 mitgeteilt, der Reichsschatzmeister der NSDAP habe schriftlich den Erwerb eines Aktienpakets der Bayerischen Vereinsbank beantragt. Dies entspreche dem Wunsch des Generalfeldmarschalls Göring. Wenn die Gemeindebank „auch formell als Besitzer der Aktien in Erscheinung tritt, so hat sie doch

---

114 Memorandum des Arbeitsausschusses des Aufsichtsrates der BV vom 27. Juni 1939, S. 2. D-BV-LO-A-716.
115 Vgl. Dokumentation Reuss, S. 8. D-BV-LO-A-1878.

lediglich als Beauftragte dritter Stellen gehandelt. Gauleiter Adolf Wagner hat gleichfalls sein Interesse an dieser Angelegenheit bekundet."[116]

Schwarz war im Übrigen seit dem 16. September 1931 der einzige notariell beglaubigte Generalbevollmächtigte Hitlers in allen Finanzsachen der NSDAP. Mit der „Verordnung zur Durchführung des Gesetzes zur Sicherung der Einheit von Partei und Staat" – das Gesetz selbst stammte vom 1. Dezember 1933[117] – am 29. März 1935 wurde Schwarz der Alleinverantwortliche für alle Vermögensangelegenheiten der Partei und ihrer Gliederungen. Durch dieses Gesetz war die NSDAP schon 1933 zur Körperschaft des öffentlichen Rechts erklärt worden, denen die Behörden in Ausübung der Partei- und SA-Gerichtsbarkeit Amts- und Rechtshilfe leisten mussten. Schwarz, der seine Funktionen mit großem Organisationsgeschick, allerdings auch detailversessen ausübte, wurde nach dem Zusammenbruch des NS-Regimes in einem Münchner Spruchkammerverfahren als „Hauptschuldiger" eingestuft.

So reibungslos, wie es hier erschien, verlief die Transaktion des Aktienpakets der Gutehoffnungshütte indes nicht, weil Reusch zunächst versuchte, den Verkauf zu verhindern. Er selbst erreichte eine Unterredung mit Hermann Göring, die aber offenbar nicht das gewünschte Ergebnis brachte. Auf Reuschs Bitte hin intervenierte dann August von Finck[118], allerdings ebenfalls erfolglos, wie ein Referent des Bayerischen Wirtschaftsministeriums notierte: Göring „habe [...] nach kurzem Vortrag erklärt, dass er z.Z. mit wichtigen Arbeiten überlastet sei" und dass von Finck sich an die „Münchner Stelle" wenden möge. Nach mehrfachen Verhandlungen in München sei von Finck am 15. März 1938 neuerlich nach Berlin gefahren.[119] Doch offenbar erwiesen sich auch diese Versuche Fincks als Sackgasse, teilte doch der Reichskommissar der Bayerischen Vereinsbank, Dr. Meukel, am 25. März 1938 fernmündlich mit, dass Generaldirektor Reusch den Vorsitz im Aufsichtsrat niedergelegt und Bankier von Finck „sein Mandat, zwischen der Leitung und dem Aufsichtsrat der Bank einerseits und den Berliner Stellen andererseits zu vermitteln, wegen Aussichtslosigkeit zurückgegeben" habe.[120] In der erwähnten Aufsichtsratssitzung vom 29. März erklärte Finck selbst, „daß die NSDAP auf einer Interessennahme an der Bayerischen Vereins-

---

116 Niederschrift über die Sitzung des Aufsichtsrats der Bayerischen Gemeindebank vom 18. Oktober 1938, Archiv der Bayern LB, Bestand Bayerische Gemeindebank, Akte Nr. 201.

117 Text in: UuF, Bd. IX, S. 237f.

118 Niederschrift der 899. Sitzung des Aufsichtsrats der BV vom 29. März 1938, TOP 1. D-BV-LO-A-207.

119 Vormerkung des Bayerischen Staatsministeriums für Wirtschaft vom 17. März 1938, BayHStA, Allg. StMWi 317.

120 Vormerkung des Bayerischen Staatsministeriums für Wirtschaft vom 25. März 1938, BayHStA, Allg. StMWi 317.

bank bestehe, nicht wegen eines Geldbedarfes, sondern aus dem Wunsche und Interesse, die Gleichschaltung der Bank durchzuführen".

Etwas undurchsichtig bleibt die zeitweilige Absicht Fincks, einen Teil des Pakets von Reusch zu übernehmen, um der NSDAP die Anteile zu entziehen. Sicher hat auch diese Aktion ihm den Unwillen der Partei eingetragen, doch ist nicht erkennbar, ob er darüber mit Paul Reusch gesprochen hat.[121] Die Vereinsbank selbst besaß keinerlei Einfluss auf diese Transaktion, dies zeigt die eher beiläufig gegebene, aber wesentliche Anspielungen enthaltene Information des Vorstands an Paul Stach, die wohl auch als Warnung hinsichtlich des Mendelssohn-Anteils gemeint war: „Zu Ihrer Information fügen wir bei, daß das Aktienpaket der GHH (Gutehoffnungshütte) inzwischen an die Bayerische Gemeindebank, München – wie uns gesagt wurde – als Treuhänderin verkauft worden ist."[122]

Es ist aufschlussreich, dass 1938 nahezu parallel jüdische und nichtjüdische Kapitaleigner durch politischen Druck gezwungen wurden, ihre Aktienpakete zu verkaufen: Das Mendelssohn-Paket hatte auf dem Höchststand während der ersten fünf Jahre des NS-Regimes zeitweilig einen Wert von 5,707 Millionen RM, 1938 wurde dieses nun auf das Bankhaus Mendelssohn & Co. Amsterdam transferierte Aktienpaket noch mit 3 282 900 RM bewertet, wie Paul Stach, Miteigentümer der Bank, mitteilte.[123] Kastl und Pasternak arrangierten dann im Dezember 1938 den Verkauf der Anteile an die Bank Merck, Finck & Co., kurz bevor das Amsterdamer Haus der Bank Mendelssohn zusammenbrach. Allem Anschein nach ist der Verkauf selbst korrekt abgewickelt worden, was nichts mit der Liquidierung der Mendelssohn-Bank in Berlin zu tun hatte, wenngleich alle Ereignisse – Verkauf des Vereinsbank-Pakets, „Arisierung" des Bankhauses in Berlin, Zusammenbruch des Bankhauses in Amsterdam – in das gleiche Jahr 1938 fielen.

In ihrem Memorandum stellte die Bayerische Vereinsbank 1939 weiter fest, dass der restliche Aktienbesitz der Mendelssohn-Bank an der Vereinsbank im Herbst 1938 „auf Verlangen eines Berliner halbamtlichen Institutes an dieses und etwas später von diesem an ein Münchner Privatbankhaus und ihm nahestehende privatwirtschaftliche Kreise veräußert" worden sei. Tatsächlich hatte die Vereinsbank weder den Verkauf des Aktienpakets der Gutehoffnungshütte noch die „Arisierung" der Mendelssohn-Bank betrieben bzw. durchgeführt. Sie hat vielmehr diesen erzwungenen Verkauf als einen Schlag gegen ihre Unabhängigkeit angesehen. Die Befürchtung weiterer Eingriffe klingt in der fast beschwören-

---

121 Vgl. dazu die Besprechung zwischen August von Finck und von Thelemann mit Vertretern von Vorstand und Aufsichtsrat der Bayerischen Vereinsbank vom 10. März 1950. D-BV-LO-A-736.
122 Vorstand an Paul Stach, Amsterdam vom 19. April 1938. D-BV-LO-A-744.
123 Briefwechsel von Bankdirektor Dr. Hans Christian Dietrich und Paul Stach vom 8. und 11. April 1938. D-BV-LO-A-78.

den Formulierung ihres Memorandums mit: „Bei dem Abschluß der Verhandlungen wurde durch die diese Verhandlungen führende Parteistelle die Zusicherung gegeben, daß mit dem Programme die Aktion gegen die BV (!) erledigt und ein weiteres Eingreifen in die Selbständigkeit der Bank nicht beabsichtigt sei. Die BV. solle ihren privatwirtschaftlichen Charakter behalten, weder die Funktion einer Art von Partei-Bank noch eines von öffentlichrechtlichen Körperschaften abhängigen Institutes erhalten."[124]

Am 19. April 1938 informierte der Vorstand Paul Stach, den erst 1937 zugewählten Vertreter von Mendelssohn & Co. im Aufsichtsrat, über die laufenden Verhandlungen und sprach die Bitte aus, er möge auf eine Wiederwahl verzichten: „Wir hoffen bei Ihnen Verständnis zu finden, wenn wir die bekannten Gründe nicht schriftlich wiederholen."[125] August Bauch teilte ihm am 2. Mai 1938 mit, dass es wegen der ihm vom Vorstand mitgeteilten Umstände dem Aufsichtsrat nicht möglich gewesen sei, ihn zur Wiederwahl vorzuschlagen. Bauch äußerte darüber sein Bedauern sowie seine sachliche und persönliche Hochschätzung.[126] Das Ausscheiden Stachs wird im BV-Aufsichtsratsprotokoll ohne weiteren Kommentar erwähnt.[127] Das bis kurz vorher amtierende BV-Vorstandsmitglied Friedrich Pasternak, der 1925 von der Mendelssohn-Bank zur BV in den Vorstand kam, wiederholte allerdings von Amsterdam aus schriftlich seine schon vorher geäußerte Kritik:

> Zu dem Brief der Direktion vom 19. ds. Mts. habe ich bereits in der Aufsichtsratssitzung vom 25. ds. Mts. mündlich Stellung genommen und insbesondere ausgeführt, dass die Nichtwiederwahl eines Vertreters meiner Firma nach meiner Überzeugung in einem krassen Widerspruch zu den Leistungen steht, welche die beiden Firmen Mendelssohn & Co., Berlin, und Mendelssohn & Co., Amsterdam, in der Vergangenheit im Interesse der Bayerischen Vereinsbank erbracht haben, und die für die Bank in einem kritischen Zeitpunkt von ausschlaggebender Bedeutung gewesen sind. Ich muss es aber unter den gegebenen Umständen Ihnen überlassen, bezüglich der Vertretung meiner Firma im Aufsichtsrat so zu handeln, wie Sie im Interesse der Bank glauben handeln zu müssen.[128]

Mit dem Doppelschlag gegen Reusch und Mendelssohn konnte die NSDAP nun auch ihre Personalstrategie energischer verfolgen: Nach der Ausbootung der

---

124 Memorandum des Arbeitsausschusses des Aufsichtsrates der BV vom 27. Juni 1939, S. 2. D-BV-LO-A-716.

125 Vorstand der BV an Paul Stach vom 19. April 1938. D-BV-LO-A-744.

126 Vorsitzender des Aufsichtsrats an Paul Stach vom 2. Mai 1938. D-BV-LO-A-748; vgl. auch D-BV-LO-A-548.

127 Memorandum des Arbeitsausschusses des Aufsichtsrates der BV vom 27. Juni 1939, S. 2. D-BV-LO-A-716.

128 Friedrich Pasternak an Vorstand und Aufsichtsrat der BV vom 27. April 1938. D-BV-LO-A-532.

Abb. 29: Friedrich Pasternak (* 1880 / † 1976).Von 1925 bis 1938 Mitglied des Vorstandes der Bayerischen Vereinsbank und ab 1953 Mitglied des Beirats der Bayerischen Vereinsbank. (D-BV-PER-AB-740)

Gutehoffnungshütte konnte sie auf einen Schlag ihren systemkritischen Repräsentanten an der Spitze des BV-Aufsichtsrats loswerden und den durch Reusch in den Vorstand gebrachten Ludwig Kastl gleich mit. Nach der Herausdrängung Mendelssohns entfiel die Begründung für seine Vertretung in Vorstand und Aufsichtsrat der Bayerischen Vereinsbank. Auf diese Weise wurde die sogenannte Judenfrage der Bank „gelöst".

Das Herausdrängen Pasternaks hatte allerdings noch ein Nachspiel: Gemäß einer Vereinbarung mit dem BV-Aufsichtsrat war Pasternak 1933 offenbar auf seinen Wunsch hin bestätigt worden, dass er Anspruch auf ein in monatlichen Raten zu zahlendes Ruhegehalt von jährlich RM 12 000 auf Lebensdauer habe, im Falle seines Ablebens sollte seine Witwe drei Fünftel dieses Betrages erhalten (solange sie nicht wiederverheiratet sei)[129] – eine Regelung, mit der sich Pasternak schriftlich einverstanden erklärte. Offensichtlich hatte er aufgrund der nationalsozialistischen Machtergreifung 1933 einen Nachtrag zu seinem Vertrag gewünscht. Ahnte Friedrich Pasternak im Frühjahr 1933, was ihm fünf Jahre später widerfahren würde? Doch auch er nahm offensichtlich zu diesem Zeitpunkt nicht an, dass sich das NS-Regime weder an humanitäre Grundsätze noch

---

129 Präsidium des Aufsichtsrates an Bankdirektor Friedrich Pasternak vom 16. März 1933. D-BV-LO-A-532.

rechtliche Vereinbarungen gebunden fühlte bzw. sie mit je nach ideologischem Interesse erlassenen Gesetzen und Verordnungen außer Kraft setzte.

Etwa eineinhalb Jahre nach Pasternaks Ausscheiden erörterte der Arbeitsausschuss der Bayerischen Vereinsbank aufgrund einer reichsgerichtlichen Entscheidung am 5. Dezember 1939 dessen Pensionsansprüche an die Bank. Die Sitzungsteilnehmer erklärten: Die reichsgerichtliche Entscheidung kläre nicht eindeutig, ob Nichtarier weiterhin Pensionsansprüche besäßen. Der Vorstand stellte sich zwar auf den Standpunkt, dass „eine Verpflichtung zur Pensionsleistung nicht mehr besteht". Doch solle Pasternak „lediglich im Wege der freiwilligen Sustentation bis auf weiteres noch RM 300,– monatlich, d.i. der bisher schon an inländische Verwandte des Herrn Pasternak ausbezahlte Betrag, weitergewährt" werden.[130] Damit war die Angelegenheit aber nicht erledigt, weil die Gestapo offiziell anfragte, ob die Bayerische Vereinsbank dem früheren Vorstandmitglied Pasternak eine Pension zahle. Der BV-Vorstand antwortete formal korrekt: „Die Anfrage wurde dahin beantwortet, daß der Aufsichtsrat schon vor längerer Zeit den Standpunkt eingenommen habe, daß Herr Pasternak keinen Pensionsanspruch gegen die Bank mehr habe."[131] Die Zahlungen der Bayerischen Vereinsbank an Pasternaks Verwandte wurden in der Antwort an die Gestapo nicht erwähnt – nur so konnten sie überhaupt erfolgen, weil schon aufgrund der Devisengesetzgebung in das Emigrationsland von Friedrich Pasternak keine Überweisungen an ihn persönlich hätten durchgeführt werden können.

Wie viel bis 1945 tatsächlich gezahlt worden ist, lassen die Unterlagen nicht erkennen.[132] Nach dem Krieg zahlte die Bayerische Vereinsbank Pasternak sowohl eine Entschädigung für den Gesamtausfall bis zu dem Zeitpunkt, zu dem er regulär als Bankbeamter pensioniert worden wäre, als auch die entsprechenden Ruhestandsbezüge. Allerdings zog sich die endgültige Regelung bis 1961 hin, weil die Bankenaufsicht die durch die Bank gezahlte Entschädigung gemäß der einschlägigen Gesetzeslage als zu hoch bewertete.[133]

Bald nach Ende der nationalsozialistischen Diktatur lebte der direkte Kontakt zwischen der Bayerischen Vereinsbank und Friedrich Pasternak wieder auf. So schrieb er am 26. Oktober 1946 an den Vorsitzenden des Aufsichtsrats, es gehe ihm „den Umständen entsprechend angemessen gut", er plane, im nächsten Jahr

---

130 54. Sitzung des Arbeitsausschusses des Aufsichtsrates der BV vom 5. Dezember 1939, TOP 4. D-BV-LO-A-750.

131 Niederschrift über die 58. Sitzung des Arbeitsausschusses des Aufsichtsrates der BV vom 5. Dezember 1940. D-BV-LO-A-195.

132 S.a.u. den Abschnitt zur Gleichschaltungsaktion 1938, S. 161ff.

133 Schriftverkehr über die Rechtsansprüche sowie ihre Berechnungen 1953 bis 1961. D-BV-RET-A-1498.

nach München zu kommen, um mit dem Aufsichtsratsvorsitzenden und dem Vorstand seine Vermögensangelegenheiten zu besprechen. Dem Aufsichtsrat und dem Vorstand übermittelte er seine „herzlichsten Grüße". Bis zu seinem Tod im Alter von 95 Jahren am 1. Januar 1976 in Oxford blieb Pasternak mit der Vereinsbank in Verbindung, sowohl als Mitglied des Beirats als auch im Briefwechsel. Die Direktion übermittelte allen Abteilungen der Bank die Nachricht vom Tode Pasternaks, verwies auf die vierzehnjährige Tätigkeit als Vorstandsmitglied seit 1924 und schrieb unter anderem: „Im Jahr 1938 mußte er unter dem Druck der damaligen politischen Führung die Bank verlassen und lebte seither in England. Unsere Bank hat dem Wirken und dem Rat von Herrn Pasternak viel zu verdanken. Wir werden seiner in Verehrung und Dankbarkeit gedenken."[134]

Doch nicht nur gegen die „nichtarischen" Angehörigen der Vereinsbank ging die NSDAP vor, sondern auch gegen politisch Unliebsame. Gegen den ehemaligen Königlich Belgischen Generalkonsul Walter von Mayrhauser, Vorstandsmitglied der Bayerischen Vereinsbank von 1925 bis 1938, wurde ein Verfahren wegen Devisenvergehens eröffnet, in dessen Verlauf er um Auflösung seines Dienstverhältnisses zum 31. März 1938 bat. Wie Pasternak war Mayrhauser als Vertreter der Mendelssohn-Bank in den Vorstand gekommen, weil Mendelssohn seinerzeit die Kapitalerhöhung durch seine Bank an diese Bedingung geknüpft hatte. Soweit erkennbar, hatte Mayrhauser tatsächlich – wenn auch geringfügig – gegen die Devisengesetzgebung verstoßen. Ob hinter der Eröffnung des Verfahrens und der kurzzeitigen Verhaftung Mayrhauser die NSDAP stand, ist den Unterlagen nicht zu entnehmen, zumindest aber dürfte der Partei die Gelegenheit zupass gekommen sein, im Jahr 1938 gleich ein weiteres Vorstandsmitglied der Vereinsbank loszuwerden. Laut Feststellung der Devisenstelle des Oberfinanzpräsidiums München vom 4. Juni 1934 hatte Mayrhauser vom August 1936 bis November 1937 ausländische Zahlungsmittel in Höhe von insgesamt 17 800 österreichischen Schillingen erhalten und in Innsbruck zu seinen eigenen Gunsten angelegt, „ohne diese innerhalb der gesetzlichen Frist der Reichsbank oder einer Devisenbank anzubieten". Durch den Ankauf von Wertpapieren mit dem größten Teil dieser Summe habe er gegen mehrere Paragraphen des Devisengesetzes verstoßen. Da Mayrhauser sich nachträglich bemüht hatte, Devisenwerte in Höhe von 6981 RM der deutschen Wirtschaft wieder zuzuführen und dadurch den Devisenschaden wiedergutzumachen, wurde das Verfahren eingestellt, da gemäß Straffreiheitsgesetz nur eine – auf diese Weise schon abgegoltene – Geldstrafe zu erwarten war.[135]

---

134 Direktion der Bayerischen Vereinsbank an alle Abteilungen in München und alle auswärtigen Niederlassungen vom 7. Januar 1976. D-BV-LO-A-535 und D-BV-LO-A-532.
135 Bescheid vom 4. Juni 1938. D-BV-LO-A-527.

Unabhängig von der Tatsache, dass die rechtliche Beurteilung den damaligen Devisengesetzen entsprach, handelte es sich natürlich um eine Bagatelle, die – wie Mayrhauser ausdrücklich bestätigt wurde – nichts mit seiner dienstlichen Tätigkeit zu tun hatte. Trotzdem war es für eine Bank, die auch Devisengeschäfte betrieb, eine peinliche Angelegenheit, dass einer ihrer Direktoren wegen eines Devisenvergehens verhaftet worden war und Mayrhauser selbst den Tatbestand nicht bestreiten konnte. Als Mayrhausers Kollege Dr. Ludwig Kastl im Auftrag des Vorstands mit Mayrhauser selbst bei der Devisenstelle wegen dieser Angelegenheit verhandelte, teilte ihm der Leiter der Strafabteilung mit, „dass die Angelegenheit des Herrn von Mayrhauser eine andere rechtliche und tatsächliche Beurteilung fände, wenn er alsbald aus dem Vorstande der Bayerischen Vereinsbank ausscheide und pensioniert werde".[136] Diese Andeutung legt tatsächlich den Verdacht nahe, das Devisenvergehen sei entweder ein Vorwand gewesen oder es sei gerade zur rechten Zeit gekommen, um auch Mayrhauser aus dem BV-Vorstand zu entfernen.

Ludwig Kastl, ein Gegner des Regimes, legte Mayrhauser nach diesen Gesprächen nahe, um Versetzung in den Ruhestand zu bitten – „unter Vorbehalt seiner vertraglichen Rechte auf Pensionierung". So ist dann verfahren worden: Mayrhauser suchte aufgrund seines schlechten Gesundheitszustandes und seines fortgeschrittenen Lebensalters (er war erst 53 Jahre alt!) um vorzeitige Pensionierung nach. Am 29. März 1938 entschied der BV-Aufsichtsrat, an Mayrhauser das Gehalt bis zum 30. September 1938 fortzuzahlen und ihm ab 1. Oktober „in jederzeit widerruflicher Weise eine freiwillige Sustentation von RM 900,– per Monat" zu gewähren[137], was aber nicht den Vorstellungen Mayrhausers auf einen höheren und rechtlich gesicherten Anspruch entsprach, den Kastl offenbar als berechtigt ansah. Die Direktion vertrat den Standpunkt, dass Mayrhauser gemäß vertraglicher Regelung einen jährlichen Pensionsanspruch von 20 000 RM nur habe, wenn er nach Vollendung des 65. Lebensjahres oder wegen Dienstunfähigkeit ausscheide, beide Voraussetzungen seien aber nicht gegeben. Anspruch auf 12 000 RM jährliche Pension habe er nur, wenn er seitens der Bank gekündigt würde, ohne dass ein triftiger Grund nach § 626 BGB vorliege. Die Direktion kam zu dem Ergebnis: Da Herr von Mayrhauser „nicht freiwillig, sondern unter dem Zwang der Umstände zurückgetreten ist und ihm der Rücktritt von Seiten der Bank nahegelegt wurde", könne man ihm jährlich freiwillig ca. 10 000 bis 12 000 RM zahlen, zumal er nicht vermögend sei und für eine größere Familie sorgen müsse. Bei seiner vorzeitigen Pensionierung müsse berücksichtigt werden, dass er der

---

136 Dr. Ludwig Kastl an Kommerzienrat August Bauch vom 15. Juni 1938. Ebd.

137 Niederschrift über die 48. Sitzung des Arbeitsausschusses des Aufsichtsrates der BV vom 21. Juni 1938, TOP 4, S. 2f. D-BV-LO-A-197. Vgl. auch 46. Sitzung des Arbeitsausschusses des Aufsichtsrates der BV vom 29. März 1938, TOP 2. D-BV-LO-A-196.

Bank gute Dienste geleistet habe, sein dienstliches Verhalten einwandfrei sei und das fragliche Devisenvergehen mit seiner beruflichen Tätigkeit nichts zu tun habe. Doch wäre es andererseits mit dem Ansehen der Vereinsbank unvereinbar, dass ihrem Vorstand eine Persönlichkeit weiterhin angehöre, „die eines derartigen Devisenvergehens überführt ist".[138] Wenngleich die Begründungen für das Ausscheiden von Pasternak und von Mayrhauser nicht vergleichbar waren und ein ideologisches Motiv, das sich im Falle Friedrich Pasternaks noch mit einem antisemitischen verband, für Mayrhauser nicht nachweisbar ist, kann also zumindest eine Instrumentalisierung des Devisenvergehens durch die Machthaber nicht ausgeschlossen werden.

Kurze Zeit später nahm auch Kastl selbst seinen Abschied von der Bank. An den neuen Aufsichtsratsvorsitzenden Bauch schrieb er am 17. Juni 1938: „Ich nehme Bezug auf unsere Unterredung am Dienstag, den 14. d. Mts., und erlaube mir, Ihnen mitzuteilen, dass ich angesichts der Entwicklung der Verhältnisse und unter Berücksichtigung der mir von Ihnen gemachten Mitteilungen den Wunsch habe, mit Wirkung vom 30. Juni d. Js. aus dem Vorstand der Bayerischen Vereinsbank auszuscheiden."[139]

Paul Reusch (später auch Vorsitzender des Aufsichtsrats der MAN, an der die Gutehoffnungshütte gut 60 Prozent hielt) war über das Ausscheiden von Kastl aus dem Vorstand der Vereinsbank verärgert und veranlasste daraufhin den Vertreter der MAN, Dr. Hans Wellhausen, zum Austritt aus dem BV-Aufsichtsrat.[140] Zur politisch motivierten Verdrängung von Kastl bemerkte dessen Vorstandskollege Dietrich in der Sitzung des Arbeitsausschusses: „Die Bank habe aber in diesem Punkte lediglich einer von außen gekommenen Auflage entsprochen". Man habe jedoch in der Verwaltung ursprünglich nicht mit Kastls Ausscheiden gerechnet und ihn noch als Vertreter der Bayerischen Vereinsbank in den Aufsichtsrat der Kabel- und Metallwerke Neumeyer A.G. entsandt. Dr. Kastl selbst sei sich jedoch über die „Unhaltbarkeit seiner Position vollkommen im Klaren gewesen".[141]

Nach dem Zweiten Weltkrieg übernahm Kastl wieder wichtige Aufgaben, so wurde er 1946/47 Präsident des Bayerischen Wirtschaftsrates und gehörte 1952 der von Hermann Josef Abs geleiteten deutschen Delegation bei den Verhandlungen über das in London mit der Bundesrepublik Deutschland geschlossene

---

138 Direktion der BV an Aufsichtsrat vom 13. Juni 1938. D-BV-LO-A-991.
139 Dr. Ludwig Kastl an Kommerzienrat August Bauch, Vorsitzer des Aufsichtsrates vom 17. Juni 1938. D-BV-LO-A-528.
140 So Dokumentation Reuss, Bayerische Vereinsbank, Teil 1, S. 35. D-BV-LO-A-1878. Es scheint fraglich, ob dies tatsächlich der Grund war, da Wellhausen erst am 9. Dezember 1938 zurücktrat: GB der BV Geschäftsjahr 1938, S. 15. D-BV-KOM-PUB-70.
141 Niederschrift über die 50. Sitzung des Arbeitsausschusses des Aufsichtsrates der BV vom 15. Dezember 1938. D-BV-LO-A-199.

Schuldenabkommen an. Nach 1945 wurde Kastl wieder Mitglied zahlreicher Aufsichtsräte und im Übrigen wiederholt als Gutachter bei den Nürnberger Prozessen gegen die Kriegsverbrecher herangezogen. Wie auch Pasternak berief die Vereinsbank Kastl später in ihren Beirat, als dessen Vorsitzender er 1954 bis 1969 wirkte.

Der hier geschilderte Personalschub im Vorstand der Vereinsbank war Teil der gesamten Gleichschaltungsaktion, die in der Neuaufteilung der Aktienpakete ihr allerdings nur vorläufiges Ende fand. Wie unterschiedlich das Ausscheiden der vier BV-Vorstandsmitglieder (Pasternak, Kastl, von Mayrhauser, Dietrich) sowie des stellvertretenden Vorstands Georg Falkner auch begründet war, schwächte diese Aktion die Widerstandskraft der Bank erheblich. Keiner der Ausscheidenden war Nationalsozialist, zwei – Pasternak und Kastl – mussten definitiv auf Druck der NSDAP gehen. Das altersbedingte Ausscheiden des inzwischen 69-jährigen Direktors und Vorstandsmitglieds Dietrich war der Partei sehr willkommen, und von Mayrhauser lieferte zwar möglicherweise selbst einen Vorwand, war jedoch schon zuvor bei der NSDAP nicht wohlgelitten. Auf eine Anfrage des „Sonderbeauftragten für Wirtschaftsangelegenheiten der Hauptstadt der Bewegung" Christian Weber vom 2. Juni 1938 reagierte der Vorsitzende des Aufsichtsrats der Vereinsbank, August Bauch, mit einem Brief, der keinen Zweifel lässt: Die Leitung der Vereinsbank handelte im Frühjahr 1938 unter massivem Druck und wurde gezwungen, eine Reihe personeller Forderungen der NSDAP zu erfüllen: „Das Ausscheiden des Herrn Dr. *Kastl* aus dem Vorstande stellt einen Bestandteil des Auflagenkomplexes dar, welcher der Verwaltung des Instituts von der Reichsaufsicht durch den für die Bank bestellten Reichskommissar, Herrn Ministerialrat Dr. Leonhard Meukel, Senatspräsident am Oberlandesgericht, München, in den Verhandlungen am 27. und 28. April 1938 bekannt gegeben worden ist. Diese Auflagen waren in ihrer Gesamtheit Ergebnis wiederholter Besprechungen des Herrn Reichskommissars mit dem Stabsleiter des Herrn Reichsschatzmeisters."[142]

Zur Rechtfertigung der Bank gegenüber den Gleichschaltungsinstanzen führte der Arbeitsausschuss in seinem Memorandum vom Juni 1939 an, dass aus „der Gefolgschaft die wenigen (5) beteiligten Angestellten von 1934 bis Ende 1936" ausgeschieden seien; im November 1938 sei bei Mendelssohn & Co durchgesetzt worden, dass das seit 1922 bestehende Freundschaftsverhältnis „durch die Entwicklung der Verhältnisse gegenstandslos geworden" sei. Bis 1937 seien zwei der bis 1936 drei noch im Aufsichtsrat verbliebenen „nichtarischen Aufsichtsratsmitglieder (1 Herr war vorher von sich aus zurückgetreten)" ausgeschieden.[143] Es

---

142 Vorsitzender des Aufsichtsrates August Bauch an Sonderbeauftragten Christian Weber vom 8. Juni 1938. D-BV-LO-A-759. Hervorhebung im Original.
143 Memorandum des Arbeitsausschusses des Aufsichtsrates der BV vom 27. Juni 1939. D-BV-LO-A-716.

handelte sich wohl um die Mitglieder Dr. Karl Freiherr von Hirsch und Dr. Johann Jakob Schulmann.

Karl von Hirsch entstammte einer alten jüdischen Bankiersfamilie, die zu den frühesten in Bayern geadelten Juden gehörte. Ein Mitglied der Familie, Josef von Hirsch (1805 bis 1885), Mitgründer der Süd-Chemie, ließ sich später in Planegg bei München als Grundbesitzer nieder. Die Familie Hirsch, die aus Würzburg stammte, wo schon am Beginn des 19. Jahrhunderts Jakob von Hirsch (1765 bis 1840) zum wichtigsten Hofbankier geworden war, hatte an der Gründung sowohl der Hypo-Bank (durch Joel Jacob von Hirsch und Samuel von Hirsch) als auch der Vereinsbank (durch Emil von Hirsch) mitgewirkt. Die Familie von Hirsch – von der einige Angehörige katholisch wurden, andere jüdisch blieben – besaß also über Generationen hinweg enge persönliche Bindungen an die Vereinsbank und die Hypo-Bank.

In dem Rechenschaftsmemorandum der Vereinsbank wurde außerdem erwähnt, dass für die Mendelssohn-Bank ein „arischer" Vertreter (Paul Stach) gewählt worden sei. „Zu den Maßnahmen bis hierher wurde eine einheitliche Stellung innerhalb der Verwaltung der BV. unter Überwindung mancher Hemmungen erreicht". Diese Formulierung ist so gewunden, dass man ihr die internen Schwierigkeiten ebenso anmerkt wie die mangelnde Zustimmung zur nationalsozialistischen Gleichschaltung. Verblieben waren „als Nichtarier" bis 1938 nur noch das Vorstandsmitglied Pasternak sowie zwei Prokuristen mit dem Titel „stellvertretende Direktoren".

Was aus diesen beiden Prokuristen wurde, ist nicht bekannt. Auch die Frage bleibt offen, ob die fünf „nichtarischen" Mitarbeiter zwischen 1934 und Ende 1936 aus Alters- oder anderen normalen Gründen ausschieden, ob sie dazu gedrängt oder entlassen wurden. Letzteres erscheint allerdings aus mehreren Gründen unwahrscheinlich: So wies der BV-Vorstand verschiedentlich noch Ende der 1930er und in den 1940er Jahren darauf hin, dass Entlassungen bei der Bank seit den Aufbaujahren 1923/1924 ausschließlich erfolgt seien, wenn strafrechtlich zu ahndende Vergehen vorgelegen hätten. Außerdem erscheint es nicht plausibel, dass eine Bank, die bis 1936/37 drei jüdische Aufsichtsratsmitglieder und bis 1938 mindestens ein jüdisches Vorstandsmitglied und zwei Prokuristen beschäftigte, untergeordnete Mitarbeiter ausschließlich entließ, weil das Regime sie als „Nichtarier" einstufte. Gerade weil die Bayerische Vereinsbank sich auch in dieser Hinsicht nicht systemkonform verhielt, bekam sie 1938 so große Schwierigkeiten mit der NSDAP.

Die Gleichschaltungsaktion im Frühjahr 1938 führte schließlich zum Ausscheiden von insgesamt zehn Aufsichtsrats-Mitgliedern; unter den seit 1938 neu in das Gremium gewählten acht Aufsichtsräten waren sieben Parteimitglieder. Zur Zeit des nächsten Interventionsversuchs 1942/43 waren unter den 18 Aufsichtsräten zehn NSDAP-Mitglieder, darunter August von Finck, der Landesobmann der Wirtschaftsgruppe für den Bezirk Bayern war, Dr. Ing. h.c. Willy Messerschmitt, Justizrat Helmuth Schieck (München) sowie Carl Tabel (Creußen).

Im vierköpfigen Vorstand, zu dem noch sechs stellvertretende Mitglieder kamen, über deren parteipolitische Orientierung den Unterlagen außer im Falle des Betriebsführers Kronawitter[144] nichts zu entnehmen ist, befanden sich die erwähnten Parteimitglieder Georg Helmreich und Bernhard Hoffmann, von denen Helmreich wiederholt als Vertrauensmann der Partei bezeichnet wird, ohne dass den Dokumenten eine spezifisch parteipolitische Aktivität Helmreichs zu entnehmen ist.[145]

Der Bank schadete die Parteimitgliedschaft der beiden offenbar nicht. Helmreich und Hoffmann waren zwar Parteigenossen, aber auch qualifizierte Bankfachleute. Bei der schon erwähnten Wahl zum Sprecher des auf vier ordentliche Mitglieder verkleinerten Vorstandes stimmten beide 1938 wie die anderen für den bisherigen Leiter der Hauptniederlassung Nürnberg, Karl Butzengeiger, also nicht für einen Parteimann. Die Berufung von Helmreich behandelte der Vorstand in einem Tagesordnungspunkt, dem man ohne Umschweife die Überschrift gab: „Interessennahme der NSDAP". Dort heißt es: „Der Vorstand beabsichtigt, in der nachfolgenden Aufsichtsratssitzung um die Ermächtigung zu ersuchen, Verhandlungen mit Herrn Direktor Georg Helmreich, stellvertretendes Vorstandsmitglied und Leiter der Hauptniederlassung Nürnberg der Bayerischen Hypotheken- und Wechselbank, wegen seines Eintretens in den Vorstand einzuleiten."[146] Bei den Diskussionen wurde ausdrücklich auf die fachliche Eignung von Helmreich hingewiesen, man sah in ihr wohl eine gewisse Garantie gegen zu ideologisches Agieren und hatte offenbar Erkundigungen über ihn eingezogen. Zwar gelang es in diesem Fall der Bayerischen Vereinsbank nicht wie bei der Hypo-Bank, ein Mitglied des eigenen Hauses zu bestellen, aber immerhin doch einen erfahrenen Bankfachmann einer vergleichbaren bayerischen Bank. Im Falle des zweiten auf Druck der NSDAP in den Vorstand berufenen Parteimitglieds konnte allerdings ein „hauseigener" Kandidat durchgesetzt werden: Bernhard Hoffmann war bis dahin Leiter des Hypothekenbüros der Bayerischen Vereinsbank in Berlin. Er übte seine neue Aufgabe aber nur kurze Zeit wirklich aus, da er seit Beginn des Krieges zur Wehrmacht eingezogen wurde. Offenbar haben sich beide, soweit erkennbar, der Vereinsbank gegenüber bei den Angriffen von Parteistellen loyal verhalten.

---

144 S.o. S. 149f.

145 Vgl. Entwurf eines Briefes des Vorstands der BV an Vizepräsident Kurt Lange (Berlin), vermutlich Januar 1943. D-BV-LO-A-788.

146 Niederschrift über die 29. Sitzung des Arbeitsausschusses des Aufsichtsrates der BV vom 26. Oktober 1933, TOP 1, D-BV-LO-A-198.

Tatsächlich handelte es sich nun im Vergleich zur Zeit bis 1937/1938, in der es der Vereinsbank erstaunlicherweise gelungen war, nicht allein seine jüdischen Mitglieder in Vorstand und Aufsichtsrat zu halten, sondern auch die NSDAP-Parteigänger auf eine kleine Minderheitsposition zu beschränken, um einen deutlichen nationalsozialistisch ausgerichteten Personalwechsel in den Gremien. Trotzdem ließ sich das Mehrheitsverhältnis von zehn Parteimitgliedern zu acht parteiungebundenen im BV-Aufsichtsrat kaum zugunsten der NSDAP instrumentalisieren, da der AR-Vorsitzende August Bauch kein Nationalsozialist war und zumindest ein Teil der Parteimitglieder sachbezogen-solidarisch im Interesse der BV und weniger parteipolitisch handelten. Die gleiche Konstellation ergab sich im Vorstand, in dem vor allem mit Karl Butzengeiger, aber auch Dr. Wilhelm Biber Persönlichkeiten dominierten, die in Distanz zur NSDAP standen. Auch wenn Vorstand und Aufsichtsrat immer wieder beteuerten, dass sie die „politische Ausrichtung [...] bereits im Jahre 1938 auf Initiative höchster Parteistellen, nämlich des Herrn Reichsschatzmeisters [der NSDAP, Franz Xaver Schwarz] und des Beauftragten für den Vierjahresplan [Hermann Göring], durchgeführt" hätten, traf die misstrauische Einschätzung der nationalsozialistischen Funktionäre des Regimes zu, dass die Vereinsbank trotzdem noch nicht auf dem von ihnen gewünschten systemkonformen Kurs sei.

Größere Probleme für die Bank gab es durch eine Verstimmung zwischen Reusch und Dietrich, die im Zuge der Gleichschaltungsbemühungen aufgekommen waren. Reusch warf Dietrich unter anderem vor, die Vereinbarungen, die er in seiner Eigenschaft als BV-Aufsichtsratsvorsitzender mit den 1938 ausscheidenden Vorstandsmitgliedern Pasternak, Dr. Kastl und von Mayrhauser getroffen hatte, nicht eingehalten zu haben – dabei ging es vermutlich um von Reusch gemachte Zusagen für Pensionszahlungen bzw. Abfindungen.[147] Allerdings dürften zumindest gegenüber Kastl die finanziellen Zusagen eingehalten worden sein. Offenbar verdächtigte Reusch Dietrich außerdem, gegen ihn beim Reichswirtschaftsministerium intrigiert zu haben.[148]

Dietrich bestritt wiederholt und vehement die Vorwürfe und erklärte sich zu einem Gespräch mit Reusch bereit; im Übrigen verwies er zu Recht darauf, dass er „mit der Partei nie in Verbindung gestanden" habe. Auch habe er „nie etwas

---

147 Vgl. Akten-Vormerkung betr. Anruf Geheimrat Ludwig Kastl vom 29. Juli 1938 Angelegenheit Dr. Hans Wellhausen sowie Besuch von Herrn Geheimrat Dr. Oskar von Petri vom 29. Juli 1938. D-BV-LO-A-782.

148 Vgl. den Aktenvermerk, den Karl Butzengeiger über sein Gespräch mit Paul Reusch in Nürnberg am 3. Mai 1939 anfertigte und in dem Reusch erklärte, er sei von zwei amtlichen Stellen und einer Parteistelle in Berlin genau informiert worden. Dies wiederholte er auch gegenüber von Petri, vgl. Vormerkung von Butzengeiger über Gespräch mit von Petri vom 12. Juli 1939. D-BV-LO-A-552.

unternommen, was dem Herrn Dr. R. Grund zu seinen Behauptungen gibt".[149] Zu
klären ist Reuschs Verdacht gegenüber Dietrich nicht, aber es ist eher unwahrscheinlich, dass er berechtigt war. Jedenfalls reagierte Reusch ebenso prompt
wie harsch: Nach dem Zwangsverkauf der Aktien der Gutehoffnungshütte trat
er nicht nur als Aufsichtsratsvorsitzender zurück, sondern zugleich aus dem
BV-Aufsichtsrat aus und unterbrach künftig jede Geschäftsbeziehung – auch
solche ihm nahe stehender Gesellschaften – zur Bayerischen Vereinsbank, die
er ursprünglich zur Hausbank seines Konzerns hatte machen wollen.[150] Solange
Dietrich bei der Vereinsbank war, wollte Reusch trotz vieler Versuche Butzen-
geigers, den Reusch offenbar schätzte und mit dem er auch zusammentraf, nicht
einmal über ein Ende seiner Blockade verhandeln. Deshalb bat Butzengeiger
1939 im Interesse der Bayerischen Vereinsbank Dietrich sogar, gemäß einem
Vorschlag des Nürnberger Aufsichtsratsmitglieds Oskar Ritter von Petri, als Stellvertretender Vorsitzender des Aufsichtsrats zurückzutreten, dem Gremium aber
weiterhin anzugehören. Dietrich lehnte dies ab, stellte aber anheim, ihn nicht als
Stellvertretenden Vorsitzenden wiederzuwählen, in diesem Fall würde er jedoch
sein Aufsichtsratsmandat niederlegen.[151] Offenbar sah Dietrich das Ansinnen als
ehrenrührig an, nach fast vierzigjähriger Tätigkeit für die Vereinsbank aufgrund
eines von ihm bestrittenen Vorwurfs auszuscheiden.

Schließlich musste er doch gehen, und zwar auf Druck der NSDAP. Das
Reichswirtschaftsministerium teilte zwar nach eigener Aussage die gegen ihn
erhobenen Vorwürfe nicht, riet aber dennoch 1940 der Bayerischen Vereinsbank
zum Rückzug von Dietrich, damit sie endlich Ruhe habe.[152] Ministerialdirektor
Lange informierte ihn und den Reichskommissar Dr. Meukel: Eine Parteistelle,
die sich seit Jahren mit der Vereinsbank beschäftige und eine Organisation der
NSDAP, die die beiden früheren großen Aktienpakete der Gutehoffnungshütte
und der Mendelssohn-Bank erwerben wolle, verlange von Dietrich den Verzicht
auf sein Aufsichtsratsmandat. Dietrich beschwerte sich darüber, dass die NSDAP
die nach Durchführung der Gleichschaltungsaktion von 1938 gegebene Zusage,
keine weiteren Eingriffe in die Bank vorzunehmen, nicht eingehalten habe. Auch
sei er 1938 überprüft worden: Man habe seinen Eintritt in den Aufsichtsrat „als
selbstverständlich hingenommen", auch wenn er für den Posten des Aufsichtsratsvorsitzenden abgelehnt worden sei. Wenn man ihm jetzt die Unterstützung
der „falschen Politik des Herrn Vorsitzers Dr. Reusch" vorwerfe, sei dies unbe-

---

149 Notiz von Karl Butzengeiger, Betreff: Dr. R. – Dr. D. – MAN. u.a., vom 4. Dezember 1939. D-BV-
LO-A-777.
150 Vgl. Bähr u.a., Die MAN, S. 295.
151 Notiz Butzengeiger vom 4. Dezember 1939. D-BV-LO-A-777.
152 Steffan, Die Bayerische Vereinsbank, S. 288.

gründet. Vielmehr habe er „schon von 1935/36 an ständig auf die Entfernung der Juden und die Trennung von Mendelssohn & Co. gedrängt" und habe sich „dadurch das Missfallen des Herrn Dr. Reusch zugezogen".[153]

Diese Darstellung von Dietrich kann unterschiedlich interpretiert werden, zum einen als antisemitische Äußerung oder als Opportunismus, zum anderen als Taktik. Da die zu unterschiedlichen Zeiten gemachten oben zitierten Äußerungen von Roeckl (25. April 1938) und Dietrich (6. März 1940) in Bezug auf Warnungen an Reusch inhaltlich mit dem Memorandum der Bank vom 27. Juni 1939 – also einem dritten Zeitpunkt – übereinstimmen, dürften sie in der Sache zutreffen. Da allerdings Dietrich nicht Parteimitglied war (die Spruchkammer entschied am 9. April 1947, Dietrich sei „nicht betroffen"[154]), die NSDAP ihn 1938 als Vorsitzenden des Aufsichtsrats ablehnte, ihn schließlich 1940 aus diesem Gremium vertrieb, andererseits Paul Reusch noch wenige Wochen vor seinem Rücktritt 1938 mit Dietrichs Wahl in den Aufsichtsrat einverstanden war, dürften dessen Bedenken gegen die weitere Beschäftigung von „Nicht-Ariern" und die Fortsetzung der Kooperation mit der Mendelssohn-Bank eher taktischer Natur gewesen sein, um der Vereinsbank Probleme zu ersparen – dafür spricht auch der von ihm angegebene Zeitpunkt: Erst nach den Nürnberger Gesetzen (1935) hat er sich entsprechend geäußert, zumindest vorher aber den Kurs von Reusch mitgetragen und danach bis 1938 seine Bedenken höchstens intern mitgeteilt. Und natürlich muss bedacht werden: 1940 stand er unter drohender Beobachtung der NSDAP.

Erst als der Rücktritt Dietrichs aus dem Aufsichtsrat angesichts dieser heftigen Kontroversen – paradox genug, da beide Kontrahenten keine Nationalsozialisten waren – tatsächlich erzwungen wurde, verbesserte sich das Verhältnis von Reusch zur Vereinsbank wieder. Reusch machte all seine Verfügungen in Bezug auf die Unternehmen seines Konzerns gegen die Vereinsbank rückgängig, wie er es für den Fall des Ausscheidens von Dietrich angedeutet hatte.[155] Schon 1939 hatte Reusch im Gespräch mit Butzengeiger erklärt, gegen die übrigen Mitglieder des Vorstands bzw. den Vorsitzenden des Aufsichtsrats keine Vorbehalte zu haben – vielleicht komme später wieder ein Zeitpunkt, an dem man zu den freundschaftlichen Beziehungen zurückkehren könne.

---

153 Vormerkung über die Besprechung vom 6. März 1940; vgl. dazu auch den Brief von Hans Christian Dietrich an August Bauch, vom 13. März 1940 und dessen Antwort vom 4. April 1940. D-BV-LO-A-551.

154 Vgl. Fragebogen der Amerikanischen Besatzungsbehörden und Entnazifizierungsakten, 25. Mai 1948. D-BV-PER-A-1342.

155 Vgl. Akten-Vormerkung betr. mündliche Unterredung des Herrn Kommerzienrat Karl Butzengeiger mit Dr. Paul Reusch vom 15. Juni 1940. D-BV-LO-A-552.

Unter anderem ging es um die Beziehungen zur Kabel- und Metallwerke Neumeyer A.G. in Nürnberg, dem Eisenwerk Tafel A.G. und vor allem zur MAN, dessen Vertreter im Aufsichtsrat der Bayerischen Vereinsbank – wie erwähnt – im Benehmen mit oder auf Veranlassung von Reusch zurückgetreten waren. Außerdem sollte der Verbleib der Bayerischen Vereinsbank im Bankenkonsortium der MAN gesichert werden, dem sie seit 1920 neben anderen Banken wie der Deutschen Bank, der Disconto-Gesellschaft Berlin, der Hypo-Bank oder Merck, Finck & Co. angehörte. Reusch beabsichtigte, bei der Zusammenstellung des aufgrund der Kapitalerhöhung und der Ausgabe von Obligationen zu bildenden neuen Konsortiums für MAN die Vereinsbank auszuschließen. Butzengeiger wollte dies nicht allein aus unmittelbarem Geschäftsinteresse und der traditionellen Verbindung, wie z.B. wechselseitige Mandate, von Bayerischer Vereinsbank und MAN verhindern, sondern sah diesen Vorgang als rufschädigend für die Vereinsbank an. Deshalb unternahm er mit großer Hartnäckigkeit – und wenn man den bittenden Stil der Briefe an Reusch berücksichtigt, auch mit erheblicher Selbstverleugnung – immer wieder neue Versuche, mit Reusch zu einer Einigung zu gelangen, und schaltete dazu auch andere Persönlichkeiten wie den in beiden Aufsichtsräten sitzenden Ritter von Petri und Wellhausen als Vermittler ein. In diesem Sinne schrieb Butzengeiger an Petri: „Die Sachlage ist doch, wie ich nochmals vertraulich rekapitulieren darf, die, dass wegen der seit 1 ½ Jahren schwebenden Differenzen Dr. R. – Dr. D. unsere nach jeder Richtung hin ungetrübte und seit Jahrzehnten bestehende Bankverbindung mit der MAN aufs schwerste beeinträchtigt wird." Die Auswirkungen auf die Reputation der Vereinsbank durch einen so „unfreundlichen Akt" wie dem Ausschluss aus dem MAN–Konsortium hielt Butzengeiger für gravierend. Leider habe Reusch jegliche Aussprache mit Dietrich abgelehnt. „Dazu kommt, dass die hauptsächlichsten Meinungsverschiedenheiten sich aus der Frage der Interessengemeinschaft mit Mendelssohn & Co. und der Judenfrage ergaben, beides Gesichtspunkte, in denen die Entwicklung gezeigt hat, dass die BV andere Wege gar nicht gehen konnte."[156] Im Übrigen hatte die Deutsche Bank der Vereinsbank mitgeteilt, dass ihre Beteiligung am Konsortium MAN aufgrund der Ablehnung durch deren Mehrheitsaktionär Gutehoffnungshütte nicht infrage komme.[157]

---

[156] Kommerzienrat Karl Butzengeiger an Geh. Kommerzienrat Dr. Oskar Ritter von Petri vom 24. November 1939. D-BV-LO-A-548.

[157] Vgl. Vormerkung von Karl Butzengeiger, Betreff: Maschinenfabrik Augsburg-Nürnberg A.G. und Dr. Paul Reusch vom 28. November 1939. J. Bähr u.a., Die MAN, S. 295f.

Weitere Versuche zur Gleichschaltung 1942 bis 1944

Wie bei der Hypo-Bank kam es 1942/1943 auch bei der Vereinsbank zu einem erneuten Angriff auf ihre zwar beeinträchtigte, aber noch immer nicht völlig beseitigte Autonomie. Zunächst suchte der Ministerialdirektor im Reichswirtschaftsministerium, Dr. Riehle – der ursprünglich für einen Vorstandsposten der Hypo-Bank im Gespräch war – am 25. August 1942 die Vorstandsmitglieder Butzengeiger und Dr. Biber auf und unterrichtete sie über aktuelle bankpolitische Richtlinien des NS-Regimes, die denjenigen entsprachen, die auch dem Hypo-Vorstand vorgelegt wurden. Das Reichswirtschaftsministerium wolle, dass die ständigen Angriffe von Parteistellen gegen die Banken aufhörten, dafür müssten jedoch die Angriffsflächen beseitigt werden, die die Banken bis jetzt böten. Dafür spiele die notwendige Bankenrationalisierung ebenso eine Rolle wie die Einschätzung, „dass seitens der Bank der Kontakt mit den maßgebenden Parteistellen nicht in dem erwünschten Maß gepflegt werde. Es genüge nicht, dass man mit einem Herrn der Partei gelegentlich ein Glas Bier trinke, vielmehr sei es notwendig, dass ein offizieller Vertrauensmann der Partei im Aufsichtsrat sei, durch den die Bank jederzeit die Meinung der maßgebenden Parteistellen erholen [gemeint ist wohl: einholen] könne und der auch seinerseits für die Bank eintrete".[158]

Zur „Bankenrationalisierung", wie sie das Reichswirtschaftsministerium verstand, gehörten nicht allein Fusionen wie die mit der vergleichsweise kleinen Vereinsbank in Nürnberg, die ja ohnehin über Beteiligungen eng mit der Bayerischen Vereinsbank verbunden war, sondern vor allem eine mögliche Fusion zwischen Hypo-Bank und Bayerischer Vereinsbank, die beide Vorstände beunruhigte. In München grassierte das Gerücht, der Stabsleiter beim Reichsschatzmeister der NSDAP, Saupert – den die Hypo-Bank als Vorstandsmitglied verhindern konnte –, wolle Generaldirektor der so fusionierten beiden großen bayerischen Banken werden. Auf eine entsprechende Nachfrage reagierte Riehle mit der Bemerkung: Für das Reichswirtschaftsministerium könnten selbstverständlich nur sachliche Gesichtspunkte, „nicht Wünsche persönlicher Art in Frage kommen". Sehr nachdrücklich forderte Riehle die Vereinsbank auf, ihr Aktienpaket bei der Süddeutschen Bodencreditbank aufzulösen: „Es sei bankenpolitisch absolut unerwünscht, dass eine Bank Aktienpakete anderer selbständiger Institute besitze. Das Reichswirtschaftsministerium werde darauf bestehen, dass wir unseren Besitz an Südboden-Aktien abstossen."[159] Die Vereinsbank-

---

158 Vormerkung über einen Besuch des Ministerialdirektors Dr. Joachim Riehle, Reichswirtschaftsministerium vom 25. August 1942 bei Kommerzienrat Karl Butzengeiger und Dr. Wilhelm Biber, S. 1f. D-BV-LO-A-779.
159 Ebd., S. 4.

Vorstände konterten unter anderem mit der die Doppelzüngigkeit dieser Argumentation bloßlegenden Nachfrage, „was mit dem Paket Vereinsbank-Aktien, das die Partei seinerzeit Herrn Reusch abgenommen und bei der Bayerischen Gemeindebank untergebracht habe, werden solle". Riehle sagte zu, sich darum zu bemühen, auch dieses Paket „loszueisen".[160]

Nach Riehles Vorstoß ergriff – wie schon in dem geschilderten Fall der Hypo-Bank – der Vizepräsident der Reichsbank, Lange, auch gegenüber der Vereinsbank die Initiative und beorderte für den 22. Januar 1943 einige Vorstands- und Aufsichtsratsmitglieder zu einem Gespräch in die Industrie- und Handelskammer in München. In Gegenwart weiterer Vertreter des Regimes, unter anderem des Reichswirtschaftsministeriums, erläuterte er ihnen in einem zweistündigen Gespräch – das er weitgehend allein bestritt, da er eineinhalb Stunden redete – die Ziele Hitlers: Es „sei der Wunsch des Führers, die deutschen Banken – einschließlich der Staatsbanken und der großen Privatbankfirmen – noch mehr als bisher nationalsozialistisch ausgerichtet zu sehen und zwar dadurch, daß sich Vorstand und Aufsichtsrat durch die Berufung von Persönlichkeiten ergänzen, die in maßgebendem Umfang branchenkundig und gleichzeitig fest in der Partei verankert sind und dadurch den maßgebenden politischen Stellen die erforderliche Gewähr bieten." Innerhalb von zwei Wochen sollte die Vereinsbank ihre Bereitschaft zu solcher Kooptation von dezidierten Nationalsozialisten erklären und anschließend Vorschläge machen für je ein neues Mitglied für Vorstand und Aufsichtsrat – Mitglieder, die den Rückhalt der Partei besäßen. Die Betreffenden mussten „nicht unter allen Umständen" „Altparteigenossen" sein. Das Vorschlagsrecht lag zwar bei den Banken, doch musste Lange, der vom Reichsparteileiter Martin Bormann mit der Durchführung der Aktion betraut war, sein Plazet geben. Die Drohung war unmissverständlich: Wenn sich eine Bank „spreize", so sei man genötigt, „bei dem widerstrebenden Institut einen Reichskommissar einzusetzen" – dies wäre dann nicht mehr der schon erwähnte klassische Typus eines Reichskommissars – also ein Beamter aus dem zuständigen Fachressort –, sondern ein Parteimann mit außerordentlichen Vollmachten gewesen.

Die Bayerische Vereinsbank, die sich offenbar hinsichtlich des Vorgehens mit der Hypo-Bank abgesprochen hatte, versuchte sich der erneuten parteipolitischen Pression durch die NSDAP zu entziehen: Zwar sei die geplante Maßnahme im Allgemeinen durchaus zu begrüßen, „bei unserem Institut jedoch aufgrund des umfassenden Revirements von 1938 und des damaligen Plazets durch die Reichsleitung und durch Reichsmarschall Göring wohl eine Ausnahme berechtigt". Auch wolle man – wie dies auch der Führer wünsche – die Aufstiegschancen für diejenigen Mitarbeiter wahren, die derzeit zur Wehrmacht eingezogen seien;

---

160 Ebd., S. 5.

man dürfe auch den Vertrauensmann der Partei, Helmreich, nicht bloßstellen.[161] Lange akzeptierte solche Argumente jedoch nicht und verwies auf „eine gewisse politische Unzuverlässigkeit der Banken [...] die sich z.b. bei der Beratung der Kundschaft über den Ankauf der Reichsanleihe geäussert habe".[162]

Bei dem Gespräch mit dem Vizepräsidenten der Reichsbank war auch der Oberbereichsleiter der NSDAP und Gauhauptamtsleiter Dr. Hans Buchner anwesend. Er wurde dann – nach Absprachen zwischen Lange und Gauleiter Paul Giesler (der nach dem Tod Ludwig Sieberts am 1. November 1942 auch als Bayerischer Ministerpräsident firmierte) – in den Aufsichtsrat der BV berufen und sogleich zum stellvertretenden Vorsitzer gewählt, wie Lange dies wünschte.[163] Der Bankvorstand wollte damit Sicherheit haben und schrieb in diesem Brief an Reichsbankdirektor Goller, „daß nach der ausdrücklichen Erklärung des Herrn Lange mit Erfüllung seiner obigen Wünsche die Frage der Gestaltung des Aufsichtsrates bei der Bayerischen Vereinsbank endgültig erledigt ist". Doch reichte Buchner der stellvertretende Vorsitz des Aufsichtsrats nicht, vielmehr stellte er weitreichende Bedingungen, die ihm – und der NSDAP – die Herrschaft über die Vereinsbank ermöglicht hätten. Ein „Gauwirtschaftsberater als maßgeblicher Exponent der Partei könnte eine solche Wahl dann annehmen", wenn diese Bedingungen erfüllt würden. Buchner forderte, Vorsitzender des Aufsichtsrats zu werden, nach eigenem Ermessen seinen Stellvertreter zu benennen (weitere Stellvertreter sollten nicht gewählt werden) und einen Arbeitsausschuss zu bilden, „über dessen Zusammensetzung er sich mit dem stellvertretenden Aufsichtsratsvorsitzenden unterhält".[164] Dies war tatsächlich schweres Geschütz, mit der die 1938 begonnene, aber nicht beendete Gleichschaltung der Bank definitiv vollzogen worden wäre. Wie konnte die Leitung der Bayerischen Vereinsbank in dieser durchaus brenzligen Lage reagieren?

Die Antwort des Aufsichtsratsvorsitzenden beweist, dass trotz jahrelanger und wiederholter Pressionen auch zehn Jahre nach der Machtergreifung der Widerstandswille der Vereinsbank noch nicht erloschen war. Und zu diesem Zeitpunkt konnte auch niemand ahnen, dass das „tausendjährige Reich" nur

---

161 So auch im Briefentwurf des Vorstands an Kurt Lange, Januar 1943, der möglicherweise nicht abgesandt worden ist, jedoch die Argumentation präzise wiedergibt, die der Vorstand verfolgte. D-BV-LO-A-788.

162 Die Zitate finden sich in dem Besprechungsprotokoll „Parteipolitische Ausrichtung der Banken", 23. Januar 1943, in: Dokumentation Reuss, Nr. 143 D. D-BV-LO-A-1878.

163 Karl Butzengeiger und Georg Helmreich an Reichsbankdirektor Goller vom 20. März 1943. D-BV-LO-A-552; sowie Niederschrift der 923. Sitzung des Aufsichtsrates der Bayerischen Vereinsbank vom 22. März 1943. D-BV-LO-A-215.

164 Dr. Hans Buchner an August Bauch vom 2. April 1943. Niederschrift der 924. Sitzung des Aufsichtsrates der Bayerischen Vereinsbank vom 17. April 1943. D-BV-LO-A-210.

noch zwei – allerdings weitere schreckliche – Jahre bestehen würde. August Bauch reagierte höflich, aber bestimmt und zog sich schließlich auf eine formal schwer auszuhebelnde Position zurück. Man habe Buchner keineswegs in seiner Eigenschaft als Gauwirtschaftsberater, sondern wegen seiner weitreichenden Erfahrungen auf wirtschaftspolitischem Gebiet und seiner Parteiverbundenheit berufen. „Nach einhelliger Meinung des Aufsichtsrats lassen sich die von Ihnen neuerdings gestellten Bedingungen für die Annahme Ihrer Wahl, sowie deren Begründung, weder mit der derzeit geltenden Wirtschaftsordnung noch mit dem Aktienrecht, noch mit der Satzung unseres Instituts in Einklang bringen. Der Aufsichtsrat sieht sich deshalb leider nicht in der Lage, die von Ihnen gestellten Bedingungen zu erfüllen."[165] Tatsächlich handelte Bauch mit voller Rückendeckung seines Aufsichtsrats, der einstimmig – also mit den der NSDAP angehörenden Mitgliedern sowie den drei anwesenden Vorstandsmitgliedern, darunter dem ‚Vertrauensmann' der NSDAP Helmreich – die Erfüllung der Forderungen Buchners zurückgewiesen hatte. Zusätzlich begründete die Vereinsbank diese Ablehnung mit der angesichts der Wirtschaftslenkung des totalitären Regimes bemerkenswerten Feststellung, dass die Bayerische Vereinsbank andernfalls „ihres Charakters als Unternehmen der Privatwirtschaft entkleidet werde".[166]

Natürlich konnten Vorstand und Aufsichtsrat keine Macht-, sondern ‚nur' eine Rechtsposition beziehen, und das in einem Staat, in dem Macht vor Recht ging. Doch bedeutet es eine Verkennung des Charakters der nationalsozialistischen Diktatur, eine solche juristische Argumentation in jeder Situation und jedem Sektor für völlig aussichtslos zu halten. Die diktatorische Herrschaft war in den meisten Bereichen ausgesprochen bürokratisch organisiert: Selbst bei absoluten Rechtsverletzungen, ja sogar bei nicht wenigen (wenn auch keineswegs allen) Verbrechen des Regimes musste erst eine gesetzliche Regelung, erst eine Verordnung her, bevor man agierte – und das galt vor allem für die scheinbar unpolitischen Gebiete, auf denen das Regime den Anschein rechtsstaatlicher Ordnung erhalten wollte und sich traditioneller Verwaltungen zur Herrschaftsdurchsetzung bediente. Es handelt sich hier um eine weitere Dimension der „Doppelstaatlichkeit" des NS-Regimes.

Die Verhandlungen mit Buchner zogen sich jedoch noch länger hin, da die Bank weiterhin nicht bereit war, auf seine Forderungen einzugehen. Am 20. August 1943 lehnte er daraufhin definitiv seine Zuwahl ab.[167] Als 1944 für das laufende und das kommende Jahr die Wahl des Vorsitzenden und seiner beiden

---

165 Ebd.

166 Ebd.

167 Vgl. Niederschrift der 925. Sitzung des Aufsichtsrates der Bayerischen Vereinsbank vom 31. August 1943, TOP 5. D-BV-I.O-A-211.

Stellvertreter anstand, wurden Kommerzienrat August Bauch als Vorsitzender und Geheimrat Roeckl (als Vertreter der Kolbermoor-Gruppe) sowie August von Finck als Stellvertreter wiedergewählt.[168] Buchner und die NSDAP konnten sich in dieser Frage also bis zum Ende der Diktatur nicht mehr durchsetzen. Dies mag auch auf Buchners persönliche Ambitionen zurückzuführen gewesen sein, die offenbar wie schon im Falle Sauperts nicht alle Parteiinstanzen teilten.

Da nicht nur die Hypo-Bank und die Vereinsbank, sondern die Banken überhaupt dem nationalsozialistischen Regime nach wie vor verdächtig waren, setzte der Reichsleiter der NSDAP, Martin Bormann, eine Bankenkommission unter Vorsitz des Vizepräsidenten der Reichsbank und früheren Ministerialdirektors im Reichswirtschaftsministerium, Kurt Lange, ein. Am 14. April 1944 versammelte er in der Reichsbank in Berlin Vorstände der größeren Banken und der Großbanken, unter ihnen die Commerzbank, die Deutsche Bank und die Dresdner Bank. An dieser Sitzung nahmen auch Vorstandsmitglieder der Hypo-Bank und der Bayerischen Vereinsbank teil, jeweils der Sprecher und ein der NSDAP angehörendes Vorstandsmitglied (Schumann und Schnägelberger für die Hypo-Bank bzw. Butzengeiger und Helmreich für die BV), die sich jedoch alle vier ausweislich der Gesprächsnotiz sehr zurückhielten. Lange erklärte, die Banken seien in Kreisen der Partei, der Wirtschaft, aber auch bei der Bevölkerung „des Öfteren einer scharfen Kritik unterzogen worden [...] An der Mißstimmung der Bevölkerung sei größtenteils die falsche Personalpolitik schuld gewesen. Vor der Machtübernahme seien die Großbanken hauptsächlich von Juden geleitet worden, die persönliche Interessen, nicht aber die der allgemeinen Volkswirtschaft verfolgt hätten." Lange kritisierte außerdem das Kreditgeschäft, die Ausübung des Depotstimmrechts und anderes mehr. Sogar die ‚Ausrichtung' der Reichsbank sei bis 1939 (d.h. zur Amtszeit von Hjalmar Schacht) noch nicht richtig gewesen. Nun sei aber hier durch den Reichswirtschaftsminister Funk sowie im Allgemeinen durch seinen, Langes, Einfluss mithilfe der Bankenkommission die Stimmung besser geworden. Gleichwohl hielt die Bankenkommission weitere Fortschritte – natürlich solche im Sinne des Nationalsozialismus – für nötig. Dabei sprach er unter anderem über die Mobilisierung der Belegschaft: Er verwies auf die dafür hilfreichen sozialpolitischen Maßnahmen und die notwendige „aktive Mitarbeit" der „Gefolgschaft" und des „Betriebsführers".[169] Wiederum zeigen sich hier charakteristische Merkmale des sozialpolitischen Charakters der NS-Herrschaft, zu

---

168 Niederschrift der 926. Sitzung des Aufsichtsrates der Bayerischen Vereinsbank vom 16. März 1944. D-BV-LO-A-212.

169 Bankentagung bei Vizepräsident der Reichsbank Kurt Lange in Berlin vom 14. April 1944. D-BV-LO-A-789.

denen gehörte, auch mithilfe der Belegschaft politischen Druck auf die Unternehmensleitungen auszuüben.

Anlass für diesen letzten Versuch des Regimes, die beiden Banken in den Griff zu bekommen, waren offenbar die gescheiterten Attacken von 1942/43. Die sich unter anderem im Falle Buchners dokumentierende einmütige Ablehnung des Oktrois der Partei und ihres Beauftragten gegenüber der Vereinsbank ist umso überraschender, als die NSDAP-Aufsichtsräte die Mehrheit besaßen. Sie ließen sich aber in diesen Fragen dennoch nicht parteikonform instrumentalisieren, obgleich ihre Verstrickung in das nationalsozialistische Regime nach 1945 aktenkundig wurde. So konnten gemäß Gesetz Nr. 8 der amerikanischen Militärregierung folgende Aufsichtsräte wegen ihrer NS-Belastung nicht weiter amtieren: Roeckl, von Finck, Hausenblas, Dr. Knott, Dr. Messerschmitt, Neumeyer, Schieck, Freiherr von Schirnding, Tabel und Thron. Parteipolitisch unbelastet waren der Vorsitzende August Bauch, Fritz Gutleben, Hanns Dahn, Ludwig Hammon, Dr. Karl Arthur Lange und Dr. Eduard Meußdoerfer.[170] Sie amtierten zum Teil noch viele Jahre nach Kriegsende, außer für Gutleben galt das etwa für August Bauch bis 1950, Karl Butzengeiger bis 1956 und Wilhelm Biber bis 1959 – sie alle waren keine NSDAP-Mitglieder.

Bemerkenswert bleibt außerdem, dass nicht nur die dem Regime kritisch Gegenüberstehenden, sondern auch die NSDAP-Mitglieder Kommerzienrat August Bauch jeweils einstimmig zum Vorsitzenden des BV-Aufsichtsrats wählten, also nicht allein bei der Abwehr, sondern auch der Intervention der Partei 1943 geschlossen hinter ihm standen. Dies ist sicher zum Teil so zu erklären, dass fachliche Argumente bzw. die Autonomie der Bank nahezu für alle Aufsichtsräte das höherrangige Gut darstellten. Möglich ist in dem einen oder anderen Fall, dass die Betreffenden zum Teil zwar Mitglieder der NSDAP geworden waren, doch nicht aus Überzeugung, sondern aus taktischen oder Opportunitätserwägungen. So hat beispielsweise Geheimrat Heinrich Roeckl, einer der stellvertretenden Vorsitzenden des Aufsichtsrats und NSDAP-Mitglied, der seit 1936 die kompromisslos antinationalsozialistische Haltung von Paul Reusch als schädlich für die Bank angesehen hatte[171], bei der Beratung des BV-Aufsichtsrats über die gegen das Mitglied Dr. Dietrich gerichteten Angriffe am 4. April 1940 erklärt: „Das Vorgehen gegen Dr. Dietrich sei nichts anders als eine Folge der Eingriffe, die im Jahre 1938 versucht wurden. Der Unterschied sei, daß diesmal nicht Parteistellen an uns herangetreten sind, sondern das Reichswirtschaftsministerium, vertreten durch Herrn Ministerialdirektor Lange". Roeckl schrieb daraufhin einen Brief an

---

170 Die Namen der weiter Amtierenden und der Ausgeschiedenen sind den Geschäftsberichten bzw. den Urteilen des US Military Government zu entnehmen.
171 S.o. S. 167.

Abb. 30: Dr. Dr. h.c. Wilhelm Biber (* 1888 / † 1964). Ab 1936 Mitglied des Vorstandes der Bayerischen Vereinsbank und ab 1959 Mitglied des Aufsichtsrats der Bayerischen Vereinsbank, München 1943. (D-BV-PER-A-1331)

den Reichskommissar, in dem er dagegen protestierte: „Die wiederkehrenden Einmischungen, die im Gegensatz zu den 1938 gegebenen Zusicherungen stehen, seien außerordentlich gefährlich, da hierdurch das Ansehen der Bank in den Augen des Publikums leiden könne. Er sehe sich nicht in der Lage, die gesetzliche Verantwortung als Aufsichtsrat länger zu tragen, wenn weitere Einflussnahmen von aussen kommen sollten. Er würde in diesem Fall seinen Rücktritt nehmen und möchte glauben, daß die anderen Aufsichtsratsmitglieder seine Ansicht teilen".[172] Auch der Präsident des Aufsichtsrats, Bauch, konstatierte, Roeckl habe sich in dieser Angelegenheit besondere Verdienste erworben.[173]

Über August von Finck wird berichtet, er sei zwar Parteimitglied gewesen, habe der NSDAP aber innerlich fern gestanden – dies scheint zumindest in seinem Fall durchaus plausibel, ist aber nicht immer nachprüfbar. Kann man über eine

---

172 Niederschrift der 912. Sitzung des Aufsichtsrates der Bayerischen Vereinsbank vom 4. April 1940. D-BV-LO-A-213.
173 Ebd.

OFFICE OF MILITARY GOVERNMENT
FOR
REGIERUNGSBEZIRK OBERBAYERN
APO   403

MUNICH.   fs/WAB/ph
26 October 1945

SUBJECT :   Appointment of Board of Review.

TO   :   Director Dr. Wilhelm BIBER, Bayerische Vereinsbank,
Munich

The Director of Military Government for Oberbayern has approved the formation of a Board of Bank Directors
for the purpose of considering appeals of dismissed bank per-
sonnel for re-instatement. The Board will consist of five per-
sons and a majority may act on the appeals, but the decision
should be an unanimous one of those considering the appeal.

Petitions for review will be considered in accor-
dance with the provisions outlined in Law No.8. No one will be
re-instated in an important or influential position. Appeals
which have been approved by the Board will be forwarded to this
office for final action. The membership of the Board tentativ-
ly chosen is as follows:

Banker   Josef   BAYER,   Seiler & Co.,

Director Dr.Wilhelm   BIBER,   Bayerische Vereinsbank

Director Dr.Friedrich
          Wilhelm KARCHER,   Bayer.Hypotheken & Wech-
                                      selbank
Director Ferdinand   NEMETZ,   Bayerische Gemeindebank

Director Josef   RIVA,   Dresdner Bank

You will make arrangements suitable to yourselves
for procedure, and time and place for your meetings.
Request that you notify this office if you are
willing to serve on this Board.

For the Director :

WILLIAM A.BROWN
Lt Col   FD
Fiscal Officer

Abb. 31: Bestätigung des „Office of Military Goverment" für den Regierungsbezirk Oberbayern, dass Dr. Wilhelm Biber (Mitglied des Vorstandes der Bayischen Vereinsbank) auch nach dem Zweiten Weltkrieg im Amt bleibt, München 26. Oktober 1945. (D-BV-PER-A-1331)

nicht offen geäußerte und in der Diktatur auch ohne eigene Gefährdung so nicht zu äußernde oppositionelle Gesinnung oft nur spekulieren, bleiben die konkreten Verhaltensweisen der wesentliche Maßstab für die Beurteilung. In einer Reihe von Fällen ist allerdings erkennbar, dass die Resistenz der Bayerischen Vereinsbank durch das Verhalten von Parteimitgliedern paradoxerweise gestärkt wurde, wenn sie für die – freilich begrenzte – Autonomie der Bank eintraten. Wie schwer die Motivlage oft zu entwirren ist, zeigt in besonderem Maße der offenbar persönlich sehr schwierige August von Finck, Mitglied des Aufsichtsrats zwischen 1937 und 1945, nach 1940 auch stellvertretender Vorsitzender.

Von Finck war, wie oben erwähnt, im Jahre 1938 beim Zwangsverkauf der Mendelssohn-Aktien auf Vermittlung der Vorstandsmitglieder Kastl und Pasternak aktiv geworden, hatte den normalen Preis gezahlt und auf diese Weise das Aktienpaket wohl vor der NSDAP gerettet.[174] Von Finck seinerseits brachte zwei Drittel dieser Aktien bei Unternehmen unter, mit denen er in engen Beziehungen stand: zu je einem Drittel bei der Allianz/Münchner Rück-Gruppe zu einem Kurs von 105 Prozent[175] sowie bei den Isar-Amperwerken und Löwenbräu.[176] Auf diese Weise wurde der Versuch der Partei vereitelt, mit den beiden Großaktionärspaketen von Mendelssohn und der Gutehoffnungshütte einen beherrschenden Einfluss auf die Vereinsbank zu gewinnen. Die NSDAP war darüber verärgert und bestand darauf, dass von Finck künftig, wenn nicht aus dem BV-Aufsichtsrat überhaupt, dann auf jeden Fall aus dem Arbeitsausschuss der Vereinsbank ausscheiden müsse: Die Bank war zwar damit nicht einverstanden, konnte sich aber gegenüber der „strikten Weisung" des Reichswirtschaftsministeriums genauso wenig durchsetzen wie der Reichskommissar Dr. Meukel selbst, der am 6. April 1940 davon sprach, dass „über die Bayerische Vereinsbank die Gleichschaltungsaktion hereingebrochen sei". Die Dinge hätten sich so zugespitzt und überstürzt, dass dagegen nichts mehr zu machen gewesen sei.[177]

August Baron von Finck war, wie bereits erwähnt, im Frühjahr 1937 – als Mitinhaber der Privatbank Merck, Finck & Co. Vertreter eines großen Aktienpakets und als Aufsichtsratsvorsitzender der Süddeutschen Bodencreditbank – zur Bayerischen Vereinsbank gestoßen. Finck, der auch Aufsichtsratsvorsitzender der Allianz und der Münchner Rück sowie Mitglied zahlreicher weiterer Aufsichts-

---

174 Steffan, Die Bayerische Vereinsbank, S. 289.

175 Vgl. dazu Gerald D. Feldman, Die Allianz und die deutsche Versicherungswirtschaft 1933–1945, München 2001, S. 185f.

176 Vgl. Dokumentation Reuss, Einleitung, S. 10 bzw. S. 6. D-BV-LO-A-1878.

177 Vgl. das Gesprächsprotokoll zur Besprechung im Büro des Herrn Reichskommissar Dr. Leonhard Meukel vom 16. April 1940, an dem außer Meukel auch August von Finck und Karl Butzengeiger teilnahmen. D-BV-LO-A-737.

räte und Gremien war, nahm schon im Februar 1933 im Hause Görings an einem Empfang für die Großindustrie teil, bei dem er auch mit Hitler zusammentraf. Hitler erläuterte bei dieser Gelegenheit sein wirtschaftspolitisches Programm und unterhielt sich mit allen Gästen persönlich. Von Finck setzte sich sehr für die Finanzierung des Hauses der Deutschen Kunst in München ein, sammelte in großem Umfang Spenden und wurde auch dessen Kuratoriumsvorsitzender. Diese Aktivitäten trugen August von Finck das Wohlwollen Hitlers ein. Mit ihm traf er auch später in den Galaveranstaltungen des Hauses der Deutschen Kunst immer wieder zusammen, und da er mindesten schon seit 1933 „eifrig bestrebt war, sich mit den Nationalsozialisten gut zu stellen"[178], war von Finck zweifellos politisch belastet, war vielleicht auch ein „egozentrischer Opportunist".[179]

Doch tatsächlich ist der Fall so eindeutig nicht, die Spruchkammer stufte ihn schließlich als „Mitläufer" ein. So stützte er als Aufsichtsratsvorsitzender noch bis 1944 den ihm als dezidierten Regimekritiker bekannten Generaldirektor der Allianz, Hans Heß[180]; so konterkarierte er Gleichschaltungspläne der NSDAP gegenüber der Bayerischen Vereinsbank und unterstützte dortige regimekritische Vorstände wie Butzengeiger. Und der ebenfalls unbelastete Vorsitzende des Aufsichtsrats, August Bauch, der sich seinerseits immer wieder gegen die nationalsozialistische Einflussnahme auf die Vereinsbank gewehrt hatte, bestätigte von Finck nach Kriegsende am 18. März 1946 seine wichtige Rolle, ohne dass Bauchs Aussage angesichts der geschilderten Hintergründe als „Persilschein" bezeichnet werden kann:

> Ich erinnere mich mit Befriedigung Ihrer Mitwirkung im Aufsichtsrat der Bayerischen Vereinsbank besonders in den Zeiten, in denen die Bank in schwere Kämpfe mit der Partei verwickelt war. Die Bestrebungen der Partei zielten darauf ab, das deutsche Bankwesen durch besonders aktive Parteimitglieder im Sinne der nationalsozialistischen Wirtschaftsauffassung auszurichten; dies gelang tatsächlich bei einer Reihe von Banken [...] Die Kämpfe erreichten ihren Höhepunkt in den ersten Monaten des Jahres 1943, sogenannte Parteiaktivisten sollten in den Vorstand und Aufsichtsrat der Bayerischen Vereinsbank mit besonderen Befugnissen eintreten, um die Geschäftsführung unseres Instituts in die Hand zu bekommen. In gemeinsamer Front mit Vorstand und Aufsichtsrat haben Sie durch Ihre tatkräftige Mitarbeit in hohem Maße dazu beigetragen, daß diese Versuche und Angriffe erfolgreich abgewehrt werden konnten; damit haben Sie sich den besonderen Dank unserer Bank verdient.[181]

---

178 So Feldman, Die Allianz, S. 143.
179 Ebd., S. 576.
180 Ebd., S. 514ff.
181 August Bauch an August von Finck vom 18. März 1946. D-BV-LO-A-552.

VI Die Vereinsbank in Hamburg 1933 bis 1945

Satzungen von 1932 und 1938

Auch nach der nationalsozialistischen Machtergreifung blieb der Gesellschafts-
vertrag der Vereinsbank in Hamburg (VinHH) in der Fassung vom 24. März 1932
in Kraft. Das Grundkapital der Bank betrug damals zwölf Millionen RM in relativ
kleinen Aktien zu 100, 500 und 1000 RM, wobei allerdings mehr als drei Viertel
auf Letztere entfielen.[1] Der Satzung zufolge hatte die Vereinsbank in Hamburg
drei Organe: Die Generalversammlung wählte einen Aufsichtsrat aus mindestens
acht Personen, der Aufsichtsrat seinerseits ernannte den Vorstand, der aus mindestens zwei oder mehr Mitgliedern bestand.

Im Jahre 1938 erfolgte eine Neufassung der Satzung.[2] Sie enthielt Präzisierungen und Modifikationen, jedoch keine, die auf eine politische Einflussnahme
schließen lassen. Aussagen, die nationalsozialistische Ideologie belegen, finden
sich nicht. Neben zweitrangigen Umformulierungen finden sich auch einige
substantielle Änderungen, beispielsweise entfiel in § 3 der Satzung von 1938
der frühere Zusatz, dass „Beteiligungen bei anderen Firmen" erfolgen könnten.
Als Verstärkung politischen Einflusses könnte die Ergänzung in § 9 angesehen
werden, derzufolge der Vorstand die Geschäfte nicht nur, wie es bis dahin hieß,
„nach Maßgabe dieser Satzung" führe, sondern auch „des Gesetzes". Doch
enthält dieser Hinweis tatsächlich nichts als eine Selbstverständlichkeit, natürlich musste der Vorstand auch vor 1933 die Gesetze beachten, ohne dass dies in
der Satzung eigens erwähnt worden wäre. Bemerkenswert ist die Verkleinerung
des Aufsichtsrats, der vorher aus mindestens acht von der Generalversammlung
zu wählenden Mitgliedern bestand, nun aber nur noch aus mindestens drei. An
der Wahl durch das nun Hauptversammlung (General- wurde offensichtlich als
Fremdwort ersetzt) genannten Gremiums änderte sich jedoch nichts.

In der Generalversammlung vom 18. April 1929 war „die Umwandlung der
Vereinsbank in Hamburg aus einer Aktiengesellschaft in eine Kommanditgesell-
schaft auf Aktien" mit Wilhelm Huth, Paul Strumberg und Otto Stürken als persönlich haftenden Gesellschaftern beschlossen worden. Mit dieser veränderten
Gesellschaftsform hoffte man, die Übernahme der Bank durch Dritte definitiv
auszuschließen.[3] Allerdings wurde aufgrund der Klage eines Aktionärs durch das
Reichsgericht dieser Beschluss für nichtig erklärt: Was aber blieb, war der erneut

---

1 Vgl. Vereinsbank in Hamburg Gesellschafts-Vertrag. Neudruck April 1931, § 4. D-VinHH-LO-
PUB-209.
2 Satzung der VinHH von 1938. D-VinHH-LO-PUB-182.
3 Matthies, Vereinsbank in Hamburg, S. 94.

Abb. 32: Seitenansicht der Zentrale der Vereinsbank in Hamburg, Alter Wall 22, Hamburg o. J. (D-VinHH-KOM-A-539)

dokumentierte Wille, die Selbstständigkeit der Bank auf jeden Fall zu erhalten und diese Absicht durch personelle Kontinuität zu sichern. Für die Entwicklung nach 1933 besaß diese Zielsetzung jenseits der Rechtslage politische Bedeutung.

Vorstand und Aufsichtsrat

Die Zusammensetzung des Vorstands zeigt diese Dimension: Der eben erwähnte Wilhelm Huth (Jg. 1884), ein Hamburger Kaffeeimporteur und Brauerei-Besitzer, der schon von 1926 bis 1929 Aufsichtsratsmitglied der VinHH gewesen war, gehörte von 1929 bis 1954 dem Vorstand an – fünfundzwanzig Jahre von der Weimarer Republik bis in die frühe Bundesrepublik. Sein Bruder Hermann Huth (Jg. 1888) war von 1929 bis 1938 Mitglied des Aufsichtsrats und von 1934 bis 1937 dessen Vorsitzender. Franz Böhm (Jg. 1891) amtierte von 1929 bis 1944 als Direktor der Vereinsbank in Hamburg, er blieb von 1944 bis 1963 Vorstandsmitglied und danach noch weitere fünf Jahre Aufsichtsratsmitglied. Otto Hertling (Jg. 1878), Inhaber einer Kaffeeimport-Firma, saß von 1929 bis 1947 im Aufsichtsrat. Paul Strumberg,

Abb. 33: Wilhelm Huth (* 1884 / † 1972). Ab 1929 Mitglied des Vorstandes, von 1926–1929 und ab 1955 Mitglied des Aufsichtsrats der Vereinsbank in Hamburg, Hamburg o. J., aus: Matthies, Walther: Biographien der Vereinsbank in Hamburg. Biographien der Aufsichtsrats- und Vorstandsmitglieder seit der Gründung der Bank im Jahr 1856, Hamburg 1970, S. 190.

Abb. 34: Hermann Huth (* 1888 / † 1945). Ab 1929 Mitglied des Aufsichtsrats der Vereinsbank in Hamburg und ab 1934 Vorsitzender des Aufsichtsrats der Vereinsbank in Hamburg, Hamburg o. J., aus: Matthies, Walther: Biographien der Vereinsbank in Hamburg. Biographien der Aufsichtsrats- und Vorstandsmitglieder seit der Gründung der Bank im Jahr 1856, Hamburg 1970, S. 192.

der als Lehrling 1889 bei der Vereinsbank in Hamburg begonnen hatte, wurde dort 1909 Gesamtprokurist, 1918 stellvertretendes und 1922 ordentliches Vorstandsmitglied. Er amtierte bis 1934, danach wechselte er in den Aufsichtsrat und wurde 1937 bis zu seinem Tod 1942 dessen Vorsitzender. Otto Stürken (Jg. 1898), ein gelernter Bankkaufmann, wurde 1929 Vorstandsmitglied der Vereinsbank in Hamburg und blieb dies bis 1956 – also ebenfalls in allen so gegensätzlichen zeitgeschichtlichen Perioden. Der Bankkaufmann Albrecht Volland (Jg. 1877), der von 1909 bis 1919 zunächst als stellvertretendes, anschließend als ordentliches Mitglied dem Vorstand der Vereinsbank in Hamburg angehört hatte, bevor er in die Leitung eines holländischen Unternehmens wechselte, behielt sein Mandat im Aufsichtsrat der VinHH sogar 33 Jahre lang von 1920 bis 1953.

Abb. 35: Paul Strumberg (* 1874 / † 1942). Ab 1922 Mitglied des Vorstandes der Vereinsbank in Hamburg, ab 1934 Mitglied des Aufsichtsrats und ab 1937 Vorsitzender des Aufsichtsrats der Vereinsbank in Hamburg, Hamburg o. J., aus: Matthies, Walther: Biographien der Vereinsbank in Hamburg. Biographien der Aufsichtsrats- und Vorstandsmitglieder seit der Gründung der Bank im Jahr 1856, Hamburg 1970, S. 284.

Abb. 36: Otto Stürken (* 1898 / † unbekannt). Ab 1929 Mitglied des Vorstandes der Vereinsbank in Hamburg, Hamburg o. J., aus: Matthies, Walther: Biographien der Vereinsbank in Hamburg. Biographien der Aufsichtsrats- und Vorstandsmitglieder seit der Gründung der Bank im Jahr 1856, Hamburg 1970, S. 286.

Die Genannten bildeten das Rückgrat in der Leitung der Vereinsbank in Hamburg. Die starke personelle Kontinuität innerhalb von Vorstand und Aufsichtsrat über die epochalen Umbrüche von 1933 und 1945 hinweg bot die Chance, sich – wenn auch in begrenztem Maße – der Einflussnahme der NSDAP zu entziehen. Alle erwähnten Vorstands- und Aufsichtsratsmitglieder hatten ihre persönliche und berufliche Sozialisation lange vor 1933 erfahren und wurzelten in der Wertorientierung der hansestädtischen Wirtschaft, zu der Weltoffenheit gehörte. Die soziale und ökonomische Homogenität wird überdies deutlich in vielfältigen durch Verwandtschaft oder Heirat gepflegten familiären Beziehungen innerhalb der Hamburger Kaufmannschaft und Bankwelt, die sich auch in den Gremien der Vereinsbank in Hamburg spiegelt. Keiner der in Vorstand oder Aufsichtsrat der Vereinsbank in Hamburg Tätigen war fachfremd und nur über eine Parteikarriere der NSDAP in die Bank gelangt, vielmehr handelte es sich bei allen genannten Vorstands- und Aufsichtsratsmitgliedern um gelernte Bankkaufleute, Bankiers oder Unternehmer. Dies gilt ebenfalls für die übrigen in dieser Gruppierung nicht aufgeführten Gremienmitglieder, die erst oder nur während der NS-Diktatur Vorstand oder Aufsichtsrat angehörten – in jedem Fall hatten sie eine einschlägige berufliche Vorbildung.

Soweit erkennbar, befanden sich seit den letzten Jahren der Weimarer Republik kaum Mitglieder jüdischer Herkunft in den Gremien, wie das für die früheren Epochen im 19. Jahrhundert in stärkerem Maße und vereinzelt in den Anfangsjahren der Weimarer Republik noch der Fall war, beispielsweise bei dem kurzzeitigen Aufsichtsratsmitglied Albert Ballin 1918, dem Aufsichtsratsmitglied Otto Dehn (Jg. 1852) und dem Direktionsmitglied Martin M. Fraenckel (Jg. 1804).

Das jüdische Aufsichtsratsmitglied Theodor Frank (Jg. 1871) schied aus der Vereinsbank in Hamburg 1929 aus, weil er 1929 Vorstandsmitglied der (fusionierten) Deutschen Bank und Disconto-Gesellschaft wurde: Von diesem Amt musste er allerdings schon im April 1933 zurücktreten, später emigrierte er. Dieser erzwungene Rückzug Theodor Franks ging auf eine Intervention des damaligen Reichsbankpräsidenten Hjalmar Schacht zurück und betraf auch ein jüdisches Vorstandsmitglied der Deutschen Bank. „Offenbar empfand die Bank diese Vorgänge als äußerst peinlich, denn sie war eifrig bemüht, den Eindruck zu vermeiden, ‚rassische‘ oder geschäftliche Motive hätten den Ausschlag für die personellen Veränderungen an ihrer Spitze gegeben. Die Pressemitteilung betonte das Alter der Ausgeschiedenen – Wassermann war 64 und Frank 62 Jahre alt – und deutete die Absicht an, beide ‚zur Zuwahl in den Aufsichtsrat vorzuschlagen‘, wohin allerdings keiner von beiden jemals gelangte".[4]

Weitere zeitweilige Mitglieder jüdischer Herkunft bei der Vereinsbank in Hamburg waren Hermann Gerson (Jg. 1858), der Mitgründer der Vereinsbank in Hamburg Isidor Gerstenberg (Jg. 1821), das Vorstandsmitglied Bernhard Hahlo (Jg. 1828) sowie das Aufsichtsratsmitglied Hugo Oppenheim (Jg. 1847), ein Privatbankier. Sie alle waren aber lange vor 1933 gestorben oder hatten die Gremien aus Altersgründen verlassen.

Ein eindeutiges Beispiel für das Ausscheiden aufgrund des Druckes des nationalsozialistischen Regimes ist George Eduard Behrens (Jg. 1881), der aus einer traditionsreichen Hamburger Bankiersfamilie stammte und dessen Großvater Mitgründer der Vereinsbank in Hamburg gewesen war. Wie dessen Sohn war er Mitinhaber des Bankhauses L. Behrens & Söhne. Schon diese beiden Vorfahren zählten zum Aufsichtsrat der Vereinsbank in Hamburg. George Eduard Behrens kehrte aus New York nach Deutschland zurück und wurde auf Vorschlag seines Vaters 1922 dessen

---

4 Harold James, Die Deutsche Bank und die Diktatur 1933–1945, in: Gall u.a., Die Deutsche Bank 1870–1995, S. 315–408, hier S. 336.

Nachfolger in der Vereinsbank in Hamburg. Aufgrund der nationalsozialistischen Rassegesetze musste er Ämter und Mandate niederlegen und verzichtete von sich aus nach Ablauf seines Mandats 1936 auf die Wiederwahl in den Aufsichtsrat. 1938 wurde er gezwungen, sogar aus der eigenen Bank auszuscheiden, und emigrierte schließlich. 1948 kehrte er nach Deutschland zurück und wurde wieder Mitinhaber der Behrens-Bank.[5]

Andere (nichtjüdische) Gremienmitglieder, die während der NS-Diktatur aus den Gremien ausschieden, taten das offenbar nicht aus politischen Gründen bzw. wegen der rassistischen Politik des Regimes: Arnold Gumprecht (Jg. 1865) verzichtete 1936 aufgrund eines Herzleidens auf seine Wiederwahl in den Aufsichtsrat, Leo Littner (Jg. 1890), Vorstandsmitglied von 1934 bis 1938, wechselte zunächst zur Hamburger Filiale der Norddeutschen Kreditbank in Bremen, bevor er Generalbevollmächtigter und Partner einer Privatbank wurde. Leo Stinnes (Jg. 1863), der 1929 in den Aufsichtsrat gewählt worden war, verstarb 1933, Heinrich Mauritz (Jg. 1881), seit 1931 im Aufsichtsrat, starb 1934, ebenso wie Gustav Müller (Jg. 1856), der seit 1927 Vorsitzender das Aufsichtsrats war.

Warum Hans W. Julius Peters (Jg. 1882), der 1931 in den Aufsichtsrat gewählt worden war, 1935 wieder austrat, ließ sich nicht ermitteln, ebenso wenig wie der Grund für das 1934 erfolgende Ausscheiden des 1930 in den Aufsichtsrat gewählten Carl Vorwerk (Jg. 1875), der 1949 in Chile starb.

Die Mitglieder, die während der NS-Diktatur gewählt wurden, kamen alle aus Unternehmer- bzw. Bankierskreisen, eine eindeutige Verbindung mit dem NS-Regime ist in drei allerdings unterschiedlichen Fällen feststellbar.[6] Während der NS-Zeit in den Aufsichtsrat gewählt wurde 1934 Johann Rudolph Freiherr von Schröder, ein Hamburger Privatbankier, der dem Gremium bis 1960 angehörte und von 1943 bis 1953 Vorsitzender des Aufsichtsrats war – schon diese Dauer spricht dafür, dass er nicht belastet war. Andernfalls hätten die britischen Besatzungsbehörden, aber auch die Bank selbst, ihn wohl kaum weiter amtieren lassen. Schröders Großvater, ebenfalls Bankier, war Mitgründer der Vereinsbank in Hamburg und einige Jahre Mitglied ihres Direktoriums gewesen.

Carl Joerger, Privatbankier und Mitinhaber das Bankhauses Delbrück, Schickler & Co. in Berlin, wurde 1935 gewählt und war bis zu seinem Tod – er kam beim Einmarsch sowjetischer Truppen in Berlin am 2. Mai 1945 ums Leben – Mitglied des Aufsichtsrats. Oscar Traun, ebenfalls Unternehmer, wurde 1940 in

---

5 Vgl. Matthies, Vereinsbank in Hamburg, S. 82.
6 Matthies, Vereinsbank in Hamburg, der die biographischen Angaben präzis zusammengestellt hat, hält sich in Bezug auf etwaige NS-Aktivitäten sehr zurück. So findet sich beispielsweise im gravierendsten Einzelfall bei ihm nur der Hinweis auf die Anweisung der britischen Besatzungsbehörden, nicht aber die Gründe für diese Entscheidung.

Abb. 37: Freiherr Rudolph von Schröder (* 1878 / † 1966). Ab 1934 Mitglied des Aufsichtsrats der Vereinsbank in Hamburg und ab 1943 Vorsitzender des Aufsichtsrats der Vereinsbank in Hamburg, Hamburg o. J., aus: Matthies, Walther: Biographien der Vereinsbank in Hamburg. Biographien der Aufsichtsrats- und Vorstandsmitglieder seit der Gründung der Bank im Jahr 1856, Hamburg 1970, S. 272.

den Aufsichtsrat gewählt und gehörte diesem bis 1953 an. NS-Belastungen sind bei beiden nicht erkennbar. Nicht ganz klar ist, warum der 1938 in den Vorstand gewählte Paul Wittmeyer, der zu diesem Zeitpunkt reiche Erfahrung in leitenden Stellen verschiedener Banken besaß, zum 30. Juni 1944 wieder aus dem Vorstand ausschied. Da er zu Beginn des Zweiten Weltkriegs zum Wehrdienst eingezogen wurde, hatte er seine Aufgabe allerdings nur kurze Zeit ausgeübt. Nach dem Krieg ließ der Vorstand die Frage prüfen, „ob die Pensionszahlung an Herrn Wittmeyer angesichts dessen treuewidrigen Verhaltens gegenüber der Bank eingestellt werden kann und ist zu einem bejahenden Urteil gekommen".[7]

Anders liegt der Fall bei dem 1943 in den Aufsichtsrat gewählten Ludwig Wirtz, der während der NS-Diktatur verschiedene öffentliche Ämter innehatte. 1933 wurde er Leiter des Amtes für Arbeitsbeschaffung, 1935 bis 1938 Präsident der Behörde für Wirtschaft in Hamburg, danach Vorstandsvorsitzender eines im Besitz der Stadt Hamburg befindlichen Unternehmens und ab 1943 war er Generaldirektor und Ratsherr in Hamburg. Wirtz musste auf Anweisung der britischen

---

7 549. Sitzung des Aufsichtsrats der VinHH vom 29. November 1945, TOP 2. D-VinHH-LO-A-293.

Militärregierung ausscheiden[8], was eindeutig auf eine NS-Belastung zurückzuführen ist und noch für zwei weitere Aufsichtsratsmitglieder der Vereinsbank
in Hamburg gilt, darunter Joachim de la Camp, der erst kurz vor Kriegsende am
27. März 1945 gewählt worden war. Er war Teilhaber eines Unternehmens (seit
1924) und wurde am 19. April 1933 als Staatskommissar für die Bank eingesetzt;
von 1937 bis 1945 fungierte er als Präses der Handelskammer in Hamburg.

Das dritte, 1940 gewählte, eindeutig stärker NS-belastete Aufsichtsratsmit-
glied, das ebenfalls auf Anweisung der Briten 1945 gehen musste sowie angeklagt
und verurteilt wurde, war Kurt Freiherr von Schröder (Jg. 1889), Mitinhaber des
Bankhauses J. H. Stein in Köln. Er entstammte ebenfalls der traditionsreichen
Hamburger Bankiersfamilie Schröder und war Vetter des schon erwähnten Johann
Rudolph Freiherr von Schröder, der indes unbelastet war. Kurt Freiherr von Schröder hatte sein Jurastudium abgebrochen, nahm – zuletzt als Hauptmann – am
Ersten Weltkrieg teil und wurde durch Heirat 1921 Mitinhaber der Bank J. H. Stein,
bei der sein Schwiegervater, Dr. Richard von Schnitzler, Teilhaber war. Zunächst
1928 Mitglied der Deutschen Volkspartei, jedoch ab Februar 1933 der NSDAP, engagierte sich von Schröder schon seit 1932 für die Ernennung Hitlers zum Reichskanzler und arrangierte zu diesem Zweck in seinem Kölner Haus am 4. Januar 1933 das
bereits erwähnte Treffen zwischen Hitler und dem ehemaligen Reichskanzler Franz
von Papen. Papen, der erheblichen Einfluss auf Reichspräsident von Hindenburg
besaß, zog bei diesem Gespräch die Strippen für die Ernennung Hitlers zum Reichskanzler am 30. Januar 1933 und wurde damals in der verhängnisvollen Illusion,
Hitler im Kabinett durch die deutschnationalen Minister „einrahmen" zu können,
Vizekanzler. Während des NS-Regimes sorgte von Schröder für Spenden in Millio-
nenhöhe an die NSDAP, wurde 1934 Leiter der Fachgruppe Privatbanken in der
Reichsgruppe Banken, trat 1936 in die SS ein – später erhielt er den Titel Brigade-
führer – und nahm eine Reihe weiterer „Ehrenämter" im Wirtschafts- und Finanzwesen des NS-Regimes wahr, zuletzt seit 1942 als Präsident der Gauwirtschaftskammer Köln. So eindeutig seine Belastung durch Förderung des NS-Regimes und
NS-Funktionen auch war, gehörte er doch kaum zu dessen politischem Spitzen-
personal, nicht einmal im Teilbereich des Bankwesens. 1947 wurde er von der
Spruchkammer Bielefeld zu drei Monaten Haft verurteilt, im Berufungsverfahren
1948 zu einem Bußgeld von 500 000 Reichsmark, das nach der Währungsreform
1948 in einem weiteren Verfahren auf eine kleine Summe herabgesetzt wurde.

Laut der britischen „Anweisung an finanzielle Unternehmen und Regie-
rungsfinanzbehörden Nr. 3" vom März 1945[9] wurden automatisch alle Vorstands-

---

8 Vgl. W. Matthies, Vereinsbank in Hamburg, S. 104.
9 Text in: Entnazifizierung. Politische Säuberung und Rehabilitierung in den vier Besatzungszonen 1945–1949, hg. von Clemens Vollnhals, München 1991, S. 101–105.

und Aufsichtsratsmitglieder auch der Vereinsbank in Hamburg suspendiert. Da im Juni 1945 außer den drei Genannten alle anderen in ihre Ämter bzw. Mandate zurückkehren konnten, haben die Briten bei ihnen offensichtlich keine NS-Belastungen festgestellt.

Die Gremien der Vereinsbank in Hamburg während der NS-Diktatur zeigen eindeutige Akzente: Alle Mitglieder von Vorstand und Aufsichtsrat kamen aus Unternehmer- und Bankierskreisen, keiner gelangte ausschließlich über eine Parteikarriere zu seinen Mandaten bzw. Ämtern, wenngleich bei den drei Letztgenannten der direkte oder indirekte Einfluss der NSDAP anzunehmen ist. Der offenbar Einzige, auf den die Nürnberger Rassegesetze angewendet wurden, konnte deshalb 1936 nicht wiedergewählt werden. Drei Mitglieder des Aufsichtsrats waren eindeutig durch Aktivitäten für das NS-Regime belastet, davon zumindest einer stark. Alle drei wurden erst während des Krieges, darunter einer nur wenige Wochen vor seinem Ende, in den Aufsichtsrat gewählt. Die NS-Belasteten blieben in den Gremien der Vereinsbank in Hamburg eindeutig in der Minderheit. Die Traditionsbindung der Bank, die starke Verwurzelung in der großbürgerlichen Hamburger Kaufmannschaft, zahlreiche Familienverbindungen der Gremienmitglieder untereinander trugen jedenfalls in den Leitungsgremien dazu bei, der Vereinsbank in Hamburg eine gewisse Autonomie und traditionsgeleitete, also nicht nationalsozialistisch infizierte Geschäftsführung zu erhalten.

Nationalsozialistische Ideologie in der Bank?

Wie verhielt es sich mit nationalsozialistisch gefärbten Äußerungen in offiziellen Verlautbarungen der Bank? Der Charakter der Geschäftsberichte unterscheidet sich insofern von denen der Hypo-Bank und der Bayerischen Vereinsbank, als sie erheblich kürzer sind. Dies ist nicht allein darauf zurückzuführen, dass die Vereinsbank in Hamburg viel kleiner war, sondern weil auf allgemeine wirtschaftspolitische Analysen weitgehend verzichtet wurde bzw. sie auf einzelne Bemerkungen beschränkt blieben. Auch Aussagen über die politische Entwicklung sind äußerst knapp. Einige Beispiele aus den Geschäftsberichten zeigen einen zeitüblichen positiven Bezug auf die NS-Machtergreifung und die wirtschaftliche Konsolidierung Deutschlands. Es ist schwer zu sagen, wie weit diese Erklärungen über Lippenbekenntnisse hinausgehen, doch dürften sie für das Jahr 1933 der politischen Grundstimmung des Bankvorstands entsprochen haben, weil sie sich mit dem in der Bevölkerung weitverbreiteten Gefühl des nationalen Aufbruchs verbanden: Diese nationale Hochstimmung nach tiefer Depression zeigte sich am Ergebnis der Reichstagswahl am 5. März 1933, bei der die von Hitler geführte Koalitionsregierung aus NSDAP und DNVP siegte, auch

Abb. 38: Betriebsgemeinschaft der Vereinsbank in Hamburg am 1. Mai 1935, Hamburg 1935. (D-VinHH-PER-A-297, Urheber: Photo-Colm)

wenn bei dieser Wahl 48,1 Prozent der Wähler gegen die Regierung Hitler votiert hatten. Tatsächlich waren die Zeichen des wirtschaftlichen Aufschwungs seit der schweren Krise 1929 bis 1932 seit 1933 unübersehbar, Wirtschaftätigkeit und Bankgeschäft belebten sich stark. Auch wenn, wie oben dargestellt[10], nicht die Wirtschaftspolitik des NS-Regimes für die relativ schnelle Verbesserung der Wirtschaftslage entscheidend war, schaffte es die NSDAP mithilfe der Propaganda doch, genau diesen Eindruck zu erzeugen.

Als Hitler im März 1933 Hjalmar Schacht erneut zum Reichsbankpräsidenten und im August 1934 zusätzlich zum Reichwirtschaftsminister ernannte, wirkte dies in Bankkreisen beruhigend, zumal der promovierte Volkswirt selbst reiche Erfahrung in mehreren großen Banken – darunter der Dresdner sowie der Danat-Bank – gesammelt hatte. Als Finanzexperte war Schacht über Parteigrenzen hinweg anerkannt, hatte an internationalen Finanzverhandlungen teilgenommen und mehrere hohe finanzpolitische Ämter – darunter auch das des Reichsbankpräsidenten 1923 bis 1930 – bereits in der Weimarer Republik bekleidet. Sohn eines Dänen, in den USA aufgewachsen, konnte er der traditionell international und überseeisch orientierten Hamburger Geschäftswelt auch kaum als notorischer Nationalist erscheinen – im Aufsichtsrat der Vereinsbank in Hamburg saßen, wie

---

10 S. S. 38.

erwähnt, stets mehrere Inhaber überseeisch aktiver Handelshäuser. Demgegenüber fiel für die deutsche Wirtschaft und Finanzwelt insgesamt weniger oder gar
nicht ins Gewicht, dass Schacht in republiktreuen demokratischen Kreisen wegen
seiner Wendung von der Deutschen Demokratischen Partei (deren Mitgründer er
war und der er bis 1926 angehört hatte) zur antiparlamentarisch-deutschnational
orientierten Harzburger Front gegen Ende der 1920er Jahre politisch umstritten
geworden war.

Diese Hintergründe erklären die positive Grundstimmung des Vorstands-
berichts der Vereinsbank in Hamburg, der im Januar 1934 für das Jahr 1933 vorgelegt wurde: „Die nationale Erhebung des deutschen Volkes zu Beginn des Jahres
1933 hat Deutschland die langentbehrte Einigkeit und eine zielbewusste Führung
gebracht. Die Erkenntnis, dass durch dieses Geschehen erst die Voraussetzung
für die Wiederkehr besserer Verhältnisse in Deutschland geschaffen wurde, hat
seitdem in allen Volkskreisen eine bedeutsame Vertiefung erfahren. Eine Zunahme
des Vertrauens macht sich auf allen Gebieten der Wirtschaft bemerkbar.“[11] Diese
Sätze blieben in ihrer Allgemeinheit eher hinter den zeittypischen Verbeugungen
gegenüber dem NS-Regime bzw. der fanatischen Zustimmung zurück, sie waren
auch nicht direkt parteipolitisch akzentuiert, sondern konzentrierten sich auf
den „nationalen Aufbruch", dessen Suggestion weit über die NSDAP hinausgriff,
wenngleich es sich um deren Propagandaformel handelte.

Allerdings finden sich auch in diesem Geschäftsbericht Bemerkungen, die
mehr oder weniger indirekt die Autarkiepolitik des NS-Regimes kritisieren, wie das
ebenfalls in den wirtschaftspolitischen Analysen von Hypo-Bank und Bayerischer
Vereinsbank dieser Jahre dezent, aber unübersehbar geschah. So schließt sich an
die Anerkennung der „fortschreitenden Konsolidierung der Verhältnisse innerhalb Deutschlands" die Folgerung an:

> Die zwischenstaatlichen Beziehungen lassen allerdings noch sehr viel zu wünschen übrig.
> Hierunter leidet die Wirtschaft Hamburgs wegen der Beeinträchtigung des Außenhandels
> und der Schiffahrt außerordentlich. Für eine Besserung der internationalen Beziehungen
> wird es nötig sein, daß in allen Ländern, besonders auch in Nordamerika, die wirtschaft-
> liche Ordnung, in erster Linie die Stabilisierung der Währung, wieder hergestellt wird. Die
> Erkenntnis, daß der Handelsverkehr von Land zu Land für die Wiederkehr des Wohlstandes
> eine unentbehrliche Voraussetzung ist, beginnt sich überall durchzusetzen.[12]

Natürlich war die Mahnung an die USA direkter, doch auf der anderen Seite
wussten gerade die Hamburger Geschäftsleute nur allzu gut, dass internationale
Wirtschaftsbeziehungen bi- bzw. multilateral waren, also auch eine entsprechende

---

11 78. GB der VinHH Geschäftsjahr 1933, S. 7. D-VinHH-KOM-PUB-78.
12 Ebd., S. 10f.

Grundorientierung der deutschen Außenwirtschaftspolitik erforderten – Nationalismus und Autarkiepolitik konnte also ihr Anliegen nicht sein.

Die noch im Januar 1934 erkennbare Zurückhaltung, ja Distanz, hielt der Vorstand jedoch nicht durch. Dies wird besonders deutlich in der politischen Einschätzung vom Januar 1940 über das Geschäftsjahr 1939, die nun ohne Umschweife die propagandistische Lesart der nationalsozialistischen Führung zur internationalen Entwicklung der Vorkriegsmonate übernahm: „Deutschland hat auch im Jahre 1939 sein friedliches Bemühen, eine seinen Lebensbedürfnissen angemessene politische und wirtschaftliche Stellung in der Welt zu erlangen fortgesetzt. England und Frankreich haben sich dieser Entwicklung widersetzt. Sie trieben zunächst Polen in den Krieg, um sodann selbst die Waffen gegen uns zu ergreifen. Das im Nationalsozialismus geeinte Deutschland führt diesen ihm aufgezwungenen Kampf um seine Lebensrechte".[13]

Jede dieser Aussagen war falsch: Konnten die erfahrenen Wirtschaftsmanager und Bankiers so durch die NS-Propaganda verblendet sein? Handelte es sich um Opportunismus oder ein nur verbales Zugeständnis, um in diesem Windschatten die Geschäfte der Bank möglichst ohne weitergehende Eingriffe durch die Machthaber fortsetzen zu können?

Wenige Jahre später fiel der Bericht nicht nur noch kürzer als üblich aus, vielmehr enthielt sich der Bankvorstand jeder Propagandaformel und auch jeglicher Beschwörung eines vermeintlichen deutschen Endsiegs. Kurz und knapp erklärte der Vorstand in seinem am 26. Januar 1943 vorgelegten Bericht für das Jahr 1942: „Im Jahre 1942 hat die deutsche Wirtschaft wieder in reibungsloser Weise den großen Anforderungen Rechnung getragen, die durch den Fortgang des Krieges an sie gestellt wurden. An den dabei den Banken obliegenden Aufgaben haben wir uns lebhaft und erfolgreich beteiligt. Wir waren in der Lage, in vermehrtem Umfange Reichsschatzanweisungen unterzubringen und Reichsschatzwechsel zu übernehmen und in erheblicher Anzahl neue, mittelbar oder unmittelbar den Kriegsbedürfnissen dienende Kredite zu gewähren." Und der gefallenen Wehrmachtssoldaten wurde zwar mit der Überschrift „Den Heldentod fürs Vaterland starben im Jahre 1942 unsere Arbeitskameraden [...]"[14] gedacht, nicht aber mit dem Hinweis „für Führer (und Vaterland)" oder einer anderen nationalsozialistischen Formel.

Nach Kriegsende konstatierte der Vorstand in seinem Bericht für das Jahr 1945 in gleichem nüchternen Stil: „Die Kapitulation Deutschlands, mit der der Krieg im Frühjahr 1945 sein Ende fand, hatte eine weitgehende Lähmung der gesamten deutschen Wirtschaft zur Folge. Eine wesentliche Änderung dieses

---

13 84. GB der VinHH Geschäftsjahr 1939, S. 7. D-VinHH-KOM-PUB-84.
14 87. GB der VinHH Geschäftsjahr 1942, D-VinHH-KOM-PUB-87.

Zustandes war bis zum Ende des Berichtsjahres nicht festzustellen." Das Ausscheiden der drei bisherigen Aufsichtsratsmitglieder Joachim de la Camp, Kurt Freiherr von Schröder und Ludwig Wirtz im Mai 1945 wird kommentarlos ohne Hinweis auf die Anweisung der britischen Militärbehörde notiert, im Falle de la Camps allerdings das Wahldatum 27. März 1945 hinzugesetzt – ein Hinweis darauf, dass dieser sein Mandat praktisch nicht mehr ausgeübt hat. Der tragische Tod des langjährigen Aufsichtsratsmitglieds Carl Joerger hingegen wird mit ehrenden Worten erwähnt.[15]

Abb. 39: Plaketten über ein Sammlungsverbot innerhalb der Vereinsbank in Hamburg, Hamburg 1937 bis 1939. (D-VinHH-FIL-A-466)

Die Belege mit direktem Bezug auf das NS-Regime sind spärlich. Aus ihnen ergibt sich die Beteiligung der Bank an der „Adolf-Hitler-Spende der deutschen Wirtschaft", beispielsweise für das Jahr 1934 13 000 RM, für 1939 15 000 RM. Mitteilungen der Vereinsbank in Hamburg an ihre Filiale Cuxhaven enthielten den Hinweis, „dass allen Angehörigen und Stellen der Partei, ihrer Gliederungen und angeschlossenen Verbände Sammlungen bei dem Inhaber dieser Bescheinigung verboten sind. Falls Sie also künftig trotzdem um Unterstützungen oder Spenden ersucht werden, wollen Sie sich auf den anliegenden Revers beziehen; im Zweifelsfalle ist beim Vorstand Rückfrage zu halten."[16] Ganz offenbar sollten damit direkte Spenden an die NSDAP oder ihre Gliederungen unterbunden werden, zumal die „Adolf-Hitler-Spende" zentral vom Industrieausschuss (seit

---

15 90. GB der VinHH Geschäftsjahr 1945. D-VinHH-KOM-PUB-90.
16 Beide Schreiben vom 23. August 1939 bzw. vom 6. Oktober 1934 „Vertraulich". D-VinHH-FIL-A-466.

1935 Kuratorium) organisiert wurde. Sie war nach einer Rede Hitlers vor führenden deutschen Industriellen im Februar 1933 zustande gekommen, nach der der Vorsitzende des Reichsverbands der deutschen Industrie, Gustav Krupp, eine solche Spende für die „Durchführung des nationalen Aufbauwerks" vorschlug, worauf sich zahlreiche Anwesende dazu bereiterklärten. Der Spendenaufruf ging von fünf Tausendsteln der 1932 entrichteten Lohnsummen eines Betriebs aus. Bis 1945 zahlte die deutsche Wirtschaft insgesamt 700 Millionen RM als „Adolf-Hitler-Spende der deutschen Wirtschaft". Tatsächlich wurde dieser Betrag weitgehend zweckentfremdet, ging er doch zu einem nicht geringen Teil in Hitlers Kunstsammlungen, Grundbesitz und von ihm bewilligte Dotationen ein.

Personalentwicklung

Im Jahr 1935 besaß die Vereinsbank in Hamburg Abteilungen in neun Stadtteilen sowie Filialen in Altona (mit vier zusätzlichen Stadtabteilungen), in Cuxhaven (mit zwei zusätzlichen Stadtabteilungen), in Flensburg und in Kiel. Seit 1939 kam Wandsbek als Hamburger Stadtabteilung hinzu, die Filiale Flensburg entfiel.[17] 1942 wurde in Hamburg eine weitere Zweigstelle eröffnet. Außerdem existierten Geschäftsverbindungen mit einer großen Zahl deutscher Banken, darunter nahezu allen deutschen Großbanken.

Die Personalentwicklung verlief nach den Krisenjahren um 1930, die zu einer Senkung der Mitarbeiterzahl geführt hatten, seit 1933 wieder positiv. Genaue Zahlen sind erst für spätere Jahre bekannt. Bis 1929 hat es in der Vereinsbank in Hamburg keine eigene Personalabteilung gegeben, vielmehr erledigte das Sekretariat die entsprechenden Aufgaben mit. Im Geschäftsbericht für 1930 findet sich erstmals eine genaue Angabe, ihr zufolge beschäftigte die Bank am 31. Dezember 1930 insgesamt 449 Mitarbeiter. Kurz vor Ende des Krieges am 31. Dezember 1944 waren es 623, von denen 299 zum Kriegsdienst eingezogen waren, die aber offensichtlich nicht ersetzt wurden.[18] Von 1933 bis 1943 steigerte sich die Zahl der Mitarbeiter kontinuierlich, sie erreichte am 1. Januar 1943 mit 702 Angestellten den nominell höchsten Stand, allerdings mit 283 Einberufenen auch die höchste Zahl der Abwesenden. Offenbar kompensierte die Vereinsbank in Hamburg diese Verminderung nicht oder nur sporadisch durch Hilfskräfte.

Tatsächlich konterkarierte die Einberufung von Mitarbeitern zur Wehrmacht ab 1940 die kontinuierliche Steigerung, die seit 1933 stattgefunden hatte, nahmen doch seit Kriegsbeginn die realen Beschäftigungsverhältnisse ständig ab, so dass

---

17 S.o. S. 28.
18 Vgl. Aktenvermerk der Personalabteilung vom 28. März 1969. D-VinHH-PER-A-362.

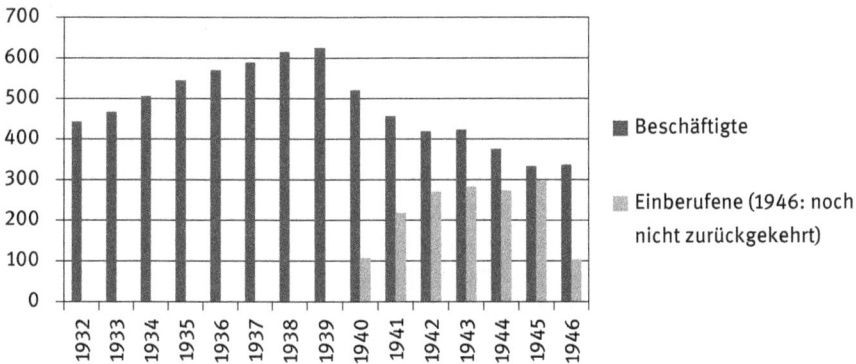

Abb. 40: Mitarbeiterzahlen der Vereinsbank in Hamburg, aus: Geschäftsberichte 1932 bis 1946 der Vereinsbank in Hamburg.

bereits seit 1942 sogar die Mitarbeiterzahl während der großen Wirtschafts-krise 1929/32 immer stärker unterschritten wurde. Erst 1950 erreichte die Bank wieder ihre frühere Personalstärke. Hinweise auf dauernde Aushilfs-kräfte wie bei den beiden großen bayerischen Regionalbanken sowie Zwangs-arbeiterbeschäftigung finden sich in den Unterlagen nicht: Letzteres hätte wie in den früheren Beispielen das Problem mangelhafter spezifischer Qualifikation auf-geworfen. Allerdings belegt die Korrespondenz, dass die Vereinsbank in Hamburg die von Firmen angelegten Sparkarten für „Ostarbeiter" verwaltet hat. Als diese die Einlösung wünschten, bat die Filiale der Vereinsbank in Hamburg in Cuxhaven am 10. August 1945 bei der „Bank der Deutschen Arbeit" um Stellungnahme.[19]

Nach den schweren Bombenangriffen auf die Hansestadt im Juli und August 1943 war fast die Hälfte der tatsächlich Beschäftigten, insgesamt 152, ausgebombt und in Notunterkünften außerhalb der Stadt untergebracht.[20] Die Bank hatte zwi-schen 1939 und 1945 insgesamt 58 Gefallene sowie sieben bei den Luftangriffen Getötete zu beklagen.[21]

Die Vereinsbank in Hamburg bemühte sich, wie die beiden anderen Banken auch, um soziale Leistungen für ihre Mitarbeiter. So wurden im Dezember 1941 ein 14. Monatsgehalt und eine freiwillige Zuschusszahlung in Höhe von 100 RM „als Gabe zum Weihnachtsfest" gewährt.[22] Waren noch für 1933 in den Geschäfts-berichten keine gesonderten Ausführungen über die soziale Fürsorge enthalten,

---

19 Vgl. D-VinHH-FIL-A-385.
20 Vgl. die Angaben in: Hundert Jahre Vereinsbank in Hamburg, S. 132ff.
21 Vgl. die Liste in ebd, S. 140f.
22 D-VinHH-FIL-A-356.

so änderte sich dies während des NS-Regimes. Später enthielten die Geschäftsberichte regelmäßig eigene Abschnitte zu diesem Thema. Für 1939 heißt es beispielsweise: „Die zum Wohle unserer Gefolgschaft geschaffenen sozialen Einrichtungen haben wir im vergangenen Jahr planmäßig ausgebaut". Außerdem
wurden die Verbesserung der Arbeitsplätze, kulturelle Programme, Sportver-
anstaltungen und anderes mehr genannt. Die zur Wehrmacht Eingezogenen
sowie ihre Familien erhielten Sonderzuwendungen. Im Unterschied zu den Sozialberichten der beiden bayerischen Banken fiel auch dieser Teil der Geschäftsberichte knapp aus, Hinweise auf die „weltanschauliche Schulung" fehlen.

Ob und in welchem Umfang jüdische Mitarbeiter bei der Bank beschäftigt
waren, lässt sich den Unterlagen nicht entnehmen, allerdings hatte die Bank
jüdische Kunden, worauf noch einzugehen ist.[23] In einem Fall könnte es ein leitender Angestellter jüdischer Herkunft gewesen sein, möglicherweise aber auch
ein ausschließlich aus politischen Gründen Missliebiger. So heißt es im Protokoll
der Aufsichtsratssitzung vom 14. Oktober 1933: „Herr Alexander, zu dessen Entlassung die Bank seinerzeit durch die Partei gezwungen wurde, ist inzwischen
wieder in Altona als Direktor tätig."[24] In jedem Fall ergibt sich daraus, dass die
Bank ihre Personalpolitik nicht nach den Wünschen der NSDAP richten wollte,
jedoch unter deren Druck stand.

Geschäftsentwicklung

Insgesamt verlief wie in den großen bayerischen Regionalbanken die Geschäftsentwicklung seit der großen Wirtschaftskrise für die Bank zufriedenstellend, dies
galt insbesondere für die Jahre bis 1941. Allerdings belegen die Zahlen auch, dass
die Jahre 1933/34 nicht etwa einen so rasanten Aufschwung brachten, wie es das
Regime und seine Anhänger behaupteten: Die Psychologie des Aufschwungs war
stärker als seine Realität. Doch schon der Geschäftsbericht 1933 lässt Optimismus
erkennen, zumal man zum Zeitpunkt seiner Fertigstellung im Januar 1934 Anzeichen einer weiteren Belebung der Wirtschaftstätigkeit erkennen konnte. Konse-
quent beteiligte sich die Vereinsbank in Hamburg mit Krediten zur Finanzierung
der Arbeitsbeschaffungsmaßnahmen. Die Vereinsbank stellte hierfür im Jahre
1933 insgesamt 1,75 Millionen RM an Krediten zur Verfügung.[25]

Während der 1930er Jahre verstärkte sich aufgrund der durch das Regime betriebenen Geldschöpfung die Liquidität der Banken, kurzfristige Warenfinanzierung

---

23 Vgl. Kap. VIII.
24 487. Sitzung des Aufsichtsrats der VinHH vom 17. Oktober 1933, TOP 2. D-VinHH-LO-A-293.
25 78. GB der VinHH Geschäftsjahr 1933, S. 10 sowie S. 7. D-VinHH-KOM-PUB-78.

machte einen beträchtlichen Anteil des Kreditgeschäfts aus. Die sich bei der Vereinsbank in Hamburg innerhalb des ersten Jahrfünfts des NS-Regimes verdoppelnde Hereinnahme von Wechseln verminderte indes die Rentabilität, da es sich um Wechsel der durch die Reichsregierung eingeführten Finanzierungsmethode handelte, wofür die Mefo-Wechsel charakteristisch waren.[26]

Nachdem der Krieg bereits vier Monate andauerte, bestätigte der Bankvorstand in seinem Bericht für das Jahr 1939 wiederum den befriedigenden Geschäftsverlauf. Er betonte, dass „trotz der selbstverständlichen Voranstellung aller Erfordernisse der Landesverteidigung auch ein geregelter Fortgang der übrigen Teile der Wirtschaft gewährleistet" sei, erwähnte aber zugleich die Hemmnisse, die sich aus der besonderen Lage Hamburgs als Drehscheibe des Außenhandels ergaben: „Der für Hamburg so wichtige Zweig der Schiffahrt sowie der Einfuhrhandel und der Ausfuhrhandel sind durch die Ereignisse naturgemäß stark betroffen."[27]

Die Bilanzsumme stieg von ca. 79,6 Millionen RM 1932 auf 91,2 Millionen RM im folgenden Jahr. Der große Sprung gelang erst in der zweiten Hälfte der 1930er Jahre, als 1938 mit 146,53 Millionen RM der Höchststand in Friedenszeiten erreicht wurde, der dann bis 1941 nochmals erhöht werden konnte, nämlich auf 210,21 Millionen RM.

Der Reingewinn stieg zwischen 1931 und 1941 beträchtlich und betrug schließlich mit 1,451 Millionen RM gegenüber 425 000 RM fast das Dreieinhalbfache, die Dividende lag nach vier Prozent im Jahr 1931 gemäß gesetzlich vorgegebener Beschränkung im Jahr 1941 bei sechs Prozent, nachdem sie in den Jahren von 1937 bis 1940 sieben Prozent betragen hatte. 1941 wurde das Aktien-Kapital mithilfe von Gratisaktien[28] nominell von zwölf auf 14 Millionen RM erhöht – eine Kapitalberichtigung, die unter anderem auf die neue Dividendenabgabeverordnung vom 12. Juni 1941 zurückzuführen war.

Die positive Geschäftsentwicklung betraf alle Sparten mit Ausnahme des insgesamt stagnierenden Immobiliengeschäfts, das nach Verbesserung in der Mitte der 1930er Jahre 1941 schließlich unter die Ausgangsbasis von 1931 sank, was auf die Kriegsbedingungen zurückzuführen war. Auch im Falle der Vereinsbank in Hamburg fällt die rege Zunahme der Spartätigkeit seit Mitte der 1930er Jahre, besonders aber während des Krieges, ins Auge: Betrugen die Spareinlagen 1935 nur 2,75 Millionen RM, so waren es 1941 ca. 17,44 Millionen RM und 1942 bereits ca. 24,933 Millionen RM.[29] Bis 1944 erhöhten sich die Spareinlagen nochmals

---

26 Vgl. oben Kap. III sowie S. 68, FN 40; vgl. a. Hundert Jahre Vereinsbank in Hamburg, S. 131.
27 84. GB der VinHH Geschäftsjahr 1939, S. 7. D-VinHH-KOM-PUB-84.
28 Vgl. Hundert Jahre Vereinsbank in Hamburg, S. 139.
29 87. GB der VinHH Geschäftsjahr 1942 mit anliegender Bilanz. D-VinHH-KOM-PUB-87.

Aktiva.   Bilanz am

	RM.	Rpf.	RM.	Rpf.
Bar-Reserve				
a) Kassenbestand (deutsche und ausländische Zahlungsmittel, Gold)	1 747 982	14		
b) Guthaben auf Reichsbankgiro- und Postscheckkonto	4 065 573	—	5 813 555	14
Fällige Zins- und Dividendenscheine			433	70
Schecks			83 627	02
Wechsel			29 726 466	31
(mit Ausschluß eigener Ziehungen und eigener Wechsel der Kunden an die Order der Bank)				
Hiervon sind RM. 28 694 060,65 Wechsel, die dem § 13 Abs. 1 Nr. 1 des Gesetzes über die Deutsche Reichsbank entsprechen (Handelswechsel nach § 16 Abs. 2 KWG.)				
Schatzwechsel und unverzinsliche Schatzanweisungen des Reichs und der Länder			1 652 020	61
Der Bestand ist voll bei der Reichsbank beleihbar.				
Eigene Wertpapiere				
a) Anleihen und verzinsliche Schatzanweisungen des Reichs und der Länder	12 656 631	84		
b) sonstige verzinsliche Wertpapiere	452 144	38		
c) börsengängige Dividendenwerte	3 567 533	70		
d) sonstige Wertpapiere	940 969	11	17 617 279	03
Hiervon sind RM. 12 823 802,47 Wertpapiere, die die Reichsbank beleihen darf.				
Konsortialbeteiligungen			4 850 000	—
Kurzfällige Forderungen unzweifelhafter Bonität und Liquidität gegen Kreditinstitute			5 470 410	46
Davon sind RM. 5 387 320,46 täglich fällig (Nostroguthaben).				
Forderungen aus Lombardgeschäften gegen börsengängige Wertpapiere			1 256 078	75
Vorschüsse auf verfrachtete oder eingelagerte Waren				
a) Rembourskredite	4 463 464	65		
b) sonstige kurzfristige Kredite gegen Verpfändung bestimmt bezeichneter marktgängiger Waren	15 620 793	78	20 084 258	43
Schuldner				
a) Kreditinstitute	1 269 045	14		
b) sonstige Schuldner	53 000 071	96	54 269 117	10
In der Gesamtsumme sind enthalten: RM. 3 788 417,02 gedeckt durch börsengängige Wertpapiere RM. 37 987 047,02 gedeckt durch sonstige Sicherheiten				
Forderungen aus Grundschulden und Hypotheken			908 970	04
Beteiligungen (§ 131 Abs. 1 A. II Nr. 6 des Aktiengesetzes)			385 000	—
Hierin sind keine Beteiligungen bei anderen Kreditinstituten enthalten.				
Grundstücke und Gebäude				
a) dem eigenen Geschäftsbetrieb dienend	1 500 000	—		
Abgang 1939 RM. 100 000,—				
b) sonstige	1 700 000	—	3 200 000	—
Zugang 1939 RM. 100 000,— Abgang 1939 „ 500 000,—				
Posten, die der Rechnungsabgrenzung dienen			275 384	11
		RM.	145 592 600	70

In den AKTIVEN sind enthalten:
a) Forderungen an Konzernunternehmen .... RM. 691 915,64
b) Forderungen an Mitglieder des Vorstands (RM. —,—), an Geschäftsführer und an andere im § 14 Abs. 1 und 3 KWG. genannte Personen sowie an Unternehmen, bei denen ein Inhaber oder persönlich haftender Gesellschafter dem Kreditinstitut als Geschäftsleiter oder Mitglied eines Verwaltungsträgers angehört .... RM. 1 302 131,13
c) Anlagen nach § 17 Abs. 1 KWG. .... RM. 9 378 731,93
d) Anlagen nach § 17 Abs. 2 KWG. .... RM. 3 585 000,—

12

Abb. 41a: Bilanz der Vereinsbank in Hamburg Geschäftsjahr 1939, Hamburg 1940, aus Geschäftsbericht der Vereinsbank in Hamburg 1939. (D-VinHH-KOM-PUB-84)

31. Dezember 1939.

Passiva.

	RM.	Rpf.	RM.	Rpf.
Gläubiger				
a) seitens der Kundschaft bei Dritten benutzte Kredite	4 682 839	65		
b) sonstige im In- oder Ausland aufgenommene Gelder und Kredite (Nostroverpflichtungen)	405 821	81		
c) Einlagen deutscher Kreditinstitute .... RM. 6 219 696,30				
d) sonstige Gläubiger .... „ 97 270 788,40	103 490 484	70	108 579 146	16
Von der Summe c) + d) entfallen auf				
1) jederzeit fällige Gelder .... RM. 53 608 008,85				
2) feste Gelder und Gelder auf Kündigung .... „ 49 882 475,85				
Von 2) werden durch Kündigung oder sind fällig				
a) innerhalb 7 Tagen .... „ 4 050 726,36				
b) darüber hinaus bis zu 3 Monaten .... „ 31 897 461,88				
c) darüber hinaus bis zu 12 Monaten .... „ 13 818 836,44				
d) über 12 Monate hinaus .... „ 115 451,17				
Verpflichtungen aus der Annahme gezogener Wechsel			10 964 900	—
Spareinlagen				
a) mit gesetzlicher Kündigungsfrist	4 585 330	47		
b) mit besonders vereinbarter Kündigungsfrist	2 490 309	96	7 075 640	43
Aktienkapital			12 000 000	—
Gesetzliche Reserven			5 000 000	—
Posten, die der Rechnungsabgrenzung dienen			760 228	19
Reingewinn				
Gewinnvortrag aus dem Vorjahr	187 697	69		
Gewinn 1939	1 024 988	23	1 212 685	92
Eigene Ziehungen im Umlauf .... RM. —,—				
Verbindlichkeiten aus Bürgschaften, Wechsel- und Scheckbürgschaften sowie aus Gewährleistungsverträgen (§ 261 b des Handelsgesetzbuches) .... RM. 10 111 147,71				
Eigene Indossamentsverbindlichkeiten				
a) aus weiterbegebenen Bankakzepten .... RM. —,—				
b) aus eigenen Wechseln der Kunden an die Order der Bank .. „ 525 000,—				
c) aus sonstigen Rediskontierungen .... „ 696 274,48				
RM. 1 221 274,48				
RM.			145 592 600	70

In den **PASSIVEN** sind enthalten:

Verbindlichkeiten gegenüber Konzernunternehmen	RM.	—,—
Gesamtverpflichtungen nach § 11 Abs. 1 KWG.	RM.	126 619 686,59
Gesamtverpflichtungen nach § 16 KWG.	RM.	119 544 046,16
Gesamtes haftendes Eigenkapital nach § 11 Abs. 2 KWG.	RM.	17 000 000,—

13

Abb. 41b: Bilanz der Vereinsbank in Hamburg Geschäftsjahr 1939, Hamburg 1940, aus Geschäftsbericht der Vereinsbank in Hamburg 1939. (D-VinHH-KOM-PUB-84)

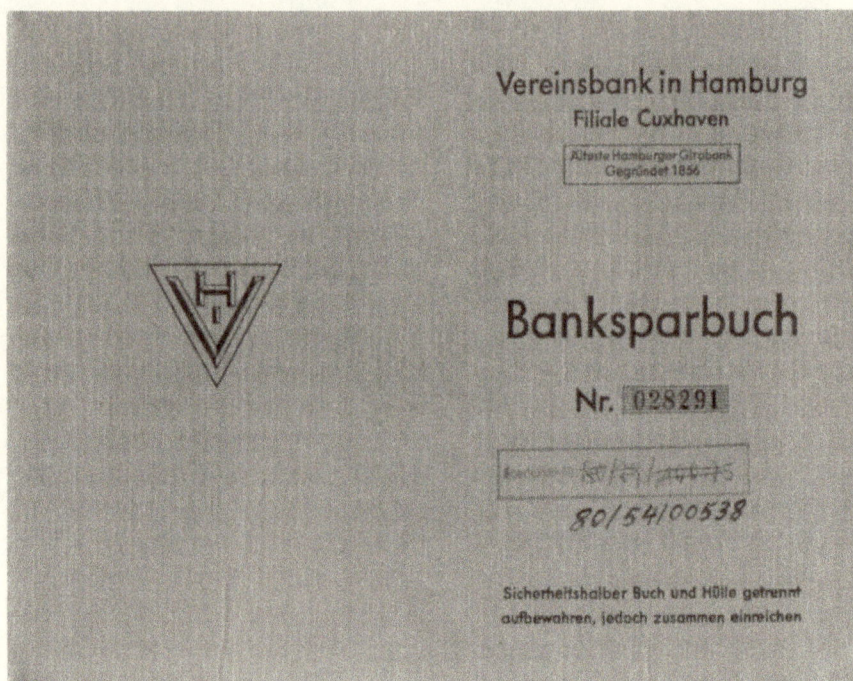

Abb. 42: Sparbuch der Vereinsbank in Hamburg, Filiale Cuxhaven, 1940.
(D-VinHH-FIL-PROD-336)

beträchtlich auf 45,322 Millionen RM und stiegen bis Ende 1945 sogar auf
49,412 Millionen RM.[30]

Das Jahr 1942 brachte erneut eine erhebliche Steigerung im Geschäftsverlauf,
sodass die Bilanz zum 31. Dezember insgesamt mit ca. 269,797 Millionen RM
abschloss, allerdings mit einer Verminderung des Reingewinns auf 1,204 Millionen RM. Die Bilanzsumme für 1945 zeigte gegenüber 1944, als sie 305 Millionen RM betragen hatte, mit einem Rekordergebnis von 370,489 Millionen RM
nochmals eine deutliche Steigerung, doch waren die Zahlen für das Kriegsende
bzw. den 31. Dezember 1945, wie der Vorstand im Einzelnen begründete, nur
bedingt mit denen für die vorangegangenen Jahre vergleichbar.[31]

Das Bankgeschäft hatte sich auch insofern verändert, als der Staat mit der
völligen Umstellung auf die Kriegswirtschaft mehr und mehr zum Auftraggeber
der Wirtschaft wurde, die deshalb mit erheblich geringerem Risiko arbeitete. Die

---

30 Vgl. 90. GB der VinHH Geschäftsjahr 1945 und anliegende Bilanz. D-VinHH-KOM-PUB-90.
31 Ebd.

Wirtschaftslenkung kam auch darin zum Ausdruck, dass der Staat die Gewinne festsetzte und beispielsweise in der erwähnten Dividendenabgabenverordnung vom 12. Juni 1941 vorschrieb, welche Gewinne Aktiengesellschaften an ihre Gesellschafter ausschütten durften. Die katastrophalen Zerstörungen des selbst gewählten „totalen Krieges" aber spiegeln sich in keiner Bilanz, auch nicht in der der Vereinsbank in Hamburg.

VII Die Bayerische Staatsbank im NS-Regime

Im Unterschied zu den drei Privatbanken handelte es sich, wie ausgeführt,[1] bei der Bayerischen Staatsbank um eine nachgeordnete staatliche Behörde des Staatsministeriums der Finanzen. Als solche war sie weisungsgebunden und aufgrund der Beseitigung des Föderalismus bzw. der Eigenstaatlichkeit Bayerns durch die nationalsozialistische Machtergreifung 1933 konnte auch das Finanzministerium in München nicht mehr autonom handeln. Die Bayerische Staatsbank – die zweitgrößte Staatsbank in Deutschland – hatte keine Aktionäre und folglich keinen durch deren Generalversammlung gewählten Aufsichtsrat. Insofern besaß sie weder eine analoge Gremienstruktur noch eine vergleichbare Entscheidungsbildung. Von 1780 bis 1955 stand an ihrer Spitze ein Präsident, von 1806 bis 1955 daneben ein staatlicher Bankkommissar sowie ein Direktorium. Die Mehrzahl der Bankpräsidenten hatte eine langjährige berufliche Laufbahn im Bayerischen Staatsministerium der Finanzen absolviert, bevor sie an die Spitze der Bank gelangte.

Während der nationalsozialistischen Diktatur amtierten insgesamt drei Bankpräsidenten. Der erste war bereits während der Weimarer Republik berufen worden, es handelte sich um Staatsrat Dr. Wilhelm Ritter von Wolf (Jg. 1869), der das Amt von 1928 bis 1934 ausübte und vorher Ministerialdirektor im Finanzministerium sowie stellvertretender Bevollmächtigter der Bayerischen Staatsregierung (und Sachsen-Meiningens) zum Reichsrat (seit 1909 zuvor schon zum Bundesrat) war. Von Wolf war promovierter Jurist und seit 1896 in unterschiedlichen Funktionen im bayerischen Staatsdienst tätig[2], ein klassischer Laufbahnbeamter mit reicher und vielfältiger Berufserfahrung. Viele Jahre gehörte er auch dem Reichsbankkuratorium an. Seine Pensionierung 1934 erfolgte regulär mit 65 Jahren, nachdem er sich große Verdienste um die Bank erworben hatte. Mit ihm wirkten ebenfalls Bankfachleute, die jahrzehntelange Berufserfahrung und Kompetenz mit Loyalität zur Bank verbanden und beide viele Jahre als Kaufmännische Oberleiter dem Direktorium angehörten: der Geheime Oberfinanzrat Friedrich Moroff, der 1936 pensioniert und bei einem Bombenangriff 1943 getötet wurde, sowie der Geheime Oberfinanzrat Kurt Flamme, der sich bereits während des Ersten Weltkriegs, der Inflation und der Weltwirtschaftskrise mit Erfolg für die Stabilität der Bayerischen Staatsbank eingesetzt hatte; 1943 wurde er noch Vizepräsident der Bayerischen Staatsbank. Moroff und Flamme waren mehr als vierzig Jahre lang in der Staatsbank tätig.[3] Als die Verdienste von Friedrich Moroff

---

1 Vgl. o., Kapitel II.
2 Vgl. Joachim Lilla, Der Reichsrat. Vertretung der deutschen Länder bei der Gesetzgebung und Verwaltung des Reichs 1919–1935. Ein biographisches Handbuch, Düsseldorf 2006, S. 343f.
3 Vgl. Steffan/Diehm, Die Bayerische Staatsbank, S. 318f.

Abb. 43: Zentrale der Bayerischen Staatsbank, Promenadestraße 1, München 1920er. (Quelle: BWA F 047/288)

als kaufmännischer Oberleiter der Staatsbank anlässlich seiner Pensionierung in einem Zeitungsartikel gewürdigt wurden, fand sich darin keinerlei Hinweis auf seine politischen Auffassungen, was wohl dafür spricht, dass er sich nicht im Sinne der NSDAP betätigt hatte.[4]

Nachfolger Wilhelm Ritter von Wolfs wurde von 1934 bis 1942 Dr. Paul Hammer (Jg. 1881), der ebenfalls vorher im Bayerischen Finanzministerium Ministerialdirektor sowie stellvertretender Bevollmächtigter Bayerns zum Reichsrat gewesen war. Auch Hammer war ein klassischer Laufbahnbeamter und

---

4 Vgl. Münchner Neueste Nachrichten Nr. 358 vom 30. Dezember 1936, Kopie in: BWA, F 047/2419.

Abb. 44: Staatsrat Dr. Wilhelm von Wolf (* 1869 / † 1943). Von 1928 bis 1934 Bankpräsident der Bayerischen Staatsbank, aus: Die Bayerische Staatsbank von 1780 bis 1955. Geschichte und Geschäfte einer öffentlichen Bank, hrsg. vom Staatsbankdirektorium zur 175. Wiederkehr des Gründungsjahres, München 1955, S. 316.

promovierter Jurist, der seit 1909 im bayerischen Staatsdienst wirkte. Hammer wurde am 31. Mai 1942 aus gesundheitlichen Gründen pensioniert, „nachdem seine Erkrankung ihn schon längere Zeit von der Ausübung der Dienstgeschäfte ferngehalten hat".[5] Er starb dreieinhalb Wochen später.[6]

Beide Bankpräsidenten waren Spitzenbeamte, die ihre Ämter als Ministerialdirektoren noch zur Zeit des demokratischen Ministerpräsidenten Held, im Falle von Wolfs schon vorher erlangt bzw. ausgeübt hatten und deren Karriere bis 1933 keinen Bezug zum Nationalsozialismus erkennen lässt. Diese Einschätzung gilt nicht mehr für den dritten Bankpräsidenten dieser Jahre, Albert Gorter (Jg. 1887). Er war von 1942 bis 1945 im Amt, vorher als Ministerialrat im Bayerischen Finanzministerium sowie von 1935 bis 1942 als Staatskommissar der Bayerischen Staatsbank tätig.

---

5 GB der Bayerischen Staatsbank Geschäftsjahr 1941, S. 14. BayHStA, StK 6887; vgl. auch Min. Präs. Siebert an Reichswirtschaftsministerium 14. Januar 1942: Hammer habe bereits seit April 1941 seinen Dienstgeschäften nicht mehr nachgehen können. BayHStA, MF 69692.
6 Vgl. ebd. sowie BayHStA, MF Vorl. Nr. 36 (Personalakt Dr. Paul Hammer).

Wilhelm Ritter von Wolf gehörte nicht der NSDAP an, Paul Hammer wurde nach Ende der Aufhebesperre am 1. Mai 1937, also drei Jahre nach seiner Berufung, Mitglied der NSDAP. Albert Gorter war bereits Parteimitglied, als er berufen wurde. Das Direktoriumsmitglied Friedrich Moroff wurde ebenfalls am 1. Mai 1937 Mitglied der NSDAP, Kurt Flamme war es bereits trotz Aufnahmesperre am 1. November 1933 geworden. Für Hammer, Moroff und Flamme finden sich keine Akten und also auch keinerlei Hinweise auf Parteiaktivitäten.[7]

Eine generelle Aussage über die politische Haltung der bayerischen Beamten, die nach der Machtergreifung 1933 im Dienst blieben, ist nicht möglich.[8] Klar allerdings ist, dass aufgrund des „Gesetzes zur Wiederherstellung der Berufsbeamtentums" vom 7. April 1933[9] weder jüdische Beamte noch solche, die politisch links standen, wozu neben den Kommunisten auch Sozialdemokraten gezählt wurden, auf ihren Posten bleiben durften.[10] Doch galt das auch für andere politisch Missliebige, darunter – wenngleich in erheblich geringerem Maße – für Angehörige der Bayerischen Volkspartei[11] des Ministerpräsidenten Held. So wurde der kommissarische Leiter des Bayerischen Staatsministeriums der Finanzen und Vorsitzende der Bayerischen Volkspartei, Staatsrat Fritz Schäffer, 1933 aus politischen Gründen in den einstweiligen Ruhestand versetzt, mehrere Monate inhaftiert und schließlich am 1. April 1934 dauerhaft pensioniert – allerdings nicht mit den ihm zustehenden Pensionsbezügen, sondern nur denen eines Oberregierungsrats.

Von den sieben Staatsräten aller Staatsministerien in den Jahren der Ministerpräsidentschaft Heinrich Helds (1924–1933) amtierten Ende 1934 nur noch drei, das gleiche galt für die sieben Ministerialdirektoren, von denen ebenfalls nur noch drei ihr Amt ausübten. Von den insgesamt 63 Ministerialräten des Jahres vor der Machtergreifung blieben nach 1933 noch 47, insgesamt 16 schieden 1933/34 aus.

Auf der Spitzenebene der Verwaltung fand also durchaus ein Personalschub statt, bei den höheren Beamten vollzog er sich begrenzt, die Mehrzahl blieb 1933/34 in ihren Funktionen. Dies gilt auch für die meisten derjenigen Beamten, die Aufgaben in der bzw. für die Bayerische Staatsbank wahrnahmen.

---

7 Vgl. Bundesarchiv Berlin BDC, 3200/P17, PK D 350 sowie PK C 225.
8 Vgl. dazu Klaus Schönhoven, Der politische Katholizismus in Bayern unter der NS-Herrschaft 1933–1945, in: Bayern in der NS-Zeit Bd. V, S. 541–646, hier S. 620.
9 Text in: UuF Bd. IX, S. 283ff.
10 Vgl. zum Vorgehen gegen die SPD in Bayern nach der Machtergreifung Hartmut Mehringer, Die bayerische Sozialdemokratie bis zum Ende des NS-Regimes. Vorgeschichte, Verfolgung und Widerstand, in: Bayern in der NS-Zeit Bd. V, S. 287–432, hier S. 340ff.
11 Vgl. Schönhoven, Der politische Katholizismus, S. 634ff.

Das latente Spannungsverhältnis zwischen dem von der bayerischen Staatsbürokratie in langer Tradition verinnerlichten weiß-blauen Selbstbewusstsein und den zentralistisch-totalitären Vorstellungen der Nationalsozialisten, die Länderhoheit und Länderrechte möglichst schnell beseitigen wollten, brach in der Folgezeit jedoch nicht auf. Die bayerischen Beamten konnten die Einebnung der bayerischen Eigenstaatlichkeit nicht verhindern und sie konnten die Eingliederung Bayerns in die Herrschaftsordnung des Nationalsozialismus nicht abblocken. Die Frage, inwieweit die alte bayerischen Beamtenelite, die nach der nationalsozialistischen Machtübernahme im Amt blieb, durch ihr Verwaltungshandeln bewußt Entscheidungen verzögerte oder verhinderte und sich gegen Eingriffe von NS-Funktionären zur Wehr setzte, ist generell nur schwer zu beantworten. Konsensstreben und Konfliktbereitschaft lagen oft nicht weit auseinander und wurden von ein- und demselben Beamten je nach gegebener Situation gleichermaßen praktiziert. Der Durchsetzungswille des NS-Regimes stieß jedoch in der Beamtenschaft auf bürokratische Normen, die diese in langen Dienstjahren eingeschliffen hatte und von denen sich auch unter den neuen Herren nicht so einfach trennen wollten.[12]

Allerdings wurden nach 1933 viele Beamte NSDAP-Mitglieder; nach der Ernennung Hitlers zum Reichskanzler traten vom Frühjahr 1933 bis zur zeitweiligen Aufnahmesperre, die im Juli 1935 gelockert wurde, insgesamt 25 532 bayerische Beamte der NSDAP bei[13], wobei die Motive aber durchaus differieren konnten. Sie reichten von politischer Überzeugung bis zu Opportunismus, von Karrierismus bis zu Ängstlichkeit und Sicherheitsstreben. Und auch für das anschließende Verhalten im Finanzministerium bzw. der Staatsbank lässt die Mitgliedschaft allein noch keine Rückschlüsse zu. Insgesamt hatten ungefähr zwei Fünftel der 1949 im bayerischen Staatsdienst stehenden Beamten der NSDAP angehört, wovon mehr als ein Viertel Lehrer waren.

Diese Differenzierungen gelten auch für die Staatsbank, wobei die ständig präsente Unterdrückung durch die nationalsozialistische Diktatur zu berücksichtigen ist: Die politischen Repressionen des Regimes, Einschüchterung und drohende Entlassung im ebenso übersichtlichen wie leicht kontrollierbaren Beamtenapparat konnten die Herrschenden in einer Staatsbank direkter als in den Privatbanken realisieren. In den Geschäftsberichten bzw. anderen Unterlagen, die die Arbeit der Bayerischen Staatsbank dokumentieren, ist über die Mitgliedschaft in der NSDAP nichts enthalten, sie kann allenfalls aus der Zahl der Entlassungen oder Suspendierungen nach Kriegsende erschlossen werden: Diese zeigen einen quantitativ höheren Grad der Verstrickung in das NS-Regime als bei den Privatbanken, wobei sich aus den Unterlagen nicht ableiten lässt, ob diese über die bloße Mitgliedschaft in der NSDAP hinausging.

---

12 Ebd., S. 621f.
13 Ebd., S. 625.

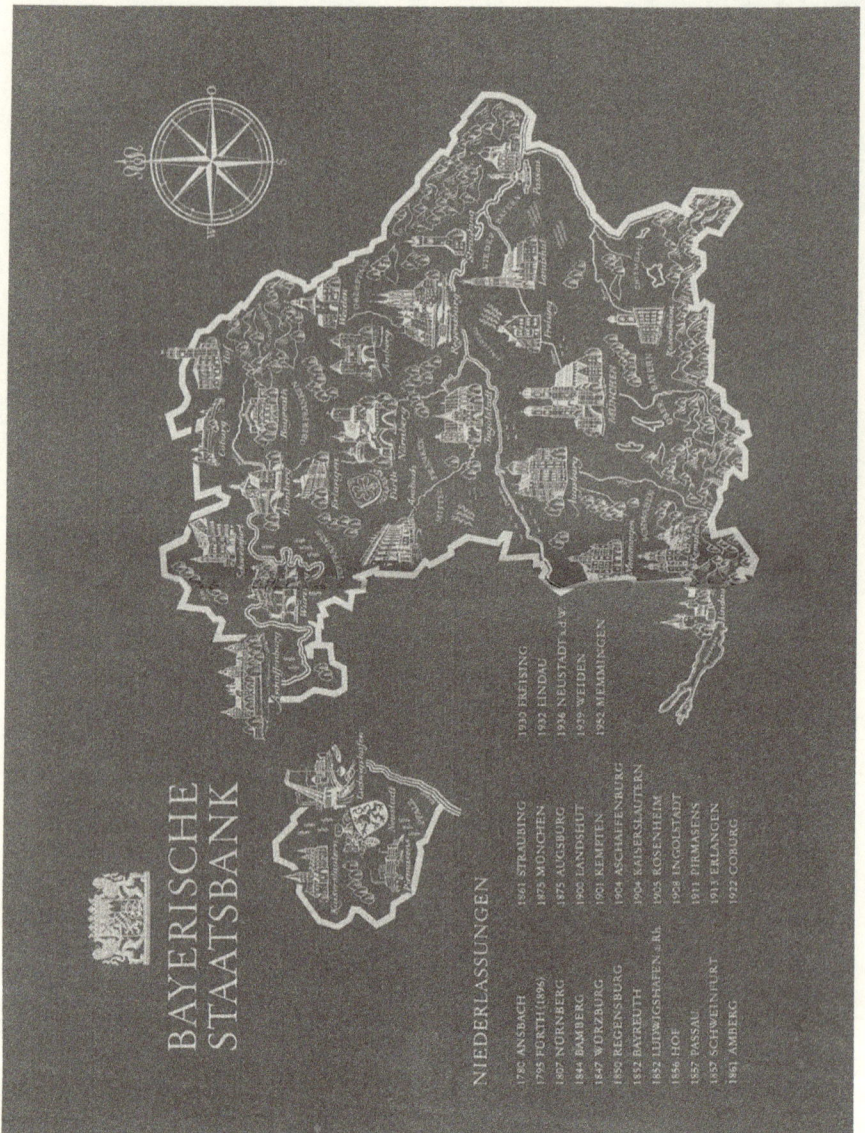

Abb. 45: Karte der Niederlassungen der Bayerischen Staatsbank, aus: Die Bayerische Staatsbank von 1780 bis 1955. Geschichte und Geschäfte einer öffentlichen Bank, hg. vom Staatsbankdirektorium zur 175. Wiederkehr des Gründungsjahres, München 1955, Vorsatz.

So wurden durch Verfügung der amerikanischen Militärregierung bei der Staatsbank Nürnberg 56 Beamte und Angestellte entlassen, in Fürth acht einschließlich des Direktors.[14] Bei den Niederlassungen wurden 18 der 27 Direktoren, beim Direktorium in der Münchner Zentrale 11 von 14 Mitgliedern entlassen oder suspendiert. Im gehobenen, mittleren oder einfachen Dienst mussten beim Direktorium zehn von 30 Beamten, bei den Niederlassungen der Staatsbank 252 von 724 Beamten und Angestellten ausscheiden.[15]

Allerdings befinden sich in diesen Listen Mitarbeiter der Bank, die gemäß den „Instructions to Financial Institutions" Nr. 3 automatisch suspendiert wurden, nach kurzer Zeit aber – wie im Falle der Vereinsbank in Hamburg – wieder eingestellt wurden, weil ihnen NS-Belastungen nicht nachgewiesen werden konnten. Die Liste der amerikanischen Besatzungsbehörden enthielt jeweils den Hinweis „Member of NSDAP since..." bzw. „None Member of the NSDAP". So war der Nürnberger Staatsbankdirektor (seit 1930) Hans Steudle (Jg. 1881) nicht Mitglied der NSDAP. Unter den insgesamt acht gehobenen oder höheren Beamten in Nürnberg waren lediglich zwei Mitglieder der NSDAP, beide nach der Reichstagswahl vom 5. März 1933 beigetreten, während bei den mittleren Bankbeamten der Anteil zwar deutlich höher war, doch die NSDAP-Mitglieder auch hier in der Minderheit blieben.[16]

Daneben gab es Mitglieder der Direktion der Bayerischen Staatsbank, die bereits während des NS-Regimes dem Direktorium angehört hatten und ihre Karriere nach 1945 fortführen konnten, also zumindest als nicht belastet angesehen wurden. Dies gilt beispielsweise für den Nachkriegspräsidenten Dr. iur. Dr. phil. Alfred Jamin (Jg. 1898), der bereits seit 1932 im höheren Dienst der Staatsbank stand und seit 1943 Staatsbankdirektor war. Neben ihm gehörte ein weiterer Staatsbankdirektor noch 1955 dem Direktorium der Bayerischen Staatsbank an: Dr. Wilhelm Imhof (seit 1939).[17] Jamin, Dr. Imhof und Dr. Franz Steffan wurden von Staatsbankpräsident Hammer am 27. Mai 1938 dem Staatsministerium der Finanzen sowie dem Reichswirtschaftsministerium zur Beförderung zu Oberregierungsräten vorgeschlagen; der lapidare Zusatz lautete, parteipolitische Bedenken bestünden nicht.[18] Die nächste Beförderung Steffans zum Direktoriumsmitglied schlug der neue Staatsbankpräsident Gorter am 17. März 1942 vor. Wie seine Vorgänger konzentrierte er sich auf die fachliche Begründung, fügte dann aber hinzu, Steffan sei bereits 1918 Soldat gewesen, danach „Kämpfer im Freikorps Epp", Oberleutnant im Zweiten Weltkrieg und seit 1. Mai 1937 auch Mitglied

---

14 Vgl. Brief der Staatsbank Nürnberg an das Direktorium der Bayerischen Staatsbank vom 29. September 1945. BWA, F 047/1503.
15 Vgl. BWA, F 047/1503.
16 Vgl. Aufstellung für die Staatsbank Nürnberg vom 15. Mai 1945, in: BWA, F 047/2332.
17 Vgl. Liste der Direktoriumsmitglieder (undatiert), in: BWA, F 047/2435.
18 BayHStA, MF 69692.

der NSDAP. Ein zeitgleicher Vorschlag für die Berufung eines weiteren Direktoriumsmitglieds und Oberfinanzdirektors Friedrich Grathwohl enthielt ebenfalls den Hinweis „Mitglied der NSDAP seit 1. Mai 1937".[19] Das späte Eintrittsdatum bedeutete zunächst, dass es sich bei beiden nicht um „alte Kämpfer"[20] oder „Märzgefallene" handelte, also solche, die unmittelbar nach der Reichstagswahl am 5. März 1933 in die Partei eingetreten waren: Damals war der Zustrom zur NSDAP so stark, dass die NSDAP am 1. Mai 1933 eine Aufnahmesperre (mit Ausnahmen) verhängte, da allein zwischen dem 30. Januar 1933 – der Ernennung Hitlers zum Reichskanzler – und dem 30. April 1,6 Millionen neue Mitglieder der NSDAP beigetreten waren, so dass sich deren Zahl nun auf 2,5 Millionen belief. Die Aufnahmesperre wurde seit 1935 bzw. 1937 wieder gelockert und zugleich oft mit dem Druck auf Beamte oder Angestellte in wichtigen Funktionen verbunden, der Partei beizutreten. Der Parteibeitritt von Steffan und Grathwohl kann möglicherweise so erklärt werden.

Im Hinblick auf NSDAP-Mitgliedschaft bzw. sonstige Funktionen im Regime ist das Bild also gemischt, wobei die Mitgliedschaft allein noch nicht zwangsläufig Aktivitäten in Ideologie oder Herrschaftssystem des NS-Regimes bedeutet. Auf der anderen Seite funktionierten Teilbereiche der Staatsverwaltung, darunter auch das staatliche Finanzwesen, nach formalen Kriterien und unentbehrlichen Fachkompetenzen, die selbst die politischen Instanzen einer Diktatur kaum aussetzen konnten, wollten sie diesen auch für sie unentbehrlichen Sektor nicht lahmlegen. Insgesamt konnte allerdings das bayerische Finanzministerium „trotz der Verstärkung des Reichszentralismus in der gesamten Finanz- und Steuerverwaltung auch während der NS-Zeit die eigenständige Grundstruktur behalten, wozu beitrug, dass der nationalsozialistische Ministerpräsident Ludwig Siebert auch als Finanzminister fungierte. Die nach Sieberts Tod (1942) und Wagners Ausscheiden aus der politischen Szene von Paul Giesler intendierte weitere Konzentration der bayerischen ministeriellen Führungsebene wirkte sich praktisch kaum mehr auf den Verwaltungsorganismus aus".[21] Adolf Wagner (1890–1944) war Gauleiter von München-Oberbayern, 1933 Staatskommissar, dann Bayerischer Innenminister und Stellvertretender Ministerpräsident. Er hatte am 9. November 1923 schon am Hitler-Putsch teilgenommen, gehörte zum engeren Kreis um Hitler

19 Vgl. BayHStA, MF 69692.
20 D.h. Mitgliedsnummer unter 100 000 bzw. bis 1928 eingetreten; die danach bis zum 31. Januar 1933 Eintretenden wurden als „alte Parteigenossen" bezeichnet.
21 Wilhelm Volkert, Die Staats- und Kommunalverwaltung, in: Handbuch der Bayerischen Geschichte, Bd. IV, 2, S. 74–153, hier S. 106, sowie Mathias Rösch, „Hammer oder Amboß?". Zur Rolle des Bayerischen Finanzministeriums 1933–1945. Strukturen, Entwicklungen, Fragestellungen, In: Zeitschrift für Bayerische Landesgeschichte Beiheft B 21 (2004), S. 217–243.

und war wegen seines Despotismus und fanatischen Antisemitismus gefürchtet. Paul Giesler (1895–1945) war nach der Erkrankung Wagners 1942 geschäftsführender, nach dessen Tod 1944 sein offizieller Nachfolger als Gauleiter und dann auch Sieberts als Ministerpräsident.

Im Unterschied zur Bayerischen Gemeindebank genoss die Staatsbank nicht das besondere Wohlwollen der NSDAP. Die Gauleitung unterhielt bei der Gemeindebank ein Konto und besaß bei ihr beträchtlichen Einfluss. Gauleiter Wagner übte die Oberaufsicht über die Gemeindebank aus und war deren „Schirmherr". Beispielsweise setzte die NSDAP die Gemeindebank bei der Aktion gegen das Aktienpaket der Gutehoffnungshütte bei der Bayerischen Vereinsbank ein[22] und nicht etwa die Staatsbank. Die Gemeindebank war seit 1938 jährlich als „Nationalsozialistischer Musterbetrieb" ausgezeichnet worden, ein „Ehrentitel", der aufgrund einer Verfügung Hitlers vom 29. August 1936 an Betriebe verliehen werden konnte, „in denen der Gedanke der nationalsozialistischen Betriebsgemeinschaft [...] auf das vollkommenste verwirklicht" wurde.[23]

Auf der Ebene der höheren Beamten im Finanzministerium schieden 1932 zwei Ministerialräte (Friedrich Bracker und Josef Nusser) aus und wurden durch zwei auf ihre Posten beförderte Oberregierungsräte (Rudolf Schwarzmaier und Konrad Lenz) ersetzt, also in beiden Fällen nicht durch Außenseiter. Zwei der genannten Beamten begegnen in der Bayerischen Staatsbank bzw. der Bayerischen Notenbank wieder: Die drei Staatskommissare der Staatsbank waren vorher alle Ministerialräte im Bayerischen Finanzministerium, es handelte sich um August Mader von 1925 bis 1934, Albert Gorter von 1935 bis 1942 sowie Rudolf Schwarzmaier von 1942 bis 1945. Josef Nusser war Staatskommissar für die 1936 aufgelöste bzw. zum Teil mit der Bayerischen Staatsbank vereinigte Bayerische Notenbank: Drei Oberbeamte und 47 Angestellte traten damals in den Dienst der Bayerischen Staatsbank, zum 1. Januar 1937 kamen 15 weitere hinzu.[24]

Das Direktorium bestand im Jahr 1939 aus insgesamt neun Personen unter dem Vorsitz des Staatsbankpräsidenten. Bezeichnend war, dass zuerst das Bayerische Staatsministerium der Finanzen als Aufsichtsbehörde, dann der Staatskommissar und erst an dritter Stelle das Direktorium genannt wurde. Trotzdem war aber der Posten des Bankpräsidenten offenbar die interessantere und auch einträglichere Aufgabe, sonst wäre der Staatskommissar Gorter wohl kaum nach achtjähriger Tätigkeit ins Präsidentenamt gewechselt. Als der Bayerische Ministerpräsident Siebert dem Reichswirtschaftsminister die Berufung Gorters zum Präsidenten der Bayerischen Staatsbank vorschlug, verwies er nach einer aus-

---

22 S.o. S. 168ff.
23 Vgl. Bähr/Drecoll/Gotto, Die Geschichte der Bayern LB, S. 150, 186.
24 Vgl. GB der Staatsbank Geschäftsjahr 1936, S. 10. BWA, F 047/2385.

führlichen Würdigung der fachlichen Qualifikationen und der beruflichen Erfahrungen Gorters darauf, dass Gorter Mitglied der NSDAP sei und er sich wegen der notwendigen Stellungnahme der Partei bereits mit der Parteikanzlei in Verbindung gesetzt habe.[25]

Bei Ernennungen und Beförderungen von Beamten der Bayerischen Staatsbank war folgendes Verfahren vorgeschrieben: Der Präsident teilte unter eingehender Würdigung der fachlichen Qualitäten, des beruflichen Werdegangs sowie Information über die politische Einstellung dem Staatsministerium der Finanzen seinen Personalvorschlag mit, im Falle höherer Beamter mit Kopie an das Reichswirtschaftsministerium. Gemäß „Erlass des Führers und Reichskanzlers über die Ernennung und Entlassung von Landesbeamten vom 1.II.1935"[26] war für bayerische Staatsbeamte der Gruppe A 4 a abwärts der Reichsstatthalter entscheidungsbefugt, womit die seit 1928 gültige Regelung, nach der die Bayerische Staatsbank eine eigene Zuständigkeit für die Ernennung ihrer Beamten besaß, außer Kraft gesetzt wurde.[27]

Dem Ernennungs- oder Beförderungsvorschlag beigefügt war normalerweise die Stellungnahme des „Amts für Beamte" der NSDAP in München bzw. anderer Parteistellen, wenn es sich um Posten in Filialen außerhalb Münchens handelte. Die Formulierungen wechselten allerdings: von einer ausführlichen Aufzählung der Aktivitäten für die NSDAP bis zum bloßen Hinweis, parteipolitische Gründe stünden nach Auskunft des „Amts für Beamte" (oder anderer Parteistellen) nicht entgegen, reichten die einschlägigen Einschätzungen. Oft folgte die Bemerkung, es bestünden keine Zweifel an der Loyalität des Betreffenden zur nationalen Regierung. Selten fehlte ein solcher Hinweis, gelegentlich ist in Personalfragebogen die Mitgliedschaft bei der NSDAP eingetragen. Findet sich eine solche Information nicht, dürfte der Betreffende wohl kaum Parteimitglied gewesen sein. Eingriffe der NSDAP bzw. versuchte Einflussnahme von Parteigenossen, wenn es um persönliche Interessen ging, kamen immer wieder vor. Auf der anderen Seite gaben alle Präsidenten der Bayerischen Staatsbank – von Wolf, Hammer und auch Gorter – stets fachliche Qualifikation und berufliche Erfahrung als ausschlaggebend für die Besetzungs- bzw. Beförderungsvorschläge an, während der Hinweis auf die parteipolitische Unbedenklichkeit – zu dem sie verpflichtet waren – meist eher lapidar und formell ausfiel.

---

[25] Ministerpräsident Ludwig Siebert an den Reichswirtschaftsminister Walther Funk vom 14. Januar 1942. BayHStA, MF 69692.
[26] RGBl., 1935 I, S. 73.
[27] Vgl. dazu: Präsident Paul Hammer an Staatsministerium der Finanzen vom 27. März 1935. BayHStA, FM 69691.

Verschiedentlich kam es zu Konfliktfällen, die sich unter Einschaltung sogar des Ministerpräsidenten über Wochen hinzogen. Bei keiner der Privatbanken ist eine solch direkte Einflussnahme sogar bei der Besetzung von Inspektorenposten üblich gewesen, die Bayerische Staatsbank aber war eine staatliche Behörde und infolgedessen dem direkten Zugriff des herrschenden Systems auf die Personalpolitik ausgesetzt. Aus diesem Grund spiegeln sich die Personalentscheidungen in den Akten des Bayerischen Finanzministeriums, was für die Hypo-Bank und die Bayerische Vereinsbank nicht der Fall ist.

Probleme traten bei abweichender Beurteilung der politischen „Zuverlässigkeit" durch die beteiligten Instanzen, in Konkurrenzsituationen oder im Falle von Denunziationen auf. So nahm Staatsbankpräsident Hammer auf Grund einer Vorlage von Dr. Steffan den Staatsbankkassierer Faber, der gerade befördert worden war, gegen den Vorwurf anti-nationalsozialistischer Äußerungen und früherer sozialistischer Aktivitäten in Schutz. Faber war bis zur Auflösung der Partei 1933 Sozialdemokrat. Dem Staatsbankpräsidenten waren diese Fakten offenbar bekannt, doch waren sie für ihn nicht entscheidungsrelevant. Gegen die Beförderung Fabers hatte ein Konkurrent Einspruch erhoben. Er war NSDAP-Mitglied und hatte offensichtlich Parteistellen informiert.

Tatsächlich hatte Faber in einer Versammlung des Bayerischen Staatsbankenbeamten-Vereins am 12. April 1933 erklärt: „Ich bin kein Nationalsozialist", worauf erhebliche Erregung in der Versammlung entstanden war. Staatsbankpräsident Hammer beförderte ihn dennoch (was damals auf dieser Stufe noch möglich war) und begründete seine Entscheidung mit Fabers fachlichen Fähigkeiten und seinem einwandfreien beruflichen Verhalten. Verglichen mit dem anderen Kandidaten sei Faber eindeutig besser qualifiziert und müsse deswegen auch vor diesem befördert werden. Hammer bestätigte im Übrigen in seiner Stellungnahme am 12. Januar 1935, dass der Konkurrent von Faber NSDAP-Mitglied sei. Dr. Hammer gelangte zu dem Schluss: „Aufgrund der Ermittlungen können wir jedoch nicht zu der Anschauung kommen, daß Faber mit seinem Auftreten einen Angriff auf die nationalsozialistische Regierung beabsichtigt hat oder daß in seinem Auftreten tatsächlich ein solcher Angriff zu erblicken ist".[28]

Diese Stellungnahme war ebenso mutig wie in einem weiteren Fall: So lehnte der Staatsbankpräsident am 17. Januar 1935 die Beförderung des Staatsbankinspektors Karl Zehender – „er ist seit März 1933 Mitglied der NSDAP" – „zum jetzigen Zeitpunkt" mit der Begründung ab, ein anderer Inspektor, Richard Kobes, sei eindeutig qualifizierter. Übrigens sei Kobes Kriegsteilnehmer gewesen sowie Träger des E.K. II. Kl. und des Bayerischen Militärverdienstordens. Eine Zurücksetzung, wie Zehender behauptet hatte, könne er darin nicht sehen. Hammer

---

28 BayHStA, MF 69691.

sandte diese Stellungnahme auch an das „Amt für Beamte" der NSDAP.[29] In diesem Fall erhielt er zunächst sogar Rückendeckung, der Staatssekretär beim Reichsstatthalter in Bayern bestätigte am 18. Januar 1935, es hätten „rein sachliche Gründe" dazu geführt, Kobes vor anderen Bewerbern zu befördern.[30] Im Falle Fabers urteilte am 31. Januar 1935 sogar das „Amt für Beamte" der NSDAP: „Ich habe den Fall geprüft und bin zu der Ansicht gekommen, dass Faber seit der nationalsozialistischen Erhebung in politischer Hinsicht Nachteiliges nicht nachgewiesen werden kann [...] Was die Beförderung Faber's als solche anbelangt, wäre es vielleicht günstiger gewesen, man hätte in dem gegenwärtigen Zeitpunkt, in dem wegen der zu erwartenden Sonderbeförderungen der alten Kämpfer unter den Pg.'s die Stimmung sehr erregt ist, von der Beförderung Faber's Abstand genommen."[31]

Doch hatte die Angelegenheit nun ein Nachspiel, weil Ministerpräsident Ludwig Siebert offensichtlich von Parteistellen informiert wurde und eine eingehende Stellungnahme abgab, in der Faber und die zuständigen Personalreferenten heftig kritisiert wurden. Am 12. Februar 1935 schrieb Siebert, der Bericht der Staatsbank sei „zweifellos erkennbar geleitet [...] von dem Bestreben, den Faber nunmehr als absolut einwandfrei darzustellen [...] Es steht fest, daß Faber Sozialdemokrat war". Ebenso gebe es keinen Zweifel an seiner Tätigkeit als „revolutionärer Bankrat" 1919: „Bei dieser Sachlage war es zweifellos *objektiv* absolut unzulässig, in einer Zeit, in der man bewährte nationalsozialistische alte Kämpfer, die dienstlich gut qualifiziert sind, nicht befördern konnte, den Faber zu einer so in die Augen fallenden Beförderung vorzuschlagen. Es liegt aber auch *subjektiv* ein *erhebliches* Verschulden des zuständigen Referenten vor". Der „schuldige Beamte des Staatsbankdirektoriums (sei) festzustellen und ihm in der Entschließung meine ernste Mißbilligung auszusprechen".[32] In einem weiteren Schreiben wurden der Staatsbankrat Fischer, der Geheime Oberfinanzrat und Oberfinanzdirektor Flamme und Regierungsdirektor Pfeufer eigens für ihr Vorgehen in dieser Frage getadelt, überraschenderweise aber nicht der Staatsbankpräsident selbst. Im Übrigen urteilte der zuständige Personalreferent des Finanzministeriums, die Beförderung Fabers sei rechtlich nicht rückgängig zu machen.[33]

Auch im Falle von Denunziationen blieb die Staatsbank in einigen in den Unterlagen des Finanzministeriums dokumentierten Fällen standhaft, sogar

---

29 Ebd.
30 Ebd.
31 Ebd.
32 Ministerpräsident Ludwig Siebert vom 12. Februar 1935 an das Staatsbankdirektorium, BayHStA, MF 69691. Hervorhebungen im Original.
33 Ebd.

dann, wenn vorher dienstliche Verfehlungen des Beschuldigten vorlagen, die die Leitung aber als erledigt ansah, weil sie Jahre zuvor disziplinarische Maßnahmen oder zeitweilige Nichtbeförderung zur Folge gehabt hatten. Dabei konnte es sich um unterschiedliche Vorgänge handeln, beispielsweise eine zu großzügige Kreditvergabe während der 1920er Jahre. Eine solche Vorgeschichte war insofern nicht unwichtig, weil in einigen Fällen der Denunziant sich gerade Beamte als Zielscheibe aussuchte, denen vor 1933 sachlich begründet Fehlentscheidungen oder Verfehlungen vorgeworfen wurden, was offensichtlich die Glaubwürdigkeit der Denunziation erhöhen sollte. So hatte in der Niederlassung der Staatsbank in Pirmasens der Staatsbankbuchhalter Bogenstahl – ein „alter Kämpfer" der NSDAP – den dortigen Staatsbankrat Boeckle denunziert. Dazu erklärte das Staatsbankdirektorium in München am 24. Februar 1935: „Es hat sich aber auch eine Reihe von Vorwürfen, die Bogenstahl gegen Boeckle erhebt, als sachlich völlig unbegründet erwiesen. Dafür, daß Boeckle jüdische Firmen gegenüber christlichen bevorzugt und mit Juden einen geselligen, über die gesellschaftlichen Grenzen hinausgehenden Verkehr gepflogen habe, sowie dafür, daß er in Weiberangelegenheiten verwickelt und Abonnent einer jüdischen Zeitung gewesen sei, haben die Untersuchungen keinerlei Anhaltspunkte ergeben."[34]

Offensichtlich hatte der Parteigenosse versucht, Boeckle mit einem Sammelsurium an Vorwürfen zu schaden bzw. aus dem Dienst zu drängen, worauf sich aber das Direktorium nicht einließ. Es bediente sich einer Wortwahl, die kaum als systemkonform anzusehen ist, so wenn von jüdischen und christlichen Firmen die Rede ist, also sprachlich nur auf einen konfessionellen Unterschied verwiesen wird, nicht aber ein rassistisches Ressentiment auftaucht. Und auch die eher weiche Formulierung, ein „über die gesellschaftlichen Grenzen hinausgehender Verkehr", mit Juden ist zu diesem Zeitpunkt bemerkenswert.

Im Übrigen galt selbst für Beförderungen von langjährigen Staatsbankbeamten der „Ariernachweis" für den Betreffenden und seine Ehefrau als notwendig. Eine schriftliche Erklärung reichte nicht aus, vielmehr mussten die Geburtsurkunden vorgelegt werden, auch wenn es sich in diesem Fall um ein NSDAP-Mitglied handelte.[35]

Allerdings finden sich in den Personalunterlagen des Finanzministeriums auch Fälle, in denen sich das Staatsbankdirektorium gegen die NSDAP oder andere Instanzen des Regimes nicht durchsetzte. So verweigerte das „Amt für Beamte" der NSDAP beispielsweise eine Beförderung, weil der betreffende Staatsbankrat Schmitt Logenmitglied und bis zu ihrer Auflösung 1933 Mitglied

---

34 BayHStA, MF 69691.
35 Vgl. etwa die Beförderung von Staatsbankdirektor Hans Meixner (Erlangen) nach Würzburg: 25. Februar 1935, 10. Mai 1935, BayHStA, MF 69691.

der Zentrumspartei gewesen war – einer Partei, die „in schroffem Gegensatz zur NSDAP" gestanden habe.[36] In einem anderen Beispiel zeigte sich, dass ständige Angriffe der NSDAP auf einen Beamten zermürbend wirkten. So trat der Rosenheimer Staatsbankdirektor August Mayer in den vorzeitigen Ruhestand, „weil er die fortwährenden Angriffe der Partei nicht mehr aushalte". Staatsbankpräsident Hammer versuchte ihn zunächst zu halten und schlug vor, die Attacken auf Mayer mit dem „Amt für Beamte" der NSDAP zu klären, bescheinigte ihm dann aber zwingende gesundheitliche Gründe für seine vorzeitige Pensionierung.[37]

So musste gemäß der „1. Verordnung zum Reichsbürgergesetz" vom 14. November 1935 (§ 4, Abs. 2) der Direktor des Staatsbankdirektoriums – er stand in der Beamtenhierarchie an fünfter Stelle – Dr. Franz Loewenfeld (Jg. 1881) ab 1. Januar 1936 in den dauernden Ruhestand versetzt werden. Diese Zwangspensionierung des einzigen Mitglieds jüdischer Herkunft im Staatsbankdirektorium war der NSDAP offensichtlich so wichtig, dass der Stellvertreter des Führers, Rudolf Hess, sogar noch am 16. Juni 1937 nachfragte, ob Loewenfeld tatsächlich aus dem Staatsbankdirektorium entfernt worden sei.[38]

Auch in einem anderen Fall konnte sich Präsident Hammer, trotz Unterstützung aus dem Reichswirtschaftsministerium, nicht durchsetzen. So wurde im Einzelfall entschieden, „ob jüdisch versippte Beamte im Dienst verbleiben können, oder ob sie in den Ruhestand zu versetzen sind."[39] Innerhalb der Staatsbank betraf dies den Staatsbankkassier Carl Drechsler, der 1936 seine Eheschließung mit Else Weyermann, „evangelischer Konfession, früher israelitisch", mitgeteilt hatte. Paul Hammer antwortete darauf dem Reichswirtschaftsministerium am 12. September 1936: „Im Personalbereich der Bayerischen Staatsbank befindet sich nur ein Beamter, auf dessen Ehefrau hinsichtlich ihrer Abstammung die Voraussetzungen des § 5 der 1. VO zum Reichsbürgergesetz zutreffen." Nach einer sehr positiven Beurteilung Drechslers erklärte Hammer, für eine Entlassung bestehe kein Anlass: „Wir möchten uns vielmehr dafür aussprechen, ihn im Dienst zu belassen." Das Reichswirtschaftsministerium erklärte sich mit Hammers Vorschlag am 5. Januar 1937 einverstanden – vorausgesetzt, die Gauleitung der Partei habe keine Bedenken. Sie ersuchte Hammer jedoch, für den Fall, dass das Einverständnis der Gauleitung noch nicht vorliege, dieses einzuholen. Am 29. Juni 1937 lehnte die Gauleitung München-Oberbayern der NSDAP das

---

36 Amt für Beamte der NSDAP vom 7. November 1935 an das Direktorium der Staatsbank. BayHStA, MF 69691.

37 Präsident Hammer am 11. April bzw. 10. Mai 1938. BayHStA, MF 69692.

38 Bundesarchiv Berlin, R 3101/15610.

39 Ebd. Reichswirtschaftsministerium, R 3101/15160 (Reichswirtschaftsministerium vom 20. August 1936, Nr. II. SB 20 g).

Gesuch jedoch ab, da keine Voraussetzungen vorlägen, „unter denen von einer Versetzung in den Ruhestand abgesehen werden kann." Solche Voraussetzungen wären Kriegsteilnahme oder Verdienste in der Partei gewesen.[40]

In Konfliktfällen kam es sogar vor, dass sich das zuständige Referat im Finanzministerium nicht ohne weiteres mit der Ablehnung eines Vorschlags der Staatsbank durch das „Amt für Beamte" der NSDAP abfand. Letzteres hatte unter Berufung auf § 8 des „Reichsgesetzes über Einstellung, Anstellung und Beförderung von Reichs- und Landesbeamten" vom 14. Oktober 1936 zwei Personalvorschläge abgelehnt. Zu dieser Begründung bemerkte der zuständige Referent:

> Zunächst ist mir nicht bekannt, welche ‚Grundsätze nunmehr maßgebend sind' bzw. was darunter zu verstehen ist. Sodann hat doch nicht der Beamte nachzuweisen, daß die Voraussetzungen des § 8a [...] grundsätzlich erfüllt sind, dies kann der Beamte gar nicht. Es wird vielmehr die Parteistelle nach wie vor ein politisches Urteil abzugeben haben und dieses, wenn es ungünstig lautet, mit Tatsachen, zu denen der Beamte zu hören ist, zu begründen haben. Andernfalls würde der Beamte unter Verletzung des allgemein gültigen Grundsatzes rechtlichen Gehörs verurteilt werden und wäre nicht in der Lage, ein Fehlurteil, das auf offensichtlichen Irrtümern beruht, zu beseitigen. Das Schreiben des Amtes für Beamte v. 19.I.1937 bedarf also jedenfalls der Begründung.[41]

Dieser Versuch, unter den Bedingungen einer Parteidiktatur rechtsstaatliche Prinzipien zu retten, ist bemerkenswert, zumal der Referent keinen Zweifel daran ließ, welchen Charakter das Urteil des „Amtes für Beamte" der NSDAP besaß – eben einen politischen und keinen fachlichen.

Auch gab es andere Vorkommnisse, die belegen, in welcher Weise man das Gängelband des nun Staat und Partei verquickenden Regimes abzuschütteln versuchte. So bemühte sich die später der Bayerischen Staatsbank personell teilweise eingegliederte Bayerische Notenbank, die Einflussnahme des Staatskommissars zu unterlaufen. Am 29. April 1935 hatte Staatskommissar Nusser

> auf die Notwendigkeit aufmerksam gemacht, in stärkerem Maße als bisher über den laufenden Geschäftsgang bei unserer Bank unterrichtet zu werden, insbesondere durch Teilnahme an den massgebenden Direktionssitzungen. Ich erklärte im Namen der Direktion, dass wir selbstverständlich seinem Gedanken ohne weiteres Rechnung tragen möchten, allerdings habe sich bei uns die Praxis besonderer Direktionssitzungen nicht recht herausgebildet, eigentliche Direktionssitzungen hätten seit langem nicht mehr stattgefunden. Infolge des engen und ständigen Zusammenarbeitens der drei Vorstandsmitglieder und der durch die Art des Bankbetriebs bedingten Notwendigkeit schneller, ja augenblicklicher Entscheidungen habe sich der Apparat förmlicher Direktionssitzungen als zu schwerfällig erwiesen, die jeweils anwesenden Vorstandsmitglieder verständigen sich mündlich oder

---

40 Bundesarchiv Berlin R 3101/15160.
41 BayHStA, MF 69692.

telefonisch unverzüglich über die notwendig werdenden Entscheidungen. Wir seien aber selbstverständlich gerne bereit, in gewissen Zeitabschnitten (vielleicht monatlich) offizielle Direktionssitzungen abzuhalten und hiezu den Herrn Staatskommissar einzuladen.[42]

Damit erklärte sich Ministerialrat Nusser einverstanden, wies aber zugleich darauf hin, „dass seit langem keine Kreditkommissions-Sitzung mehr stattgefunden habe. Ich erwiderte, dass das in letzter Zeit sehr ruhige Kreditgeschäft die Abhaltung von Kreditkommissionssitzungen kaum notwendig habe erscheinen lassen".[43] Politische Motive sprach der Staatskommissar zwar nicht an, auszuschließen waren sie jedoch nicht. Auch die Leitung der Bayerischen Staatsbank konnte eine direkte Einsichtnahme des Staatskommissars nicht zurückweisen, aber doch versuchen, einen gewissen Spielraum zu behalten.

Personalstand

Eine wesentliche Änderung für die Personalstruktur der Bayerischen Staatsbank trat mit einer Verordnung des Bayerischen Finanzministeriums am 30. Juni 1933 ein, die auf einem vorangegangenen Reichsgesetz zum Beamtenrecht beruhte. Demzufolge wurden unter Besitzstandswahrung für die Beamten der Staatsbank Neueinstellungen nur noch im Angestelltenverhältnis vorgenommen. Die Anteile von Beamten und Angestellten veränderten sich dadurch erheblich: Waren 1932 noch 85 Prozent der Mitarbeiter in der Bayerischen Staatsbank Beamte, so waren es Ende 1939 nur noch 66 Prozent. Um qualifiziertes Personal zu gewinnen, begann die Bank deshalb seit 1934 selbst Lehrlinge auszubilden.[44]

Der Personalstand der Bayerischen Staatsbank wuchs zwischen 1932 und 1939 kontinuierlich: Am 31. Dezember 1932 waren insgesamt 1254 Mitarbeiter beschäftigt, darunter 1064 etatmäßige Beamte, 55 nicht etatmäßige Beamte und 135 Hilfskräfte.[45] Am 31. Dezember 1940 beschäftigte die Staatsbank 1589 Personen. Für diesen Zeitpunkt gliederte der Geschäftsbericht der gesetzlichen Vorschrift folgend den Personalstand nicht nur nach dem Anstellungsverhältnis, sondern geschlechtsspezifisch: Es waren 764 Beamte, 234 Beamtinnen, 275 männliche und 285 weibliche Angestellte, schließlich elf männliche und 20 weibliche Lehrlinge in der Bank tätig. Ganz offensichtlich stieg mit den Neueinstellungen nicht allein der Angestelltenanteil, sondern auch die Zahl weiblicher Beschäftig-

---

42 Ebd.
43 Ebd.
44 Vgl. Steffan/Diehm, Die Bayerische Staatsbank, S. 362.
45 GD der Bayerischen Staatsbank Geschäftsjahr 1932, S. 16. BWA, F 047/2385.

ter, insbesondere im Angestelltenverhältnis.[46] Die Zahl der Betriebsangehörigen nahm während des Krieges leicht ab, Ende 1943 betrug sie 1569, darunter waren zahlreiche zur Wehrmacht eingezogene Mitarbeiter, ohne dass der Geschäftsbericht diese Zahl spezifizierte.[47] Im Übrigen war der Anteil weiblicher Beschäftigter nicht erst während der Herrschaft des Nationalsozialismus angestiegen. Die Anstellung von Beamtinnen begann einige Jahre vor dem Ersten Weltkrieg; bis 1914 stieg ihre Zahl auf 54, 1918 hatte sie sich bereits auf 116 verdoppelt, 1926 lag sie bei 223 – etwa einem Sechstel der damaligen Mitarbeiter. 1932 gab es 279 weibliche Beamte und Angestellte sowie 93 weibliche Hilfskräfte. Der Anteil der Frauen an den etatmäßigen Beamten stieg auf über ein Viertel.[48]

Die Bayerische Staatsbank und die nationalsozialistische Ideologie

Die Geschäftsberichte der Bayerischen Staatsbank zierte normalerweise das bayerische Staatswappen, nur in zwei Jahren, 1936 und 1937, wurde es durch das NS-Emblem des Reichsadlers mit angehängtem Hakenkreuz ersetzt. Ist daraus abzuleiten, dass die anderen Geschäftsberichte von NS-Ideologie frei sind? Nein, obwohl sich die Frage stellt, warum seit 1939 wieder das bayerische Wappen an die Stelle des Hakenkreuzes trat, das bereits 1938 wieder entfallen war.

Die Geschäftsberichte mussten an den Ministerpräsidenten, die Staatskanzlei und mehrere Ministerien übersandt werden, außerdem an den Gauleiter Giesler.[49] Nicht allein die staatliche Aufsichtsbehörde, das Finanzministerium, sondern auch die Partei erhielten also regelmäßig Informationen über die Bankgeschäfte.

Die Berichte selbst wurden schon in der Weimarer Zeit durch umfängliche Lageberichte zur wirtschaftlichen, finanziellen und sozialen Entwicklung eingeleitet, der für 1932 etwa umfasste mehrere sehr eng bedruckte Seiten. Diese Ausführlichkeit wiederholte sich während der ersten Jahre des NS-Regimes; in den Kriegsjahren, vor allem aber seit Mitte des Zweiten Weltkriegs wurde dieser Teil immer knapper. Dies gilt auch für die Elogen auf den Nationalsozialismus und seine Wirtschaftspolitik: Sie fallen zunächst ungleich euphorischer aus als bei allen anderen hier behandelten Banken und gehen vor allem in den Anfangsjahren auch weit über die auf den wirtschaftlichen Aufschwung konzentrierten Geschäftsberichte der anderen Banken hinaus. Trotzdem ist auffällig, dass der

---

46 GB der Staatsbank Geschäftsjahr 1940, S. 12. BWA, F 047/2385.
47 Vgl. GB der Staatsbank Geschäftsjahr 1943, S. 2. BWA, F 047/2385.
48 Vgl. GB der Staatsbank Geschäftsjahr 1934, Beilage 8. BWA, F 047/2385.
49 Vgl. BayHStA, StK 6887.

Abb. 46: Geschäftsbericht 1935 der Bayerischen Staatsbank, München 1936. (D-BySt-KOM-PUB-23)

Abb. 47: Geschäftsbericht 1936 der Bayerischen Staatsbank, München 1937. (D-BySt-KOM-PUB-24)

Abb. 48: Geschäftsbericht 1938 der Bayerischen Staatsbank, München 1939. (D-BySt-KOM-PUB-26)

Abb. 49: Geschäftsbericht 1939 der Bayerischen Staatsbank, München 1940. (D-BySt-KOM-PUB-27)

Ton während des Krieges ab 1940, von einzelnen Formulierungen abgesehen, erheblich nüchterner wird und sich weitgehend ideologischer Wertungen enthält. Die anfängliche ideologische Linientreue der Bankführung ist sicher darauf zurückzuführen, dass die Staatsbeamten, die die Bank leiteten – ob unter Druck oder nicht, ist schwer zu entscheiden – ihre Staatstreue in den Dienst des NS-Regimes stellten. Dies überrascht umso mehr, als der erste Geschäftsbericht der NS-Diktatur für das Jahr 1933 im Januar 1934 durch den Staatsbankpräsidenten Dr. von Wolf unterzeichnet wurde, der im selben Jahr in Pension ging und zuvor während der Wittelsbacher Monarchie und der Weimarer Republik ein loyaler staatstreuer Beamter gewesen war. Vielleicht hatte auch er Illusionen über den wahren Charakter des NS-Regimes, wenn er schrieb:

> Das Jahr 1933 brachte dem deutschen Volke nach langen Jahren tiefer politischer und wirtschaftlicher Not, die zuletzt alles Geschehen zu einem Kampf Aller gegen Alle werden ließ, eine nationale Wiedergeburt, die nicht nur in ihrer Zusammenfassung aller Energien und Kräfte des gesamten deutschen Volkstums erstmalig war, sondern auch eine völlig neue Welt des Denkens, Fühlens und Formens schuf. Anstelle alter Schlagworte ist mit dem Nationalsozialismus als innere Gesinnung des neuen Deutschlands ein bewußt gestalteter neuer Inhalt deutschen Daseins getreten. Führung und Organisation des Deutschen Reiches sind jetzt jenen Grundsätzen unterworfen, die stets die grundlegende Voraussetzung historischer Größe einer Nation bildeten.[50]

Im weiteren werden der ungezügelte Liberalismus und der Egoismus kritisiert, die Staat, Finanzen und Wirtschaft „in den Zustand völliger Auflösung" geführt hätten. Wie in den Berichten der anderen Banken für das Jahr 1933, die normalerweise im Januar 1934 verfasst wurden, steht die umfassende Misere am Ende der Weimarer Republik dem Kontrastbild der „nationalen Wiedergeburt" gegenüber: Diese Argumentation zeigt auch an diesem Beispiel, dass die Bewältigung der katastrophalen Krise der Jahre 1930 bis 1932/33 nicht zwangsläufig nationalsozialistische, aber dezidiert nationale Begeisterung auslöste. Und es ist deshalb auch kein Zufall, dass der Geschäftsbericht sogleich auf die Erfolge im Abbau der Arbeitslosigkeit von mehr als sechs Millionen Erwerbslosen auf 3,7 Millionen innerhalb eines Jahres in den Vordergrund stellt und die Mitwirkung der Bank an der Finanzierung von Arbeitsbeschaffungsprogrammen hervorhebt. Auf der anderen Seite tritt völlig in den Hintergrund, was noch der Jahresbericht für 1932 belegt hatte: Die Erholung begann – wie bereits dargestellt – vor der nationalsozialistischen Machtergreifung[51], wurde nun aber allein dem neuen Regime zugeschrieben.

---

50 GB der Bayerischen Staatsbank Geschäftsjahr 1933, S. 2. BWA, F 047/2385.
51 Vgl. GB der Staatsbank Geschäftsjahr 1932, S. 2. BWA, F 047/2385.

Schon die politischen Urteile des Jahresberichts 1934 fallen deutlich zurückhaltender aus und konzentrieren sich auf die Wirtschaft: „Die Gesundung der deutschen Wirtschaft hat im Jahre 1934 trotz der großen zu überwindenden Schwierigkeiten erneute wesentliche Fortschritte gemacht. Mit unverminderter Tatkraft förderte die nationalsozialistische Wirtschaftspolitik, am Grundsatz der freien Wirtschaft entschieden festhaltend, durch eine Reihe weitblickender Maßnahmen und Anregungen die Steigerung der gesamten wirtschaftlichen Tätigkeit [...] Dieser Kampf [...] ist von der Erkenntnis getragen, daß die Beseitigung der Arbeitslosigkeit einer politisch unabweisbaren und sittlich unbedingten Pflicht entspricht."[52] Wenngleich die Bemerkung zur „freien Wirtschaft", an der das NS-Regime festhalte, der Realität nicht entsprach, mag die Staatsbank diesen Worten auch eine appellative Dimension beigemessen haben, folgte doch noch im selben Abschnitt der Hinweis, dass von den großen Arbeitsbeschaffungsmaßnahmen „noch beträchtliche Teile in Durchführung" seien. „Sie werden den Fortgang der Produktionsbelebung nicht nur unmittelbar beeinflussen, sondern auch neue Fundamente schaffen, um die weitere Steigerung der Wirtschaftsgesundung in zunehmendem Maße auf die Verantwortungsfreudigkeit der Privatwirtschaft verlagern zu können."

Auch in Bezug auf den Außenhandel ist – wie in den Geschäftsberichten aller anderen Banken– von „Störungen" die Rede, wie überhaupt wirtschaftspolitische Probleme, die sich aus den grundsätzlichen ökonomischen und finanzpolitischen Weichenstellungen ergaben, immer wieder – wenn auch dezent – angesprochen werden, so beispielsweise in den Diagnosen zur Entwicklung des Kreditmarkts, der Geldflüssigkeit und der Börsen. Generell gilt: Einigen mehr oder weniger kräftigen Bekenntnissen zum nationalen Aufschwung und zur nationalsozialistischen Wirtschaftspolitik folgen nüchterne Analysen von Finanzexperten mit diskreten Hinweisen auf problematische Entwicklungen. Die Besonderheiten der bayerischen Wirtschaftsentwicklung verband der Bericht mit einem angesichts der dezidiert antiföderalistischen Politik des NS-Regimes bewusst ambivalenten Hinweis: „Bayern, das mit seinem tausendjährigen Staatsgedanken als eines der stärksten Glieder im Neuaufbau des Reiches eingefügt wurde, bot wie das Reich das Bild einer umfangreichen Steigerung der Wirtschaftstätigkeit mit lebhafter Zunahme der gesamten gewerblichen Gütererzeugung und wachsenden Verbrauchsbelebung."[53]

Aufgrund der Schwerpunkte der Kreditpolitik der Bayerischen Staatsbank überrascht es nicht, dass der Bericht auch der Landwirtschaft besondere Aufmerksamkeit widmet und auf die tatsächlichen Erfolge hinweist, die angesichts

---

52 GB der Staatsbank Geschäftsjahr 1934, S. 3. BWA, F 047/2385.
53 Ebd., S. 7.

der noch immer stark agrarischen Struktur der bayerischen Wirtschaft zur Popularität des NS-Regimes erheblich beitrugen: „Die mannigfachen Maßnahmen der nationalsozialistischen Agrarpolitik zum Schutze und Gedeihen eines gesunden Bauerntums haben die Lage der bayerischen Landwirtschaft grundlegend zum Besseren gewandelt."[54] Dies mag als Ausdruck der nationalsozialistischen Agrarideologie, ja des „Blut und Boden"-Mythos, angesehen werden, doch griffe dies angesichts der real bestehenden Probleme der Landwirtschaft, von denen eine Reihe relativ schnell gelöst wurde, zu kurz. Allerdings finden sich auch eindeutig nationalsozialistische Äußerungen zu diesem Thema: So wird 1933 konstatiert, das Reichserbhofgesetz nehme den bäuerlichen Grund und Boden aus dem Warenrecht heraus und befähige „den Bauern [...] wieder Träger des rassischen Aufbaus unseres Volkes zu sein".[55]

Die Geschäftsberichte der folgenden Jahre entsprechen auch in ideologischer Hinsicht stets dem gleichen Muster, wenngleich spezifische Ereignisse hinzutreten konnten, 1936 beispielsweise der Hinweis auf die – nach dem Einmarsch in die entmilitarisierte Zone im Rheinland, der Einführung der Wehrpflicht und anderer politischer Ereignisse – wieder erreichte „volle Souveränität des Deutschen Reiches auf seinem Hoheitsgebiet".[56] Mit Kriegsbeginn 1939 ändert sich der Ton, weil sogleich auf den „Kampf um den Lebensraum des deutschen Volkes mit dem Ausbruch des ihm aufgezwungenen Krieges" Bezug genommen wird – solche Formulierungen, die auch bei den anderen Banken anzutreffen sind, folgen der Propaganda des NS-Regimes. Hinzu kommt seit 1939 regelmäßig der Hinweis auf die „Wehrwirtschaft". „Auch das deutsche Bankwesen hat an dem weiteren Aufbau der Wehrwirtschaft lebhaften Anteil genommen und sich ganz in den Dienst der für die Nation lebenswichtigen öffentlichen Aufgaben gestellt."[57] Im Bericht für das erste volle Kriegsjahr 1940, in dem in der deutschen Gesellschaft weithin noch die Illusion einer Fortsetzung deutscher Blitzsiege herrschte, ist von den „beispiellosen Waffenerfolgen unserer Wehrmacht" die Rede. Die Kriegsfinanzierung erfolge durch einen möglichst hohen Anteil an Steuern, darüber hinaus decke sie das Reich in stärkerem Maße als bisher auf dem Geld- und Kapitalmarkt. Insgesamt geht es bei solchen Hinweisen weniger um Kriegsideologie als um die Feststellung, wie sehr die Aufgabe der Banken inzwischen in der Kriegsfinanzierung bestand. So lautete denn auch das im Januar 1944 gezogene Fazit über das Jahr 1943, dass die Banken als „Kapitalsammelstellen und

---

54 Ebd., S. 8.
55 GB der Staatsbank Geschäftsjahr 1933, S. 8. BWA, F 047/2385.
56 GB der Staatsbank Geschäftsjahr 1936, S. 3. BWA, F 047/2385.
57 GB der Staatsbank Geschäftsjahr 1939, S. 3. BWA, F 047/2385.

als Geldgeber der Rüstungswirtschaft an der Schaffung der finanziellen Voraussetzungen für eine wirksame Kriegführung tatkräftig mitarbeiteten".[58]

Insgesamt fallen die allgemeinpolitischen Aussagen des Direktoriums der Bayerischen Staatsbank nur in begrenztem Maße aus dem Rahmen. In den beiden ersten Jahren des NS-Regimes euphorischer als bei den anderen Banken, aber wie diese mit einem starken Akzent auf dem Wirtschaftsaufschwung, jedoch 1934/35 von einzelnen Bemerkungen abgesehen vor allem auf die wirtschaftliche und finanzielle Entwicklung der einzelnen Sektoren konzentriert, zu Anfang stärker auf Landwirtschaft, Gewerbe, Industrie und Bankwesen. Danach wird ab 1939 und 1940 mit einigen Propagandaformeln sehr kurz der Krieg im Sinne des NS-Regimes kommentiert und als aufgezwungen bezeichnet. Die „Blitzsiege" werden im zweiten Kriegsjahr erwähnt, doch geht es vor allem um die Aufgabenverlagerung der Banken zur „Wehrwirtschaft". Von anderen ideologisch relevanten Themen, wie dem Antisemitismus, ist kaum oder wie in diesem Fall gar nicht die Rede.

Berichte über die Gefolgschaft

Wie in den Geschäftsberichten der anderen hier behandelten Banken gibt es seit Mitte der 1930er Jahre eigene Abschnitte zur „Gefolgschaft" bzw. zur Sozialpolitik der Banken. Doch fallen bei der Bayerischen Staatsbank diese Berichte denkbar knapp aus. Offenbar bestand in einem staatlichen Unternehmen weder für das eine noch das andere Thema ein vergleichbarer Bedarf, jedoch auch keine den privaten Bankleitungen abgeforderte Legitimation durch sozialpolitische Maßnahmen und Zusammenwirken von „Betriebsführer" und „Gefolgschaft": Ersteren gab es bei dieser staatlichen Behörde nicht, Letztere war für eine Belegschaft von Beamten und anderen Angehörigen des öffentlichen Dienstes nicht in vergleichbarem Maße wie bei Privatunternehmen nötig: So betonte das Direktorium immer wieder, die Bank habe im Laufe ihres 153-jährigen Bestehens ohnehin stets im Dienste der Allgemeinheit gewirkt.[59]

Ab 1936 wurden erstmals einige Absätze über die „Gefolgschaft", Hilfsmaßnahmen für einzelne Mitarbeiter, die Inanspruchnahme des Erholungsheims der Bank in Walchstadt am Wörthsee sowie soziale Leistungen, darunter sportliche in der NS-Gemeinschaft „Kraft durch Freude", aufgenommen. Auf Aktivitäten zur weltanschaulichen und fachwissenschaftlichen Schulung innerhalb von Lehrgängen der Fachgruppe Banken des Reichsbundes der Deutschen Beamten und

---

58 GB der Staatsbank Geschäftsjahr 1943, S. 1. BWA, F 047/2385.
59 Vgl. GB der Staatsbank Geschäftsjahr 1933, S. 13. BWA, F 047/2385.

der Gaubetriebsgemeinschaften Banken und Versicherungen sowie den Ausbau der Büchereien wurde ausdrücklich verwiesen.[60] Für 1940 wurde die Berichterstattung über soziale Leistungen der Staatsbank sowie die entsprechenden materiellen Hilfen, Veranstaltungen und sonstigen Aktivitäten deutlich erweitert[61], bis seit der zweiten Kriegshälfte schließlich die gesamten Geschäftsberichte zunächst im Textteil immer knapper wurden. Seit 1940 wurde der gefallenen Mitarbeiter der Bank gedacht.

Auf Fragebogenaktionen der Reichsbetriebsgemeinschaft Banken und Versicherungen der DAF hatte bereits der Verband deutscher öffentlich-rechtlicher Kreditanstalten e.V. Berlin am 7. Juli 1934 kritisch reagiert und den Banken empfohlen, sie nicht auszufüllen. Keine Bedenken hegte der Verband gegen das Ausfüllen eines geänderten Fragebogens, der lediglich statistisch den Personalstand erfassen sollte. Präsident Hammer teilte dazu am 17. August 1934 auf Ersuchen der Bayerischen Staatsbank Filiale Ansbach mit: „Die gestellten Anfragen sind für die Bayerische Staatsbank als Staatsanstalt und öffentliche Behörde nicht einschlägig. Die Ausfüllung des Fragebogens kommt deshalb für sie nicht in Frage."[62]

Geschäftsentwicklung 1932 bis 1945

Das Eigenkapital der Bayerischen Staatsbank betrug während des NS-Regimes 40 Millionen RM, dies bedeutete gegenüber 1932 eine Erhöhung von etwa zwei Millionen RM. Während des NS-Regimes erfuhr die Staatsbank eine ungemeine Steigerung des Umsatzes. Auch die Bilanzsumme, die 1932 noch 389,8 Millionen RM betragen hatte, stieg 1936 auf 489,342 Millionen RM, 1938 auf ca. 603,7 Millionen RM und zum 31. Dezember 1944 auf 1,84 Milliarden RM. Die Bilanz für den 31. Dezember 1945 schloss sogar mit der Rekordsumme von 2,8799 Milliarden RM ab.[63] Diese Ausweitung des Geschäftsvolumens weist eine Analogie zu den anderen hier behandelten Banken auf, hatte jedoch auch spezifische Ursachen, da sich die Aufgabenstellung der Bank während der 1930er Jahre modifizierte. Nach 1939 stand sie wie das gesamte Wirtschaftssystem überwiegend im Dienste der Kriegsfinanzierung, wenngleich einzelne Aufgaben der Strukturverbesserung des Landes beibehalten oder wieder aufgenommen wurden.

---

60 GB der Staatsbank Geschäftsjahr 1936, S. 10. BWA, F 047/2385.
61 Vgl. GB der Staatsbank Geschäftsjahr 1940, S. 12f. BWA, F 047/2385.
62 BWA, F 047/1503.
63 Bilanz der Bayerischen Staatsbank per 31. Dezember 1945, in: BWA, F 047/2237.

BILANZEN DER BAYERISCHEN STAATSBANK
1936 – 1938 – 1944

Aktiva	1936 31. Dez. RM	1938 31. Dez. RM	1944 31. Dez. RM
Bargeld, Guthaben auf Reichsbankgiro- und Postscheckkonto	17.726.028	17.025.394	173.353.281
Wechsel und Schecks	120.095.945	88.076.555	71.509.724
Schatzwechsel u. unverz. Schatzanweisungen	34.149.064	112.281.319	1.088.680.015
Guthaben bei Banken	49.157.511	49.750.477	145.656.152
Wertpapiere	109.294.290	173.059.930	131.926.778
Debitoren	127.684.732	116.152.522	201.535.998
Konsortialbeteiligungen	950.964	—	—
Beteiligungen	572.806	944.305	767.302
Langfr. Ausleihungen	10.397.237	29.322.555	22.580.748
Durchlaufende Kredite	14.174.275	12.921.313	1.892.566
Gebäude, Einrichtung und Verschiedenes	4.482.905	3.682.606	1.993.253
Rechnungsabgrenzungsposten	657.204	480.607	429.763
Summe der Aktiva	489.342.961	603.697.583	1.840.325.580
Passiva			
Grundkapital	40.000.000	40.000.000	40.000.000
Rücklagen nach § 11 KWG	4.686.596	6.073.764	12.653.441
Sonstige Rücklagen und Rückstellungen	11.163.674	10.493.326	20.980.910
Kreditoren	381.253.820	475.068.109	1.556.708.083
Spareinlagen	32.803.451	39.569.697	192.902.280
Eigene Akzepte und Solawechsel im Umlauf	170.451	59.125	1.255.000
Langfristige Anleihen und Darlehen	1.161.666	16.763.119	11.422.980
Durchlaufende Kredite	13.945.442	12.921.313	1.892.566
Rechnungsabgrenzungsposten	1.001.025	54.206	138.739
Reingewinn	3.156.836	2.694.924	2.371.581
Summe der Passiva	489.342.961	603.697.583	1.840.325.580

Abb. 50: Bilanzen der Bayerischen Staatsbank 1936, 1938 und 1944, aus Die Bayerische Staatsbank von 1780 bis 1955. Geschichte und Geschäfte einer öffentlichen Bank, hg. vom Staatsbankdirektorium zur 175. Wiederkehr des Gründungsjahres, München 1955, S. 358.

Eine wesentliche Änderung ergab sich nicht durch unmittelbare Anweisung der Regierung, sondern mittelbar. Traditionsgemäß zählte zu den Aufgaben der Bayerischen Staatsbank die Förderung der heimischen Landwirtschaft und des Gewerbes, folglich nahm dieser Kundenstamm den Großteil der Kredite in Anspruch. Da es sich vor allem um Klein- oder Mittelbetriebe handelte, überwogen die kleineren Kredite. So lagen Ende 1931 71,9 Prozent der Ausleihungen an private Kreditnehmer jeweils unter 5000 RM, nur 18,6 Prozent zwischen 5000 und 20 000 RM.[64] Infolge der Umschuldungs- und Entschuldungspolitik des Reiches sowie der Erhöhung der Geldflüssigkeit, die nahezu in jedem Geschäftsbericht mehr oder weniger eingehend kommentiert wird, verminderte sich der Kreditbedarf dieser Klientel. Einen ähnlichen Rückgang erlebte die Finanzierung kommunaler Vorhaben durch die Staatsbank. Im Juni 1933 erließ die Regierung ein Gesetz zur Entschuldung landwirtschaftlicher Betriebe, dem weitere Gesetze zur „Neubildung des deutschen Bauerntums" bzw. zum Aufbau des „Reichsnährstandes" folgten, im September 1933 ein Gemeindeumschuldungsgesetz. So wurden kurzfristige Kredite und Kontokorrentkredite in langfristige Tilgungsdarlehen mit niedrigem Zins umgewandelt. Weitere wirtschaftspolitische Maßnahmen, z.B. die Festsetzung von Mindestpreisen, ließen die bayerische Landwirtschaft seit 1935 erstmals wieder einen Reingewinn erreichen.

Der Bayerischen Staatsbank wurde in diesem großangelegten agrarpolitischen Vorhaben eine neue Aufgabe zugewiesen, da sie, wie andere Banken auch, am 15. Juni 1933 zur Entschuldungsstelle bestimmt wurde – eine Aufgabe, die sie bis zum 31. Dezember 1938 wahrnahm. Dieser Teil der Geschäftstätigkeit war sehr arbeitsaufwendig, da bis 1938 neun Durchführungsverordnungen und 310 einschlägige amtliche Mitteilungen ergingen. Im Jahr 1936 beschäftigte die Bank ausschließlich in der Entschuldungsstelle 30 Mitarbeiter.[65] Um die Verschuldung der Gemeinden zu bremsen, hatte bereits die Regierung Brüning 1931 eine Notverordnung erlassen, die es ihnen untersagte, bei den Sparkassen Kredite aufzunehmen. Diese Politik zur Verminderung der Schulden bzw. Entschuldung der Gemeinden führte die Regierung Hitler fort, indem sie den Kommunen untersagte, bis zum 31. März 1935 neue Schulden zu machen, und ihnen zugleich die Möglichkeit zur Entschuldung eröffnete. Die Gemeinden konnten infolgedessen beim Umschuldungsverband die Umschreibung ihrer kurzfristigen Kredite bei der Staatsbank, die sich auf insgesamt 17 Millionen RM beliefen, in langfristige Schuldverschreibungen zu vier Prozent beantragen.[66] Die Geschäftsbeziehungen zur Bayerischen Staatsbank verminderten sich zusätzlich dadurch, dass es der

---

64 Steffan/Diehm, Die Bayerische Staatsbank, S. 310.
65 Vgl. GB der Staatsbank Geschäftsjahr 1933, S. 11f. BWA, F047/2385; sowie Steffan/Diehm, Die Bayerische Staatsbank, S. 333.
66 Vgl. Bähr/Drecoll/Gotto, Geschichte der Bayern LB, S. 163, 173.

Bayerischen Gemeindebank, die sich besonderer Förderung der NSDAP erfreute, gelang, die Finanzpolitik der Gemeinden immer enger an sich zu binden.[67]

Die positive Geschäftsentwicklung der Bayerischen Staatsbank spiegelte den wirtschaftlichen Aufschwung, der auch in Bayern aufgrund der wachsenden Gütererzeugung durch die gewerbliche und industrielle Wirtschaft bewirkt wurde, ging jedoch im Wesentlichen auf öffentliche Investitionstätigkeit zurück, die in starkem Maße auch der Bauwirtschaft zugute kam. Die Gewinnsteigerung in Landwirtschaft, Handel, Gewerbe und Industrie führte zu wachsender Liquidität der Betriebe, weswegen bei den Banken die Kredite abgebaut und neue in geringerem Maße in Anspruch genommen wurden: „Die Kapitalbildung der deutschen Wirtschaft hat im Verlauf des Jahres 1934 erhebliche Fortschritte gemacht.“[68] Die Arbeitsbeschaffungsprogramme und die Belebung der Wirtschaft trugen erheblich zum Abbau der Arbeitslosigkeit bei, die in Bayern deutlich stärker sank als im Reichsdurchschnitt. Die Staatsbank zählte es zu ihren Aufgaben, sich im Rahmen eines Bankenkonsortiums zu beteiligen, welches die Vorfinanzierung unternahm, und zahlte bis zum 31. Dezember 1933 insgesamt 35 Millionen RM in diesen Fonds ein.[69] Aufgrund der Verbesserung der Haushaltslage und des wachsenden Steueraufkommens, das den Ländern erheblich mehr Mittel aus dem Reich zuführte, sowie der Monopolisierung des Kapitalmarkts durch das Reich kam die Staatsbank als Vermittlerin bayerischer Anlagen nicht mehr in Frage.[70]

Mit der Einstellung des Geschäfts der Bayerischen Notenbank zum 31. Dezember 1935 und ihrer Übernahme erschloss sich für die Bayerische Staatsbank, die Hauptaktionärin der Notenbank gewesen war, jedoch andererseits ein neues Geschäftsfeld: Seit dem 1. Oktober 1936 oblag ihr die Verwaltung der staatlichen Baudarlehen im Auftrag des Landes Bayern[71], insgesamt 38 000 Einzeldarlehen mit einem Gesamtvolumen von 370 Millionen RM. Allerdings wurde diese Aufgabe zum 1. April 1942 auf die Bayerische Staatsschuldenverwaltung übertragen.

Die Auflösung traf übrigens nicht nur die Bayerische Notenbank, sondern aufgrund der zentralistischen Zielsetzung des NS-Regimes alle vier neben der Reichsbank bestehenden Notenbanken: die bayerische, sächsische, württembergische und badische. Die Bayerische Staatsbank erweiterte durch einzelne Über-

67 Steffan/Diehm, Die Bayerische Staatsbank, S. 334.
68 GB der Staatsbank Geschäftsjahr 1934, S. 3f. BWA, F 047/2385.
69 GB der Staatsbank Geschäftsjahr 1933, S. 12. BWA, F 047/2385.
70 Steffan/Diehm, Die Bayerische Staatsbank, S. 331.
71 GB der Staatsbank Geschäftsjahr 1936, S. 10. BWA, F 047/2385. Vgl. zum gesamten Vorgang Steffan/Diehm, Die Bayerische Staatsbank, S. 335ff.

nahmen von Filialen ihr lokales Netz: Im Jahr 1935 hatte sie 24 Niederlassungen und sieben Zweigstellen.[72]

Die Rüstungsfinanzierung, an der sich die Banken beteiligten, begann allerdings nicht erst mit Kriegsbeginn, sondern aufgrund der Kriegszielpolitik Hitlers schon seit 1933/34, so dass bereits vor dem Krieg etwa 60 Milliarden RM in die Aufrüstung gesteckt worden waren. Dies bewirkte erneut eine extreme Steigerung öffentlicher Investitionen, die etwa hälftig durch wachsende Steuereinnahmen sowie Kreditschöpfung finanziert wurden.[73] Die Finanzierung von staatlichen Investitionen gehörte zu den Kernaufgaben der Bank. Aufgrund von Zuständigkeitsverlagerungen an das Reich büßte die Bayerische Staatsbank mehrere für sie wichtige Kreditoren ein, auch nahm die Nachfrage nach Kontokorrentkrediten immer mehr ab, während wie bei allen Banken die Spareinlagen ständig und in erheblichem Ausmaß zunahmen. Die Ausleihungen an die bayerischen Banken verminderten sich dagegen mit deren wachsender Liquidität.

Die seit 1939 zunehmende Beteiligung an der Finanzierung der „Wehrwirtschaft" durch die Bayerische Staatsbank, die in ihren Geschäftsberichten im Einzelnen dargestellt ist, bedeutet keine Sonderstellung, auch die Geschäftsentwicklung der anderen deutschen Banken wurde zunehmend durch die Kriegsfinanzierung charakterisiert. Die Steigerung der Bilanzsumme sowie des Umsatzes der Bayerischen Staatsbank ist auch dadurch erklärbar. Der Reingewinn der Bank betrug 1933 bei einer geringfügigen Erhöhung von 470 000 RM gegenüber dem Jahr 1932 nun 4,192 Millionen RM.[74]

Im Jahr 1936 betrug der Reingewinn nur noch 3,16 Millionen. Grund dieser Einbuße war die durch reichsgesetzliche Regelung erfolgende teilweise Aufhebung der Körperschafts- und Vermögensteuerfreiheit der Staatsbanken. Außerdem sank auch die Zinsspanne der Bank deutlich (von 1938 bis 1941 von 1,44 auf 0,82 Prozent), zugleich steigerte sich das Geschäftsvolumen und damit der Verwaltungsaufwand.[75] Der Ertrag verminderte sich in den folgenden Jahren weiter: Für 1936 hatte man eine Steuerreserve von einer Million RM gebildet, noch nicht aber die dann tatsächlich anfallenden Steuerzahlungen berücksichtigen können. Im Jahr 1939 betrug der Reingewinn nur noch 2,704 Millionen, wovon ca. 676 210 RM an den bayerischen Staatshaushalt abzuführen waren. 1940 belief sich der Reingewinn auf 2,759 Millionen RM, wovon in diesem Jahr 2,069 Millionen RM an den Staat überwiesen wurden. 1944 sank der Rein-

---

72 Steffan/Diehm, Die Bayerische Staatsbank, S. 338.
73 Zu den Mefo-Wechseln s.o. S. 69, FN 40, S. 211.
74 GB der Staatsbank Geschäftsjahr 1933, S. 9. BWA, F 047/2385.
75 Vgl. GB der Staatsbank Geschäftsjahr 1936, S. 11. BWA, F 047/2385; sowie Steffan/Diehm, Die Bayerische Staatsbank, S. 360 zum Körperschaftssteuergesetz von 1936.

gewinn auf 2,371 Millionen RM.[76] Insgesamt also entsprach die starke Steigerung des Umsatzes und der Bilanzsumme während der NS-Diktatur keiner Gewinnsteigerung der Bayerischen Staatsbank.

---

76 GB der Staatsbank Geschäftsjahr 1939, S. 10; GB der Staatsbank Geschäftsjahr 1940, S. 11; sowie Bilanz und Gewinn- und Verlustrechnung der Bayerischen Staatsbank zum 31. Dezember 1941 S. 3, alle BWA, F047/2385.

VIII Die Regionalbanken, ihre jüdischen Kunden, ihre jüdischen Mitarbeiter und ihre Beteiligung an der „Arisierung" von Firmen

So sehr die Hypo-Bank, die Bayerische Vereinsbank, die Vereinsbank in Hamburg und die Bayerische Staatsbank darum kämpften, sogar im nationalsozialistischen Regime ihre Autonomie zumindest partiell zu bewahren, so wenig konnten sie sich den grundlegenden politischen und ökonomischen Rahmenbedingungen entziehen, die die herrschende Diktatur vorgab und auf die sie keinen Einfluss besaßen: Autonomie konnte aufgrund dieses zwingenden Bedingungszusammenhangs immer nur partiell sein. Die antijüdischen Maßnahmen, die pseudolegal in mehr als 2000 diskriminierende Verordnungen gefasst wurden[1], grenzten die deutschen Juden mehr und mehr aus der Gesellschaft aus und benachteiligten sie in existentiellen Lebensbereichen, aber auch marginalen und banalen: ihre staatliche Reglementierung erschiene lächerlich, wäre sie nicht Teil eines brutalen Vernichtungsfeldzugs.[2]

So verloren allein schon aufgrund des sog. Berufsbeamtengesetzes vom 7. April 1933 sowohl politisch Missliebige, die damals den weitaus größten Anteil an den Entlassenen stellten, als auch sog. „Nichtarier" zu Tausenden ihre Stellen im Öffentlichen Dienst[3] und büßten, wenn sie nicht mindestens zehn Jahre Beamte gewesen waren, jeglichen Pensionsanspruch ein. In der Durchführungsverordnung vom 11. April 1933 hieß es zu § 3: „Als nicht arisch gilt, wer von nicht arischen, insbesondere jüdischen Eltern oder Großeltern abstammt. Es genügt, wenn ein Elternteil nicht arisch ist. Dies ist besonders dann anzunehmen, wenn ein Elternteil oder ein Großelternteil der jüdischen Religion angehört hat".[4] Die Nürnberger Gesetze vom 15. September 1935 bedeuteten einen weiteren Schritt zur Ausgrenzung aus der deutschen Gesellschaft: Der im Sinne des Nationalsozialismus positiven „völkischen", also rassischen Definition der „Arier" korrespondierte die ebenfalls rassische, aber negative Definition der Juden.

---

1 Vgl. Das Sonderrecht für die Juden im NS-Staat. Eine Sammlung der gesetzlichen Maßnahmen und Richtlinien, hg. von Joseph Walk, 2. Aufl. Heidelberg 1996, sowie Verfolgung und Ermordung der europäischen Juden durch das nationalsozialistische Deutschland, Bd. 1, München 2007.
2 Vgl. die neueste Gesamtdarstellung: Saul Friedländer, Das Dritte Reich und die Juden. Die Jahre der Verfolgung 1933–1939, München 1998; ders., Die Jahre der Vernichtung. Das Dritte Reich und die Juden 1939–1945, München 2006.
3 Vgl. Text in: UuF, Bd. IX, S. 283 ff. § 3: "Beamte, die nichtarischer Abstammung sind, sind in den Ruhestand (§§ 8 ff.) zu versetzen."
4 Vgl. zur Entstehung und Durchführung des Gesetzes Hans Mommsen, Beamtentum im Dritten Reich, Stuttgart 1966, S. 39ff., sowie den Dokumentenanhang, S. 127ff., 151ff.

Die beruflichen und materiellen Lebensgrundlagen der etwas über 500 000 deutschen Juden – die also nur 0,8 Prozent der gesamten deutschen Bevölkerung ausmachten – wurden mehr und mehr zerstört, die zunehmende Radikalisierung der antijüdischen Politik führte zu Auswanderungswellen[5], die das NS-Regime durchaus begrüßte. Nach der Olympiade in Berlin 1936, einem Zeitpunkt, an dem die Nationalsozialisten auch die anderen grundlegenden Ziele der ersten Phase erreicht hatten (politische Stabilisierung nach der revolutionären Übergangsphase, Wirtschaftswachstum, annähernde Vollbeschäftigung, internationale Etablierung), nahm das Regime auf die öffentliche Meinung des Auslands immer weniger Rücksicht. 1936 wurde unter Leitung Hermann Görings eine Oberste Reichsbehörde für den Vierjahresplan[6] geschaffen, deren Aufgabe es war, Deutschland kriegsbereit zu machen: Die deutsche Volkswirtschaft wurde zunehmend in den Dienst der Aufrüstung gestellt.[7] Die Geschäftsberichte der beiden bayerischen Privatbanken nahmen regelmäßig Bezug auf diesen Zweiten Vierjahresplan und damit mehr oder weniger direkt auf die Rolle Görings für die Bankenpolitik, von der schon die Rede war. Hier lag insofern ein Bruch vor, als diese politische Wende zu erheblichen Differenzen zwischen Hermann Göring und Hjalmar Schacht über die Wirtschafts- und Finanzpolitik führte. Am Ende resignierte Schacht, der keine Basis in der NSDAP besaß und Exponent einer eher konservativen als nationalsozialistischen Wirtschaftspolitik blieb. So hatte Hjalmar Schacht am 14. Oktober 1935 nach Erlass der antijüdischen Nürnberger Gesetze unter anderem der Wirtschaftsgruppe Privates Bankgewerbe folgendes Schreiben zugehen lassen: „Die Nürnberger Gesetze und die demnächst ergehenden Ausführungsbestimmungen werden auch gewisse Neuregelungen in der Stellung der Juden im Wirtschaftsleben nach sich ziehen. Solange diese gesetzliche Regelung nicht erfolgt, haben alle Maßnahmen nachgeordneter Stellen gegen jüdische Geschäfte zu unterbleiben. Ich ersuche, die Gruppen der gewerblichen Wirtschaft hiervon in Kenntnis zu setzen." Ähnlich äußerte sich auch der Leiter der Deutschen Arbeitsfront Dr. Robert Ley zwei Wochen später. Da aber offensichtlich Zuwiderhandlungen vorkamen, veröffentlichte Reichswirtschaftsminister Schacht am 4. November 1935 einen weiteren Erlass. Er bezog sich auf seine

---

5 Vgl. Horst Möller, Exodus der Kultur. Schriftsteller, Wissenschaftler und Künstler in der Emigration nach 1933, München 1984; sowie ders., Die Emigration aus dem nationalsozialistischen Deutschland, in: Markus Behmer (Hg.), Deutsche Publizistik im Exil 1933 bis 1945. Festschrift für Ursula E. Koch, Münster u.a. 2000, S. 46ff.
6 Vgl. Stefan Martens, Hermann Göring, Paderborn 1985, S. 46ff., 67ff. Der erste Vierjahresplan von 1933 war eine bloße Propagandaformel ohne inhaltliche Spezifizierung.
7 S. die Dokumente in: UuF, Bd. X, S. 534ff., sowie Dietmar Petzina, Autarkiepolitik im Dritten Reich. Der nationalsozialistische Vierjahresplan, Stuttgart 1968; Tooze, Ökonomie der Zerstörung, S. 243ff.

vorhergegangene Anordnung. Aus Anlass von Vorfällen, die dagegen verstießen, wies Schacht die „Reichswirtschaftskammer an [...], dafür zu sorgen, daß alle Dienststellen der gewerblichen Wirtschaft sowohl regionaler wie fachlicher Art alle Maßnahmen zu unterlassen haben, die mit den geltenden Gesetzen in Widerspruch stehen oder die der allein der Reichsregierung vorbehaltenen gesetzlichen Regelung vorzugreifen suchen. Das gilt besonders für die Frage der Betätigung der Juden auf wirtschaftlichem Gebiet". Einzelaktionen hätten zu unterbleiben, Vorfälle seien ihm zu melden.[8] Ob Schacht Zeit gewinnen oder nur „wilde" Aktionen gegen jüdische Geschäfte eindämmen wollte, sei dahingestellt. Jedenfalls geriet er immer stärker in Gegensatz zur Politik des NS-Regimes und verlor schon bald jeglichen Einfluss. Schließlich trat er im November 1937 als Reichswirtschaftsminister zurück.[9]

Das Reichswirtschaftsministerium bildete folglich, von vereinzelten Ausnahmen abgesehen, immer weniger einen Rettungsanker für die Banken, die Pressionen auf sie nahmen zu, die geschilderten Gleichschaltungsaktionen waren aber nur ein Teil der neuen Finanzpolitik. Vielmehr zählte zu ihr immer stärker die wirtschaftliche Ausplünderung der deutschen Juden. In diesen Kontext gehört die Verschärfung der antijüdischen Politik des nationalsozialistischen Regimes: Seit der Jahreswende 1937/38 wurde diese seit 1935/36 erfolgende Radikalisierung für jedermann offensichtlich: Sie erreichte mit dem Pogrom der sog. „Reichskristallnacht" am 9. November 1938 – bei der nach oft zitierten Angaben 91 Personen getötet, die Synagogen in Brand gesetzt, etwa 7000 Geschäfte jüdischer Inhaber zerstört und zahlreiche Wohnungen geplündert wurden – einen schaurigen Höhepunkt. Im Zentrum dieser barbarischen Politik stand schließlich die gesetzesförmig vorgeschriebene Enteignung jüdischen Vermögens. Seit 1941 verbot das NS-Regime endgültig Auswanderung und Flucht. Die noch im deutschen Machtbereich verbliebenen Juden wurden in Konzentrations- und Vernichtungslager zur Zwangsarbeit und schließlich zur systematisch-planmäßigen Ermordung deportiert.

Verfolgung und Ermordung zu blockieren, stand nicht in der Macht der Banken. Jedoch stellt sich die Frage nach ihrem eigenen Verhalten gegenüber jüdischen Kunden, sofern sie Handlungsspielraum besaßen, hat doch die neuere Forschung immer deutlicher herausgearbeitet, dass das nationalsozialistische Regime keineswegs nur durch Anordnung von oben funktionierte, sondern zahlreiche untere Instanzen selbst Initiativen ergriffen: Vorauseilender Gehorsam, persönliche Bereicherungssucht oder ideologischer Fanatismus kannten viele

---

8 Die Erlasse sind abgedruckt in der Mitteilung der Wirtschaftsgruppe Privates Bankgewerbe an die Mitglieder vom 8. November 1935 (Rundschreiben Nr. 156). D-Hypo-LO-A-896.

9 Vgl. insges. Kopper, Hjalmar Schacht.

Die Regionalbanken, ihre jüdischen Kunden, ihre jüdischen Mitarbeiter

Akteure. In München spielten beispielsweise die Stadtverwaltung[10] und der sogar in Parteikreisen wegen seines Bonzentums verschriene und sich beim Weiterverkauf jüdischer Immobilien persönlich bereichernde brutale Ratspräsident und SS-Brigadeführer Christian Weber eine üble Rolle. Während der geschilderten Gleichschaltungsaktionen versuchte Weber auch gegenüber der Bayerischen Vereinsbank seine Macht auszuspielen. Wenngleich die Schlussfolgerung übertrieben sein mag, dass die in München ansässigen Banken und Versicherungen während des Zweiten Weltkriegs „ebenso zu Geld- und Kapitalsammelstellen der Reichsregierung" degeneriert seien und „dem Ruin zusteuerten wie ihre Pendants andernorts"[11], besitzt diese Bewertung doch einen wahren Kern.

Die jeweilige NSBO sowie untergeordnete kommunale Stellen beteiligten sich aus eigener Initiative an antijüdischen Maßnahmen in Unternehmen. So berichtete beispielsweise ein Vorstandsmitglied der Johannes Jeserich AG schon am 3. April 1933 an den Vorsitzenden des Aufsichtsrats, Bankdirektor Ottomar Benz von der Berliner Deutschen Bank und Disconto-Gesellschaft, die sich ab 1937 nur noch Deutsche Bank nannte: „Am Sonnabend, den 1. April, erschienen in unserem Büro 4 Beauftragte der NSDAP, Betriebszellen-Organisation, und verlangten die sofortige Entlassung jüdischer Angestellter. Daraufhin wurde durch Herrn Direktor Fuld [der selbst Jude war] diesem Ansinnen entsprochen und die Herren Adam und Braun entlassen." Zwei Tage später wurde einem Prokuristen des Unternehmens mitgeteilt, der Staatskommissar für das Tiefbauwesen der Stadt Berlin habe „den Vorschlag des Bezirksamts zur Erteilung grösserer Strassenbauaufträge an unsere Firma abgelehnt", da es sich um ein „jüdisches Unternehmen handelt. Herr Oberbaurat Leipold empfahl uns, umgehend Schritte zu unternehmen, diese Entscheidung dadurch rückgängig zu machen, dass die beiden jüdischen Vorstandsmitglieder aus dem Unternehmen ausscheiden, und gleichzeitig von diesem Vorgang dem Staatskommissar Meldung zu machen". Die NSBO forderte ebenfalls die Entlassung der beiden jüdischen Direktoren, Lothar Fuld und Dr. Ernst Stern, die sich offenbar einverstanden erklärten, weil sie entweder keine Alternative sahen oder dem Unternehmen nicht schaden wollten. Die Belegschaft fürchtete um die Arbeitsplätze. Ergebnis dieser erfolgreichen Erpressung gegen das Unternehmen war die Zusage, die Firma Johannes Jeserich AG

---

10 Vgl. insges. die materialreiche Untersuchung von Wolfram Selig, „Arisierung" in München. Die Vernichtung jüdischer Existenz 1937–1939, Berlin 2004, sowie: Angelika Baumann/Andreas Heusler (Hg.), München arisiert. Entrechtung und Enteignung der Juden in der NS-Zeit, hg. i.A. der Landeshauptstadt München, München 2004.
11 So Albert Fischer, Münchens Finanzinstitute in Kriegs- und Krisenzeiten, in: Pohl (Hg.), Geschichte des Finanzplatzes München, S. 141–184, das Zitat S. 184.

werde bei der Vergabe von Aufträgen künftig wieder berücksichtigt.[12] Solche Beispiele, die in sehr großer Zahl vorkamen, veranschaulichen das Dilemma der personalpolitischen Entscheidungen der einzelnen Firmen, aber auch das Zusammenspiel der Nationalsozialistischen Betriebszellenorganisationen mit kommunalen und staatlichen Behörden, die nationalsozialistisch geführt oder kontrolliert waren.

Es ist deutlich geworden, dass die Hypo-Bank, die Bayerische Vereinsbank und die Vereinsbank in Hamburg zu denjenigen Banken gehörten, deren Leitungen sich, so lange es ging, der antijüdischen Politik entzogen, aber auch in ihrem Handeln sind Einbrüche und Phasen erkennbar: Bis zu den Nürnberger Rasse-Gesetzen von 1935 besaßen sie als Privatunternehmen gewisse Spielräume, wenn sie bereit waren, das Risiko auf sich zu nehmen, gegen die Partei- und Staatsräson zu verstoßen. Sie konnten also versuchen, jüdische Vorstandsmitglieder und Mitarbeiter weiterzubeschäftigen sowie jüdische Aufsichtsratsmitglieder in den Gremien zu halten. Darum bemühten sich die Hypo-Bank sowie die Bayerische Vereinsbank. Der personalpolitische Druck auf die Banken kam in der Regel von außen, sei es von Parteistellen, von nationalsozialistischen Zeitungen und Zeitschriften, Konkurrenten oder auch einzelnen Fanatikern. Diese Ausgangsbasis erklärt die lokalen Differenzen. In Franken beispielsweise, wo Julius Streicher das antisemitische Hetzblatt „Der Stürmer" herausgab, erhielt die Diffamierung jüdischer Deutscher und ihrer Arbeitgeber sofort publizistische Unterstützung. In den ersten Jahren 1933/34 setzte sich die Hypo-Bank dagegen zur Wehr. So berichtete der Vorsitzende Geheimrat Remshard am 22. März 1934 in einer Direktionssitzung der Hypo-Bank, „dass *in Franken* neuerdings wegen der verschwindend wenig jüdischen Angestellten, die sich unter unserer Beamtenschaft befinden, *gegen unser Institut Stimmung* gemacht wird". So hatte der Vertreter einer lokalen Zweigstelle der Stadtsparkasse Ansbach die Hypo-Bank einmal mehr als „Judenbank" bezeichnet und sich dabei auf Vorgesetzte berufen. Im „Stürmer" erschien ein Hetzartikel unter der Überschrift „Judereien in Thalmässing. Es knoblaucht in der Hypothekenbank". Anlass war die Tatsache, dass für die dortige mittelfränkische Zweigstelle der Hypo-Bank ein jüdischer Kaufmann Geschäftsbeziehungen vermittelte. Der Agent der Hypo-Bank in einem anderen Ort im Kreis Ansbach wurde unter Druck gesetzt, um eine antisemitische Erklärung zu unterschreiben: Er sollte versichern, niemals mit Juden Handelsgeschäfte irgendeiner Art zu betreiben. Daraufhin protestierte die Hypo-Bank beim Bayerischen Wirtschaftsministerium. Die von Streicher gegründete „Fränkische Tageszeitung" drohte in

---

12 Vgl. Brief an den Vorsitzenden des Aufsichtsrats der Johannes Jeserich AG vom 3. April 1933 über die Entlassung jüdischer Angestellter und Direktoren, in: Verfolgung und Ermordung der europäischen Juden, Bd. 1, S. 113.

einem judenfeindlichen Artikel vom 19. März 1934 mit einer Aktion gegen „eine Reihe von Firmen, die heute noch jüdische Vertreter und Angestellte beschäftigen". Dagegen werde die Hypo-Bank beim Centralverband des Deutschen Bank- und Bankiergewerbes vorstellig werden, teilte Remshard mit und machte damit deutlich, dass die Hypo-Bank jüdische Mitarbeiter schützen wollte.

In der gleichen Sitzung berichtete er über die Bewilligung von Spendenersuchen, die an die Bank herangetragen worden waren: Während die Hypo-Bank der vor ihrer Haustür agierenden NSDAP-Gauleitung München-Oberbayern für eine Kundgebung 20 RM bewilligte, spendete sie der weit entfernten Berliner „Arbeitsgemeinschaft zur Belebung der Berliner Innenstadt e.V." immerhin 100 RM – eine aussagekräftige Prioriätensetzung.[13]

Noch eindeutiger ist ein Protestschreiben des Hypo-Bank-Direktors Justizrat Schumann an die Industrie- und Handelskammer München vom 6. Dezember 1934: „Die Arierfrage ist durch gesetzliche Bestimmungen geregelt; letztere beziehen sich auf öffentliche Betriebe, wobei ausdrücklich verboten wurde in der Wirtschaft zwischen Ariern und Nichtariern zu unterscheiden. Trotzdem wird in der Wirtschaft immer wieder eine Hetze gegen Nichtarier in Szene gesetzt, häufig zum Schaden der deutschen Volkswirtschaft." Anlass für Schumanns Brief war der Beschluss einer Versammlung von 500 „deutschstämmigen" Ärzten in Fürth, der ein Gesetz gegen „Rassenmischung", die Eheschließung und den Geschlechtsverkehr zwischen „Ariern" und „Nichtariern" forderte. Die „Fränkische Tageszeitung" veröffentlichte den Text, der auf die Nürnberger Gesetze von 1935 vorauswies, am 3. Dezember 1934.

Charakteristisch für viele Versuche, durch Appell an das Eigeninteresse des NS-Regimes und indirekter Berufung auf den „Führer" kriminelles Vorgehen unterer Instanzen zu verhindern, waren die folgenden Passagen des Briefes von Schumann: „Angesichts der Entschliessung von Fürth möchte ich nicht versäumen zwei Presseartikel zu übersenden und glaube annehmen zu dürfen, dass jeder Deutsche, der in der Wirtschaft tätig ist und der deutschen Wirtschaft im Sinne des Führers zu dienen sich bestrebt, sich von der erwähnten Entschliessung abwenden muss. Deutschland ist auf den Aussenhandel angewiesen und kann sich nicht leisten diesen mit Excessen von Unterführern zu erschweren."[14] Zweifellos handelte es sich trotz der taktischen Einkleidung um eine ausgesprochen deutliche Absage an den Antisemitismus des Regimes – Begriffe wie „Hetze gegen Nichtarier" oder „Excesse von Unterführern" waren zutreffend und mutig

---

13 8. Sitzungsprotokoll der Direktion der Bayerischen Hypotheken und Wechsel Bank vom 22. März 1934, TOP IV. D-Hypo-LO-A-868.
14 Justizrat Ferdinand Schumann an Industrie- und Handelskammer München vom 6. Dezember 1934. D-Hypo-LO-A-2915.

zugleich, zumal die „Unterführer" nicht ohne ideologische Rückendeckung der ‚Oberführer' des Regimes handelten, was Schumann fast drei Jahre nach der Machtergreifung wohl bewusst gewesen sein dürfte. Einmal mehr wird auch der Versuch deutlich, wenigstens Wirtschaft und Bankwesen von Antisemitismus und staatlicher Bevormundung freizuhalten. Der Präsident der Industrie- und Handelskammer München, Albert Pietzsch, vertrat die gleiche Meinung, formulierte allerdings zurückhaltender. Am 10. Dezember 1934 antwortete er Schumann, er habe „an massgebender Parteistelle auf die Angelegenheit aufmerksam gemacht. Ich teile Ihre Meinung, dass derartige Entschliessungen der deutschen Wirtschaft erheblichen Schaden verursachen können."[15] Bei der Bayerischen Vereinsbank waren nach einer Mitteilung Dr. Dietrichs in der Aufsichtsratssitzung vom 9. Juni 1933 unter rund 1600 Mitarbeitern lediglich sieben „Nichtarier" tätig, für die Bank besitze diese Frage kaum Bedeutung.[16]

Die Hypo-Bank zahlte offenbar noch zum Zeitpunkt der vom Reich begonnenen systematischen Deportation deutscher Juden in die Vernichtungslager außer den Pensionen freiwillige Sonderzuwendungen an ehemalige jüdische Mitarbeiter bzw. ihre Witwen, wie ein durch den Vorstandssprecher Schumann unterschriebener Vermerk vom 21. Oktober 1941 zeigt. Darin hieß es unter anderem, es bestehe Einigkeit darüber (offenbar im Vorstand), „dass die freiwilligen Zuwendungen der Bank, die in der Pension enthalten sind, nur jeweils auf ein Jahr laufen, so dass sie Anfang jeden Jahres für das laufende Jahr ausdrücklich prolongiert werden müssen, andernfalls die freiwilligen Zuwendungen aufhören."[17]

In einem Fall beschloss das Reichsverwaltungsgericht am 16. Dezember 1941 eine drastische Kürzung der Pensionszahlungen an die Witwe des ehemaligen Nürnberger Vorstandsmitglieds Stephan Hirschmann, nachdem die Hypo-Bank dort einen Antrag auf Klärung der Höhe eingereicht hatte, da die Pensionskasse defizitär war und nur durch Sonderzuwendungen in „außerordentlicher Höhe" den Pensionszahlungen nachkommen konnte. Die Entscheidung lautete: „Die vermögensrechtlichen Ansprüche der Antragsgegnerin gegenüber der beteiligten Pensionskasse bleiben bis zum 31. Dezember 1941 in vollem Umfange und danach zu 30 Prozent ihrer satzungsmäßigen Höhe unberührt". Das Gericht erlegte der Witwe dann eine Zahlung in Höhe von 135 000 RM auf; als einer der Gründe der komplizierten Urteilsbegründung wurde das Missverhältnis von 1:3 der Arbeitnehmerbeiträge zu den Arbeitgeberbeiträgen zur Pensionskasse genannt.[18] Das

---

15 Ebd.

16 877. Sitzung des Aufsichtsrates der Bayerischen Vereinsbank vom 9. Juni 1933. D-BV-LO A-967.

17 Personalregelungen, Pensionen. D-Hypo-PER-A-1556.

18 Personalverwaltung, Witwenpension. D-Hypo-PER-A-1510. Dort auch der im Folgenden dargestellte Schriftwechsel mit der Familie.

Gericht berief sich in seinem Urteil auf die „Verordnung über die Nachprüfung von Entjudungsgeschäften vom 10. Juni 1940",[19] in der es unter anderem hieß: „Ist ein Jude, der als leitender Angestellter in einem Wirtschaftsunternehmen tätig war, vor Inkrafttreten der Verordnung zur Ausschaltung der Juden aus dem deutschen Wirtschaftsleben vom 12. November 1938 (RGBl. I, S. 1580) aus dieser Stellung ausgeschieden, so kann auf Antrag des Schuldners oder des Reichswirtschaftsministers eine verbindliche Regelung der aus dem Dienstverhältnis herrührenden vermögensrechtlichen Ansprüche durch Entscheidung der Schiedsstelle erfolgen."

Hirschmann selbst war im Sommer 1933 vor Erreichung des Ruhestandsalters aus dem Dienst ausgeschieden und 1935 mit seiner Familie nach Palästina ausgewandert. Dort wurde er 1940 bei einem Bombenangriff italienischer Truppen auf Tel Aviv getötet. Seit 1934 hatte die Hypo-Bank Hirschmann aufgrund einer Vereinbarung von Juni/Juli 1933 eine jährliche Pension von 19 200 RM, 1934 auch noch eine Tantieme für das 1. Halbjahr 1933 in Höhe von 3500 RM gezahlt. Die Witwenpension wurde auf 1000 RM festgesetzt und bis zum Beschluss des Reichsverwaltungsgerichts auch aufgrund einer Devisengenehmigung gezahlt. Die inzwischen in New York lebende Tochter machte 1947 Anspruch auf Nachzahlung der Witwenpension ab 1941 geltend. Die Hypo-Bank berechnete 1946, dass die Witwe Hirschmanns, die im Januar 1944 gestorben war, einen Anspruch auf Pensionsrückstand von 470,82 RM hatte und deshalb den Erben eine monatliche Ausgleichszahlung der Bank für den Zeitraum vom Januar 1942 bis März 1945 in Höhe von monatlich 57,82 RM zugestanden habe. Die Hypo-Bank hatte während des NS-Regimes diese Zahlung nicht einbehalten, sondern an das Finanzamt für Körperschaften, München, abführen müssen. Die Hypo-Bank recherchierte die Vorgänge und teilte das Ergebnis den beiden Töchtern Hirschmanns am 9. Februar 1950 mit. Am Ende der juristischen Klärung bot die Hypo-Bank 1953 einen Vergleich an, der sich aus den Rückständen für die Witwenpension, Zinszahlungen sowie einem Zusatzbetrag zusammensetzte, da der Witwe Hirschmann die monatlichen Versorgungsbezüge in Höhe von 892,02 RM ab 1. November 1941 nicht mehr bezahlt wurden. Bei den Bombenangriffen auf Nürnberg ist ein Teil der Unterlagen der Hypo-Bank verbrannt, auch der Anstellungsvertrag und die Pensionsvereinbarung, so dass sich der Vorgang nicht vollständig aufklären lässt.[20]

In einem zweiten Fall wurden gegen die Bank Wiedergutmachungsansprüche eines ehemaligen Angestellten erhoben.[21] So hatte die Hypo-Bank dem Filial-

---

19 RGBl. I, S. 891.
20 Hypo-Bank an Antragstellerin vom 9. Februar 1950, S. 1. D-Hypo-PER-A-1510.
21 Der Fall Behrend findet sich unter D-Hypo-RET-A-3369.

leiter von Aschaffenburg Hans Behrend, der 1935 aus der Bank ausschied, um nach Palästina zu emigrieren, eine Abfindung von 15 000 RM sowie „1000 pal. Pfund als Vorzeigegeld für die Einwanderung in Israel versprochen". Ob die Bank dann doch nicht gezahlt hat oder Behrend durch Reichsfluchtsteuer und weitere „Gebühren" für die Auswanderung das Geld durch das Regime wieder abgenommen wurde, lässt sich nicht feststellen. Allerdings könnte für diese Deutung sprechen, dass die Bank keinen Entschädigungsanspruch gegen sich anerkannte, da er gemäß Entschädigungsgesetz ausschließlich an das Land Bayern zu richten sei. Trotzdem schloss die Hypo-Bank ohne Anerkennung einer Rechtspflicht mit den Eheleuten Behrend, Akko in Israel, am 3. Oktober 1952 einen Vergleich, in dem sie sich zur Zahlung der fraglichen Gesamtsumme von 16 000 DM bereiterklärte, auf die die schon vorher von der Hypo-Bank geleisteten Zahlungen anzurechnen waren. Außerdem musste Behrend darauf verzichten, in der gleichen Angelegenheit später nochmals einen Entschädigungsantrag gegenüber dem Land Bayern geltend zu machen. Weitere Entschädigungsanträge betrafen ehemalige, vom Regime beschlagnahmte Depots, für die im Prinzip ebenfalls der Profiteur, also die Bundesrepublik oder das Land, in ihrer Verantwortung als Rechtsnachfolger die Adressaten waren.

Komplizierter als diese beiden Fälle und die Beispiele dafür, dass sich die Bank für jüdische Mitarbeiter einsetzte, ist ein nachweisbarer Fall, in dem die Hypo-Bank offenbar einen Prokuristen loswerden wollte, der Jude war. Allerdings belegen die Unterlagen kein antisemitisches Motiv, obwohl es natürlich nicht auszuschließen ist. Dagegen spricht aber die gesamte Prozedur, hätte die Bank doch keine Schwierigkeiten bekommen, wenn sie den Prokuristen Ludwig bzw. Louis Tannenwald, später zwangsweise Louis Israel Tannenwald genannt, ohne Sachgründe aus antisemitischen Motiven hätte entlassen wollen. Doch bedarf der Fall einer eingehenderen Klärung.

Der gelernte Bankkaufmann und Prokurist bei der Bayerischen Disconto- und Wechsel-Bank Ludwig Tannenwald war von der Hypo-Bank 1923 in der Filiale Fürth weiterbeschäftigt worden, als sie diese Bank übernahm. Von 1923 bis 1938 blieb er in der Hypo-Bank als Bankbeamter mit Handlungsvollmacht tätig, bevor er mit 55 Jahren in den vorzeitigen Ruhestand versetzt wurde, was eine längere Vorgeschichte hatte.

Am 10. April 1933 teilte ihm die Direktion mit: „Die allgemein festgestellte Schrumpfung des Geschäftes und der Umsätze im Bankgewerbe zwingen uns zu unserem lebhaften Bedauern, die Ihnen freiwillig und in jederzeit widerruflicher Weise gewährte aussertarifliche Zulage von RM 20,65 mit Wirkung ab 1. Juli 1933 in Wegfall treten zu lassen." Aber schon zweieinhalb Wochen später hob die Direktion diese Kürzung wieder auf: „Aufgrund der Vorstellungen des kommissarischen Betriebsrates und in der Hoffnung, dass die Lage der Wirtschaft im allgemeinen und des Bankgewerbes im besonderen die erwartete Besserung erfahren wird [...]".[22] Bemerkenswert ist hier zunächst, dass der Betriebsrat noch nach der Machtergreifung für den Kollegen eintrat. Nach einem Besuch von Justizrat Schumann in der Filiale Fürth im März 1935 wurden erstmals Zweifel an der Leistungsfähigkeit von Tannenwald und anderen, nicht-jüdischen Mitarbeitern dokumentiert. So hieß es in einem Vermerk, „Tannenwald, Thalhofer und Korhammer werden als schwache Arbeitskräfte bezeichnet. Die Kontrolle über dieselben ist nunmehr verschärft worden. Sie arbeiten zu langsam, Tannenwald soll ein gutes Wissen in Effektengeschäften besitzen." Zehn Monate später berichtete die Filiale Fürth am 6. März 1936 an die Direktion in München, wie der Direktion aus den Beurteilungen bekannt sei, seien die „Beamten Tannenwald und Thalhofer trotz besten Willens *nicht voll* leistungsfähig. Tannenwald ist in seiner Arbeitsweise zu langsam und Thalhofer behindert sein körperliches Leiden." Wiederum ein gutes Jahr später wurde Tannenwald am 26. Mai 1937 erneut beurteilt: „Selbständig, zuverlässig, jedoch zu langsam, sodaß zugewiesener Aufgabenbereich oft am gleichen Tag nicht Erledigung findet. Betragen einwandfrei." Ähnlich äußerte sich ein weiterer Vorgesetzter am 7. Oktober 1937, wobei Tannenwald zwar gute Auffassungsgabe, aber nachlassendes Gedächtnis, außerdem gutes Benehmen attestiert wurde, doch blieb weiterhin als negativer Punkt: „Erledigt seine Arbeiten sehr gewissenhaft, aber zu langsam, wird nicht fertig."

Eindeutig blieb bei dieser sich über zweieinhalb Jahre hinziehenden Kritik als entscheidender Punkt seine zu langsame Arbeitsweise und damit zu geringe Leistung, ein antisemitisches Motiv wird nicht erkennbar. Zwar war der Bank klar, dass es Tannenwald im Falle einer Entlassung schwer haben würde, eine neue Anstellung zu finden, weshalb sie sich bemühte, ihn bei jüdischen Firmen in Fürth oder Erlangen unterzubringen, was allerdings nicht gelang, aber durch den Vorstand Kraus weiter versucht wurde.

Schließlich bat Louis Tannenwald am 5. November 1937 unter Verweis auf das Gespräch mit dem Direktor der Filiale Fürth nach 38-jähriger Tätigkeit in der Bank um Pensionierung zum 1. Juli 1938. Er beendete sein Schreiben mit der Bemerkung: „Nachdem ich während dieser Zeit stets loyal behandelt worden bin, rechne ich auf die Festsetzung meines Ruhegehaltes auf gleiches Wohlwollen."[23]

Die Hypo-Bank pensionierte Tannenwald daraufhin zum 1. Juli und setzte seine gesamte Pension auf 239,80 RM inklusive freiwilliger Leistungen der Bank fest. Da allerdings eine amtliche Berufsunfähigkeitserklärung für den vorzeitigen Eintritt in den Ruhestand noch nicht vorlag, übernahm die Bank bis auf weiteres die normalerweise von der Reichsversicherungsanstalt zu tragenden Leistungen

---

22 Der gesamte Vorgang in: D-Hypo-PER-A-1314. Hervorhebungen in den Zitaten im Original.
23 So im Original, gemeint ist wohl „bei der Festsetzung [...]".

sowie den Arbeitgeberanteil (50 Prozent) der für diesen Zeitraum noch zu leistenden Beiträge zur Renten- und Invalidenversicherung. Da die monatlichen Bezüge von Louis Tannenwald seit dem 1. Juli 1933 295,14 RM zuzüglich zweier Zulagen von je 19,20 RM betragen hatten, entsprach die Berechnung der Pension durch die Hypo-Bank den bei ihr üblichen Regelungen im Falle vorzeitigen Ruhestands. Offenbar hat sie nicht auf einer amtsärztlichen Untersuchung bestanden, nachdem sich Tannenwald von einem Arzt seines Vertrauens hatte untersuchen lassen. Da dieser jedoch keine Berufsunfähigkeit feststellte, hielt Tannenwald eine weitere – amtsärztliche – Untersuchung für überflüssig und teilte das der Bank mit. Trotzdem zahlte die Hypo-Bank mit dem Vermerk „Auszahlung einer Pension von RM 239,80 p. Mt. – freiwillig und in jederzeit widerruflicher Weise gewährt", „letztmals im Dezember 1941". Daraufhin findet sich der Vermerk: „Im November 1941 wurde Herr Tannenwald nach Riga evakuiert". Dies war die den Banken mitgeteilte Bezeichnung für die meist zur Ermordung führende Deportation. Kurz vor seiner Deportation hatte Louis Tannenwald die Bank noch um ein Zeugnis gebeten, vielleicht in der trügerischen Hoffnung, dies könne ihn vor der Deportation bewahren. Die Hypo-Bank stellte ihm noch am 26. November dieses sehr positive Zeugnis aus. Nach Nennung seiner Tätigkeitsbereiche hieß es: „Herr Tannenwald ist in allen Geschäftszweigen des Bankgeschäftes ausgebildet, verfügt insbesondere über gute Effektenkenntnisse und war im Laufe der Jahre auf verschiedenen Posten sowohl des internen Betriebes wie des Schalterdienstes eingesetzt. Er versah seinen Dienst bei großem Fleiß stets gewissenhaft und zuverlässig. Die Führung war einwandfrei."[24] Weder das Zeugnis noch die Tatsache, dass Tannenwald vier Jahre als deutscher Soldat im Ersten Weltkrieg gekämpft hatte, konnten ihn retten.

Warum verdient dieser Fall eine ausführliche Schilderung? Er gehört zu den seltenen Fällen, bei denen sich das Schicksal eines Angestellten der Hypo-Bank, noch dazu in einer Filiale, nachvollziehen lässt und bei dem auf den ersten Blick der Verdacht naheliegt, er sei aus antisemitischen Motiven entlassen worden. Für diese Annahme könnte sprechen, dass die Bank wegen jüdischer Mitarbeiter als „Judenbank" diffamiert wurde und sie auf äußeren Druck handelte, desgleichen die normale Pensionszahlung, bei der die Bank vermutlich die Leistungen der Reichsversicherungsanstalt ohne amtsärztliche Bescheinigung der Dienstunfähigkeit übernahm, um eine möglicherweise sachlich nicht begründete Entlassung wenigstens durch diese Zahlungen zu kompensieren.

Doch tatsächlich ist diese Interpretation nicht plausibel. Zum einen begannen die Diffamierungen bereits 1933, also ungefähr vier Jahre vor der Entscheidung, zum anderen hätte die Bank ihn wegen mangelnder Leistung entlassen können,

---

24 Ebd. Der erwähnte Briefwechsel, Zeugnis, Gehalts- und Pensionsaufstellung 1935 bis 1941.

als Jude hätte Tannenwald dagegen kaum erfolgreich klagen können. Die Bank hat ihn aber nicht entlassen, sondern schließlich einer vorzeitigen Pensionierung zugestimmt, einen erheblich höheren Pensionsaufwand erbracht als normalerweise und auch die freiwilligen Zusatzleistungen bis zu seiner Deportation gezahlt. Die Monita gegenüber nichtjüdischen Mitarbeitern waren im wesentlichen Punkt identisch, es findet sich kein einziges antisemitisches Wort bzw. eine einschlägige Anspielung. Und schließlich hebt das Zeugnis noch in letzter Minute seine positiven Eigenschaften ausdrücklich hervor. Insgesamt erscheint das Verhalten der Hypo-Bank im Fall Tannenwald also großzügig und korrekt, d.h. angesichts der im NS-Regime in solchen Fällen geltenden Maßregeln als unzeitgemäß. Insofern entspricht der Umgang mit jüdischen Mitarbeitern der Gesamteinschätzung der Hypo-Bank, die sich auch hierin nicht systemkonform verhielt.

Bei anderen Banken, beispielsweise der Deutschen Bank, ist das Bild differenzierter, bei der Commerzbank dauerte es wie bei den beiden bayerischen Banken fünf Jahre, bis alle jüdischen Mitarbeiter und Vorstandsmitglieder ausscheiden mussten.[25] Ähnlich lagen die Verhältnisse bei der Dresdner Bank, wo 1933 mit etwa 540 Personen fünf Prozent der Belegschaft von antijüdischen Maßnahmen betroffen waren. Allerdings sind jeweils die unterschiedlichen rechtlichen Voraussetzungen zu beachten. So war die Dresdner Bank die einzige deutsche Großbank, auf die das sog. Berufsbeamtengesetz angewandt wurde, da das Deutsche Reich (seit der Bankenkrise 1931) Eigentümer der Kapitalmehrheit war. Deshalb wurde hier der größere Teil der sog. „nicht geschützten Nichtarier" schon 1933/34 mit einer Abfindung entlassen; nach 1937 verschlechterte sich durch ein neues Vorstandsmitglied als Betriebsführer die Versorgungssituation auch der ehemaligen jüdischen Angestellten.[26]

Wie bei den Regionalbanken besaßen die individuelle Einstellung und der Mut der handelnden Persönlichkeiten jenseits der gesetzlichen oder machtpolitischen Vorgaben des Regimes durchaus Bedeutung für die Frage, wie schnell und wie nachhaltig die Anordnungen der nationalsozialistischen Führung und ihrer Untergliederungen durchgeführt wurden. Beim Vergleich der Banken muss natürlich berücksichtigt werden, dass die Hypo-Bank, die Bayerische Vereinsbank oder die Vereinsbank in Hamburg als Regionalbanken deutlich kleiner und trotz der staatlichen Bankenaufsicht durch die Reichskommissare immer noch

---

25 Vgl. Thomas Weihe, Die Verdrängung jüdischer Mitarbeiter und der Wettbewerb um Kunden im Nationalsozialismus, in: Herbst/Weihe (Hg.), Die Commerzbank und die Juden, S. 43–73, hier S. 46.
26 Vgl. Dieter Ziegler, Die Dresdner Bank und die deutschen Juden, München 2006 (Henke (Hg.), Die Dresdner Bank im Dritten Reich, Bd. 2), S. 113, sowie insgesamt und zu Einzelschicksalen S. 37ff.

Privatunternehmen waren. Wenngleich also die drei Privatbanken gegenüber den personalpolitischen Vorgaben des NS-Regimes Spielraum bewahren wollten, konnten sie nach 1936 ihre Resistenz immer weniger aufrechterhalten. Bis spätestens 1938 wurden, wie bei allen anderen Banken, mit der dann durchgeführten Gleichschaltungsaktion die letzten deutschen Juden aus Vorstand, Belegschaft und Aufsichtsrat verdrängt, obwohl es in Einzelfällen sogar nach der Erhöhung des Drucks von außen zwischen 1935 und 1938 noch gelungen war, jüdische Vorstands- oder Aufsichtsratsmitglieder zu halten. Diejenigen, die wie Paul Reusch den entschiedensten Widerstand gegen ihre Entlassung geleistet hatten, wurden ebenfalls verdrängt oder kaltgestellt.

Diese Resistenz ist umso höher zu bewerten, als der Druck auf die Banken wie in allen anderen Bereichen nicht erst 1935/36 begann, sondern sofort nach der nationalsozialistischen Machtergreifung 1933 einsetzte. Bereits damals wurde von ihnen wie den anderen Unternehmen verlangt, „nichtarische" Mitarbeiter zu entlassen.[27] 1938 gerieten die Banken auch durch die Radikalisierung des Antisemitismus und die geschilderten Gleichschaltungsaktionen, die zugleich der Indienstnahme der gesamten deutschen Wirtschaft für die Kriegsvorbereitung diente, unter immer stärkere Aufsicht und Druck: Sie besaßen nun keine Möglichkeiten zur direkten Hilfe für Juden mehr. Nach 1938 gab es, wie das Regime es nannte, im Personal der Banken und ihrer Aufsichtsgremien keine „Judenfrage" mehr, jetzt stand die Ausplünderung der deutschen Juden auf der antijüdischen Tagesordnung der nationalsozialistischen Diktatur.

Auch die hier zu behandelnde Frage, wie mit jüdischen Kunden umgegangen wurde, und die sog. „Arisierung" sind unter dieser zeitlichen Differenzierung zu behandeln.[28] Der nicht klar definierte zeitgenössische Begriff „Arisierung" bezieht sich auf unterschiedliche Vorgänge, die jedoch allesamt das gleiche Ziel verfolgten, nämlich die deutschen Juden aus dem Berufsleben und dem Wirtschaftsleben zu entfernen, wobei zunehmende Einschränkung jüdischer Erwerbstätigkeit schon seit 1933 betrieben wurde und die systematische Enteignung jüdischen Vermögens nach Vorläufern seit 1938 erfolgte.

Die unterschiedlichen „Arisierungsvorgänge" erstreckten sich vom Beginn des NS-Regimes 1933 bis zur Deportation der Juden aus Deutschland seit 1941 – es

---

27 S.o. sowie beispielsweise James, Die Deutsche Bank im Dritten Reich, S. 51ff.
28 Vgl. grundlegend Helmut Genschel, Die Verdrängung der Juden aus der Wirtschaft im Dritten Reich, Göttingen 1966; Abraham Barkai, Vom Boykott zur „Entjudung". Der wirtschaftliche Existenzkampf der Juden im Dritten Reich 1933–1943, Frankfurt am Main 1987; Frank Bajohr, „Arisierung" in Hamburg. Die Verdrängung der jüdischen Unternehmer 1933–1945, 2. Aufl. Hamburg 1998; Constantin Goschler/Philipp Ther (Hg.), Raub und Restitution. „Arisierung" und Rückerstattung des jüdischen Eigentums in Europa, Frankfurt am Main 2003.

handelte sich also um einen längerfristigen Prozess. Die Liquidierung von Unternehmen jüdischer Eigentümer stellte nicht im engeren Sinne eine „Arisierung" dar, weil die Betriebe nicht fortbestanden, beispielsweise die Mendelssohn-Bank in Berlin 1938. Die Einschränkung jüdischer Erwerbstätigkeit betraf die Banken – wie gezeigt – durch die Kündigung jüdischer Mitarbeiter aufgrund ihrer Definition als „Nichtarier", wobei beispielsweise Kriegsteilnehmer des Ersten Weltkriegs zeitweilig zu den „geschützten Nichtariern" gehörten. Die dann folgenden Enteignungen jüdischen Vermögens im nationalsozialistischen Deutschland und die Ausschaltung aus Berufen erfasste alle Bereiche, die Industrie, den Handel und das Gewerbe, zuvor aber schon alle öffentlichen Einrichtungen, unter anderem in Wissenschaft und Kultur.

Der Begriff „Arisierung" spart eine Dimension aus, die zu ihren Konsequenzen gehörte, nämlich Reaktionen der jüdischen Eigentümer, die oftmals mithilfe von Nichtjuden versuchten, ihre Betriebe zu retten: Hierzu gehörte auch die teilweise oder gänzliche Übertragung an nichtjüdische Eigentümer, was die Machthaber aber durchschauten und schließlich ebenfalls verhinderten. Diese reaktive oder aktive Rolle der jüdischen Eigentümer – natürlich unter extremem Zwang – ist mit dem Begriff „Arisierung" ausgeblendet und hier nicht zu behandeln, da es um den Bedingungszusammenhang geht, der den Banken vorgegeben war.

Die Enteignung des Vermögens deutscher Juden war zweifelsfrei ein krimineller Akt, den man als staatlich organisierten Raub bezeichnen muss, an dem der Staat und zahlreiche „arische" Deutsche verdienten und der als Verwaltungsakt bürokratisch organisiert wurde. Diese Enteignung erfolgte in unterschiedlichen Formen und Phasen: Zwischen 1933 und 1937 existierte keine gesetzliche Grundlage für die Verdrängung von Juden aus ihrem Besitz, vielmehr handelte es sich um die „wilde", aber vom Regime geduldete oder ermunterte Ausschaltung von Juden, die zahlreiche kleinere und mittlere Betriebe betraf – in kleineren Städten und auf dem Lande mehr als in Großstädten: Sie wurde durch Boykott, Beschimpfungen, Gewalttätigkeit, ja Terrorisierung jüdischer Gewerbetreibender erreicht, die dann oftmals ihren Besitz weit unter Wert verkauften, um den Nachstellungen und Bedrohungen zu entgehen, ohne dass es eine formelle staatliche Regelung dafür gegeben hätte. Hierbei handelte es sich um Vorgänge, die die Banken nicht aktiv betrieben haben, sondern nur indirekt in Form von Kreditgewährung für „arische" Käufer beteiligt waren. Doch zählte es nicht zu den Aufgaben der Banken, bei einem um Kredit nachsuchenden, im gesetzlichen Sinne rechtmäßigen Eigentümer nachzuprüfen, von wem er sein Haus, seine Firma oder andere Werte erworben hatte.

Seit der Jahreswende 1937/38 radikalisierte sich die antijüdische Politik des NS-Regimes nicht mehr nur in agitatorischer oder rechtlicher, sondern auch in materieller Hinsicht, weil Hermann Göring als Beauftragter für den Vierjahresplan verfügte, dass im Rahmen der „Entjudungsprogramme" die Konten jüdischer Besitzer auf Sperrkonten „einzufrieren" und dem Rüstungsbudget zuzuführen seien. Seit dem 26. April 1938 mussten Juden ihre in- und ausländischen Vermögen über 5000 RM anmelden.[29]

Am 12. November 1938 wurde der Erlass veröffentlicht, der Juden vom 1. Januar 1939 an den Betrieb von Einzelhandels- und Versandgeschäften sowie selbstständigen Handwerksbetrieben untersagte. Am 12. November 1938 verfügte der Oberfinanzpräsident München, dass jüdische Konteninhaber wöchentlich nur 100 RM von ihren privaten Konten abheben durften, zugleich wurden Banken und Sparkassen ermächtigt, von solchen Konten gegen Vorlage von Rechnungen durch „arische" Gläubiger Zahlungen zu deren Gunsten vorzunehmen.[30]

Ebenfalls am 12. November 1938 erließ Göring eine Verordnung zur „Sühneleistung der Juden deutscher Staatsangehörigkeit" in Höhe von einer Milliarde RM für die „feindliche Haltung des Judentums gegenüber dem deutschen Volk und Reich, die auch vor feigen Mordtaten nicht zurückschreckt".[31] Künstlicher Anlass dieser absurden „Kollektivstrafe", die künftig aufgrund der am 21. und 23. November 1938 angeordneten Vermögensabgabe jede willkürliche Enteignung jüdischen Vermögens gestattete, war die Ermordung des Legationssekretärs der Deutschen Botschaft in Paris, Ernst vom Rath, durch den staatenlosen polnischen Juden Herschel Grynszpan am 7. November 1938, die Goebbels nutzte, um das Judenpogrom der sog. Reichskristallnacht zu inszenieren.[32] Wie in Bezug auf diese Regelung zu verfahren sei, besprachen die Finanzämter mit den Banken am 16. Dezember 1938, um Einheitlichkeit zu erreichen, dabei wurde ein engmaschiges bürokratisches Netz geknüpft. Die Finanzämter verlangten von den jüdischen Kunden außerdem Erklärungen über Bargeld bzw. „Kostbarkeiten". Den Banken wurde zugestanden, jeweils ein halbes Prozent Provision „aus dem Annahmebetrag ohne Börsenumsatzsteuer" zu nehmen, mindestens aber eine RM je Posten.[33] Diese im Protokoll nicht ganz klare Zuordnung bezog sich vermutlich auch auf abzuliefernde Wertpapiere.

Am 3. Dezember 1938 ordnete das NS-Regime an, dass alle noch in Deutschland bestehenden jüdischen Betriebe stillgelegt bzw. zwangsweise „arisiert"

---

29 VO über die Anmeldung des Vermögens von Juden vom 28. April 1938, in: Das Sonderrecht für die Juden im NS-Staat, S. 223.
30 Beide Texte ebd., S. 254: VO zur Ausschaltung der Juden aus dem Wirtschaftsleben vom 12. November 1938, bzw. S. 255.
31 Text in: UuF, Bd. XII, S. 602.
32 Vgl. statt vieler Darstellungen: Hermann Graml, Reichskristallnacht. Antisemitismus und Judenverfolgung im Dritten Reich, München 1988.
33 Vermerk der Bayerischen Staatsbank „Sühneleistung der Juden" vom 16. Dezember 1938. D-BySt-FIL-A-588.

werden sollten.[34] Der erste Absatz der Verordnung lautete: „Dem Inhaber eines jüdischen Gewerbebetriebs [...] kann aufgegeben werden, den Betrieb binnen einer bestimmten Frist zu veräußern oder abzuwickeln. Mit der Anordnung können Auflagen verbunden werden." Analoge Bestimmungen finden sich für land- und forstwirtschaftliche Betriebe sowie Grundeigentum und sonstiges Vermögen (Art. II). Kam der jüdische Inhaber der Anordnung innerhalb einer bestimmten Frist nicht nach, konnte ein Treuhänder eingesetzt werden. Für Wertpapiere, Aktien usw. wurde ein Depotzwang eingeführt: Die deutschen Juden mussten innerhalb einer Woche nach Inkrafttreten der Verordnung ein Depot bei einer Devisenbank anlegen (Art. III), außerdem durften sie keine Kunstgegenstände oder Juwelen erwerben, verpfänden oder veräußern (Art. IV). Auflagen für die Genehmigung zur Veräußerung konnten „auch in Geldleistungen des Erwerbers zugunsten des Reiches bestehen" (Art. V).

Diese Verordnung gab nach illegalen, aber geduldeten oder geförderten Akten gegen jüdische Eigentümer, nach vielen einschlägigen Einzelverordnungen, schließlich den Startschuss für eine systematische „Arisierung", also eine weitgehende und am Ende völlige Enteignung jüdischen Vermögens, von dem die bisherigen Eigentümer nach allen erzwungenen Abzügen im besten Fall nur einen Bruchteil übrig behielten, wenn sie emigrierten.

Von den ursprünglich etwa 100 000 jüdischen Unternehmen im Reich blieben im Frühjahr 1938 nur noch etwa 40 Prozent in jüdischem Besitz, beim Einzelhandel verminderte sich die Zahl der ursprünglich etwa 50 000 auf 9000 Geschäfte. In einer damals geheimen Mitteilung Görings in seiner Eigenschaft als Beauftragter für den Vierjahresplan hieß es am 10. Dezember 1938: „Die Arisierung der jüdischen Gewerbebetriebe ist eine Aufgabe des Staates. Erforderlich ist die Genehmigung des Wirtschaftsministers. Es ist auf Gesetzmäßigkeit des Vorgehens zu achten; Anordnungen, die nicht gesetzmäßig waren, sind aufzuheben. Die Gewinne, die bei der Ausschaltung der Juden aus dem deutschen Wirtschaftsleben erzielt werden, stehen allein dem Deutschen Reich zu, nicht privaten Antragstellern."[35]

Eine Fülle weiterer Verordnungen schnürte auch vermögenden Juden jeden finanziellen Handlungsspielraum ab. So wurde etwa am 12. Dezember 1938 verfügt, dass Juden bei Reisen nur unbedingt erforderliche Gegenstände mitnehmen durften, die Ausfuhr von Geld, Wertsachen und Schmuck im Falle der Auswanderung wurde streng limitiert.[36] Bis hin zum Zwangsverkauf von Autos und

---

34 Text in: UuF, Bd. XII, S. 605ff.
35 Text in: Das Sonderrecht für die Juden im NS-Staat, S. 265.
36 Gesetz über die Devisenbewirtschaftung vom 12. Dezember 1938, Text ebd., S. 266.

Möbeln wurde bei jüdischen Besitzern geradezu alles geregelt; für abzuliefernde Wertgegenstände erhielten sie nur staatlich festgesetzte Schleuderpreise.

Die Reichsfluchtsteuer war keine Erfindung des nationalsozialistischen Regimes, sondern bereits 1931 von der Regierung Brüning eingeführt worden, um die Kapitalflucht ins Ausland zu unterbinden. Diese durchaus antiliberale Maßnahme wurde weiter verschärft und während der nationalsozialistischen Diktatur speziell gegen deutschen Juden eingesetzt, die unter dem Druck zunehmender Verfolgung keinen anderen Ausweg mehr sahen als die Emigration. Hieß es 1933 noch, die Auswanderung der Juden sei erwünscht, andererseits werde dadurch die deutsche Steuerbasis geschmälert, weswegen eine letzte große Abgabe – die Reichsfluchtsteuer – zu erheben sei[37], folgten dann sukzessiv Verschärfungen: So wurde am 18. Mai 1934 die Freigrenze für Vermögen von 200 000 auf 50 000 RM herabgesetzt und damit der Kreis der Reichsfluchtsteuerpflichtigen wesentlich erweitert.[38]

Nach den Verordnungen vom November 1938 blieb vom Depotvermögen jüdischer Eigentümer kaum noch etwas übrig. So wurden Aktien eines jüdischen Ehepaares auf dem Fragebogen des Reichswirtschaftsministeriums (Ausfuhrförderfonds-Kapitaltransfer) am 4. Oktober 1939 mit 17 540,21 RM angegeben, die die Hypo-Bank an die Preußische Staatsbank überweisen musste. Der daraufhin von der Deutschen Golddiskontbank, Berlin, festgesetzte geradezu lächerlich geringe Valutenbetrag von etwas mehr als 81 britischen Pfund gelangte nicht mehr an die nach England emigrierten Eigentümer, sondern wurde ebenfalls eingezogen, in diesem Fall von der Deutschen Reichsbank, wie die Hypo-Bank im Wiedergutmachungsfall am 8. April 1957 mitteilte.[39] Bei einem Kunden der Bayerischen Staatsbank, die – als staatliches Institut – anders als die privaten Regionalbanken nicht versuchte, Spielräume zu nutzen, liegt die der Bank mitgeteilte genaue Berechnung des Finanzamtes Hof für einen jüdischen Arzt vor. Sie stammte aus den ersten Wochen nach der offiziell einsetzenden Beraubungswelle im Dezember 1938. Das Finanzamt äußerte den Verdacht, der Arzt könne seinen inländischen Wohnsitz verlegen, weshalb es vorsorglich die Abzüge von seinem Vermögen nannte und eine „Sicherheitsleistung" vom Konto sperrte, obwohl sich seine Vermutung lediglich darauf stützte, dass die Approbation für jüdische Ärzte am 30. September 1938 beendet worden war. Das Vermögen wurde gemäß den Steuererklärungen auf 68 000 RM berechnet, wovon 25 Prozent als Reichsfluchtsteuer und 20 Prozent als „Vermögensabgabe" (,Sühneleistung') abgezogen wurden, die sich aber nicht auf den schon durch die Reichsfluchtsteuer vermin-

---

37 Reichsfinanzministerium, 26. Juli 1933, Text ebd., S. 42.
38 Text ebd., S. 81.
39 Kundenakt, Wiedergutmachung. D-Hypo-FIL-A-4583.

derten, sondern den tatsächlich nicht mehr existierenden Gesamtbetrag bezogen.[40] Mit anderen Worten: Schon unmittelbar nach den im November 1938
verschärften Regelungen behielten auswanderungsbereite deutsche Juden nur
die Hälfte ihrer finanziellen Mittel, bevor immer neue Restriktionen und schließlich die Beschlagnahme einsetzten. Es wirkt wie eine Farce, wenn das Finanzamt die übliche Formel wiederholte, gegen den „Sicherungsbescheid" sei die
Beschwerde zulässig.

Immer wieder erfolgten seit November 1938 weitere Verschärfungen gegen
emigrierende deutsche Juden, wobei das Ende mit dem Auswanderungsverbot
am 23. Oktober 1941 erreicht war: „Angesichts der nahe bevorstehenden Endlösung der Judenfrage wird die Auswanderung von Juden deutscher Staatsangehörigkeit und staatenloser Juden aus dem Reich unterbunden"[41]; Ausnahmen konnten zugelassen werden, wenn dies im Interesse des Reichs lag. Damit
war das Ende der Reichsfluchtsteuer gekommen, auch wenn sie immer wieder,
schließlich am 9. Dezember 1942 „bis auf weiteres", verlängert wurde. Tatsächlich
handelte es sich nicht um eine Steuer, sondern die Enteignung des größten Teils
des Vermögens bei genehmigter Auswanderung, kamen doch zum Steuersatz
zusätzliche Abgaben aufgrund von Devisenbestimmungen und Vorschriften zum
Wechselkurs. Für die „Arisierung" von Immobilien oder Unternehmen bedeutete
dies: Selbst wenn der Käufer den Marktwert bezahlte und Provisionen den üblichen Rahmen solcher Transaktionen nicht überschritten, kassierte der Staat
den größten Teil des Erlöses.

Auch bei der Vermögenssperrung bzw. Enteignung sind einzelne Phasen zu
unterscheiden. Bis ins Jahr 1941 versuchte beispielsweise die Hypo-Bank noch
Spielräume zu erhalten; seit 1941/42 war dies kaum mehr möglich. Ein Beispiel
dafür, dass die Bank auch in diesem Sektor der antijüdischen Politik des NS-
Regimes gegen ihre Kunden nicht sofort oder gar vorauseilend folgte, bildet eine
Anfrage über die „Beschlagnahme bei Ausbürgerungen". Hier ging es also noch
nicht um die sofortige Enteignung bei Deportation bzw. Tod des Konteninhabers.
So warf die Hypo-Bank am 17. Juni 1941 in einem Schreiben an die Wirtschaftsgruppe Privates Bankgewerbe in Berlin „nochmals die Frage" auf, „ob Kreditinstitute *von sich aus* verpflichtet sind, beschlagnahmte Vermögenswerte von
ausgebürgerten Personen dem Finanzamt Moabit-West anzuzeigen [...] Auch
weiterhin möchten wir die Ansicht vertreten, daß die Kreditinstitute auf Grund
der veröffentlichten Bekanntmachungen des Reichsinnenministers *nicht* zur
Anzeigenerstattung verpflichtet sind. Es genügt, wenn die beschlagnahmten
Werte gesperrt gehalten werden."

---

40 Kundenakt, Depotführung. D-BySt-FIL-A-45.
41 Text in: Das Sonderrecht für die Juden im NS-Staat, S. 361.

Es erschien der Bank

außerdem sehr bedenklich [...] die Entscheidung darüber, ob das beschlagnahmte Vermögen eines Ausgebürgerten als dem Reich verfallen erklärt werden soll oder nicht, davon abhängig gemacht würde, daß dem Finanzamt Moabit-West Meldungen über das Vorhandensein von beschlagnahmten Vermögenswerten zugegangen sind. Wir dürfen in diesem Zusammenhang auch wiederholt darauf hinweisen, daß durch die fehlende Angabe des letzten inländischen Wohnsitzes des Ausgebürgerten vielfach die Feststellung schwierig ist, ob Personenidentität zwischen einem Ausgebürgerten und einem Kunden gegeben ist.[42]

Das vom Reichsführer SS herausgebene Verzeichnis liefere „keine genügende Abhilfe" und würde im Übrigen nicht in sämtlichen Niederlassungen der Bank gehalten.[43] Ganz offensichtlich wollte die Hypo-Bank, wie auch die weiteren Passagen diese Briefes zeigen, nicht allein rechtliche Bedenken geltend machen, sondern auch administrative Hindernisse aufbauen. Außerdem verwies die Bank auf Widersprüche bzw. Unklarheiten in den einschlägigen Verordnungen. Diese Verzögerungstaktik reichte nicht aus, um die jüdischen Kunden gegen die Machtmittel und die zunehmend brutale und systematische Verfolgung durch das NS-Regime zu schützen, sie konnte schließlich die bald einsetzende massenhafte Deportation nicht verhindern. Doch ist es bemerkenswert, wie die Bank noch im Sommer 1941 versuchte, Spielräume zu gewinnen. Ihre schwache Position zeigte sich allerdings nicht zuletzt darin, dass sie innerhalb des vorgegebenen Rahmens taktieren musste und deshalb keine durchschlagenden Möglichkeiten besaß. Sie konnte nur Probleme aufzählen, die der Realisierung der NS-Politik in diesem Sektor entgegenstanden, und selbst auf den Hinweis zurückgreifen, nicht in allen Niederlassungen liege Himmlers Ausbürgerungsverzeichnis vor.

Verschiedentlich versuchten jüdische Kunden, ihre Depots an die Münchner Bank Seiler & Co. überweisen zu lassen, die, wie ein Kunde der Hypo-Bank schrieb, die größte Erfahrung in der Bezahlung einer Passage, d.h. der Ausreise aus NS-Deutschland, verfügte. Ganz offenbar vertraute er der Hypo-Bank, teilte er ihr doch am 25. Februar 1941 mit, dass er die Auswanderung beabsichtige. Ein Angestellter der Hypo-Bank besprach daraufhin die Angelegenheit mit Mitarbeitern des Bankhauses Seiler & Co., wobei diese betonten, ihrer Bank liege nichts ferner, als in den Kundenkreis anderer Banken einzudringen. „Die Tatsache, dass sich gerade an Seiler & Co. Juden in Transfer- und Passageangelegenheiten wenden, und zwar nicht bloss aus München oder Augsburg, sondern aus ganz Bayern, rührt nach Darstellung der Herren daher, dass Seiler & Co. in verschiede-

---

42 Hypo-Bank an Wirtschaftsgruppe Privates Bankgewerbe vom 17. Juni 1941, die Zitate S. 1 und 2. D-Hypo-KOM-A-6854. Hervorhebungen im Original.
43 Ebd.

nen Fällen in der Lage war, den Juden die von ihnen gewünschten Wege zu weisen und dass sich das eben unter den an der Auswanderung interessierten Juden unmittelbar herumgesprochen hat, ohne dass die Firma Seiler & Co. irgendetwas von sich aus tut." Der Mitarbeiter der Hypo-Bank erwähnte in seinem Antwortbrief an den jüdischen Kunden einen Fall, in dem dessen Effektendepot gar nicht auf die Bank Seiler & Co. übertragen wurde, sondern von einer Zweigstelle der Hypo-Bank in dessen Auftrag verkauft worden sei, „während die Passageangelegenheit durch Seiler & Co. erledigt wurde".[44] Auch wenn es zu diesem Zeitpunkt – dem letzten, an dem Auswanderung trotz aller Hindernisse noch möglich war – formalistisch wirkt, den jüdischen Kundenstamm der Bank bewahren zu wollen, so steckte darin doch eine Chance: Der Kunde konnte den Hinweis als Wink mit dem Zaunpfahl verstehen. Auf diese Weise ließ sich das Interesse der Bank zum Erhalt seines Kundenstamms, und der Wunsch des Kunden, sein Vermögen zur Finanzierung der Emigration einzusetzen, verbinden.

Wie gut die Gestapo über solche Fälle informiert war, ist hier nicht nachweisbar. Eine genaue Kenntnis ist unwahrscheinlich, weil sie sonst konkrete Maßnahmen ergriffen hätte, doch von vagen Gerüchten, dass Banken jüdischen Kunden halfen, mochte sie Kenntnis haben. Jedenfalls wandte sich die Gestapo an die DAF, Gaufachamt Banken und Versicherungen, Gau Oberbayern, und forderte von den Banken „Zurückhaltung" in „Judenangelegenheiten". Daraufhin schaltete sich das Reichswirtschaftsministerium ein und Ministerialdirektor Schniewind wollte sich in einem Gespräch im April 1941 generell von der Hypo-Bank über ihr Vorgehen bei „Judenangelegenheiten" informieren lassen, worauf ein Vermerk über die „Behandlung von Judenangelegenheiten" angefertigt wurde. In diesem Gespräch mit einem Vertreter der Hypo-Bank, Hertlein, erklärte Schniewind: Nach den Anweisungen des Reichswirtschaftsministeriums solle „die Auswanderung von Juden nach Kräften unterstützt werden [...], so daß, jedenfalls soweit auswandernde Juden in Betracht kommen, die Förderung der Auswanderung in den Wünschen des Reichswirtschaftsministeriums liegt und daher der Hinweis der Gestapo sich wohl kaum auf diese Seite des geschäftlichen Verkehrs mit Juden beziehen kann."[45]

Angesichts der zur eigenen Sicherheit verwendeten indirekten Sprache sowie der oft unterschiedlichen bzw. konkurrierend agierenden Instanzen des NS-Regimes konnte die Hypo-Bank aus diesen Bemerkungen des Ministerialdirektors eine gewisse Rückendeckung für die Wahrnehmung der Auswanderungsinteressen jüdischer Kunden durch das Reichswirtschaftsministerium

---

44 Der Briefwechsel in: D-Hypo-KOM-A-6627.
45 Vormerkung des Büro 95 der Hypo-Bank vom 16. April 1941, über die Behandlung von Judenangelegenheiten, Streng vertraulich. D-Hypo-KOM-A-6627.

ableiten. Das bedeutete konkrete Hilfe für die Auflösung ihrer Depots, um die Ausreise zu finanzieren. Ob Schniewind in Voraussicht oder Kenntnis des geplanten Ausreiseverbots für deutsche Juden handelte und sie damit vor der Deportation bewahren wollte, ist aus diesem Gespräch nicht abzuleiten, ausgeschlossen ist es nicht. Jedenfalls gab es in dieser Frage kurzzeitig bis zum formellen Ausreiseverbot und der definitiven Beschlagnahme der Konten jüdischer Inhaber ein gewisses Zusammenspiel zwischen Banken, die deutschen Juden helfen wollten, und dem betreffenden hohen Beamten.

Den Endpunkt dieses Raubzugs des Deutschen Reiches gegen die Juden bildeten verschiedene Erlasse seit 1941. So schrieb die „11. Verordnung zum Reichsbürgergesetz" vom 25. November 1941 vor, die deutsche Staatsangehörigkeit der Juden erlösche, wenn sie ihren Aufenthaltsort im Ausland hätten: „Das Vermögen des … Juden verfällt mit dem Verlust der Staatsangehörigkeit dem Reich."[46] Die „11. Verordnung zum Reichsbürgergesetz" betraf auch Juden, die bis zum Inkrafttreten die deutsche Staatsangehörigkeit besessen hatten bzw. neben der ausländischen auch eine deutsche hatten. Der „Vermögensverfall" betraf außerdem Juden, die am 27. November 1941 bereits ihren Wohnsitz im Ausland hatten oder erst danach auswanderten.[47] Seitdem wurde der „Staatsraub an den Juden" zum „Raubmord an den Juden", wie es Götz Aly ausgedrückt hat.[48]

Diese antijüdischen Verordnungen des Reiches hatten für die Banken konkrete Konsequenzen. So erschienen am 1. Dezember 1941 bei der Hypo-Bank in München die Devisenprüfer Solnhofer und Schwägerl als Beauftragte der Dienststelle für Vermögensverwertung beim Oberfinanzpräsidenten München und verlangten „die Vorlage der Kundenkartei, soweit sie mit der Bank in Verbindung stehende Juden umfasse. Sie erklärten, beauftragt zu sein, die Beschlagnahme der Vermögen der evakuierten Juden bei den Banken auszusprechen. Dem Ersuchen wurde nach erfolgter Legitimation nachgekommen". Die Direktion wurde über die Regelungen informiert, und die Devisenprüfer teilten mit, dass entsprechende Erhebungen auch bei den anderen Münchner Banken durchgeführt und danach regional für den Zuständigkeitsbereich der Oberfinanzdirektion München weitergeführt würden.[49] Eine Reihe weiterer Anweisungen des Oberfinanzpräsidiums

---

46 § 3, Text in Das Sonderrecht für die Juden im NS-Staat, S. 357.
47 Vgl. das Rundschreiben Nr. 184 der Wirtschaftsgruppe Privates Bankgewerbe an ihre Mitglieder vom 4. Dezember 1941. D-Hypo-FIL-A-4229.
48 Aly, Hitlers Volksstaat, S. 311ff. Zur Enteignung ebd., S. 209ff.
49 Feststellung des Direktors Stock vom 2. Dezember 1941. D-Hypo-KONTO-A-95.

folgte.[50] In Zweifelsfällen entschied der Chef der Sicherheitspolizei und des Sicherheitsdienstes des Reichsführers SS (SD) gemäß § 8 der 11. Verordnung.[51]

Kein Zweifel: Wiederum bestätigte sich, wie perfekt das Regime die Enteignungsverfahren organisiert und kontrolliert hat, die Fragebogen, die die Banken über die Vermögenswerte jüdischer Kunden ausfüllen mussten, ließen keine Schlupflöcher, höchstens die häufiger deutlich werdende Verzögerungstaktik. Vermutlich auch deshalb zog sich dieser bürokratische Vorgang der Einziehung von Wertpapieren jüdischer Besitzer über Jahre hin, in einzelnen Fällen erging der Bescheid wohl erst Jahre nach der Deportation. Aber auch nachdem der größte Teil der noch im Reich verbliebenen Juden bereits deportiert war, ließen die Behörden nicht locker. So verlangte das Oberfinanzpräsidium München von der Hypo-Bank noch am 24. Mai 1943 genaue Aufstellungen, Kontoauszüge, Überweisungsbelege an die Preußische Staatsbank etc. über elf inzwischen offenbar deportierte jüdische Kunden, nachdem es am 8. März 1943 generell die Ablieferung der Wertpapiere der „nach Theresienstadt abgeschobenen Juden" an die Reichsbank gefordert hatte. Eine Namensaufstellung der „unter die Welle III fallenden Juden" wurde beigefügt.[52] Und selbst im Frühjahr 1944 erfolgten noch Einziehungen durch das Oberfinanzpräsidium München. Der letzte feststellbare Bescheid erging sogar erst ein halbes Jahr vor Kriegsende am 2. Oktober 1944 im Fall eines deutschen Juden, der bereits 1939 aus Deutschland emigriert war.[53]

Die Verordnung des Reichsfinanzministeriums vom 15. August 1942 lautete: „Das Vermögen abgeschobener Juden ist mit deren Grenzübertritt dem Reich verfallen".[54] Tatsächlich handelte es sich nicht um „Abschiebung" ins Ausland, sondern um die systematisch organisierte Deportation deutscher Juden in die Arbeits- und Vernichtungslager. Dies sollte der Öffentlichkeit indes nicht bekannt

---

50 Vgl. u.a. Oberfinanzpräsident München 14. Juli 1942, Betrifft: Ablieferung eingezogener Wertpapiere. D-Hypo-KONTO-A-94.

51 Zum Vorgehen der Banken vgl. Mitteilung der Direktion der Hypo-Bank „An die Vorstände unserer sämtlichen Niederlassungen und der einschlägigen Stellen im Hause" vom 8. Mai 1942, S. 2, sowie Rundschreiben Nr. 44 der *Wirtschaftsgruppe Privates Bankgewerbe* an die Mitglieder vom 20. März 1942, S. 2. D-Hypo-KONTO-A-94/1. – Der SD war 1931 mit der Bezeichnung I c Dienst unter der Leitung Reinhard Heydrichs gegründet worden und diente u.a. der Überwachung der anderen Parteien und innerparteilichen Gegner. Später wurde aus dem SD ein eigenes Hauptamt gegründet, das reichsweit 52 Leitabschnitte mit 51 Haupt- und 519 Außenstellen besaß: Fast 6500 hauptamtliche Mitarbeiter waren gegen Kriegsende tätig, die Zahl der für den SD tätigen V-Leute wird auf ca. 30 000 geschätzt.

52 D-Hypo-SB-A-2763 bzw. D-Hypo-SB-A-2782.

53 Vgl. Verzeichnis der in Sonderverwahrung gegebenen Abschriften der Bescheide des Oberfinanzpräsidenten betreffend die „Beschlagnahme und den Abruf von Judenvermögen", S. 2. D-Hypo-KONTO-A-95.

54 Text in: Das Sonderrecht für die Juden im NS-Staat, S. 384.

werden, hieß es doch in einem Geheimerlass an die beteiligten Behörden: „Im Einvernehmen mit dem Führer wird angeordnet, daß man bei einer öffentlichen Diskussion über die Judenfrage davon absehen soll, über eine Endlösung zu sprechen: Juden werden zur Arbeit geschickt, en bloc und in angemessener Weise."[55] Wegen dieser Geheimhaltungsabsicht wurde normalerweise der verharmlosende Begriff „Evakuierung" verwendet, so dass die Banken Listen mit „evakuierten Juden" führten. Für die Banken bedeuteten solche Regelungen naturgemäß, dass das wahre Schicksal jüdischer Konteninhaber nicht genannt, ja teilweise nicht einmal gewusst werden durfte. Natürlich war die sich seit 1933 immer mehr verschärfende Diskriminierung, Drangsalierung und schließlich Verfolgung der deutschen Juden öffentlich, also auch den Angestellten der Banken, bekannt.

Ein Beispiel für die Brutalität der „Arisierung" bildet die Familie Braun, deren Vermögen zugunsten des Reiches „eingezogen" wurde. Sie war Eigentümerin des „Hildebrandhauses" in der Maria-Theresia-Straße 23 in Bogenhausen, heute Sitz der Monacensia. Die Familie Braun schloss unter dem Druck der Behörden am 28. Juli 1941 mit Luise Roeckl einen Kaufvertrag über 220 000 RM ab. Davon musste sie fünf Prozent an die vom zuständigen Regierungspräsidium eingesetzten Treuhänder abführen. Das Finanzamt München verlangte die Bezahlung von Steuerrückständen, die aus der sog. „Judenvermögensabgabe" herrührten. Der Münchner Oberbürgermeister Karl Fiehler genehmigte den Kaufvertrag am 23. Januar 1942 unter der Auflage, dass über den Verkaufserlös nur mit Genehmigung des Finanzamts verfügt werden dürfe – um die „Reichsfluchtsteuer" sicherzustellen. Doch kam für Elisabeth Braun und ihre Tante Rosa die Genehmigung zu spät: Beide waren aus dem Hildebrandhaus in das Internierungslager in Berg am Laim gebracht worden, von wo Elisabeth Braun am 20. November 1941 nach Kaunas/Litauen deportiert und wenige Tage später, am 25. November, ermordet[56] wurde. Ihr Vermögen wurde zugunsten des Reiches eingezogen. Ihre Tante Rosa wurde offenbar nochmals in München umgesiedelt, da sie in den Listen mit der Adressenangabe „Knorrstraße" steht. Dort – in Milbertshofen – befand sich ein Internierungslager für Münchner Juden. Im Juli 1942 wurde sie nach Theresienstadt deportiert, wo sie noch wenige Wochen vor Kriegsende im März 1945 ermordet wurde. Da Elisabeth Braun, die zum Protestantismus konvertiert war, die Evangelische Kirche in Bayern schon im Juni 1940 als Erbin eingesetzt hatte, konnte nach dem Zusammenbruch der NS-Diktatur 1945 nur die Kirche Wiedergutmachung beantragen.

---

55 Text ebd., S. 400.
56 Vgl. dazu Ulrike Haerendel, Der Schutzlosigkeit preisgegeben. Die Zwangsveräußerung jüdischen Immobilienbesitzes und die Vertreibung der Juden aus ihren Wohnungen, in: Baumann/ Heusler (Hg.), München arisiert, S. 105–128, über Elisabeth und Rosa Braun S. 110–112.

In den Unterlagen der Hypo-Bank finden sich eine Reihe ähnlicher Beispiele für Enteignungen, bei denen auf der Grundlage eigens dafür erlassener Verordnungen und Gesetze das Vermögen deutscher Juden eingezogen wurde. Das Verfahren war bürokratisch organisiert und kontrolliert, die Banken mußten Kontenbestände, Wertpapiere, Pfandbriefe an die Reichsbank transferieren. In Einzelfällen bat die Bank darum, Pfandbriefe zu den amtlichen Börsenkursen kaufen zu können, in solchen Fällen war sie also selbst geschäftlich beteiligt, wenn dies vom Reichsfinanzministerium genehmigt wurde.[57] Die Bereicherung allerdings kam auch dann dem Reich zugute, nicht der Bank, da sie für die Pfandbriefe den üblichen Kurs zahlte, nur eben nicht an die rechtmäßigen Eigentümer, sondern an die Reichsbank. In diesem Fall teilte die Bank dem Reichsfinanzministerium am 26. März 1943 mit, sie habe infolge der Genehmigung aus dem angegebenen Depot Pfand-, Wert- und Rentenbriefe im Wert von 65 501,45 RM spesenfrei übernommen und die genaue Abrechnung dem Ministerium zugeleitet, der Gegenwert sei der Reichshauptkasse überwiesen worden.[58]

Schließlich enthielt die „13. Verordnung zum Reichsbürgergesetz" vom 1. Juli 1943 die Vorschrift: „Nach dem Tode eines Juden verfällt sein Vermögen dem Reich." Der vorhergehende Paragraph hatte die Juden nochmals unter ein – ebenfalls einen Verstoß gegen rechtsstaatliche Prinzipien darstellendes – neues Sonderrecht gestellt, indem strafbare Handlungen nicht mehr durch Gerichte, sondern im Falle von Juden durch die Polizei geahndet werden sollten.

Die durch die nationalsozialistische Diktatur erlassenen Vorgaben mussten die Banken also gegenüber ihren jüdischen Kunden erfüllen, zumal die Einhaltung dieser Verordnungen durch Behörden oder Organisationen des Regimes überwacht wurde. Diese Regelungen selbst standen nicht zur Disposition, ihre Anwendung konnte eine Zeitlang und sehr begrenzt mit einer gewissen Rücksicht erfolgen, Entscheidungen herausgezögert oder beschleunigt werden, private Interessenten konnten sich auf Kosten der jüdischen Opfer bereichern und sich so am staatlich organisierten Raub beteiligen oder aber selbst einen fairen Preis zahlen – auch wenn er am Ende nur mit einem geringen prozentualen Anteil dem jüdischen Inhaber zugute kam. Anständiges Verhalten im Einzelnen war also möglich, auch wenn es am kriminellen Charakter des Gesamtvorgangs nichts änderte. In München, wo der Oberbürgermeister Karl Fiehler eigenmächtig schon vor der Reichsverordnung vom 14. Juni 1938 ohne jegliche Rechtsgrundlage ein Verzeichnis der Gewerbebetriebe mit jüdischen Eigentümern hatte anlegen

---

57 Dieses Beispiel eines jüdischen Kunden, der in München Rechtsanwalt war, findet sich in: D-Hypo-SB-A-2777. Der Vorgang ist vom Oktober 1942. Er war laut Vermerk im März/April 1942 in das Generalgouvernement „evakuiert" worden.
58 Ebd. Hypo-Bank an Reichsfinanzminister vom 26. März 1943.

lassen, sind zahlreiche Fälle persönlicher Bereicherung im Zuge der „Arisierung"
bekannt, darunter viele von Parteigenossen, beispielsweise Fiehlers Bruder. Den
Industrie- und Handelskammern wurde durch Verordnung vom 26. April 1938
die Koordination der „Arisierung" übertragen und bei ihnen eigene Referate ein-
gerichtet, denen weitgehend die Entscheidung darüber oblag, ob ein Gewerbe-
betrieb zu liquidieren oder zu „arisieren" war. Bei größeren Unternehmen mit
mehr als 1000 Mitarbeitern entschied das Reichswirtschaftsministerium. Die
Banken trafen derartige Entscheidungen nicht. Der mit weitem Abstand größte
Profiteur nach 1938 war in jedem Fall der Staat. Haben die Banken wie in der
Personalpolitik die Entscheidungen herauszögern können, haben sie sich unter
diesen Rahmenbedingungen, soweit es an ihnen lag, fair verhalten oder wurden
sie in großem Stil ebenfalls zu Profiteuren der Enteignung?

Auch hier müssen die Großbanken, wie die Deutsche Bank und die Dresdner
Bank, die an umfangreichen „Arisierungsfällen" beteiligt waren und an ihnen
verdienten, von den kleineren Banken und den Regionalbanken, die kaum im
besetzten Gebiet operierten, unterschieden werden – wenngleich quantitativ
geringere „Arisierungen" aufgrund dieser Differenz keineswegs zu rechtferti-
gen sind. Allerdings zeigen die Differenzen eben auch Handlungsspielräume:
So spielte etwa die Commerzbank „im Unterschied zur Deutschen Bank und zur
Dresdner Bank bei der Vernichtung jüdischer Gewerbunternehmen eine weniger
wichtige Rolle [...] Spektakuläre Fälle, an denen sie maßgeblich beteiligt war,
sind selten".[59]

Soweit aus den Unterlagen ersichtlich, steigerten sich die Einnahmen der
beiden bayerischen Banken aus Provisionen nicht, sie waren bei der Hypo-Bank
zeitweilig sogar rückläufig, z.B. 1935.[60] Für die Meldung der Depots und Konten
jüdischer Kunden erhob die Hypo-Bank Gebühren, die sich auf drei bis zehn RM
beliefen und den entsprechenden Konten jüdischer Kunden belastet wurden: Bei
einer größeren als „Evakuierung" kaschierten Deportationswelle von 66 Konten-
inhabern nahm sie beispielsweise am 19. Juni 1942 insgesamt 330 RM ein[61], dem
Reich als Profiteur verursachte dieses Verfahren also keine Kosten.

Bei der Ersteigerung oder Versteigerung von Grundstücken ist nur in begrenztem Umfang erkennbar, ob es sich bei ihnen um jüdisches Eigentum gehandelt

---

59 Ludolf Herbst, Banker in einem prekären Geschäft: Die Beteiligung der Commerzbank an
der Vernichtung jüdischer Gewerbunternehmen im Altreich (1933–1940), in: Ders./Weihe,
Die Commerzbank und die Juden, S. 74–130, das Zitat S. 74. Vgl. auch Bernhard Lorentz, Die
Commerzbank und die „Arisierung" im Altreich. Ein Vergleich der Netzwerkstrukturen und
Handlungsspielräume von Großbanken in der NS-Zeit, in: VfZ 50 (2002), S. 237–268.
60 Vgl. 110. GB der Hypo-Bank Geschäftsjahr 1935, S. 14. D-Hypo-KOM-PUB-113.
61 Vgl. Gebühren-Belastung für die Durchführung der Meldung der jüdischen Depots und
Konten gemäß § 7 der 11. VO zum Reichsbürgergesetz. D-Hypo-KONTO-A-95.

hat. Der allergrößte Teil der Fälle betraf offensichtlich wie schon vor 1933 Schuldner, die, wie die Bank feststellte, nicht aus unverschuldeter Notlage in der Wirtschaftskrise, sondern aus eigener Verantwortung, in größerem Ausmaß und über längere Zeiträume die Zinszahlungen versäumt hatten, wie nicht zuletzt die bis Ende der 1930er Jahre regelmäßig hohen Zinsrückstände dokumentieren.[62] In einem Teil dieser Fälle kam es zu Zwangsversteigerungen, auch die Hypo-Bank und die Bayerische Vereinsbank ersteigerten Immobilien und veräußerten sie zum Teil später wieder. In der Regel handelte es sich um übliche Vorgänge, die nicht spezifisch für das NS-Regime gewesen sind.

Eine Liste der Hypothekenabteilung der Hypo-Bank enthält zwischen dem 31. Januar 1933 und dem 31. März 1943 insgesamt 154 eingesteigerte bzw. gekaufte Grundstücke im gesamten Reichsgebiet in den Grenzen von 1937, darunter befinden sich zwischen 1933 und 1939 insgesamt 29 Immobilien vermutlich jüdischer Eigentümer und eines, bei dem der Ehemann der Eigentümerin Jude war. Eine weitere Liste der Hypo-Bank enthält für den Zeitraum 1933 bis 1940 insgesamt 85 vermutlich zwangsversteigerte Objekte, unter denen 20 jüdische Vorbesitzer hatten. Die Immobilien wurden oft kurzfristig, in der Regel aber erst nach einigen Jahren, weiterverkauft. Sieben dieser Grundstücke jüdischer Vorbesitzer wurden zwischen Frühjahr 1938 und Sommer 1939 verkauft, zum Teil also nach der erzwungenen „Arisierung". Unter den in der erstgenannten Liste aufgeführten Immobilien sind mehrere, deren Eigentümer verstorben waren. Aus den Angaben ist nicht ersichtlich, ob es sich bei diesen Transaktionen um solche handelte, die aufgrund der gegen jüdische Eigentümer gerichteten Enteignungsgesetze vorgenommen wurden, zumal sich darunter nur zwei nach dem Frühjahr 1938 abgewickelte Geschäfte befanden.[63] Hinweise auf „Arisierungsfälle" finden sich dort nicht, wenn solche auch nicht auszuschließen sind. Die erzielten Preise sind den Aufstellungen nicht zu entnehmen, wären jedoch allein nicht unbedingt aussagekräftig, weil im Falle nichtjüdischer Eigentümer die Preise bei Zwangsversteigerungen ebenfalls in der Regel unter den durchschnittlichen Marktpreisen lagen.

Die Bayerische Vereinsbank erstellte 1948 eine Liste mit insgesamt 66 bankeigenen Gebäuden und Grundstücken aus dem gesamten Reichsgebiet, die allerdings nur zum Teil jüdischen Vorbesitzern gehört hatten und deren Namen angegeben wurden.[64] Aus der Aufstellung ist nicht ersichtlich, zu welchem Preis die Gebäude erworben worden waren, zum größeren Teil handelte es sich um die

---

62 S.o. die jeweiligen Abschnitte zur Geschäftsentwicklung.

63 Aufstellung der ab 31. Januar 1933 von der Hypotheken-Abteilung ersteigerten bzw. gekauften Grundstücke. D-Hypo-KREDIT-A-96.

64 Bayerische Vereinsbank, Grundstücksbüro, Bankgebäude mit ehemals jüdischen Vorbesitzern, 1948. D-BV-HP-A-996.

erwähnten Einsteigerungen, deren Daten aber nicht immer angegeben wurden, die meisten Fälle lagen vor der staatlich verordneten „Arisierung". Auch die Bayerische Vereinsbank verkaufte normalerweise früher oder später diese Grundstücke weiter, sie waren also 1948 in der Regel mit der Ausnahme von Bankgebäuden nicht mehr in ihrem Besitz. In einem undatierten, vermutlich aber aus dem Jahr 1948 stammenden Gesprächsvermerk der Bayerischen Vereinsbank wurde festgehalten: „Es besteht Einigkeit, dass bei einer von einer Hypothekenbank betriebenen Zwangsversteigerung in der Regel der Tatbestand einer Entziehung im Sinne des Art. 2 des Gesetzes 59 nicht gegeben sein wird, dass aber trotzdem vorsorglich Anmeldung zu tätigen ist, wenn die Bank das Grundstück eingesteigert hat. Dies gilt auch dann, wenn es inzwischen weiterveräussert worden ist; sind die Rechte aus dem Meistgebot abgetreten, dann hat für die Bank eine zur Anmeldung verpflichtende Rechtslage in keinem Zeitpunkt bestanden."[65] Diese Besprechung bezog sich auf eine in Vorbereitung befindliche Durchführungsverordnung des Bayerischen Justizministeriums zur alliierten Entschädigungsgesetzgebung. Tatsächlich konnte aus der Tatsache der Zwangsversteigerung nicht ohne Einzelfallsprüfung abgeleitet werden, ob es sich um systembedingte antijüdische Maßnahmen handelte oder nicht, wie bei allen Entschädigungsfragen musste der jeweilige Fall geprüft werden.[66]

In einem anderen Fall, einer „Fremdenpension", gab es zwar jüdische Vorbesitzer, doch hatten sie nach Feststellung der Bank ihre Ertragsmöglichkeiten überschätzt. Sie hatten zur Modernisierung mehrfach Hypotheken aufgenommen, die durch eine Grundschuld zugunsten der Bayerischen Vereinsbank gesichert waren. Da die Eigentümer Steuerrückstände in Höhe von 11 300 RM seit dem Jahr 1932 nicht bezahlen konnten, führte die „Beitreibung" durch das Finanzamt zur Zwangsversteigerung, bei der die Bayerische Vereinsbank der einzige Bieter war und das Grundstück schließlich erwarb. Aus dem Erlös von 70 000 RM wurden dann die Gläubigerforderungen bestritten. Die Bayerische Vereinsbank sah hier also keinen Entschädigungsfall und gelangte zu dem Schluss: „Demnach kann ein Zwangsversteigerungsverfahren nur dann als Mißbrauch eines Staatsaktes ausgelegt werden, wenn der Erwerber die tatsächliche und rechtliche Machtlosigkeit des rassisch oder politisch Verfolgten zwecks Durchführung der Zwangsversteigerung ausgenützt hat."[67]

---

65 Ebd.
66 Vgl. etwa ebd., die Filiale Ansbach weist am 1. März 1948 darauf hin, dass unter den Vorbesitzern eines zwangsversteigerten Anwesens keine Juden gewesen seien, also das Rückerstattungsgesetz nicht anzuwenden sei.
67 Bayerische Vereinsbank an das Zentralmeldeamt Bad Nauheim, Mai 1948. Ebd., das Zitat S. 2f.

In einer bayerischen Stadt hatte die Bayerische Vereinsbank zwischen 1932 und 1941 insgesamt 34 Zwangsversteigerungen betrieben, wovon sechs jüdische Schuldner betrafen. In einem dieser Fälle ging es um einen beträchtlichen Streitwert, weil die jüdische Schuldnerin zwar der Zwangsversteigerung im August 1938 zugestimmt hatte, doch ein Mindestgebot von 750 000 RM für notwendig hielt, während die Bank die Festsetzung auf 360 000 RM erreichte. Die Bank leitete daraufhin die Zwangsversteigerung ein und erwarb das Anwesen schließlich im März 1939 für 310 000 RM selbst. Sie gründete eine Sanatoriums-Gesellschaft, verkaufte diese aber im Dezember 1942 mit dem Anwesen für 350 000 RM zuzüglich Inventar für 150 000 RM. Das zuständige Landgericht hob mit Entscheidung vom 17. Oktober 1951 das vorhergehende Urteil gegen die Bayerische Vereinsbank auf. 1958 kam es zu einem erneuten Rechtsstreit, der sich nur noch auf einen Aspekt bezog, nämlich Wert und Behandlung der Ausstattung sowie medizinischer Geräte des Sanatoriums. Die Erben der ursprünglichen Besitzerin machten in unterschiedlichen Punkten sowohl gegen die Bayerische Vereinsbank als auch den Nachkäufer des Sanatoriums Ansprüche geltend, ohne dass damals ein Urteil gefällt wurde. Von der Bayerischen Vereinsbank wurde eine Entschädigung von 37 780 DM gefordert, die sie ablehnte und ihrerseits eine noch nicht getilgte Darlehensforderung in Höhe von 11 563 RM zuzüglich vier Prozent Zinsen geltend machte.[68]

Bei Zwangsversteigerungen von Immobilien bzw. Grundstücken, an denen die Banken beteiligt waren, handelte es sich also selbst dann nicht zwangsläufig um „Arisierungen", wenn es jüdische Eigentümer betraf, ‚normale' Zahlungsschwierigkeiten bei Hypotheken konnten ebenso ursächlich sein wie gemeinschaftlicher Besitz, der nicht operationalisierbar war. So führte die Hypo-Bank 1939 die Zwangsversteigerung von Grundstücken in Schwabing herbei, zu deren Eigentümern aufgrund eines während der Weimarer Republik getätigten Konsortialgeschäftes außer der Bank selbst mehrere jüdische Eigentümer gehörten, von denen einige nicht mehr in Deutschland lebten. Den Erlös aus der Zwangsversteigerung führte die Bank gemäß den jeweiligen Anteilen auf und übermittelte den bisherigen Miteigentümern den Verteilungsbericht. In einem Fall war der Bank der Aufenthaltsort nicht bekannt, worauf sie eine inzwischen in London lebende bisherige Miteigentümerin um Weiterleitung bat. Die Bank erklärte, mit dem ihr zugeteilten prozentualen Anteil (von etwa einem Drittel des Erlöses) seien ihre eigenen Ansprüche abgegolten, auch war die Hypo-Bank nicht die Käuferin. Sie teilte der ehemaligen Teilhaberin in London ihren Anteil am Erlös mit und schrieb ihr: „Die notwendige Devisengenehmigung wird von uns beantragt, ebenso

---

68 Niederschrift der öffentlichen Sitzung des Landgerichts vom 9. Januar 1958 – Wiedergutmachungskammer. D-BV-HP-A-997, S. 2f.

wollen wir versuchen die nach der Verordnung über den Einsatz jüdischen Vermögens ausserdem noch erforderliche Genehmigung für Sie zu erwirken. Die vom Amtsgericht für die Durchführung der Teilung geforderte Erklärung, die wir Ihnen der Einfachheit halber im Entwurfe samt Durchschlag beilegen, wollen Sie unterzeichnen."[69] Das war ein ebenso höflicher wie hilfsbereiter, aber im Prinzip selbstverständlicher Stil – und doch während des NS-Regimes zumal gegenüber emigrierten deutschen Juden alles andere als selbstverständlich. Und auch die Grußformel „Heil Hitler" oder der „deutsche Gruß" wurde der Adressatin taktvollerweise erspart und stattdessen das zwar förmliche, aber damals ebenfalls keineswegs selbstverständliche Wort „hochachtungsvoll" verwendet.

Zwangsversteigerungen führten verschiedentlich zu Problemen, ohne dass jüdische Eigentümer davon betroffen waren. So lag die Bayerische Vereinsbank mit den Vorbesitzern bzw. deren Erben von zwei Hotels in Bad Kissingen in einem Rechtsstreit, der sich seit den 1920er Jahren bis 1939 hinzog, nachdem auch ein Vergleich von 1935 die Lage nicht bereinigt hatte. Streitpunkt war nicht allein der Wert der Immobilien, sondern die Zinssätze der Hypothek von 1925, die der Eigentümer nachträglich als „wucherisch" bezeichnete, wogegen sich die Bank unter Hinweis auf das seinerzeitige Zinsniveau zur Wehr setzte, es später aber ohne Anerkennung einer Rechtspflicht in einem Vergleich herabsetzte. Da eine grundsätzliche Einigung nicht zu erzielen war, betrieb die Bank aufgrund der Zinsrückstände seit 1932 die Zwangsversteigerung, was der Eigentümer jedoch verhindern konnte. Politisch wurde der Fall dadurch, dass der Kunde sich während der Weimarer Zeit an Ministerien und Politiker der Bayerischen Volkspartei wandte. Während des NS-Regimes setzte sich diese Auseinandersetzung fort, so dass sich auch NS-Stellen gegen die Bank einschalteten. Dagegen mobiliserte die Bayerische Vereinsbank schließlich ihren Reichskommissar Meukel, der daraufhin an die vorgesetzte Behörde der NS-Funktionäre, das Reichspropagandaministerium, schrieb, da die Angelegenheit seit Jahren Reichs- und Staatsbehörden sowie verschiedene Parteistellen beschäftige. Die Darstellung des Eigentümers entspreche in keiner Weise den Tatsachen, weder der Sach- noch der Rechtslage. „Noch weniger trifft die Beurteilung des Falles durch die Reichspropagandaleitung in München zu."[70] Auch derartige Fälle müssen im Einzelfall geprüft werden und belegen, dass neben den Zwangsversteigerungen gegen jüdische Eigentümer auch solche die Regel waren, die damit nicht in Zusammenhang stehen und trotzdem politische Implikationen besaßen.

In anderen Geschäftssparten, die ebenfalls nicht nur, aber unter anderem Juden betrafen, ergab sich in der Geschäftsentwicklung kein spezifischer Gewinn.

---

69 Hypo-Bank an Kundin in London vom 18. März 1939. D-Hypo-RET-A-3438.
70 Vgl. den Briefwechsel im Bayerischen Hauptstaatsarchiv, BayHStA, StMWi 317.

So klagte der Vorstand der Hypo-Bank im Frühjahr 1937 im Geschäftsbericht für 1936: „Die Devisenzwangswirtschaft hatte eine erhöhte Arbeit im öffentlichen Interesse im Gefolge, der sich die Banken zu unterziehen haben, obwohl sie dadurch belastet werden mit Unkosten, die in keinerlei Verhältnis stehen zu ihren geringen Einnahmen aus dieser Tätigkeit."[71]

Im Frühjahr 1939 finden sich direkte Hinweise auf die verordnete „Arisierung". So wird die „Liquiditätsminderung der Wirtschaft" konstatiert. Sie werde verursacht „durch erhöhte Investitionen infolge von Selbstfinanzierung der Industrie, verschärfte Steuerbelastung und Übernahme von Anlagen im Wege der Arisierung".[72] Die Hypo-Bank veranschlagte die Bedeutung der „Arisierung" für die wirtschaftliche Entwicklung des Reiches offenbar als gering, da beispielsweise die Abnahme des Börsengeschäfts durch „vorübergehende Arisierungsmithilfen" keinen Ersatz geboten habe. Allerdings belebte sich durch die Zwangsenteignung jüdischen Vermögens die Kreditnachfrage, da die Eigenmittel der nichtjüdischen Käufer offenbar in vielen Fällen dem Kaufpreis nicht entsprachen: „Die stärkere Kreditnachfrage entspringt aus vergrößertem Umsatz und dadurch erhöhtem Betriebsmittelbedarf, aber auch aus dem Bedarf für die zahlreichen Investitionen, für Betriebsausweitungen und für die Übernahme von neuen Anlagen aus jüdischem Besitz, soweit die eigenen Mittel der Betriebe hierzu nicht mehr ausreichen."[73]

Da der Staat der größte Profiteur der „Arisierungen" war, hieß das in zahlreichen Fällen für die Käufer bis dahin jüdischen Eigentums: Trotz des Profits durch Dumpingpreise, den sie erlangten, benötigten sie zusätzliche Kredite, die die Banken gegebenenfalls im Wege normaler Kredit- und Baufinanzierungen vergaben. In geringem und indirektem Maße konnten sie also durch die erzielten Zinseinnahmen an solchen Transaktionen zum Nachteil jüdischer Eigentümer an Gewinnen beteiligt sein – allerdings nicht in einem Ausmaß, das das insgesamt schlechte Hypothekengeschäft hätte kompensieren können. Hinzu kommt, dass Kreditvergabe für Investitionen zum normalen Bankgeschäft gehört und die Banken lediglich Liquidität prüfen und Rentabilitätsberechnungen anstellen, seinerzeit aber nicht die individuelle Moral von Investoren unter die Lupe nahmen. Aus den Unterlagen ist nicht erkennbar, dass die Hypo-Bank und die Bayerische Vereinsbank in solchen Fällen die Initiative ergriffen hätten. Bei den großen „Arisierungsfällen" bzw. dem Verkauf größerer Aktienpakete jüdischer Eigentümer, wie des Aufhäuser-Pakets bei der Hypo-Bank und des Mendelssohn-Pakets bei der Bayerischen Vereinsbank, wurden die beiden Banken – wie gezeigt –

---

71 101. GB der Hypo-Bank Geschäftsjahr 1936, S. 16. D-Hypo-KOM-PUB-104.
72 103. GB der Hypo-Bank Geschäftsjahr 1938, S. 7. D-Hypo-KOM-PUB-106.
73 Ebd., S. 11.

selbst nicht tätig, sondern im Gegenteil gegen ihre Absicht durch Parteistellen oder Funktionäre der NSDAP vor vollendete Tatsachen gestellt.

An der „Arisierung" der bisher nachgewiesenen 21 Fälle von Privatbanken[74] waren die drei hier behandelten bayerischen Banken und die Vereinsbank in Hamburg nicht beteiligt. Bildete der folgende Vorgang eine Ausnahme? Im Sommer 1938 teilte der Gauinspektor bzw. die NSDAP der Hypo-Bank mit, das Bankhaus Anton Kohn in Nürnberg solle möglichst schnell noch vor dem Parteitag „arisiert" werden, die Hypo-Bank solle dies bewerkstelligen. Die Hypo-Bank erklärte am 27. Juli 1938 gegenüber dem Reichskommissar für das Kreditwesen ihr Einverständnis und teilte mit, man habe Verhandlungen aufgenommen.[75] Die Inhaber des traditionsreichen Privatbankhauses Anton Kohn standen zeitweise auch als Aufsichtsratsmitglieder in Mandatsbeziehungen zu den beiden großen bayerischen Regionalbanken und versuchten bis zum Sommer 1938 ihre Bank zu erhalten. Doch als Dr. Richard Kohn wegen vermeintlicher „Rassenschande" angeklagt und verhaftet wurde, schwächte dies auch das geschäftliche Durchhaltevermögen, zumal er mit einer hohen Strafe rechnen musste. Aus diesen Gründen entschlossen sich die beiden Brüder im Sommer 1938 zum Verkauf ihrer Bank, die seit längerem Verluste machte und zu einem größeren Teil einen jüdischen Kundenkreis besaß, von dem man wußte, dass er sich durch Emigration ständig verkleinerte.[76] Doch scheiterten alle Versuche von Martin und Richard Kohn, ihr Bankhaus durch Verkauf an „arische" Eigentümer zu retten, weil die Nürnberger Gauleitung der NSDAP, u.a. durch Julius Streicher selbst, brutalen Druck ausübte und als erstes den Verkauf eines Bankgebäudes zu zehn Prozent des Einheitswertes erzwang. Die Gauleitung setzte den gegenüber den Eigentümern intriganten Betriebsobmann Simon Hassmann als kommissarischen Leiter ein, bevor im Zuge der Judenpogrome seit November 1938 der Druck und die persönliche Bereicherung von Parteifunktionären auf Kosten der Familie Kohn so stark wurden, dass sich die möglichen Interessenten – unter denen die Hypo-Bank dann doch nicht war – zurückzogen. Die Hypo-Bank hatte möglicherweise das Bankhaus retten wollen, doch spielte sie tatsächlich in diesem Verfahren keine Rolle. Vermutlich verfolgten konkurrierende Parteifunktionäre gegensätzliche, zum Teil sehr persönliche Interessen. Der Vorgang endete schließlich nach einigen Monaten nicht mit einer „Arisierung", sondern der Liquidation das Bank-

---

74 Vgl. Ingo Köhler, Die ‚Arisierung' der Privatbanken im Dritten Reich (Schriftenreihe zur Zeitschrift für Unternehmensgeschichte, Bd. 14), München 2005, S. 281, und Tabelle S. 365.

75 Dokumentation zur Bankgeschichte. D-Hypo-KOM-A-6855.

76 Vgl. zur Geschichte des Bankhauses: Maren Janetzko, Haben Sie nicht das Bankhaus Kohn gesehen? Ein jüdisches Familienschicksal in Nürnberg 1850–1950, Nürnberg 1998.

hauses Anton Kohn.[77] Dabei entsprach die nicht nur durch diesen Fall eintretende Verminderung vor allem der Privatbanken der Bankenpolitik des Regimes, das einen Konzentrationsprozess im Bankwesen betrieb. Die „Arisierung" bildete jenseits der Bereicherungsabsicht und der antijüdischen Grundlage ein probates Instrument. Die Gründungssperre für Kreditinstitute stammte bereits vom 4. September 1934 und betraf auch Filialen, es sei denn die Gründung entsprach einem „dringenden Bedürfnis".[78] Auch die Fassung des Gesetzes über das Kreditwesen vom 25. September 1939 sah ein Prüfungsverfahren vor, in dem der Bedarf nachgewiesen werden sollte.

Als Ausnahme könnte der Eigentümerwechsel der Privatbank Gebr. Marx in München gelten. Zusammen mit Karl Wurzinger und Siegmund Hirsch war Siegfried Marx Inhaber des Bankhauses Gebr. Marx (gegründet 1880) am Münchner Frauenplatz 5 / I. Der Prokurist des Bankhauses Gebr. Marx, August Lenz, nannte – im Einvernehmen mit den jüdischen Besitzern – das Bankhaus 1937 in Bankhaus August Lenz & Co. KG. um. Auf diese Weise wollten die Besitzer es „arisch" aussehen lassen. Ein Jahr später „kaufte" Lenz die Bank für 100 000 RM. Nach Ingo Köhler gehörte zu deren neuen Inhabern (Kommanditisten) auch die Hypo-Bank.[79] Dieser Fall bedarf weiterer Klärung. Im Handelsregister des Münchner Amtsgerichts werden ab 1938 als Kommanditisten August Lenz und Dr. Otto Schmitz sowie ab 1951 Hans Noris genannt.[80] Hans Noris war Mitglied des Aufsichtsrates der Hypo-Bank (1929 bis 1954). Die Beteiligung nahm Hans Noris wohl als Privatperson wahr. Es ist aus der Quellenlage nicht nachzuweisen, aber zu vermuten, dass er den Arisierungshintergrund kannte.

Eine Verbindung zwischen der Hypo-Bank und dem Bankhaus Lenz & Co. bestand vermutlich erst in der Nachkriegszeit über die umbenannte AG für Industrieverwaltung, vormals Eisenbahn-Rentenbank. An dieser war die Hypo-Bank kommanditarisch beteiligt, während die AG für Industrieverwaltung wiederum eine Beteiligung an Lenz & Co. besaß. Somit ist ab den 1950er Jahren eine enge Mandatsverbindung zwischen dem Bankhaus Lenz & Co. und der Hypo-Bank nachweisbar. Ab 1953 beteiligte sich die Hypo-Bank sogar direkt am Bankhaus Lenz & Co.[81]

In zwei anderen Fällen handelte es sich um die Übernahme der Liquidationsmasse. So übernahmen die Hypo-Bank und die Bayerische Vereinsbank „sämt-

---

77 Vgl. Köhler, Die „Arisierung" der Privatbanken, S. 414–420.

78 RGBl. I, 1934, S. 815.

79 Köhler, Die „Arisierung" der Privatbanken, S. 365.

80 Vgl. HR-Register-Auszug des Amtsgerichts in München Abteilung A, Band 3, 452, 453 und Abteilung A, Nr. 75, 14267.

81 GB der Hypo-Bank Geschäftsjahre 1948 bis 1953, S. 41.

liche Konten und Depots der liquidierten Bankhäuser I. Weiskopf (Krumbach) und Jakob Gerst (Gunzenhausen)". Es waren jedoch nicht die beiden Banken, „die sich aktiv um die Übernahme bemühten. So hatte etwa Justin Gerst, der Alleininhaber des Bankhauses Jakob Gerst, bereits im November 1937 der Wirtschaftsgruppe und dem Bankenkommissar bekannt gegeben, dass er sich ‚in Anbetracht des ständigen Abbröckelns der arischen Kundschaft‘, zu einer Liquidation der väterlichen Bankfirma entschlossen habe".[82] Er selbst bat die Bayerische Vereinsbank, seine Kreditnehmer sowie die auf fremde Rechnung verwalteten Wertpapierdepots zu übernehmen, vermutlich weil die Bayerische Vereinsbank als einzige weitere Bank in Gunzenhausen vertreten war. Der Vorgang kann zwar als profitables Geschäft angesehen werden, was im Einzelnen nachgewiesen werden müsste, doch eine zielgerichtete Aktivität der Banken zur „Arisierung" liegt definitiv nicht vor.

Die von der Bank gegebenen Kredite für den Kauf „arisierter" Betriebe weisen einen deutlichen Schwerpunkt in den Jahren 1938 und 1939 auf und betreffen unterschiedliche Bereiche.[83] Der Anteil innerhalb des gesamten Kreditvolumens betrug einen Bruchteil, so wurden im Jahr 1937 an vier Kreditnehmer insgesamt etwa eine Million RM vergeben, bei einem gesamten Kreditvolumen von 176 Millionen RM. Auf dem Höchststand 1939 wurden an siebzehn Käufer von Betrieben oder Immobilien bis dahin jüdischer Eigentümer knapp neun Millionen RM vergeben, bei einem Gesamtvolumen von 216 Millionen RM.[84] Insgesamt hat die Hypo-Bank zwischen 1937 und 1940 Kredite in Höhe von 748 Millionen RM vergeben. Darunter befanden sich Kredite für Käufer „arisierten" Eigentums in Höhe von 15,63 Millionen, das entsprach einem Anteil am gesamten Kreditvolumen von gut zwei Prozent. Dieser geringe Prozentsatz sagt über den Einzelfall nichts aus, weder über die rechtliche noch die menschliche oder moralische Dimension, doch zeigt er, dass sog. „Arisierungskredite" nur einen Bruchteil des Kreditgeschäfts ausmachten und also keine wesentliche Gewinnquelle für die Hypo-Bank gewesen sind.

Die Hypo-Bank, die Bayerische Vereinsbank und die Vereinsbank in Hamburg mussten jeweils staatlichen, kommunalen oder Landesbehörden wie

---

82 Köhler, Die „Arisierung" der Privatbanken, S. 299.
83 S. Dokumentation Jungmann-Stadler, Anlage 2. D-Hypo-KOM-A-7227. In einem „Hausbrief" verwies die Geschäftsführung der Hypo-Bank am 17. Mai 1939 auf die bei „Geschäftsverkäufen (Arisierungen), Grundstücksverkäufen etc. [...] des öfteren zu niedrige Provision. Üblich und durchsetzbar sind 3 % vom Verkäufer, 1 % vom Käufer." Die Geschäftsführung, die in diesem Rundschreiben insgesamt zehn Regelungen darstellte, die nicht spezifisch für das NS-Regime waren, behandelte offenbar „Arisierungs"-Verkäufe bzw. -käufe wie andere Geschäftsverkäufe auch. Vgl. D-Hypo-GeO-A-2612.
84 D-Hypo-LO-A-2922.

278 —— Die Regionalbanken, ihre jüdischen Kunden, ihre jüdischen Mitarbeiter

den Oberfinanzpräsidien, aber auch der Gestapo minutiös über die Konten und Wertpapierdepots jüdischer Kunden Rechenschaft ablegen. Seit November 1938 agierten auf Grundlage der generellen Anweisungen Görings auch kommunale Behörden gegen die Selbstständigkeit der Banken und das Bankgeheimnis, indem sie ihnen die Verwaltung der Konten jüdischer Kunden entzogen, allerdings zunächst nicht überall einheitlich. So teilte der Oberbürgermeister der oberpfälzischen Stadt Weiden, Hans Harbauer, am 10. November 1938 der dortigen Filiale der Hypo-Bank mit: „Im Auftrag der Geh. Staatspolizei Staatspolizeistelle Regensburg, sind sofort alle Konten von Juden Deutscher Staatsangehörigkeit zu sperren. Eine Abhebung oder Überweisung darf vorerst, bis zum Eingang weiterer Weisungen, nur mit meiner Zustimmung erfolgen. Über alle Konten von Juden ersuche ich sofort einen Kontoauszug in doppelter Fertigung nach dem Stand vom 1. Oktober 1938 bis heute mit allen Einzahlungen und Abhebungen zu erstellen und mir vorzulegen. In der Sicherstellung sind auch Depots und Wertpapiere etc. inbegriffen."[85] Interessant ist der Zeitpunkt, lag er doch zwei Tage vor der von Göring angeordneten sog. „Sühneleistung". Dies verweist darauf, dass die Enteignung von Guthaben jüdischer Kunden bereits vorbereitet war. Andererseits verwies die Filiale Landau der Bank am 14. November 1938 darauf, dass einschlägige Verordnungen nicht überall erlassen worden seien, das gelte beispielsweise für die Devisenstelle der Oberfinanzdirektion Würzburg mit Zweigstelle in Ludwigshafen, so dass Überweisungaufträge durchgeführt werden könnten. Die Zweigstelle Landau war deshalb verunsichert, nachdem sie für einen „nichtarischen" Kunden mit französischer Staatsangehörigkeit, der in Landau ansässig und am 26. Februar 1938 nach Straßburg ausgewandert war, immer wieder vergleichsweise hohe Beträge von 4000 bzw. 5000 RM an eine Kölner Filiale der Allgemeinen Elsässischen Bankgesellschaft Straßburg überwiesen hatte. Von dort war das Geld, wie die Bank wusste, einem Konto in Paris gutgeschrieben worden. Dem Namen nach zu urteilen, handelte es sich um einen deutschstämmigen Elsässer. Nun hatte er einen erneuten Überweisungsauftrag in dieser Höhe gegeben, für den eine Devisengenehmigung vorlag, dem jedoch das Rundschreiben der Direktion über die verfügte Sperrung jüdischer Konten vom 10. November entgegenstand. Die Zweigstelle Landau bat unter Hinweis auf die „Besonderheit", dass der Kontoinhaber französischer Staatsbürger sei, am 11. November 1938 die Devisenabteilung um Mitteilung, ob sie die Überweisung ausführen dürfe.[86] Der Vorgang zeigt, dass die Zweigstelle bis zum 10. November 1938 ohne weiteres Überweisungen von jüdischen Kontoinhabern normal bearbeitet hat und nun immerhin erwog, dies auch weiterhin zu tun.

---

85 Ebd.
86 Beide Briefe ebd.

In einem anderen Fall legte die Bank am 11. November 1938 die Anweisung zur Kontensperrung für ein im „Verkauf" befindliches jüdisches Unternehmen in Hof so aus, dass sie nicht die Weiterführung des Betriebes behindern dürfe: „Solche Zahlungen werden im Interesse der Arbeiterschaft nicht der Sperre unterworfen sein." Die Zweigstelle Neumarkt in der Oberpfalz wiederum weigerte sich, der Anweisung eines Polizeimeisters Folge zu leisten, der sowohl die Sperrung als auch eine Aufstellung jüdischer Konten gefordert hatte. In dem „streng vertraulichen" Aktenvermerk hieß es unter anderem: Der Unterzeichner habe den Polizeimeister darauf hingewiesen, dass die Sperrung durch eine neue Verfügung aus München wieder aufgehoben sei. Kontensperrung und Auskunft könne „erst nach Eingang einer *schriftlichen* Behördenverfügung und dann auch erst nach Rückfrage und Genehmigung bei bzw. seitens unserer Hauptbank-Direktion erteilt werden."[87]

Solche Reaktionen der Bank bzw. ihrer Zweigstellen haben die Sperrung und anschließende Enteignung jüdischer Konteninhaber nicht aufhalten können, da die Bank über keine Machtmittel gegenüber dem Regime verfügte. Doch zeigt sich an diesen Fällen ebenfalls eine Verzögerungstaktik und alles andere als vorauseilender Gehorsam.

Andererseits begegnen auch Fälle, wo Zweigstellen ohne Umschweife die Verordnungen umsetzten, wie diejenige in Prien, bei der es nur zwei jüdische Kunden gab. Die Zweigstelle vermerkte: „Eine Verpflichtung der Bank, die Inhaber der jüdischen Konten von der Sperre zu verständigen, besteht nicht. Die Juden werden ja längst über die Sachlage unterrichtet sein. Im übrigen wird eine Benachrichtigung sich erst notwendig machen im einzelnen Fall, welcher Veranlassung zu einer Handlung der Bank gibt." Auch ist es fraglich, ob die Zweigstelle so prompt die beiden Kontoinhaber hätte nennen müssen, handelte es sich doch in einem Fall um das Gemeinschaftskonto eines Ehepaares, wobei die Ehefrau nicht jüdisch war. Das zweite Konto gehörte einer zum Protestantismus konvertierten Kundin.[88]

Die Regionalbanken haben im Übrigen in den ersten Jahren des NS-Regimes noch Kredite an jüdische Kunden gegeben. Da dieses Geschäft aber insgesamt wie bei den Hypotheken vornehmlich kleinere Kredite umfasste, war der Anteil an den gesamten Bewilligungen nicht sehr hoch, zumal sich die Zahl der jüdischen Kunden infolge der Emigrationswellen seit 1933 immer mehr verminderte: So berichtete der Vorstandssprecher der Bayerischen Vereinsbank, Butzengeiger, am 16. Dezember 1938 über das Filialgeschäft und stellte fest, die an Juden gege-

---

87 Beide Vorgänge ebd. Hervorhebung im Original.
88 Ebd.

benen Kredite der Filialen der Vereinsbank erreichten insgesamt nur eine Höhe von 540 000 RM.[89]

Auch die Vereinsbank in Hamburg musste Aufstellungen über Konten bzw. Depots jüdischer Eigentümer anfertigen und an die Finanzbehörden weiterleiten, später die Konten sog. „feindlichen Vermögens" auf einem Formblatt anmelden und schließlich auf ein Sonderkonto des Reiches überweisen. Am 29. August 1941 erstellte die Filiale Kiel der Vereinsbank in Hamburg eine Liste über „bei uns unterhaltene amerikanische Vermögen" mit insgesamt neun Kontoinhabern, die in die USA emigriert waren; dabei handelte es sich um Beträge zwischen 21,53 RM und ca. 8740 RM. Es waren jeweils die amerikanischen Adressen angegeben, allerdings mit der Bemerkung, man wisse nicht, ob sich diese Kunden noch dort aufhielten. Eine Aufstellung der Vereinsbank in Hamburg vom 3. Januar 1940 enthielt 43 Depots, für die keine Sicherungsanordnung bestand, sowie 70 „jüdische Konten", über die noch frei verfügt werden konnte.[90] Dies wurde in einem Vermerk der Leitung an die Giro-Abteilung und die Effekten-Abteilung am 7. Dezember 1939 ausdrücklich bestätigt.[91] Allerdings mussten auch Konten und Depots gemeldet werden, deren Inhaber keine deutschen Juden waren, jedoch im Ausland lebten. So meldete die Vereinsbank in Hamburg das Konto einer Deutschen, die einen Türken geheiratet hatte. In anderen Fällen bemerkte die Bank, die Staatsangehörigkeit sei ihr nicht bekannt.[92]

Bei der Bayerischen Staatsbank versuchten NS-Stellen bereits im März 1933 Einfluss auf das Verhalten der Bank gegenüber jüdischen Kontoinhabern zu nehmen. So fragte die Niederlassung Ludwigshafen an, wie sie mit einer Verfügung des dortigen Gauleiters Bürckel umgehen solle, die Konten jüdischer Kunden zu sperren. Daraufhin setzte sich die Münchner Zentrale mit dem damaligen kommissarischen Staatsminister der Finanzen, Ludwig Siebert, in Verbindung und wies auf gravierende Bedenken der Staatsbank gegen eine solche Sperre hin. Man befürchtete eine empfindliche Störung des Geschäftslebens und den Abzug von Guthaben. Siebert sagte eine Prüfung zu und teilte der Bayerischen Staatsbank schließlich mit, die Verfügung des Gauleiters Bürckel sei aufgehoben, „die von diesem verfügte Sperrung der Konten von Juden trete nicht ein".[93]

89 Niederschrift der 905. Sitzung des Aufsichtsrates der BV vom 16. Dezember 1938, TOP 3. D-BV-LO-A-214.
90 D-VinHH-GeO-A-367.
91 Ebd.
92 29. März 1945. D-VinHH-FIL-A-349.
93 Vermerk vom 22. März 1933, BWA, F 047/1013. In den Unterlagen des Reichswirtschaftsministeriums finden sich vergleichbare Aufstellungen unter der Rubrik „Feindliches Vermögen". Für die Bayerische Staatsbank Nürnberg am 24. März 1944 (?) insgesamt 53 Namen über Konten,

In einem Fall ist es seit 1948 zur Geltendmachung von Wiedergutmachungs-ansprüchen gegen die Bayerische Vereinsbank gekommen, ohne dass die Bank diesen Anspruch akzeptiert hätte.[94] Dabei geht es tatsächlich nicht um „Arisie-rung", da es sich um einen – selbst nach heutiger Rechtslage – einwandfreien Grundstücksverkauf handelte. Die Bank war auch nicht die Käuferin der Immo-bilie am Promenadeplatz in München. Der Kaufpreis entsprach vermutlich dem damaligen Marktwert. Der Verkäufer, die angesehene und seit zwei Generationen bestehende Münchner Hofmöbelfabrik M. Ballin, war bereits während der 1920er Jahre in Zahlungsschwierigkeiten geraten. Nach einer zeitweiligen wirtschaft-lichen Erholung des Unternehmens – auch mit Unterstützung des Freistaats Bayern und der Stadt München, die öffentliche Aufträge an die Fabrik vergaben, sowie durch Kreditgewährung der Bayerischen Vereinsbank – stand die Firma Ballin auf dem Höhepunkt der großen Wirtschaftskrise 1931/1932, also lange vor der nationalsozialistischen Machtergreifung, vor der Zahlungsunfähigkeit. Die Gesellschafter, die Gebrüder Ballin, beabsichtigten seitdem den Verkauf ihrer Immobilie am Promenadeplatz 7 (heute 9), die durch Hypotheken der Bayeri-schen Vereinsbank belastet war. Doch zog sich der Verkauf bis Ende 1934 hin.

Die Boykottaktionen gegen Geschäfte jüdischer Inhaber und das Verbot des nationalsozialistischen, kommissarisch eingesetzten Münchner Oberbürger-meisters Karl Fiehler, „nichtdeutschen" Firmen Aufträge zu erteilen, dürfte die prekäre Lage der Möbelfabrik zusätzlich verstärkt haben. In welchem Maße das galt, müsste etwa durch einen Auftragsentzug der Stadt München nachgewiesen werden, was aus den vorliegenden Unterlagen nicht möglich ist und jedenfalls an der Rechtslage des Grundstückgeschäfts nichts ändert. Und auch die psychische Belastung für Inhaber eines traditionsreichen Unternehmens, die während der verheerenden Wirtschaftskrise in Zahlungsunfähigkeit gerieten und deshalb eine Immobilie in dieser Spitzenlage verkaufen mussten, ging in den Jahren 1931/1932 noch nicht auf politische Pressionen oder persönliche Verfolgung zurück.

Hat die Bayerische Vereinsbank in diesem Fall aus antijüdischen Motiven oder seit Frühjahr 1933 unter dem Druck des NS-Regimes agiert? Lässt sich die Schlussfolgerung halten, „daß die Machtübernahme der Nationalsozialisten einen Wendepunkt im Verhalten der verantwortlichen Institutionen gegenüber den Ballins darstellte", wie Tobias Mahl schreibt? Er fährt fort: „War man im

---

Coupons, Auswanderersperrguthaben von deutsch-jüdischen Emigranten. Auch in diesem Fall handelt es sich überwiegend um kleinere Summen von mehreren hundert Reichsmark, sowie vereinzelt größere Beträge zwischen 13 000 und 81 000 RM. Vgl. Bundesarchiv Berlin R2107/I/413. Dort auch eine weitere entsprechende Aufstellung über die Bayerische Vereinsbank vom 3. Mai 1943 mit elf Namen.
94 Niederschrift der Sitzung der Wiedergutmachungsbehörde I Oberbayern vom 13. März 1951.

Frühjahr 1932 noch bereit gewesen, dem Unternehmen zur Sicherung seines Fort-bestandes entgegenzukommen, so zwang das unter dem Ungeist des NS-Regimes gewandelte Verhalten von öffentlicher Verwaltung und Bayerischer Vereinsbank die Geschäftsinhaber ein knappes Jahr später zur Aufgabe der Möbelfabrik und zum Verkauf ihres Anwesens. Ein Teil des Unternehmens wurde so bereits sehr früh ein Opfer der nationalsozialistischen ‚Arisierungsbestrebungen‘."[95]

Tatsächlich hatte zu diesem frühen Zeitpunkt nicht einmal das NS-Regime irgendwelche „Rechts"grundlagen für „Arisierungen" geschaffen, der Begriff ist für diesen Vorgang also unangemessen. Es hätte sich folglich um eine „wilde Arisierung" handeln müssen, bei der der Besitzer durch massive Bedrohung unter Druck gesetzt worden wäre. Doch für ein solches Szenario gibt es im Falle der Firma M. Ballin 1933/34 keinerlei Hinweise. Die für diese Interpretation bei-gebrachten Belege reichen für eine solche Beurteilung des Verhaltens der Baye-rischen Vereinsbank in keiner Weise aus. Dass die Bank die Aussichten für eine Wiedereröffnung der Fabrik „als nicht günstig einschätzte"[96], entsprach durchaus der Wirtschaftlichkeitsberechnung, die – unter jedem politischen System – bankenüblich ist, um die Risiken der Kreditgewährung abschätzen zu können. Selbstverständlich dürfte der Bank auch die geringe Aussicht für einen jüdischen Inhaber bekannt gewesen sein, in der NS-Diktatur mithilfe staatlicher Kredite die Fabrik wieder in Gang zu bringen, auch wenn hier ein spezieller Fall vorlag, der den Ballins vermutlich später das Leben rettete: Die Familie hatte durch bloßen Zufall dem beim Hitler-Putsch am 9. November 1923 verletzten Hermann Göring Erste Hilfe geleistet, als er sich in ihr Haus flüchtete. Aus diesem Grund sicherte Göring später den Ballins die Ausreise und unterstützte sie 1937 auch bei der tatsächlichen „Arisierung" der 1935 von den Brüdern Ballin wieder-gegründeten Möbelhandlung.[97] Mit dieser „Arisierung" aber war die Bayerische Vereinsbank nicht einmal indirekt befasst.

Ungeachtet der Einzelheiten des Verkaufs des Gebäudes am Promenadeplatz spricht gegen die Vermutung antisemitischen oder systemkonformen Verhal-tens der Bayerischen Vereinsbank – nicht aber der Stadtverwaltung! – die oben geschilderte Gesamtbeurteilung der Bank: Zu diesem Zeitpunkt – und dies noch fünf Jahre später bis 1938 – hatte die Bayerische Vereinsbank zwei Großaktionäre, die alles andere als systemkonform waren, darunter mit der Mendelssohn-Bank einen jüdischen. Die Bayerische Vereinsbank hatte jüdische Vorstands- und Auf-sichtsratsmitglieder; sie wurde von NS-Funktionären als „Judenbank" diffamiert,

---

95 Tobias Mahl, Die „Arisierung" der Hofmöbelfabrik Ballin, in: Baumann/Heusler (Hg.), Mün-chen arisiert, S. 54–69, Zitate S. 58.

96 BayHStA, MHIG 4577 1 (vormals StMWi 5993).

97 Vgl. dazu Mahl, Die „Arisierung", S. 59–69.

u.a. weil sie noch Jahre später Kredite an Juden vergeben hat. Unabhängig von der schwachen Quellenbasis, die Mahl selbst konstatiert[98], spricht also jede Plausibilität gegen diese Interpretation. Doch was lässt sich präzis aus den Quellen belegen?

Neben den genannten Fakten – dem Zeitpunkt der Verkaufsabsicht seit 1932 sowie dem Kauf durch eine Privatperson, die den damaligen Marktwert der Immobilie in Höhe von 725 000 RM bezahlte[99] – ist folgende Feststellung quellengestützt: Die Bank selbst hatte das Grundstück zu keinem Zeitpunkt erworben. Vielmehr hatte die M. Ballin OHG am 11. Dezember 1934 jenes Grundstück an eine Privatperson [...] veräußert. Die Bayerische Vereinsbank war an dieser Veräußerung lediglich insofern beteiligt, als umfangreiche Grundpfandrechte auf dem Grundstück lasteten, welche abgelöst werden mußten. Laut einer Zwischenverfügung des Amtsgerichts München, Grundbuchamt, vom 3. Januar 1935 waren auf der Immobilie Hypotheken der BV in Höhe von insgesamt 502 300 Goldmark sowie 150 000 RM eingetragen.[100]

Einige Jahre nach dem Zweiten Weltkrieg, als ein Wiedergutmachungsbegehren vorlag, befasste sich die Bayerische Vereinsbank bereits mit dem Vorgang und gelangte zu folgendem Ergebnis: Aufgrund der Zahlungsschwierigkeiten während der Weltwirtschaftskrise im Jahre 1931 habe eine „Zwangsverwertung unmittelbar bevorgestanden. Um eine Zwangsversteigerung des Grundstücks im Kundeninteresse wie auch im Hinblick auf die nicht unmaßgebliche Höhe der Grundstücksbelastungen" zu vermeiden, sei damals mit den Herren Ballin vereinbart worden, das Grundstück nach Möglichkeit freihändig zu veräußern. Schon im Jahre 1932 seien verschiedene Immobilienfirmen am Kauf interessiert gewesen, zum Verkaufsabschluss sei es jedoch erst im Jahre 1934 gekommen. Demzufolge endet der damalige Bericht der Hypothekenabteilung mit der Feststellung: „Es handelte sich ausschließlich um die Abwicklung eines Engagements, für welche die Zahlungsunfähigkeit der Schuldner und die Betriebseinstellung vor 1933 ausschlaggebend war."[101]

Als später noch einmal Entschädigung gefordert wurde, war bereits die Aktivlegitimation fraglich, handelte es sich doch um die Tochter eines Verwandten der Gebrüder Ballin, der selbst nicht Miteigentümer gewesen war. Auch die Begründung in der Sache war fehlerhaft: Der BV wurde unterstellt, sie habe das Gebäude am Promenadeplatz 1935 enteignet. Tatsächlich fand der Verkauf

---

98 Ebd., S. 58.
99 Vgl. Kaufvertrag vom 11. Dezember 1934, BayHStA, Notariat V, Jg. 1934, GRNr. 3890.
100 StAM, Tgb. B 85/86. Vgl. auch Hypothekenbestellung aus dem Grundbuchamt vom 20. Oktober 1920, ebd. Geb. Reg. Nr. 7218.
101 BayHStA, MHIG 4577 1 (vormals StMWi 5993).

1934 statt, tatsächlich konnte eine Bank gar nicht „enteignen", sondern nur eine Zwangsversteigerung betreiben, was hier aber nicht der Fall war. Und schließlich wurde ein falscher Käufer der Immobilie genannt. Auch die Behauptung über den Verkaufspreis traf nicht zu, er lag etwa 75 000 RM über dem Nennwert der Hypotheken der BV, doch muß für die Berechnung berücksichtigt werden, dass der größte Teil der zugunsten der BV eingetragenen Grundschuld in Goldmark erfolgte.[102]

Die Jewish Restitution Successor Organization – Munich Regional Office, die am 18. November 1948 einen Wiedergutmachungsantrag gestellt hatte, zog diesen Antrag am 15. Mai 1951 mit Schreiben an die Wiedergutmachungsbehörde wieder zurück, da sie offenbar keinen Wiedergutmachungsanspruch erkennen konnte. Dies bestätigte die Wiedergutmachungsbehörde am 14. Oktober 1959.[103] Dieses Beispiel zeigt, wie schwierig es ist, die einzelnen Vorgänge zu beurteilen, zumal in diesem Fall im Abstand weniger Jahre die Unternehmerfamilie Ballin einmal einen regulären Verkauf abschloss, ein anderes Mal aber eine „Arisierung" erlitt, bevor sie dann schließlich emigrieren musste.

Die geschilderten antijüdischen Maßnahmen schlugen sich in einer Reihe von Auflagen für die Banken nieder, über die jeweils auch die „Wirtschaftsgruppe Privates Bankgewerbe" berichtete und ihren Mitgliedern Erläuterungen bzw. Empfehlungen zum Verfahren gab. Die „Wirtschaftsgruppe Privates Bankgewerbe" war 1934 aus einer Umorganisation des alten „Centralverbandes des Bank- und Bankiersgewerbes" hervorgegangen und bewahrte in den 1930er Jahren „weitgehend seine organisatorische Unabhängigkeit", weswegen sie von der nationalsozialistischen Presse einer „orthodoxen Einstellung" zur expansiven Kreditschöpfungspolitik verdächtigt wurde.[104] Während der „Arisierung" teilte die Wirtschaftsgruppe beispielsweise den Mitgliedern mit, es sei „überflüssig und nicht mehr angebracht", die Kunden individuell über den Einzug ihres Vermögens zu informieren. Auch Bedenken einzelner Kreditinstitute wegen der Verfolgbarkeit des „Vermögensverfalls" im Ausland seien gegenstandslos.[105]

Die zuständigen Behörden übermittelten den Banken im Übrigen direkte Anweisungen, wie die antijüdische Gesetzgebung umzusetzen sei. So teilte die Dienststelle für Vermögensverwertung des Oberfinanzpräsidenten München der Hypo-Bank am 21. Dezember 1942 mit: Auf Grund des § 3 der 11. Verordnung zum

102 Vgl. Stellungnahme der BV an die Wiedergutmachungsbehörde Oberbayern vom 1. Dezember 1950 sowie die entsprechenden Grundbucheintragungen von 1920 und 1934 und den Kaufvertrag vom 11. Dezember 1934, unterzeichnet von Martin Ballin als Gesellschafter der M. Ballin OHG.
103 Vgl. Ebd.
104 Wohl nicht zu Unrecht: So Kopper, Zwischen Marktwirtschaft und Dirigismus, S. 110f.
105 Zit. bei James, Die Deutsche Bank im Dritten Reich, S. 201.

Reichsbürgergesetz vom 25. November 1941 verfallen die Vermögen der – jeweils bürokratisch mit einem Aktenzeichen – genannten Juden dem Reich: „Die Verwaltung und Verwertung des verfallenen Vermögens ist für meinen Amtsbereich mir zu übertragen". Die Banken wurden verpflichtet, dem Überweisungsvorgang jeweils genaue Aufstellungen beizugeben, aus denen u.a. die Zinsscheine für die Wertpapiere ersichtlich waren. Die Wertpapiere gingen an die Deutsche Reichsbank, die schon verfallenen oder noch verfallenden Aktien, Kuxe (börsenmäßig gehandelte Bergwerksanteile) und Kolonialanteile an die Preußische Staatsbank (Seehandlung).[106] In diesem Fall handelte es sich um elf deutsche Juden aus verschiedenen Orten im Zuständigkeitsbereich des Münchner Oberfinanzpräsidiums. Die Hypo-Bank archivierte die einschlägigen Dokumente mit Abrechnungen, die selbst Pfennigbeträge genau aufführten. Der Ordner trägt die Aufschrift „Evakuierte Juden".[107] Hierbei handelte es sich nur um ein Beispiel, dem weitere hinzugefügt werden könnten. Die Deportationswellen der jüdischen Kunden sind dokumentiert und von amtlichen Devisenprüfern bestätigt worden. Die Aufstellungen der Hypo-Bank sind überschrieben „Liste der evakuierten Juden, deren Vermögen zu Gunsten des Deutschen Reiches eingezogen wurde", in diesem Fall handelte es sich um 36 jüdische Kunden. Mit dem „Kennzeichen Welle III/I" finden sich beispielsweise unter dem 13. August 1942 die Namen von 18 deutschen Juden, deren Vermögen „aufgrund einer Einzelverfügung der Geheimen Staatspolizei, Staatspolizeileitstelle München dem Reich verfallen" war. In einer gemäß Gesetz Nr. 56 der Militärregierung erstellten Liste vom Frühjahr 1949 für das Zentralamt Bad Nauheim über „entzogenes Judenvermögen" nannte die Hypo-Bank 286 Verfolgte des Naziregimes unter ihren Kunden.[108] Es existieren differierende Namenslisten, die zu unterschiedlichen Zeitpunkten am Ende des Krieges und in den Nachkriegsjahren angefertigt worden sind. Vereinzelte gleiche Namen müssen nicht zwangsläufig Personenidentität bedeuten, die 1949 vorgelegte Aufstellung entspricht in etwa der Kontenzahl. Da jedoch etwa 30 Personen Gemeinschaftskonten besaßen, erscheint die Gesamtzahl der in den Listen aufgeführten 318 enteigneten jüdischen Kontoinhaber plausibel.[109]

Anders wurde im Falle von Pfandbriefen verfahren, die die Hypo-Bank selbst ausgegeben hatte: Sie war normalerweise daran interessiert, sie für sich zurückzukaufen. Über diese Frage kam es im Mai 1942 zu einer Besprechung zwischen Vertretern der Hypo-Bank, der Bayerischen Vereinsbank, der Bayerischen

---

106 Vgl. „Wirtschaftsgruppe Privates Bankgewerbe" an die Mitglieder, Rundschreiben Nr. 39 vom 13. März 1942, S. 1. D-Hypo-KONTO-A-94/1.
107 Vgl. Ordner „Evakuierte Juden 41-43". D-Hypo-KONTO-A-95.
108 Anmeldung „feindlichen" Vermögens. D-Hypo-KONTO-A-97/1.
109 Berechnet aus Listen D-Hypo-SB-A-2770, D-Hypo-SB-A-2772, D-Hypo-SB-A-2777.

Staatsbank und des Bankhauses Seiler & Co., bei der Assessor Melzer von der BV erklärte, seine Bank wolle auf keinen Fall auf ihre Pfandrechte verzichten, die Staatsbank aber war nicht mehr im Besitz der Pfandbriefe jüdischer Kunden. Die Teilnehmer gingen kurz auch auf deren Schicksal ein, wobei der Vertreter von Seiler & Co. erklärte, seine Bank habe „keine Zweifel, dass die Juden im Ausland untergebracht wurden". Man habe bereits eine Karte eines Juden aus dem General-gouvernement erhalten, auch der Vertreter der Bayerischen Vereinsbank glaubte „voraussetzen zu können, dass die Juden ins Ausland evakuiert worden sind".[110] Unabhängig vom fortbestehenden Interesse an den eigenen Pfandbriefen wollten die Banken offenbar verhindern, dass die Reichsbank selbst Wertpapierbesitz bei den privaten Depotbanken erwarb und so den dirigistischen Charakter der Finanz-politik des Reiches weiter verstärkte. Die Devisenprüfer teilten der Hypo-Bank am 1. Dezember 1941 – vermutlich auf Anfrage – mit: „Wegen der beschlagnahmten Wertpapiere halten die Beauftragten der Devisenstelle es nicht für außerhalb des Bereiches der Möglichkeit, daß die Verwertung der beschlagnahmten Effekten von der Reichskasse, zu deren Gunsten die Vermögen eingezogen werden, den Depotbanken überlassen wird. Es wird uns anheimgegeben, entsprechende Vor-schläge bei Einreichung der Depotverzeichnisse zu machen."[111]

So stellte die Hypo-Bank im Falle der gemäß Einzelverfügung der Gestapo, Staatspolizeileitstelle München, dem jüdischen Inhaber enteigneten und an die Deutsche Reichsbank zu überstellende Pfandbriefe im Werte von 4000 RM, den Antrag an das Reichsfinanzministerium, sie zum Börsenkurs überlassen zu bekommen. Die Bank sagte zu, die „Veräußerung für das Reich provisions- und kostenfrei durchzuführen".[112]

Aus dem Beispielsfall eines späteren Wiedergutmachungsverfahrens ergibt sich, wie jeweils vorgegangen wurde: So war ein ehemaliger jüdischer Kunde der Filiale der Hypo-Bank in Burgkunstadt gemäß der der Bank am 18. September 1943 durch das Reichsfinanzministerium zugesandten Verfügung zugunsten des Reiches enteignet worden. Dabei handelte es sich um Pfandbriefe im Gesamtwert von 23 200 Goldmark, von denen 19 000 GM von der Hypo-Bank ausgegeben worden waren. Die Hypo-Bank stellte 1953 fest: „Wir übernahmen diese Pfand-briefe am 27.9.1943 und vergüteten den Gegenwert von insgesamt RM 23,792.54 am 29.9.1943 an die Reichshauptkasse in Berlin. Mit Rücksicht auf diesen Sachverhalt erklären wir uns grundsätzlich bereit zur Rückerstattung gemäß der CoRA-Ent-

---

110 Korrespondenz und Dienstanweisungen der Direktion. D-Hypo-SB-A-2770.
111 Feststellung des Direktors Stock vom 2. Dezember 1941, S. 2. D-Hypo-KONTO-A-95.
112 Brief der Hypo-Bank an das Reichsfinanzministerium vom 25. Mai 1943. D-Hypo-KONTO-A-94/2.

scheidung[113] Nr. 166 durch Lieferung von Ersatzstücken oder durch Zahlung des entsprechenden Börsengegenwertes."[114] Im Jahre 1953 betrug der Kurswert nach der Währungsreform 1948 nur noch 2018 DM.

Dieser Vorgang belegt einmal mehr, dass die Banken an der Enteignung von Wertpapieren und Pfandbriefen jüdischer Eigentümer selbst nicht verdienten, sondern das Reich. Die sich daraus ergebenden Wiedergutmachungsansprüche an das Reich richteten sich im Falle bayerischer Banken aufgrund eines Globalabkommens zwischen der Jewish Restitution Successor Organization (JRSO) und dem Freistaat Bayern nach dem Zweiten Weltkrieg schließlich an diesen selbst. Das Bayerische Finanzministerium veranlasste daraufhin eine Prüfung der Einzelfälle, um die Wiedergutmachung durchzuführen.[115] So übersandte die Oberfinanzdirektion München die Listen der JRSO mit insgesamt 89 ehemaligen jüdischen Depotinhabern der Hypo-Bank in verschiedenen bayerischen Städten. Die Bank sollte sie bestätigen oder ggf. zurückweisen und schon erfolgte Wiedergutmachungsansprüche baldmöglichst mitteilen. Die Höhe dieser Depots war sehr unterschiedlich, sie reichten von 200 RM bis zu 181 000 RM. Die höheren Beträge waren allerdings die Ausnahme, meist lagen sie bei einigen Tausend RM.[116] Insgesamt handelte es sich jedoch um beträchtliche Summen, die sich das NS-Reich angeeignet hat.

Die Hypo-Bank erstellte am 25. März 1943 eine Liste der Pfandbriefe, die an das Reich abgegeben werden mussten. Aus ihr ist allerdings nicht ersichtlich,

---

113 CoRA (= Court of Restitution Appeals) war die Nachfolgeinstanz des Board of Review (Gesetz Nr. 2 der Militärregierung vom 1. Januar 1950, Amtsblatt S. 92), dem ständigen Senat der US-Gerichte der Alliierten Hohen Kommission in Deutschland, die als oberste Revisionsinstanz bei Entscheidungen der Oberlandesgerichte fungierte, ihr Sitz befand sich am 1. September 1948 in Nürnberg. Vgl. Walter Schwarz, Rückerstattung nach den Gesetzen der Alliierten Mächte, München 1974 (Die Wiedergutmachung nationalsozialistischen Unrechts durch die Bundesrepublik Deutschland, Bd. 1).
114 Bayerische Hypotheken- und Wechsel-Bank an die Wiedergutmachungsbehörde Mittel- und Oberfranken in Fürth vom 4. März 1953. D-Hypo-RET-A-3033.
115 Vgl. insges. Constantin Goschler, Wiedergutmachung. Westdeutschland und die Verfolgten des Nationalsozialismus (1945–1954), München 1992; Horst Möller, Statement, in: Foreign & Commonwealth Office, Nazi Gold. The London Conference. 2–4 December 1997, London 1998, S. 280–285, sowie ebd. German Restitution for National Socialist Crime, S. 286–292; Hans Günter Hockerts, Wiedergutmachung in Deutschland. Eine historische Bilanz 1945–2000, in: VfZ 49 (2001), S. 167–214; Bundesministerium der Finanzen, Entschädigung von NS-Unrecht. Regelungen zur Wiedergutmachung, Bonn 2003; Goschler/Ther, Raub und Restitution; Hans Günter Hockerts/Claudia Moisel/Tobias Winstel (Hg.), Grenzen der Wiedergutmachung. Die Entschädigung für NS-Verfolgte in West- und Osteuropa 1945–2000, Göttingen 2006.
116 Oberfinanzdirektion München an Bayerische Hypotheken- und Wechsel-Bank vom 21. April 1954. D-Hypo-RET-A-3033.

ob es sich ausschließlich um deportierte jüdische Eigentümer handelte, wenngleich diese Schlussfolgerung aufgrund des späten Datums nahe liegt. Doch ist nicht ausgeschlossen, dass sich unter ihnen ebenfalls nichtjüdische Emigranten befanden. Es kann sich dabei auch um sog. „deutsches Vermögen im feindlichen Ausland" handeln, genauer gesagt, nicht-jüdischer Deutscher im Ausland. Die Banken waren verpflichtet, solche Vermögen zu melden, weswegen sich sowohl bei der Hypo-Bank als auch der Bayerischen Vereinsbank entsprechende Listen finden. So führte die Hypo-Bank in einer nicht datierten, aber auf jeden Fall nach dem 31. Dezember 1940 erstellten Liste noch nicht ausgelaufene Meldungen für 38 im Ausland ansässige Kunden auf, bei denen die Konfession nur in den wenigen Fällen eindeutig ist, in denen die Emigration nach Palästina erfolgte.[117] Die „Anmeldung deutscher Vermögen im feindlichen Ausland" enthielt 55 Unternehmen für die Münchner Hypo-Bank-Zentrale und nochmals 53 für die Filialen der Hypo-Bank. In diesen Fällen ist völlig unklar, ob daran überhaupt deutsche Juden beteiligt waren oder nicht, da sich neben Einzelnamen eine Reihe ausländischer Firmen befinden, darunter viele namhafte Banken in Großbritannien, der Schweiz und den USA.[118] Schließlich blieben auch hier eine Reihe ungeklärter Fälle, bei denen die Hypo-Bank nachfragte und bis zur Klärung offenbar nicht handeln wollte.[119]

In einem ähnlichen Fall schrieb die Hypo-Bank beispielsweise am 20. Juni 1942 der Oberfinanzdirektion Berlin-Brandenburg – „Vermögensverwertung": „Wir sind nicht in der Lage festzustellen, ob das Vermögen zu Gunsten des Reiches verfallen ist, da uns nicht bekannt ist, ob alle Voraussetzungen für den Vermögensverfall gegeben sind."[120] Alle Beispiele belegen sowohl die Art der Vorgänge als auch die strenge Aufsicht, der die Banken in Bezug auf Vermögen deutscher Juden, deutscher nicht-jüdischer Emigranten sowie Auslandsvermögen von Firmen und Privatpersonen unterlagen. In den von Deutschland okkupierten Staaten wurden schließlich spezielle Behörden errichtet, beispielsweise ein „Beauftragter des Militärbefehlshabers [...] für das deutsche Vermögen in den besetzten französischen Gebieten".[121] In Bezug auf das „Protektorat Böhmen-Mähren" bestanden spezielle Regelungen, die der Oberfinanzpräsident München am 24. Januar 1941

---

117 Anmeldung „feindliches" Vermögen. D-Hypo-KONTO-A-102.
118 Ebd.
119 Vgl. Aufstellung in ebd.
120 Kundenakt, Ausländersperrkonten und -depot. D-Hypo-FIL-A-4228, dort auch andere Beispiele.
121 Vgl. Anmeldung „feindlichen" Vermögens. D-Hypo-KONTO-A-102.

der Hypo-Bank unter dem Betreff „Sicherung jüdischer Vermögenswerte im Protektorat Böhmen und Mähren" mit Erläuterungen übersandte.[122]

In den erwähnten Fällen der Vereinnahmung des Vermögens emigrierter oder deportierter Juden durch das Reich besaßen die Banken keinerlei Spielraum, einmal abgesehen davon, dass die eigentlichen Konto- oder Wertpapierinhaber oder ihre gegebenenfalls in der Liste aufgeführten Erben Deutschland verlassen hatten oder nach der Deportation ermordet worden waren. Die Bank musste gemäß der 11. Verordnung zum Reichsbürgergesetz vom 25. November 1941 Listen gesperrter Konten und Depots „von Juden mit ausländischem Wohnsitz" anlegen, die die Jahre 1938 bis 1943 umfassten. Dabei enthielt eine erste Liste nahezu ausschließlich Emigranten, bei denen zum größten Teil der neue Wohnort angegeben wurde. Die Aufstellung der Hypo-Bank nannte etwa 85 Konten jüdischer Eigentümer, bei denen vermerkt war, ob und wann die Bank das Konto aufgelöst hatte: Offenbar reagierte die Hypo-Bank nur dann, wenn die Behörden Informationen verlangten. Des öfteren lieferte die Hypo-Bank den Kontobestand selbst dann nicht ab und gab als Begründung an, es stehe nicht fest, dass der Kontoinhaber tatsächlich jüdisch sei. Man fragte in solchen Fällen nach, mehrfach bei den Kunden selbst, wenn die ausländische Anschrift bekannt war. Neben einigen Eintragungen findet sich der Vermerk „Arier". Auch existierten Kunden, deren Konto zum Zeitpunkt der Aufstellung nicht aufgelöst worden war: So wird bei einem nach London verzogenen Kunden notiert: „Der Kunde hat angegeben, daß er kein Jude ist. Dagegen wurde er von der Gestapo als solcher bezeichnet". Tatsächlich hat die Gestapo immer wieder eingegriffen, wie Hinweise darauf zeigen, dass sie die „Sicherstellung des Vermögens mit Bescheid [...] angeordnet" habe.[123]

Zahlreiche der fraglichen Konten wiesen nur kleine Guthaben auf: So wurden in einer Liste, bei deren Kontoinhabern die Hypo-Bank vermerkte, es stehe nicht fest, „ob es sich überhaupt um Juden handelt", solche geringfügigen Guthaben aufgeführt, bei einem Kunden, „jetzt Brooklyn", eine Summe von 66,07 RM, bei einem weiteren, „früher Lissabon, jetzt unbekannt", nur 15,45 RM. Aber nicht erst 1941, sondern schon 1938, bei Beginn der systematischen Enteignungsaktion durch das NS-Regime, schwankte die Höhe der Guthaben beträchtlich. Unter den 34 Konten jüdischer Eigentümer, die die Konto-Korrent-Abteilung der Hypo-Bank am 21. November 1938 aufführte, schwankten die Guthaben zwischen 24,50 RM und 250 412,50 RM (Festgeldkonto), wobei diese Höhe aber die absolute Aus-

---

122 Dokumentation zur Meldung Konten jüdischer Kunden. D-Hypo-SB-A-2835.
123 In verschiedenen Fällen bestand die Gestapo darauf, dass die „Aktien nicht auf Grund der 11. VO. z. Reichsbürgergesetz, sondern auf Grund einer Einzelverfügung der Geheimen Staatspolizei zu Gunsten des Reiches verfallen sind." Hypo-Spezialbüro, Welle III, II, Schreiben vom 13. August 1942. D-Hypo-KONTO-A-94/2.

nahme darstellte. Die von der Bank an jüdische Kunden gegebenen Kredite, von deren Gesamthöhe schon die Rede war, beliefen sich jeweils auf Summen zwischen 30 000 RM und 100 000 RM, die Kurswerte der Depots jüdischer Eigentümer lagen zwischen 450 RM und 79 000 RM.[124]

Am 15. Oktober 1941 übersandte die Hypo-Bank gemäß der Anweisung den zuständigen Reichsbehörden insgesamt 87 Anmeldungen für amerikanische Vermögen aus unterschiedlichen Filialen und teilte mit, die Aufstellung sei noch nicht vollständig.[125] Es handelte sich um Namenslisten von Emigranten, die nun in den USA lebten und deren Konten bis dahin zwar gesperrt, aber noch nicht beschlagnahmt worden waren. Sie galten nach der NS-Terminologie als „feindliches Vermögen" und wurden später ebenfalls enteignet. Die Hypo-Bank machte jedoch zu diesem Zeitpunkt keine Angaben über die jeweilige Höhe der Konten oder Wertpapiere und wollte sie vermutlich als ausländische Konten weiterführen, wie sich aus der Formulierung „Anmeldungen für amerikanisches Vermögen" schließen lässt. Es sind lediglich die aktuellen Wohnorte der Konteneigentümer angegeben. Die Bank nannte keine Konfession, es ist aus den Namen nur in Einzelfällen zu erschließen, ob es sich um jüdische Kunden handelte, nur selten finden sich die erzwungenen Namenszusätze „Israel" bzw. „Sara", was am 17. August 1938 für deutsche Juden mit Stichtag 1. Januar 1939 vorgeschrieben wurde, allerdings nicht für ausländische Juden galt.[126] Deswegen ist in den einzelnen Fällen nicht zu klären, ob die Betreffenden bereits die amerikanische Staatsangehörigkeit besaßen und deshalb die Bank ihrerseits nicht verpflichtet war, entsprechende Hinweise zu geben. Seit September 1941 mussten die Juden in Deutschland den Judenstern tragen.

Auf Anfrage erstellten auch die Filialen der Bayerischen Vereinsbank am 29. Juli 1943 eine Liste „Übertragung der Ausländerkonten und Ausländerdepots" mit 22 Namen, Anschriften und Guthaben-Angaben. Allerdings lehnte die Bayerische Vereinsbank eine Übertragung ab und begründete dies für jeden Einzelfall, darunter finden sich Angaben wie „Geringfügigkeit des Betrages", in der Regel aber ist der Hinweis „Judenkonto" mit der Bemerkung „Staatsangehörigkeit zweifelhaft" versehen. In manchem Fällen lautete der Grund: „Wohnort unbekannt", „amerikanisches Vermögen", „Verfügungsberechtigter" wohnt in Deutschland. Da sowohl der Adressat der Liste als auch eine Angabe darüber

---

124 Konto-Korrent-Abteilung: Verzeichnis jüdischer Kunden vom 21. November 1938. D-Hypo-KONTO-A-95.

125 Anmeldung „feindliches" Vermögen. D-Hypo-RET-A-3164, D-Hypo-RET-A-3169, D-Hypo-RET-A-3274.

126 Verfolgung und Ermordung der europäischen Juden, Bd. 2, S. 269f. (Dok. 84).

fehlt, um welche Art und an wen die Übertragung gefordert wurde, ist der Vorgang allerdings nicht klar einzuordnen.

Fälle von „Firmenarisierungen", in denen es um hohe Summen ging, waren bei den untersuchten Regionalbanken selten. Ein oberbayerisches Finanzamt berechnete am 12. Mai 1938 für eine Emigrantin ein Vermögen von 854 539 RM, davon wurden unter anderem 213 648 RM „Reichsfluchtsteuer" sowie eine „Sühneabgabe" von 95 500 RM abgezogen, Wertpapierbestände wurden gesperrt, ein Teil ihrer Aktien an einer Brauerei wurden an die Hypo-Bank in Nürnberg verkauft, die sie ihrerseits weiterverkaufte, so dass diese Aktien nach 1945 nicht mehr im Besitz der Bank waren. Die inzwischen im Staat New York in den USA lebende ursprüngliche Eigentümerin machte deshalb 1948 Wiedergutmachungsansprüche gegen den Freistaat Bayern in Bezug auf die sog. Reichsfluchtsteuer und das sog. Sühneopfer geltend. Gegenüber der Hypo-Bank verlangte sie die Herausgabe der Aktien der bayerischen Brauerei bzw. den entsprechenden Geldwert: Die Bank verständigte sich nach längeren Verhandlungen schließlich auf einen Vergleich in Höhe von 280 000 DM, von denen die späteren Käufer der Aktien 70 000 DM übernahmen. Dies teilte die Hypo-Bank schließlich am 20. Juni 1952 dem Bayerischen Staatsministerium der Finanzen mit.[127] Einige weitere dokumentierte und anerkannte Entschädigungsansprüche, die die Hypo-Bank in den Jahren 1952 und 1953 anerkannte bzw. in einem Vergleich regelte, betrafen meist kleinere Summen von einigen Tausend DM, manchmal betrugen sie auch nur einige Hundert DM. Verschiedentlich wurden auch Anträge abgelehnt, weil die Voraussetzungen nicht vorlagen, beispielsweise, wenn die Bank lediglich Hypotheken an Immobilien-Käufer gegeben hatten, jedoch mit dem Verkauf bzw. dem Enteignungsvorgang gar nicht befasst war.[128] Die grundlegende Regelung der Entschädigungsansprüche für enteignete Vermögen jüdischer Inhaber oder politisch Verfolgter während des NS-Regimes wurden bereits im Mitteilungsblatt Nr. 4 des Bayerischen Landesamtes für Vermögensverwaltung und Wiedergutmachung am 15. März 1947 veröffentlicht.[129]

Wie Kommentare zu den Aufstellungen von Konten jüdischer Inhaber zeigen, war die Hypo-Bank nicht immer darüber informiert, ob ein Unternehmen „arisiert" worden war oder nicht. Am 22. Mai 1963 erstellte die Hauptregistratur der Hypo-Bank aus der allgemeinen Kundenakte (Kuverts) eine Liste stehender Scheckkonten, die für Wiedergutmachungsansprüche in Frage kamen. Sie

---

127 Der Briefwechsel, die juristischen und finanziellen Begründungen aus den Jahren 1938 sowie 1948 bis 1952 finden sich in: D-Hypo-RET-A-3261 bzw. D-Hypo-RET-A-3268.
128 Beispiele unterschiedlicher Filialen in: D-Hypo-RET-A-3369, D-Hypo-RET-A-3395, D-Hypo-FIL-A-4911, D-Hypo-FIL-A-5338, D-Hypo-IMMO-A-1693.
129 Objektverwaltung. D-Hypo-IMMO-A-1693.

enthielt elf Namen vermutlich jüdischer Kunden und umfasste Konten, die zwischen dem 1. August 1937 und dem 31. Mai 1953 bestanden hatten, also zumindest zum Teil gar nicht aufgelöst worden waren. Sie wurden wegen möglicher Ansprüche aus bestehenden und aufgelösten Scheck- und Kontokorrent-Konten der Jahrgänge 1946 bis 1948 ausgesondert. Die Vereinsbank in Hamburg erstellte am 11. Dezember 1939 eine Liste „Jüdische Konten, über die noch frei verfügt werden kann", sie enthielt 53 Namen mit ausnahmslos deutschen Anschriften, jedoch keine Angaben über die Guthaben.[130] Weitere Informationen liegen nicht vor, so dass es diesen Kunden ebenso ergangen sein dürfte wie denen der anderen Banken. In einzelnen Fällen fragten Zweigstellen bzw. Abteilungen der Vereinsbank in Hamburg bei der Zentrale nach, wie man sich im Falle emigrierter Kunden verhalten solle.[131]

Nach dem Krieg verfügten die Alliierten mit dem Wiedergutmachungsgesetz (Military Law 59)[132] grundsätzlich, dass die Behandlung des Vermögens von Opfern des nationalsozialistischen Regimes dokumentiert werden müsse. Ihre Ansprüche vertrat die JRSO. Sie schloss, um das Verfahren zu beschleunigen, Globalabkommen mit den deutschen Ländern, die die Wiedergutmachung auszahlen sollten. In einem Grundsatzurteil entschied der Bundesgerichtshof 1955, dass Banken, die Konten und Wertpapierdepots jüdischer Inhaber geführt hatten, die Guthaben ohne Wiedergutmachungsverfahren auszahlen mussten.[133]

Auch die Bayerische Staatsbank unterlag, obwohl kein Privatunternehmen, der gleichen Regelung in Bezug auf Konten bzw. Depots jüdischer Inhaber. Aus diesem Grund teilte sie in den wenigen sie betreffenden Entschädigungsfällen in den 1950er Jahren regelmäßig mit: Aufgrund der damaligen Gesetze und Verordnungen habe sie auf Weisung von Finanzämtern Wertpapiere in natura oder deren Gegenwert an die Preußische Staatsbank zu Gunsten des Reichsfinanzministerium überwiesen. Die Bayerische Staatsbank fügte in einem Schreiben, das insgesamt fünf jüdische Kunden betraf, am 30. September 1959 hinzu: „Für den Eigenbestand, also als Anlagewert, oder zur Erzielung eines Kursgewinnes wurden in keinem einzigen Fall Effekten aus jüdischem Besitz erworben. Ein spekulatives Moment entfällt schon deswegen, weil an den damals „gelenkten" Börsen bei festverzinslichen Werten auch auf längere Sicht kaum nennenswerte

130 Dienstanweisungen. D-VinHH-GeO-A-367.
131 Ebd.
132 Ein Abdruck findet sich in: D-BV-FIL-A-1281.
133 S. die angegebene Literatur zur Wiedergutmachung; auch James, Die Deutsche Bank im Dritten Reich, S. 204.

Kursveränderungen zu verzeichnen waren."[134] Ähnlich antwortete die Bank in einem anderen Fall, in dem sie 1942 beim zuständigen Einwohnermeldeamt angefragt hatte, ob die Ehefrau eines Kunden, der am 25. Januar 1942 „durch Judenaktion nach Riga überführt" worden sei, ebenfalls nach Riga „überführt" wurde.[135]

---

134 Bayerische Staatsbank an die Finanzmittelstelle Regensburg des Landes Bayern vom 30. September 1959. D-BySt-FIL-A-588.
135 Bayerische Staatsbank an Einwohnermeldeamt des Polizeipräsidiums Berlin vom 21. April 1942, sowie Bayerische Staatsbank an das Bayerische Landesamt für Vermögensverwaltung-Außenstelle Bayreuth vom 12. Juni 1954. D-BySt-FIL-A-47.

IX Zusammenfassung

Es lässt sich aus den Unterlagen im Historischen Archiv der HypoVereinsbank München und den anderen Archiven kein systematisches und quantitativ vollständiges Bild gewinnen, aber klar sind die Grundlinien: In Bezug auf die Konten und Depots jüdischer Eigentümer handelten die Hypo-Bank, die Bayerische Vereinsbank und die Vereinsbank in Hamburg erst und ausschließlich unter dem Zwang gesetzlicher Vorgaben des Regimes und der diesem zur Verfügung stehenden Machtmittel, denen durch Anordnungen und Nachfragen der Behörden, von NS-Organisationen sowie der Gestapo Nachdruck verliehen wurde. Die Guthaben wurden an die Behörden überführt, Profite für die Banken ergaben sich daraus nicht. Sie reagierten auf Anweisungen, bestanden aber offenbar in der Regel auf dem Nachweis, dass es sich um „Nicht-Arier" handelte. Die Banken versuchten in Zweifelsfällen, die Abgabe der Guthaben hinauszuzögern. Es ist nicht erkennbar, dass die vier Regionalbanken selbst auf jüdische Konteninhaber Druck ausgeübt hätten, zumindest ist dies nicht nachweisbar. Insgesamt handelte es sich um einen sehr geringen Teil der Konteninhaber, im Einzelfall um größere Vermögen, in der Regel aber um kleinere oder höchstens mittlere. Offenbar war der größere Teil der jüdischen Inhaber von Konten der Regionalbanken bis 1938 emigriert. In Ausnahmefällen scheint die Hypo-Bank Konten bis nach Ende des Regimes aufrechterhalten zu haben, von den erwähnten elf Konten mit möglichen Wiedergutmachungsansprüchen bestanden zwei noch nach Kriegsende, eins bis zum 31. März 1945.

An „Arisierungen" von Privatbanken waren die beiden großen bayerischen Regionalbanken und die Vereinsbank in Hamburg nicht beteiligt, wenngleich die Hypo-Bank eventuell im Falle des Bankhauses Anton Kohn in Nürnberg, mit dem Mandatsbeziehungen bestanden, dazu bereit gewesen wäre, als die Inhaber aufgrund der sich verschlechternden Geschäftslage und unter starkem Druck insbesondere der Gauleitung in Franken verkaufen mussten. Vielleicht wollte die Hypo-Bank das schließlich liquidierte Bankhaus Kohn retten. Dies wäre wohl möglich gewesen, doch hatten die Nürnberger NS-Funktionäre andere Interessen, darunter die der persönlichen Bereicherung.

Zwangsversteigerungen gehören zum normalen Geschäft der Banken, wenn die Hypothekennehmer nicht mehr liquide sind und ihre Schulden bzw. die Zinsen längerfristig nicht mehr bezahlen können. Der geringere Teil der Zwangsversteigerungen während des NS-Regimes betraf vormalige jüdische Eigentümer. Insgesamt haben die Banken den Vorgang korrekt abgewickelt. Allerdings verloren vor allem emigrierte Juden durch die Reichsfluchtsteuer, die sog. „Sühneleistung", die aufgrund eines Erlasses von Göring im November 1938 den deutschen Juden auferlegt wurde, und schließlich durch Devisenausgleichsgebühren auch in diesen Fällen den größeren Teil ihres Vermögens. Seit Spätherbst 1938 blieb ihnen bereits weniger als die Hälfte, bevor dann seit 1941 Konten und Wertpapierdepots jüdischer Eigentümer vollständig enteignet wurden. Vereinzelt kam es nach 1945 zu Wiedergutmachungsforderungen auch an die hier dargestellten Banken, bei denen sowohl Vergleiche als auch Ablehnung der Anträge nach Gerichtsentscheidungen vorkamen. Einige wenige Einzelfälle lassen sich nicht eindeutig beurteilen, vor allem dann nicht, wenn die Banken selbst Immobilien ersteigerten und bei einem späteren Verkauf einen deutlich höheren Preis erzielten, was bei Zwangsversteigerungen aber häufig vorkommt. Nachkriegsprozesse brachten nicht immer eine Klärung.

Die Banken vergaben, nachdem infolge von „Arisierungsverordnungen" des Regimes Betriebe oder Immobilien zum Verkauf standen, in größerer Zahl zu marktüblichen Konditionen sog. Arisierungskredite, also an Käufer von Unternehmen bzw. Immobilien, deren jüdische Besitzer enteignet worden waren. Der Anteil solcher Kredite am gesamten Kreditgeschäft der beiden Banken blieb vergleichsweise gering, die Banken agierten hier jedoch nicht selbst als „Arisierer".

Pensionszahlungen an ausgeschiedene jüdische Mitarbeiter, auch an Emigranten, leisteten die Banken regelmäßig, auch hier liegen jedoch wenige Einzelfälle vor, in denen die Betreffenden bzw. ihre Erben Nachforderungen stellten, die sich zum Teil auf Sperrkonten oder Kürzungen bezogen.

Vergleicht man das Verhalten der Regionalbanken bei der „Arisierung", so zeigen sich deutliche Analogien zu den anderen hier dargestellten Sektoren: Wie in der Personalpolitik und den wirtschaftlichen Analysen gab es 1938 einen massiven Einschnitt. Die in diesem Jahr unternommenen Gleichschaltungsaktionen beschränkten die noch bewahrten Handlungsspielräume der Hypo-Bank und der Bayerischen Vereinsbank drastisch. Diese Gängelung und Diskriminierung betraf insbesondere die deutschen Juden. In Vorständen, Aufsichtsräten und Belegschaft konnten sie trotz fünfjähriger Hinhaltetaktik eines Teils der Leitung nun nicht mehr gehalten werden, den organisierten Unterdrückungsmechanismen und Repressionsapparaten der nationalsozialistischen Diktatur hatten die Banken – auch wenn sie wollten – keine eigenen Machtmittel entgegenzusetzen. Beim staatlichen Raub an ihren jüdischen Kunden blieben sie nachgeordnete technische Hilfsorgane, die Listen erstellen und Transfers an die Reichsbanken vornehmen mussten. Eigene Entscheidungsbefugnisse besaßen sie nicht. Die als „Evakuierungen" verharmlosten Deportationen spiegelten sich nur in den Listen der Kunden, die das Deutsche Reich enteignete.

Um so überraschender ist es, dass die Regionalbanken trotzdem in anderen Bereichen weiterhin um Autonomie rangen, und dies selbst nach der weiteren Gleichschaltungsaktion 1942/43 mit gewissem Erfolg. Ideologisch gleichgeschaltet waren alle drei privaten Regionalbanken offenbar nur teilweise, vor allem in den Bereichen, die die NSBO propagandistisch zu beeinflussen versuchte. In Vorständen und Aufsichtsräten erhielt sich, zumindest bis 1938, zum Teil auch noch danach, ein überraschendes Maß an Resistenz, so dass diese Regionalbanken weniger „gleichgeschaltet" mit dem NS-Regime und seiner Ideologie erscheinen als die meisten anderen Sektoren von Staat und Gesellschaft. Insofern verwundert es nicht, dass NSDAP-Funktionäre die Banken, insbesondere die Bayerische Vereinsbank und die Hypo-Bank, als „Judenbanken" zu diffamieren suchten.

Ebenso überraschend wie wesentlich ist die Tatsache, dass die Hypo-Bank und die Bayerische Vereinsbank sogar nach den massiven Gleichschaltungsschüben 1938 und 1942 weiterhin versuchten, zumindest ihre eingeschränkte Autonomie zu erhalten. Auch wenn die Vorstände und Aufsichtsräte taktieren und lavieren mussten, versuchten sie oftmals Zeit zu gewinnen, mit formalen Einwänden Einflussnahmen des Regimes bzw. seiner Funktionäre zu begrenzen oder zu verhindern. Trotz des massiven Personalschubs infolge dieser Gleichschaltungsmaßnahmen, der in den Aufsichtsräten zu einer Mehrheit von NSDAP-Mitgliedern führte, gelang es den Vorständen, die Bankinteressen gegenüber dem NS-Regime partiell zu verteidigen. Dabei spielte es eine Rolle, dass selbst die zur NSDAP gehörigen Aufsichtsräte und Vorstandsmitglieder, die den Banken aufgezwungen wurden, zu einer begrenzten Resistenz bereit waren, um das Bankinteresse zu bewahren: In der Regel stellten sie die Loyalität zu ihrer Bank vor die Loyalität zum NS-Regime.

Bei der erheblich kleineren Vereinsbank in Hamburg sind vergleichbare Entwicklungen zu konstatieren: Von verbalen Zugeständnissen an das NS-Regime abgesehen, versuchte auch sie, ihre Geschäfte weiterhin so normal wie möglich weiterzuführen. Die personelle Zusammensetzung von Vorstand und Aufsichtsrat wies über die Systemumbrüche von 1933 und 1945 hinaus eine überraschend große Kontinuität auf, auch wenn die VinHH die nur noch vereinzelten jüdischen Mitglieder nach einigen Jahren nicht mehr halten konnte und einige NS-belastete Aufsichtsräte aufnehmen musste. Insgesamt dominierten weiterhin die starke Traditionsbindung und die familiären Verflechtungen des gehobenen Hamburger Wirtschaftsbürgertums.

Die Bayerische Staatsbank ist als nachgeordnete Behörde des Bayerischen Finanzministeriums, das seinerseits für die Staatsbank in wesentlichen Bereichen – z.B. seit 1935 verstärkt in der Personalpolitik – weisungsgebunden gegenüber dem Reichswirtschaftsministerium war, mit den privaten Regionalbanken nur begrenzt vergleichbar. Auch unterschied sich partiell ihr Aufgabenfeld. Einerseits stärker an den NS-Staat gebunden, andererseits aber gewisse Spielräume nutzend, versuchte die Leitung der Staatsbank zumindest bis 1942, als ein eindeutig nationalsozialistischer Präsident ernannt wurde, sich in Teilbereichen – z.B. bei Personalentscheidungen – Autonomie zu bewahren. Allerdings handelte es sich sogar bei diesem letzten Präsidenten um einen Fachbeamten, der bei Personalvorschlägen in der Regel die jeweilige fachliche Qualifikation betonte. Anders als bei den privaten Regionalbanken musste die Leitung der Staatsbank jedoch grundsätzlich die Stellungnahme des „Amts für Beamte" der NSDAP einholen. Dennoch stand die Bayerische Staatsbank dem NS-Regime deutlich ferner als die Bayerische Gemeindebank, die als „NS-Musterbetrieb" eingestuft wurde.

Die hier untersuchten vier Regionalbanken bieten also ein nach Phasen, Leitungspersonal, zum Teil auch den Filialen differenziertes Bild: Insgesamt erscheint ihre Resistenz und Hinhaltetaktik ausgeprägter, als sie in vielen anderen gesellschaftlichen Sektoren anzutreffen war. Die grundsätzlichen Rahmenbedingungen einer rücksichtslos ihre Machtinstrumente einsetzenden Diktatur konnten die Banken ebensowenig ändern wie Verfolgung und Ermordung der deutschen Juden. Gegen deren gesellschaftliche Ausgrenzung und zunehmende Diskriminierung haben sie sich in der Regel viele Jahre zur Wehr gesetzt bzw. versucht, sie in ihrem eigenen Bereich zu begrenzen – ein Beispiel dafür, dass selbst unter den Bedingungen der dem Anspruch nach totalitären Diktatur Resistenz möglich war.

Abkürzungsverzeichnis

AG	Aktiengesellschaft
amerik.	amerikanisch
AR	Aufsichtsrat
Art.	Artikel
BA	Bundesarchiv
BaFin	Bundesanstalt für Finanzdienstleistungsaufsicht
Bayern LB	Bayerische Landesbank
BayHStA	Bayerisches Hauptstaatsarchiv
BDC	Berlin Document Center (im Bundesarchiv)
BGB	Bürgerliches Gesetzbuch
BHB	Biographisches Handbuch der deutschsprachigen Emigration
BV	Bayerische Vereinsbank
BVP	Bayerische Volkspartei
BWA	Bayerisches Wirtschaftsarchiv
Co.	Compagnie
Comp.	Compagnie
CoRA	Court of Restitution Appeals
d. Js.	des Jahres
d.J.	diesen Jahres
DAF	Deutsche Arbeiterfront
Danat-Bank	Darmstädter- und Nationalbank
DDP	Deutsche Demokratische Partei
DDR	Deutsche Demokratische Republik
Dipl.-Hist. (Univ.)	Diplom-Historikerin (Universität)
DM	Deutsche Mark
DNVP	Deutschnationale Volkspartei
E.K. II. Kl.	Eiserne Kreuz II. Klasse
engl.	englisch
f.	folgend
ff.	fortfolgende
FN	Fußnote
GB	Geschäftsbericht
Gestapo	Geheime Staatspolizei
GHH	Guthoffnungshütte
GM	Goldmark
h.c.	honoris causa
Hypo-Bank	Bayerische Hypotheken- und Wechsel-Bank
Hypowe	Bayerische Hypotheken- und Wechsel-Bank
i. Fa.	in Firma
i.A.	im Auftrag
IG-Farben	I.G. Farbenindustrie AG (Interessensgemeinschaft Farbenindustrie AG)
Inc.	Incorporated
Jg.	Jahrgang
JRSO	Jewish Restitution Successor Organization

Komintern	Kommunistische Internationale
KWG	Kreditwesengesetz
M.A.	Magister Artium / Magistra Artium
M.d.R.	Mitglied des Reichstages
MAN	Maschinenfabrik Augsburg-Nürnberg
Mefo	Metallurgische Forschungsgesellschaft mbH
Mefo-Wechsel	Bei der Reichsbank diskontierfähige verzinsliche Wechsel von Rüstungsunternehmen, die auf die 1933 gegründete Metallurgische Forschungsanstalt ausgestellt wurden
NS	Nationalsozialismus
NSBO	Nationalsozialistische Betriebszellenorganisation
NSDAP	Nationalsozialistische Deutsche Arbeiterpartei
OHG	Offene Handelsgesellschaft
OMGUS	Office of Military Government for Germany (United States) (Amt der Militärregierung für Deutschland (United States))
pal. Pfund	palästinensische Pfund
Pg.	Parteigenosse
RGBl.	Reichsgesetzblatt
RM	Reichsmark
RWWA	Rheinisch-Westfälisches Wirtschaftsarchiv
SA	Sturmabteilung
SD	Sicherheitsdienst
SPD	Sozialdemokratische Partei Deutschlands
SS	Schutzstaffel
StM	Staatsministerium
TOP	Tagesordnungspunkt
übers.	übersetzt
US	United States
USA	United States of America
UuF	Ursachen und Folgen (s. Quellenverzeichnis)
VfZ	Vierteljahrshefte für Zeitgeschichte
VinHH	Vereinsbank in Hamburg
VO	Verordnung
Zündapp-Werke	Zünder-Apparatebaugesellschaft mbH

Quellen und Literatur

Unveröffentlichte Quellen

Historisches Archiv der HypoVereinsbank

Bayerische Vereinsbank (D-BV)
Bayerische Staatsbank (D-BySt)
Bayerische Hypotheken- und Wechsel-Bank (D-Hypo)
Vereinsbank in Hamburg (D-VinHH)
Dokumentation Franziska Jungmann-Stadler über die Hypo-Bank im 3. Reich (1999)
Dokumentation Heinrich VII. Reuss über die Bayerische Vereinsbank (1984)

Bayerisches Hauptstaatsarchiv München (BayHStA)

Staatsministerium der Finanzen (StMFi)
Staatsministerium für Wirtschaft (StMWi)

Bayerisches Wirtschaftsarchiv München (BWA)

Bayerische Staatsbank (F 047)

Bundesarchiv Berlin

R 2107-I/413 Bd. 20
Bayerische Vereinsbank München
Bayerische Staatsbank Nürnberg 1940–1944
Reichswirtschaftsministerium, R 3101 Teil 2
Bayerische Staatsbank München 1935–1938, R 3101/16 409
Bayerische Hypotheken- und Wechsel-Bank München 1934–1937, R 3101/16 410
Hypothekenbanken und -institute 1934–1937
Mitgliederkartei der NSDAP (ehem. Document Center, Berlin)

Historisches Archiv der MAN Augsburg

Rheinisch-Westfälisches Wirtschaftsarchiv Köln (RWWA)

Staatsarchiv München (StAM)

Veröffentlichte Quellen

Akten der Reichskanzlei. Weimarer Republik. Die Kabinette Brüning I und II, hg. für die Historische Kommission der Bayerischen Akademie der Wissenschaften von Karl Dietrich Erdmann und das Bundesarchiv von Hans Booms, Boppard am Rhein 1982

Anfänge der Bayerischen Hypotheken- und Wechsel-Bank aus den Protokollen der Administration 1835–1850, hg. von der Bayerischen Hypotheken- und Wechsel-Bank Aktiengesellschaft, Texte ausgewählt und eingeleitet von Franziska Jungmann-Stadler, München 1985

„Betrieb und Vertrauen", Werkzeitschrift der Bayerischen Vereinsbank, München 1934 bis 1945

„Die Brücke", Werkzeitschrift der Hypo-Bank, München 1937 bis 1944

Bundesministerium der Finanzen, Entschädigung von NS-Unrecht. Regelungen zur Wiedergutmachung, Bonn 2003

Deutsche Parteiprogramme, hg. von Wilhelm Mommsen, 3. Aufl. München 1960

Dokumente zur Deutschen Verfassungsgeschichte, hg. von Ernst Rudolf Huber, Bd. 3, Stuttgart 1966

Entnazifizierung. Politische Säuberung und Rehabilitierung in den vier Besatzungszonen 1945–1949, hg. von Clemens Vollnhals, München 1991

Gehl, Walther, Die Jahre I–IV des nationalsozialistischen Staates, Breslau 1937

Geschäftsberichte der Bayerischen Hypotheken- und Wechsel-Bank, München 1933 bis 1953

Geschäftsberichte der Bayerischen Staatsbank, München 1933 bis 1948

Geschäftsberichte der Bayerischen Vereinsbank, München 1933 bis 1948

Geschäftsberichte der Vereinsbank in Hamburg, Hamburg 1933 bis 1948

Goebbels Tagebücher, hg. i.A. des Instituts für Zeitgeschichte von Elke Fröhlich, Teil I, Band 1/I, Oktober 1923–November 1925, München 2004

Hitlers Denkschrift zum Vierjahresplan 1936, hg. und kommentiert von Wilhelm Treue, in: VfZ 3 (1955), S. 184–210.

Horkenbach, Cuno (Hg.), Das Deutsche Reich von 1918 bis heute, Bd. 2, Jg. 1931, Berlin 1932

Jessen, Jens (Hg.), Reichsgesetz über das Kreditwesen vom 5. Dezember 1934, mit Begleittext, Erläuterungen und Begründung, Berlin 1934

OMGUS, Ermittlungen gegen die Deutsche Bank. Übers. u. bearb. von der Dokumentationsstelle NS-Politik Hamburg, Nördlingen 1985

Reichsgesetzblatt, Berlin 1933ff.

Reichshandbuch der deutschen Gesellschaft, Bd. 2, Berlin 1931

Das Sonderrecht für die Juden im NS-Staat. Eine Sammlung der gesetzlichen Maßnahmen und Richtlinien [...], hg. von Joseph Walk, 2. Aufl. Heidelberg 1996

Ursachen und Folgen. Vom deutschen Zusammenbruch 1918 und 1945 bis zur staatlichen Neuordnung Deutschlands in der Gegenwart. Eine Urkunden- und Dokumentensammlung

zur Zeitgeschichte, hg. von Herbert Michaelis und Ernst Schraepler unter Mitwirkung von
Günter Scheel, 26 Bde., Berlin o.J.
Verfolgung und Ermordung der europäischen Juden durch das nationalsozialistische
Deutschland, hg. i.A. des Bundesarchivs, des Instituts für Zeitgeschichte und des
Lehrstuhls für Neuere Geschichte der Universität Freiburg von Götz Aly, Wolf Gruner,
Susanne Heim, Ulrich Herbert, Hans-Dieter Kreikamp, Horst Möller, Dieter Pohl und
Hartmut Weber, Bd. 1, Deutsches Reich 1933–1937. Bearb. von Wolf Gruner, München
2008; Bd. 2, Deutsches Reich 1938 – August 1939. Bearb. von Susanne Heim, München
2009; Bd. 3, Deutsches Reich und Protektorat Böhmen und Mähren. September 1939 –
September 1941. Bearb. von Andrea Löw, München 2012.

Sekundärliteratur

Abelshauser, Werner, „Rüstungsschmiede der Nation?", in: Gall (Hg.), Krupp im 20. Jahr-
hundert, S. 267–472
Achterberg, Erich, Braunschweigische Staatsbank. Zwei Jahrhunderte Zeitgeschichte,
Braunschweig 1965
Aly, Götz, Hitlers Volksstaat, durchgesehene u. erw. Aufl. Frankfurt am Main 2006
Bähr, Johannes, „Bankrationalisierung" und Großbankenfrage. Der Konflikt um die Ordnung
des deutschen Kreditgewerbes während des Zweiten Weltkrieges, in: Harald Wixforth
(Hg.), Finanzinstitutionen in Mitteleuropa während des Nationalsozialismus, Stuttgart
2001, S. 71–94
Bähr, Johannes/Rudolph, Bernd, 1931 Finanzkrisen 2008, München 2011
Ders., Die Dresdner Bank in der Wirtschaft des Dritten Reiches, München 2006 (Henke (Hg.),
Die Dresdner Bank im Dritten Reich, Bd. 1)
Ders./Banken, Ralf/Flemming, Thomas, Die MAN. Eine deutsche Industriegeschichte, München
2008
Ders./Drecoll, Axel/Gotto, Bernhard, Die Geschichte der Bayern LB, hg. vom Institut für Zeit-
geschichte München i.A. der Bayern LB, München–Zürich 2009
Ders./Drecoll, Axel/Gotto, Bernhard/Priemel, Kim Christian/Wixforth, Harald, Der Flick-Konzern
im Dritten Reich, hg. vom Institut für Zeitgeschichte München i.A. der Stiftung Preußischer
Kulturbesitz, München 2008
Bajohr, Frank, „Arisierung" in Hamburg. Die Verdrängung der jüdischen Unternehmer
1933–1945, 2. Aufl. Hamburg 1998
Barkai, Abraham, Vom Boykott zur „Entjudung". Der wirtschaftliche Existenzkampf der Juden im
Dritten Reich 1933–1943, Frankfurt am Main 1987
Baumann, Angelika/Heusler, Andreas (Hg.), München arisiert. Entrechtung und Enteignung der
Juden in der NS-Zeit, hg. i.A. der Landeshauptstadt München, München 2004
Bayern in der NS-Zeit, hg. von Martin Broszat, Elke Fröhlich und Hartmut Mehringer, 6 Bde.,
München 1977–1983
Biographisches Handbuch der deutschsprachigen Emigration nach 1933, hg. i.A. des Instituts
für Zeitgeschichte München und der Research Foundation for Jewish Immigration, Inc. New
York, Bd. 1–3, München u.a. 1980–1983
Blaich, Fritz, Der Schwarze Freitag. Inflation und Wirtschaftskrise, 3. Aufl. München 1994

Borchardt, Knut, Wachstum, Krisen, Handlungsspielräume der Wirtschaftspolitik. Studien zur Wirtschaftsgeschichte des 19. und 20. Jahrhunderts, Göttingen 1982

Born, Karl Erich, Die deutsche Bankenkrise 1931, München 1967

Ders., Geld und Banken im 19. und 20. Jahrhundert, Stuttgart 1977

Bracher, Karl Dietrich, Die deutsche Diktatur, Köln–Berlin 1970

Ders./Schulz, Gerhard/Sauer, Wolfgang, Die nationalsozialistische Machtergreifung, Köln–Opladen 1960

Broszat, Martin, Der Despot von München. Gauleiter Adolf Wagner – eine Zentralfigur der bayerischen Geschichte, in: Süddeutsche Zeitung vom 30./31. März 1985

Ders., Der Staat Hitlers, München 1969

Buchheim, Christoph, Zur Natur des Wirtschaftsaufschwungs in der NS-Zeit, in: Ders./Michael Hutter/Harold James (Hg.), Zerrissene Zwischenkriegszeit. Wirtschaftshistorische Beiträge. Knut Borchardt zum 65. Geburtstag, Baden-Baden 1994, S. 97–119

Cipolla, Carlo M./Borchardt, Knut (Hg.), Europäische Wirtschaftsgeschichte, Bd. 5: Die europäischen Volkswirtschaften im zwanzigsten Jahrhundert, Stuttgart–New York 1980

Czichon, Eberhard, Der Bankier und die Macht. Hermann Josef Abs in der deutschen Politik, Köln 1970

Deutsche Bankengeschichte, hg. i.A. des Instituts für bankhistorische Forschung e.V. von seinem Wissenschaftlichen Beirat, Bd. 3, Frankfurt am Main 1983

Drecoll, Axel, Der Fiskus als Verfolger. Die steuerliche Diskriminierung der Juden in Bayern 1933–1941/42, hg. vom Institut für Zeitgeschichte München, München 2009 (Studien zur Zeitgeschichte, Bd. 78)

Falter, Jürgen, Hitlers Wähler, München 1991

Feldman, Gerald D., Die Allianz und die deutsche Versicherungswirtschaft 1933–1945, München 2001

Ders., The Great Disorder. Politics, Economics, and Society in the German Inflation, 1914–1924, New York–Oxford 1997

Ders., Unternehmensgeschichte des Dritten Reichs und Verantwortung der Historiker. Raubgold und Versicherungen, Arisierung und Zwangsarbeit, hg. von Dieter Dowe, Historisches Forschungszentrum der Friedrich-Ebert-Stiftung, Bonn 1999

Ders., Vom Weltkrieg zur Weltwirtschaftskrise, Göttingen 1984

Ders. u.a., Österreichische Banken und Sparkassen im Nationalsozialismus und in der Nachkriegszeit, 2 Bde., München 2007

Fischer, Albert, Münchens Finanzinstitute in Kriegs- und Krisenzeiten, in: Pohl (Hg.), Geschichte des Finanzplatzes München, S. 141–184

Fraenkel, Ernst, Der Doppelstaat. Recht und Justiz im „Dritten Reich", Frankfurt am Main 1984, (amerik. 1941)

Friedländer, Saul, Das Dritte Reich und die Juden. Die Jahre der Verfolgung 1933–1939, München 1998

Ders., Die Jahre der Vernichtung. Das Dritte Reich und die Juden 1939–1945, München 2006

Gall, Lothar, Der Bankier Hermann Josef Abs, München 2004

Ders. (Hg.), Krupp im 20. Jahrhundert. Die Geschichte des Unternehmens vom Ersten Weltkrieg bis zur Gründung der Stiftung, Berlin 2002

Ders. u.a., Die Deutsche Bank 1870–1995, München 1995

Ders./Pohl, Manfred (Hg.), Unternehmen im Nationalsozialismus, München 1998 (Schriftenreihe der Zeitschrift für Unternehmensgeschichte, Bd. 1)

Genschel, Helmut, Die Verdrängung der Juden aus der Wirtschaft im Dritten Reich, Göttingen 1966

Geschichte der HYPO-BANK im Spiegel ihrer Geschäftsberichte (1835–1990), hg. von der Bayerischen Hypotheken- und Wechsel-Bank Aktiengesellschaft, Texte von Margareta Edlin-Thieme, Franziska Jungmann-Stadler und Walter Unglaub, 2. erw. Aufl. München 1991

Gömmel, Rainer, Gewerbe, Handel und Verkehr, in: Handbuch der Bayerischen Geschichte, Band IV, 2, S. 216–299

Goschler, Constantin, Wiedergutmachung. Westdeutschland und die Verfolgten des National-sozialismus (1945–1954), München 1992

Ders./Ther, Philipp (Hg.), Raub und Restitution. „Arisierung" und Rückerstattung des jüdischen Eigentums in Europa, Frankfurt am Main 2003

Graml, Hermann, Reichskristallnacht. Antisemitismus und Judenverfolgung im Dritten Reich, 3. Aufl. München 1998

Haerendel, Ulrike, Der Schutzlosigkeit preisgegeben. Die Zwangsveräußerung jüdischen Immobilienbesitzes und die Vertreibungen der Juden aus ihren Wohnungen, in: Baumann/Heusler (Hg.), München arisiert, S. 105–128

Handbuch der Bayerischen Geschichte, begründet von Max Spindler, Bd. IV., 1. 2., in Verbindung mit Dieter Albrecht, Karl-Ulrich Gelberg, Heinz Hürten, Andreas Kraus, Wilhelm Volkert, Eberhard Weis, Walter Ziegler neu hg. von Alois Schmid, München 2003

Hayes, Peter, Big Business and „Aryanization" in Germany 1933–1939, in: Jahrbuch für Anti-semitismusforschung 3, hg. von Wolfgang Benz, Frankfurt am Main–New York 1994, S. 254–281

Heberle, Rudolf, Landbevölkerung und Nationalsozialismus, Stuttgart 1963

Henke, Klaus-Dietmar (Hg.), Die Dresdner Bank im Dritten Reich, mit Beiträgen von Johannes Bähr, Dieter Ziegler, Harald Wixforth und Klaus-Dietmar Henke, 4 Bde., München 2006

Herbert, Ulrich, Geschichte der Ausländerpolitik in Deutschland. Saisonarbeiter, Zwangs-arbeiter, Flüchtlinge, München 2001

Herbst, Ludolf, Banker in einem prekären Geschäft. Die Beteiligung der Commerzbank an der Vernichtung jüdischer Gewerbeunternehmen im Altreich (1933–1940), in: Ders./Weihe, Thomas (Hg.), Die Commerzbank und die Juden, S. 74–130

Ders., Der Totale Krieg und die Neuordnung der Wirtschaft, Stuttgart 1982

Ders., Das nationalsozialistische Deutschland 1933–1945, Frankfurt am Main 1996

Ders./Weihe, Thomas (Hg.), Die Commerzbank und die Juden 1933–1945, München 2004

Hetzer, Gerhard, Unternehmer und leitende Angestellte zwischen Rüstungseinsatz und politischer Säuberung, in: Martin Broszat/Henke, Klaus-Dietmar/Woller, Hans (Hg.), Von Stalingrad zur Währungsreform. Zur Sozialgeschichte des Umbruchs in Deutschland, München 1988

Hildebrand, Klaus, Das Dritte Reich, 6. neubearb. Aufl. München 2003 (Oldenbourg, Grundriß der Geschichte, Bd. 17)

Hockerts, Hans Günter, Wiedergutmachung in Deutschland. Eine historische Bilanz 1945–2000, in: VfZ 49 (2001), S. 167–214

Ders./Kuller, Christiane (Hg.), Nach der Verfolgung. Wiedergutmachung nationalsozialistischen Unrechts in Deutschland?, Göttingen 2003

Ders./Moisel, Claudia/Winstel, Tobias (Hg.), Grenzen der Wiedergutmachung. Die Entschädigung für NS Verfolgte in West- und Osteuropa 1945–2000, Göttingen 2006

Hüttenberger, Peter, Die Gauleiter. Studie zum Wandel des Machtgefüges in der NSDAP, Stuttgart 1969

James, Harold, Die Deutsche Bank im Dritten Reich, München 2003

Ders., Die Deutsche Bank und die „Arisierung", München 2001

Ders., Die Deutsche Bank und die Diktatur 1933–1945, in: Gall u.a., Die Deutsche Bank 1870–1995, S. 315–408

Ders., Goldtransaktionen der Deutschen Bank während des Zweiten Weltkrieges, München 1999

Ders., Deutschland in der Weltwirtschaftskrise 1924–1936, Stuttgart 1988

Ders., Die Rolle der Banken im Nationalsozialismus, in: Gall/Pohl (Hg.), Unternehmen im Nationalsozialismus, S. 25–36

Janetzko, Maren, Haben Sie nicht das Bankhaus Kohn gesehen? Ein jüdisches Familienschicksal in Nürnberg 1850–1950, Nürnberg 1998

John, Jürgen/Möller, Horst/Schaarschmidt, Thomas (Hg.), Die NS-Gaue. Regionale Mittelinstanzen im zentralistischen Führerstaat, München 2007

Jungmann-Stadler, Franziska, Die Bayerische Hypotheken- und Wechsel-Bank und die Darlehen aus der Königlichen Kabinettskasse in den Jahren 1884 und 1886. Zur Schuldenkrise König Ludwigs II., in: Egon Johannes Greipl/Alois Schmid/Walter Ziegler (Hg.), Aus Bayerns Geschichte. Forschungen als Festgabe zum 70. Geburtstag von Andreas Kraus, St. Ottilien 1992, S. 435–446

Kindleberger, Charles P., Die Weltwirtschaftskrise 1929–1939, München 1973

Köhler, Ingo, Die „Arisierung" der Privatbanken im Dritten Reich. Verdrängung, Ausschaltung und die Frage der Wiedergutmachung, 2. Aufl. München 2008 (Schriftenreihe der Zeitschrift für Unternehmensgeschichte, Bd. 14)

Kopper, Christopher, „Effizienz" der ideologischen Postulate in der Ökonomie, in: Gall/Pohl (Hg.), Unternehmen im Nationalsozialismus, S. 41–44

Ders., Hjalmar Schacht, München 2006

Ders., Zwischen Marktwirtschaft und Dirigismus. Bankenpolitik im „Dritten Reich" 1933–1939, Bonn 1995

Koszyk, Kurt, Paul Reusch und die „Münchner Neuesten Nachrichten" 1933. Zum Problem von Industrie und Presse in der Endphase der Weimarer Republik, in: VfZ 20 (1972), S. 75–105

Kracauer, Siegfried, Die Angestellten. Aus dem neuesten Deutschland, Neuaufl. Frankfurt am Main 1971

Kraus, Andreas, Geschichte Bayerns. Von den Anfängen bis zur Gegenwart, München 1983

Kreutzberger, Max, Rudolf Loeb. Ein König der Privatbankiers, in: Börsen-Zeitung vom 27. August 1966

Kube, Alfred, Pour le mérite und Hakenkreuz. Hermann Göring im Dritten Reich, 2. Aufl. München 1987

Kuller, Christiane, Bürokratie und Verbrechen. Antisemitische Finanzpolitik und Verwaltungspraxis im nationalsozialistischen Deutschland, München 2013

Dies., Finanzverwaltung und Judenverfolgung. Die Entziehung jüdischen Vermögens in Bayern während der NS-Zeit, München 2008

Langer, Peter, Macht und Verantwortung. Der Ruhrbaron Paul Reusch, Essen 2012

Ders., Paul Reusch und die Gleichschaltung der „Münchner Neuesten Nachrichten" 1933, in: VfZ 53 (2005), S. 203–240

Lilla, Joachim, Der Reichsrat. Vertretung der deutschen Länder bei der Gesetzgebung und Verwaltung des Reichs 1919–1935. Ein biographisches Handbuch, Düsseldorf 2006

Ders., Statisten in Uniform. Die Mitglieder des Reichstags 1933–1945, Düsseldorf 2004

Lillteicher, Jürgen (Hg.), Profiteure des NS-Systems? Deutsche Unternehmen und das „Dritte Reich", Stiftung Denkmal für die ermordeten Juden Europas, Berlin 2006

Loose, Ingo, Kredite für NS-Verbrechen. Die deutschen Kreditinstitute in Polen und die Ausraubung der polnischen und jüdischen Bevölkerung 1939–1945, München 2007 (Studien zur Zeitgeschichte, Bd. 75)

Lorentz, Bernhard, Die Commerzbank und die „Arisierung" im Altreich. Ein Vergleich der Netzwerkstrukturen und Handlungsspielräume von Großbanken in der NS-Zeit, in: VfZ 50 (2002), S. 237–268

Mahl, Tobias, Die „Arisierung" der Hofmöbelfabrik Ballin, in: Baumann/Heusler (Hg.), München arisiert, S. 54–69

Mann, Golo, Gedanken und Erinnerungen, Frankfurt am Main 1986

Martens, Stefan, Hermann Göring, Paderborn 1985

Marx, Christian, Paul Reusch und die Gutehoffnungshütte, Göttingen 2013

Maschke, Erich, Es entsteht ein Konzern. Paul Reusch und die Gutehoffnungshütte, Tübingen 1969

Mason, Timothy W., Sozialpolitik im Dritten Reich. Arbeiterklasse und Volksgemeinschaft, Opladen 1977

Matthies, Walther, Vereinsbank in Hamburg. Biographien der Aufsichtsrats- und Vorstandsmitglieder seit der Gründung der Bank im Jahre 1856, Hamburg 1970

Maurer, Ilse/Wengst, Udo (Hg.), Politik und Wirtschaft in der Krise 1929–1932, 2 Bde., Düsseldorf 1980

Mehl, Stefan, Das Reichsfinanzministerium und die Verfolgung der deutschen Juden 1933–1943, Berlin 1990 (Berliner Arbeitshefte und Berichte zur Sozialwissenschaftlichen Forschung, Nr. 38)

Mehringer, Hartmut, Die bayerische Sozialdemokratie bis zum Ende des NS-Regimes. Vorgeschichte, Verfolgung und Widerstand, in: Bayern in der NS-Zeit, Bd. V, S. 287–432

Möller, Horst, Die Bayerische Vereinsbank zwischen Resistenz und Gleichschaltung 1933–1945, in: VfZ 63 (2015), S. 1–32

Ders., Die Emigration aus dem nationalsozialistischen Deutschland, in: Markus Behmer (Hg.), Deutsche Publizistik im Exil 1933 bis 1945. Festschrift für Ursula E. Koch, Münster u.a. 2000, S. 46ff.

Ders., Europa zwischen den Weltkriegen, München 1998

Ders., Exodus der Kultur. Schriftsteller, Wissenschaftler und Künstler in der Emigration nach 1933, München 1984

Ders., Die nationalsozialistische Machtergreifung – Revolution oder Konterrevolution, in: VfZ 31 (1983), S. 25–51

Ders., Österreich und seine Nachbarn. Deutschland 1919 bis 1955, in: Klaus Koch/Walter Rauscher/Arnold Suppan/Elisabeth Vyslonzil (Hg.), Von Saint Germain zum Belvedere. Österreich und Europa 1919–1955, Wien 2007 (Außenpolitische Dokumente der Republik Österreich, Sonderband), S. 158–171

Ders., Parlamentarismus in Preußen 1919–1932, Düsseldorf 1985

Ders., Preußen 1918 bis 1947. Weimarer Republik, Preußen und der Nationalsozialismus, in: Handbuch der Preußischen Geschichte, Bd. III, hg. von Wolfgang Neugebauer, Berlin–New York 2000, S. 149–316

Ders., Statement, in: Foreign & Commonwealth Office, Nazi Gold. The London Conference. 2–4 December 1997, London 1998, S. 280–285

Ders., German Restitution for National Socialist Crime, in: Foreign & Commonwealth Office, Nazi Gold. The London Conference. 2–4 December 1997, London 1998, S. 286–292

Ders., Die Weimarer Republik. Eine unvollendete Demokratie, 10. Aufl. München 2012

Mommsen, Hans, Beamtentum im Dritten Reich, Stuttgart 1966

Moser, Eva/Winkler, Richard, Wegmarken. 125 Jahre Bankhaus H. Aufhäuser, München 1995

Mosse, Werner Eugen, Jews in the German Economy, Oxford 1987

Naasner, Walter, SS-Wirtschaft und SS-Verwaltung. „Das SS-Wirtschafts-Verwaltungshauptamt und die unter seiner Dienstaufsicht stehenden wirtschaftlichen Unternehmungen" und weitere Dokumente, Düsseldorf 1998 (Schriften des Bundesarchivs, Bd. 45a)

Neumann, Franz L., Behemoth – Struktur und Praxis des Nationalsozialismus 1933–1944, Köln-Frankfurt am Main 1977 (amerik. 1942)

Ophir, Baruch Z./Wiesemann, Falk, Die jüdischen Gemeinden in Bayern 1918–1945, München– Wien 1979

Petzina, Dietmar, Autarkiepolitik im Dritten Reich. Der nationalsozialistische Vierjahresplan, Stuttgart 1968

Pfnür, Elke, Die Einführung des Pfandbriefsystems in Bayern 1864. Ein Produkt wird kapital-marktfähig, in: Schlüsselereignisse der deutschen Bankengeschichte, hg. von Dieter Lindenlaub u.a., Stuttgart 2013, S. 136–154

Plumpe, Werner, Wirtschaftskrisen. Geschichte und Gegenwart, München 2010

Pohl, Hans (Hg.), Geschichte des Finanzplatzes München, mit Beiträgen von Markus A. Denzel, Albert Fischer, Rainer Gömmel, Margarete Wagner-Braun, Franz-Christoph Zeitler, hg. i.A. des Wissenschaftlichen Beirats des Instituts für bankhistorische Forschung e.V., München 2007

Pohl, Manfred, Entstehung und Entwicklung des Universalbankensystems. Konzentration und Krise als wichtige Faktoren, Frankfurt am Main 1986 (Schriftenreihe des Instituts für bank-historische Forschung e.V., Bd. 7)

Ders., Konzentration im deutschen Bankwesen (1848–1980), Schriftenreihe des Instituts für bankhistorische Forschung e.V., Bd. 4, Frankfurt am Main 1982

Prinz, Michael, „Sozialpolitik im Wandel der Staatspolitik"? – Das Dritte Reich und die Tradition bürgerlicher Sozialreform, in: Rüdiger vom Bruch (Hg.), Weder Kommunismus noch Kapitalismus, S. 219–244

Ders., Vom neuen Mittelstand zum Volksgenossen. Die Entwicklung des sozialen Status der Angestellten von der Weimarer Republik bis zum Ende der NS-Zeit, München 1986 (Studien zur Zeitgeschichte, Bd. 30)

Recker, Marie-Luise, Nationalsozialistische Sozialpolitik im Zweiten Weltkrieg, München 1985 (Studien zur Zeitgeschichte, Bd. 29)

Reuss, Heinrich VII., Vereinsbank – Das Entstehen einer Bankengruppe, hg. von der Bayerischen Vereinsbank, München 1994

Ritschl, Albrecht, Die deutsche Zahlungsbilanz 1936–1941 und das Problem des Devisen-mangels bei Kriegsbeginn, in: VfZ 39 (1991), S. 103–124

Ritter, Gerhard A., Der Sozialstaat. Entstehung und Entwicklung im internationalen Vergleich, München 1989 (Historische Zeitschrift, Beiheft 11)

Rösch, Mathias, „Hammer oder Amboß?". Zur Rolle des Bayerischen Finanzministeriums 1933–1945, in: Zeitschrift für Bayerische Landesgeschichte Beiheft B 21 (2004), S. 217–243

Ders., Die Münchner NSDAP 1925–1933. Eine Untersuchung zur inneren Struktur der NSDAP in der Weimarer Republik, München 2002

Rumschöttel, Hermann/Ziegler, Walter (Hg.), Staat und Gaue in der NS-Zeit. Bayern 1933–1945, München 2004

Dies. (Hg.), Staat und Partei in Bayern 1933–1945, München 2003

Scholtyseck, Joachim, Die Geschichte der National-Bank 1921–2011, Stuttgart 2011

Ders., Robert Bosch und der liberale Widerstand gegen Hitler 1933–1945, München 1999

Schönhoven, Klaus, Der politische Katholizismus in Bayern unter der NS-Herrschaft 1933, in: Bayern in der NS-Zeit Bd. V, S. 541–646

Schulz, Gerhard, Die Anfänge des totalitären Maßnahmenstaates, Frankfurt am Main 1974 (Karl Dietrich Bracher u.a. (Hg.), Die nationalsozialistische Machtergreifung, T. 2)

Schwarz, Walter, Rückerstattung nach den Gesetzen der Alliierten Mächte, München 1974 (Die Wiedergutmachung nationalsozialistischen Unrechts durch die Bundesrepublik Deutschland, Bd. 1)

Seidl, Alois/Fried, Pankraz/Ziche, Joachim, Die Landwirtschaft, in: Handbuch der Bayerischen Geschichte, Bd. IV, 2, S. 154–215

Selig, Wolfram, „Arisierung" in München. Die Vernichtung jüdischer Existenz 1937–1939, Berlin 2004

Ders., Judenverfolgung in München 1933–1941, in: München – „Hauptstadt der Bewegung", Münchner Stadtmuseum 1993, S. 398–415.

Smelser, Ronald, Robert Ley. Hitlers Mann an der „Arbeitsfront", Paderborn 1989

Steffan, Franz, Die Bayerische Vereinsbank 1869–1969. Eine Regionalbank im Wandel eines Jahrhunderts, München 1969

Ders./Diehm, Walter, Die Bayerische Staatsbank von 1780 bis 1955. Geschichte und Geschäfte einer öffentlichen Bank, hg. vom Staatsbankdirektorium, München 1955

Stoltenberg, Gerhard, Politische Strömungen im schleswig-holsteinischen Landvolk 1918–1933, Düsseldorf 1962

Tooze, Adam, Ökonomie der Zerstörung. Die Geschichte der Wirtschaft im Nationalsozialismus, München 2007 (engl. 2006)

Treue, Wilhelm, Das Bankhaus Mendelssohn als Beispiel einer Privatbank im 19. und 20. Jahrhundert, in: Mendelssohn-Studien 1972, S. 29–80

Turner, Henry A., Faschismus und Kapitalismus in Deutschland. Studien zum Verhältnis zwischen Nationalsozialismus und Wirtschaft, Göttingen 1972

Ders., Die Großunternehmer und der Aufstieg Hitlers, Berlin 1985

Ders., Unternehmen unter dem Hakenkreuz, in: Gall/Pohl (Hg.), Unternehmen im Nationalsozialismus, S. 15–23

Ulrich, Keith, Aufstieg und Fall der Privatbankiers. Die wirtschaftliche Bedeutung von 1918 bis 1938, Frankfurt am Main 1998

Vereinsbank in Hamburg (Hg.), Hundert Jahre Vereinsbank in Hamburg 1856–1956, Hamburg 1956

Volkert, Wilhelm, Die Staats- und Kommunalverwaltung, in: Handbuch der Bayerischen Geschichte, Bd. IV, 2, S. 74–153

Vom Bruch, Rüdiger (Hg.), Weder Kommunismus noch Kapitalismus. Bürgerliche Sozialreform vom Vormärz bis zur Ära Adenauer, München 1985

Vorländer, Herwart, Die NSV. Darstellung und Dokumentation einer nationalsozialistischen Organisation, Boppard am Rhein 1988

Wandel, Eckard, Banken und Versicherungen im 19. und 20. Jahrhundert, München 1998 (Enzyklopädie deutscher Geschichte, Bd. 45)

Weihe, Thomas, Das deutsche Bankwesen im Dritten Reich (1933–1945), in: Deutsche Bankengeschichte, Bd. 3, S. 149–206

Ders., Die Personalpolitik der Filialgroßbanken 1919–1945, Stuttgart 2006

Ders., Die Verdrängung jüdischer Mitarbeiter und der Wettbewerb um Kunden im Nationalsozialismus, in: Herbst/Weihe (Hg.), Die Commerzbank und die Juden, S. 43–73

Winstel, Tobias, Verhandelte Gerechtigkeit. Rückerstattung und Entschädigung für jüdische NS-Opfer in Bayern und Westdeutschland, hg. vom Institut für Zeitgeschichte München, München 2006 (Studien zur Zeitgeschichte, Bd. 72)

Wixforth, Harald/Ziegler, Dieter, Deutsche Privatbanken und Privatbankiers im 20. Jahrhundert, in: Geschichte und Gesellschaft 23 (1997), S. 205–235

Wunner, Heinrich, München und die Bayerische Hypotheken- und Wechsel-Bank, München 1953

Ziegler, Dieter, Die Dresdner Bank und die deutschen Juden, München 2006, (Henke (Hg.), Die Dresdner Bank im Dritten Reich, Bd. 2)

Ders. (Hg.), Großbürger und Unternehmer. Die deutsche Wirtschaftselite im 20. Jahrhundert, Göttingen 2000 (Beiträge zur europäischen Gesellschaftsgeschichte, Bd. 17)

Ders., Die Verdrängung der Juden aus der Dresdner Bank 1933–1938, in: VfZ 47 (1999), S. 187–218

Ziegler, Walter, Bayern im NS-Staat 1933 bis 1945, in: Handbuch der Bayerischen Geschichte Bd. IV, 1, S. 500–634

Ders., Ein Land, sechs Gaue, in: John/Möller/Schaarschmidt (Hg.), Die NS-Gaue, S. 254–262

Zorn, Wolfgang, Bayerns Geschichte im 20. Jahrhundert, München 1986

Personenregister

Firmenregister

www.ingramcontent.com/pod-product-compliance
Lightning Source LLC
Chambersburg PA
CBHW030812100426
42814CB00002B/89